迈向包容性城市

地方性创新 的故事

Leading the Inclusive City
Place-Based Innovation for a Bounded Planet

[英] 罗宾·汉布尔顿 著
丁开杰 廖飞 等译

Robin Hambleton

中央编译出版社
Central Compilation & Translation Press
CCTP

图书在版编目（CIP）数据

迈向包容性城市：地方性创新的故事／（英）罗宾·汉布尔顿著；丁开杰等译. —北京：中央编译出版社，2024. 2

ISBN 978 - 7 - 5117 - 4541 - 5

Ⅰ. ①迈… Ⅱ. ①罗… ②丁… Ⅲ. ①城市建设 – 研究 – 世界 Ⅳ. ①F299. 1

中国国家版本馆 CIP 数据核字（2023）第 183170 号

著作权合同登记号 图字：01 - 2023 - 5804

Leading the Inclusive City：Place-Based Innovation for a Bounded Planet

© Policy Press 2015

First published in Great Britain in 2015 by Policy Press, imprint of Bristol University Press.

The simplified Chinese translation rights arranged through Rightol Media.（本书中文简体版权经由锐拓传媒取得 Email：copyright@rightol. com。）

迈向包容性城市：地方性创新的故事

责任编辑	周雪凝	
责任印制	李 颖	
出版发行	中央编译出版社	
网 址	www. cctpcm. com	
地 址	北京市海淀区北四环西路 69 号（100080）	
电 话	（010）55627391（总编室）	（010）55627311（编辑室）
	（010）55627320（发行部）	（010）55627377（新技术部）
经 销	全国新华书店	
印 刷	北京印刷集团有限责任公司	
开 本	710 毫米 ×1000 毫米 1/16	
字 数	458 千字	
印 张	29	
版 次	2024 年 2 月第 1 版	
印 次	2024 年 2 月第 1 次印刷	
定 价	128. 00 元	

新浪微博：@中央编译出版社 微 信：中央编译出版社(ID: cctphome)

淘宝店铺：中央编译出版社直销店(http://shop108367160. taobao. com) （010）55627331

本社常年法律顾问：北京市吴栾赵阎律师事务所律师 闫军 梁勤

凡有印装质量问题，本社负责调换，电话：(010) 55627320

献给文枝、存晖及其子女们

作者简介

罗宾·汉布尔顿（Robin Hambleton）是位于英国布里斯托的西英格兰大学环境与技术系的教授，专门研究城市领导力，既是可持续规划和环境中心负责人，也是城市回应（Urban Answers）项目——一个发起于英国的公司（www. urbananswers. co. uk）的负责人。同时，是欧洲城市研究协会（European Urban Research Association，EURA）创始主席，美国伊利诺伊大学芝加哥分校城市规划和公共事务学院（CUPPA）院长。曾在英国的地方政府和中央政府工作，在英国和美国的多所大学担任教授，从事城市规划、城市管理、公共管理方面的研究，为许多国家的公共机构提供咨讯服务。

主译者简介

丁开杰，男，经济学博士、研究员，全国新闻出版行业领军人才，曾先后就读于中国人民大学、中国农业大学、南开大学，现供职于中共中央党史和文献研究院第三研究部。同时，是英国剑桥大学应用经济学系访问学者，德国杜伊斯堡大学东亚研究所、图宾根大学大中华研究中心访问学者，美国哈佛大学肯尼迪政府学院高级研究学者。主持翻译出版"'友成'社会创新与社会企业译丛"、《后福利国家》《协商民主及其超越：自由与批判的视角》《全球化时代的资本主义》等译著多部。

滕飞，女，英语语言文学硕士，现供职于北京城市学院国际文化与传播学部，主要从事翻译教学和研究。研究方向为翻译理论与实践。

序言
Preface

20世纪在英国本土城市第一次发生严重骚乱的那天晚上，恰逢我的女儿出生。① 直到次日清晨，我们才意识到，我们的城市家园在骚乱中部分遭到了破坏。这次骚乱肇始于1980年4月3日的夜晚，发生在布里斯托的圣保罗区，但是它的影响并不限于布里斯托城。随后，很多电视台和报纸都对这次骚乱做了报道，对全国产生了影响。音像资料显示，在群众性的抵抗中，有大量市民与警察发生对峙，愤怒的人们感染了其邻里社区，整个街道的冲突不断、集体暴乱不堪，对当时的撒切尔政府形成了极大震动，政府似乎越来越难以同它们所服务的社群进行沟通。

在布里斯托城发生骚乱一年后，英国又爆发了"不满之夏"（summer of discontent）。1981年的夏天，

---

① 我在这里使用了"本土"（mainland）一词，是因为自20世纪60年代以来，大量的城市骚乱——比如著名的"大麻烦"（the troubles）——发生在北爱尔兰。这些骚乱与发生在北爱尔兰的民族主义群体（这些群体大都自我认同为爱尔兰人和/或罗马天主教徒）和统一主义群体（这些群体主要自我认同为英国人和/或反对者）之间的冲突有关（Bew et al.，2002）。同时，应该注意到，在20世纪80年代以前，英国本土也发生过城市失序现象。比如，1958年夏天，在诺丁汉的圣安区、伦敦的诺丁山区都发生了骚乱，成群结队的白人种族主义者对黑人社区发起了令人发指的攻击。但是，与布里斯托发生的骚乱以及随后的城市动荡相比，这些骚乱中的财产损失都相对较少，并且没有出现人员死亡的情况。

迈向包容性城市

地方性创新的故事

英国的许多内城地区发生了城市骚乱，包括伦敦的布里克斯顿（Brixton）、索撒尔（Southall），利物浦的托迪斯（Toxteth），还有曼彻斯特的莫斯塞德（Moss Side）。后来，斯卡曼勋爵（Lord Scarman）受政府委托，对布里克斯顿发生骚乱的原因进行了调查，他的分析取证认为，不当的出警方式、种族歧视和社会剥夺等多种因素混杂在一起，使民众普遍产生了绝望感。[①]

悲观地讲，英国城市其实一直都有失序的插曲。比如，在 2001 年，英国南部就有多个城市发生城市暴乱，包括布拉德福德（Bradford）和奥尔德姆（Oldham）。与 1980 年和 1981 年的情形一样，这些发生骚乱的地区都是大规模的少数族裔人口聚集区。[②]

2011 年，我居住的布里斯托城再次点燃了全英的城市骚乱之火。当年 4 月 21 日，布里斯托发生了一场反对斯托克斯克罗夫特（Stokes Croft）区的特易购超市（Tesco）开业的运动。这个地点离 1980 年发生骚乱的圣保罗区并不是很远，反对运动最终引发了暴力性的街头骚乱，警方一共出动了 160 名人员，全副武装防爆装备，在靠近特易购库房不远的一个建筑处待命。与 20 世纪 80 年代的暴乱不同，这次公众骚乱针对的是一家跨国企业。[③] 8 月，英国的各大电视台再次充斥了失序、趁火打劫、暴动的混乱画面——这次不再只是在

[①] 《斯卡曼报告》（The Scarman Report）认为，1981 年 4 月在伦敦布里斯克顿发生骚乱的主要原因有两类（Scarman, 1981）：一是多年来的警察压榨，尤其是对布里斯克顿街头的年轻黑人进行侵扰；二是极端受挫和受剥夺的人们感到有必要反抗社会，以引起社会关注他们的不满。哈里森对那个时代生活在受剥夺的内城地区的人们所遭受的困苦进行过生动描述，可以进一步加深我们对这个问题的理解（Harrison, 1983, p. 369）。他准确地预言，"人们的恐惧不断增加，社会中的自我防卫行为不断受阻，公民的自由不断受到侵蚀"。

[②] 2005 年的《乌斯利报告》（Ouseley Report）对 2001 年 7 月发生在英国布拉德福德、西约克郡的骚乱进行了分析。乌斯利勋爵曾是种族平等委员会主席，他领导一个评估小组对这些骚乱进行了调查。该报告认为，人们之间的分化越来越大——按照种族、民族、宗教和社会阶级来划分——在城市中形成了一种恐惧文化。报告认为，加强城市领导力是关键的，市政府的高层领导人和社区领导人都应该创造一个"敢闯敢干"（can do）的文化，消除恐惧文化。事实上，在 10 年之后的 2011 年 8 月，全国各地都在爆发大范围的骚乱，布拉德福德却没有发生，原因就在于布拉德福德有很好的城市领导力，成功在城市里建立起了多种文化之间的相互理解。

[③] 特易购（Tesco）是英国最大的超市，它为了消除来自本土商店的竞争，在一些生活便利品上采取了亏本销售定价策略（loss-leading price）（亏本销售定价策略指使某种产品或服务的价格低于成本，其目的是为了吸引顾客购买本企业的其他产品），这招致了批评。克莱蒙特（Clement, 2012, p. 87）就认为，2011 年 4 月，布里斯托之所以发生公众骚乱——本地人称之为"Tesco 之乱"——是因为代表超级企业利益的挑衅性管制所导致的。

· 2 ·

序 言

大城市，就连一些较小的城镇也发生了骚乱，比如克罗伊登（Croydon）。[①]

我为什么要从强调城市失序的角度开始，写一本关于迈向包容性城市的书呢？

因为这些关于社会秩序混乱的故事能让我们清醒认识到，如果人们感到被主流社会排斥，那么将会产生什么样的后果。当然，英国并不是一个特例。近期，我们看到许多国家也经历了社会骚乱，无非是形式不同而已。比如，2013年夏天，在瑞典斯德哥尔摩的胡思比（Husby）郊区就发生了严重骚乱，在巴西的许多城市因为"免票运动"（free fare movement）而发生了大规模的游行，土耳其伊斯坦布尔的格兹公园（Gezi Park）地区发生了城市骚乱，同样，在法国巴黎的特拉普（Trappes）郊区也发生了骚乱。

最近，在2014年夏天，美国密苏里州圣路易斯郊区的弗格森市发生城市暴动。8月9日，警察枪杀了一个黑人小伙迈克尔·布朗（Michael Brown）。这次警方行动引发了大规模的市民暴乱和公共抗议，奥巴马总统呼吁大家冷静，要求对这个手无寸铁的年轻人致死的原因进行公开透明的调查。这些再次发生的暴动、小冲突和游行，以及占领国内外媒体头版头条的各种事件，应该被看作对政府和市民社会提出的警告。

本书聚焦于城市，部分原因在于今天绝大多数人都生活在城市，而且世界城市化进程在加速。城市不仅仅是现代经济增长和服务业发展的强大引擎，而且是为居民提供无尽机会的创造力中心和文明生活中心。不过，即使在富裕城市，社会和经济分化也正在扩大。不仅从道德的角度看，这是一个麻烦，而且因为持续发生市民抗议不满，不平等的城市也无法为经济社会的繁荣提供安定的基础。

本书的一个前提是人们生活在城市，尤其是那些城市领导者能够在促进包

[①] 2011年的骚乱扩大到66个地区，持续4天，导致5人死亡，经济损失高达数百万英镑。政府建立了一个独立的工作小组，对2011年的骚乱原因进行调查。达拉·辛格（Darra Singh）是小组组长。这个小组最后得出结论，认为社会骚乱的发生有多个因素：年轻人缺乏机会，家庭教育差，犯罪改造的司法体制失灵，拜金主义盛行，对警察失去了信任（Riots, Communities and Victims Panel, 2012）。（解决问题）最关键的措施应该是"考虑社会中每个人的利益"。政府在2013年7月公开了这个独立小组的报告（DCLG, 2013）。但是政府没有选择对议会进行部门陈述，否则会引起公众的大讨论。相反，政府在夏季休会（议会休会）期间发布了这个报告，但是也没有召开新闻发布会。批评者认为，政府正在试图尽可能避免公众对其未能回应独立小组提出的问题进行讨论；他们指出，政府的反应意味着，在独立小组的报告发布一年多后，63项建议中也仅有11项建议，被付诸实施。

· 3 ·

迈向包容性城市

地方性创新的故事

容性城市的发展上发挥决定性作用。本书认为，在一个快速全球化的世界，"地方"（place）是很关键的——可能比过去还重要。更特别的是，地方性领导力（place-based leadership）[1] 能对创建一个有社会凝聚力的城市——能成功、安全、可持续地为所有人提供高质量生活的城市——作出重要贡献。

本书采用全球性方法，对世界上最具创新性的一些城市经验进行总结，就如何改进我们的城市生活质量提出看法。理解现代城市问题的本质是重要的，此外，更有益的是考察一下富有想象力的城市领导者、公务员和社会活动家们是如何创建更宜居、对儿童友好的城镇和城市的。

全球经济变迁已经给政府带来了新的财政压力，一些国家也正在大幅削减公共支出。这些变化促使政治家和管理者们不能再局限于"花小钱办大事"（do more with less），还要探索解决公共问题的新方法。全世界的城市都在探索新方法，努力重新划定政府和市民社会的边界。

这些城市创新挑战了进行公共服务改革的传统方法。可以认为，强大的城市领导力正在对许多城市的生活质量产生积极而有活力的影响。进一步说，城市领导者正在探索一些方法，开展一些实践，这对其他领域——农村地区、区域治理、一国政府和国际组织的公共领导力[2]也是有价值的。

我希望本书的观点能够提供一些想法和见解，帮助大家在如何发展城市治理的包容性方法上作出新思考。本书的目的不是提供解决方案——因为很难做到为所有读者提供一个方案，使你们能按照自己的经验来进行修正和发展[3]。本书很审慎地从不同国家的城市中选择了一些有胆识的城市领导力案例。或许这些各种各样的"创新故事"能够激发我们努力去创建包容性城市。

罗宾·汉布尔顿，英国布里斯托

---

[1] "place-based"，在城市规划和教育学等学科中，被翻译为"以地方为本""地方本位""在地化""在地性""地方化""基于地方"等。本书综合考虑，统一译为"地方性"，意思就是"以地方为本"或"基于地方"。与"地方性"相对的，本书把"placeless"译为"非地方性"。——译者注

[2] 巴伯认为，城市中形成的领导力方法正在给公共领导力带来生机，主要是两个原因：一是与全国政府相比，城市市长已经很习惯处理"相互依存的挑战"，越来越不可能陷入"孤岛思维"（silo thinking）；二是城市市长正逐渐有效地开展跨国界的协作（Barber，2013）。

[3] 受库珀的启发（Cooper，1976），我形成了基本原则或系列原则（grammar）的思想。

阅读指南
Reading guide

这是一本关于地方性领导力和公共服务创新的国际用书。本书旨在为公共服务改革的讨论提供参考，为如何创建包容性城市提供启示和建议。

一、本书立场

本书有五个重要观点：

1. 地方是重要的。一开始就理解社群是生活在特定地方（place）的经验事实，对开展公共服务改革是有益的。这种方法与一开始就谈政府、市场和市民社会的角色或潜在角色的抽象观点形成了鲜明对比。

2. 城市领导力应该建立一个包容和可持续的城市——而不是其他。在公共政策和学术讨论中，城市规划和城市管理往往与社会和环境政策的话语是脱节的。致力于促进社会公平的改革者们常常会忽视我们赖以生存的自然。而在另一端，环境主义者们在关注气候变化和生态友好型公共政策与实践的同时，却往往不考虑谁会是城市政治过程的利益得失者。

3. 城市领导力应该肯定地方的力量。本书认为，城市和本地共同体在一个服务于资本需要的全球经济剥

· 1 ·

削过程中并不是孤立无助的受害者。非地方性（place-less）机构，也就是那些不考虑投资决策会对受影响地区的人们带来什么样后果的组织，在现代社会已经产生了太多影响。它们已经严重削弱了本地人民对当地生活质量产生的影响力。从全世界来看，如果民主要得到繁荣，就需要加强地方政府的影响力。

4. 进行国际学习和交流是至关重要的。从整个人类历史来看，城市为进行各类创造性的、解决问题的活动提供了支持条件。全世界的城市规划和城市治理具有各种各样的方法，而城市间的国际学习和交流是非常缺乏的。应该鼓励在国际上分享创建包容性城市的成功经验。

5. 学者们可以对城市政策的制定和公共管理作出贡献。这对领导高等教育和进修教育机构的人，以及从事学术活动的人而言，都是有意义的。在一些国家，大学在城市治理中起到了关键作用。但是还需要更多地支持学者和地方利益相关者进行合作，创造新的知识和认知。

二、参与型学术和本书目的

本书旨在促进学术和实务的结合。这样的尝试或许无用，因为学者和实务工作者往往对彼此的世界互相不适应。结果导致他们常常彼此误解，为彼此带来不利。如果有人试图促进二者之间的对话，那么会面临被双方拒绝的风险——信使可能腹背受敌，两面都吃力不讨好！然而，本书认为，那些从事参与型学术（engaged scholarship）① 的学者，也就是直接对公共政策的挑战进行研究和分析，并根据分析提出行动建议的学者能够发挥重要作用。他们不仅仅能促进学术认知，而且能提出接地气的建议，帮助政府和社区开展工作。

因此，本书并不限于对快速全球化的世界中的城市领导力以及包容性城市的创建提供新的思考，还力图为忙于治理尤其是城市治理的政策制定者们、实务工作者们和社区活动者们提供直接的帮助。

---

① "参与型学术"由卡内基教学促进基金会前主席欧内斯特·博耶在其《重思学术：教授工作的优先顺序》中提出，其核心理念是高校的学术活动应致力于服务社区生活、民主建设和公共需求，以弥合专业学者和项目从业者之间的知识鸿沟。通过参与型学术的方法，学者们在坚持高质量学术研究的同时，与项目专题建立互联关系。——译者注

三、本书的四个组成部分

本书开篇就对全书内容进行了概述。第 1 章介绍了知识框架,解释如何"使用"和"阅读"本书。基于社会学习理论(social learning theory),本书的框架主要采用了作者推荐的地方性领导力方法。成功的领导力来自准确的诊断,采用合适的概念,采取行动,不断从行动中学习。这有助于读者改进对过程和结果的了解,以指导未来的政策和实践。

本书通过四个部分来阐释这种学习模式:

1. 诊断:理解趋势和挑战。本书的第一部分集中进行诊断,着重强调全球显著的城市化,多元文化城市的发展,以及非地方性的影响力在增加。在过去数年中,公共政策改革的论证方法已经发生了改变,而且囿于多种原因,政府正在反思国家和市民社会之间的关系。诊断表明,为迎接城市挑战,应该更多重视公共服务创新和联合创造新的解决方案。

2. 概念:地方、领导力、创新和民主的地方治理。第二部分由 4 章构成,分别讨论与城市治理有关的四个概念:地方、领导力、创新和民主复兴。每一章都提出了相应的理论基础,并在此基础上提出一系列有助于思考和实践地方性领导力的概念。来自创新城市的案例则对这些概念进行了阐释。

3. 经验:管用的地方性领导力。本书第三部分由 3 章构成,主要对世界上最有创造力的一些城市出现的鼓舞人心的领导力进行报告。第二部分提出的概念在这里被用来识别一些成功的案例,这些案例是关于地方性领导力在不同的国家被用来创建包容性城市的经验。这些经验集中在三类相互关联的主题上,它们对生活质量而言都是关键的因素:一是发展生态友好型城市的政策和方法;二是创建人居友好型城市;三是充分利用多样性。

4. 经验:洞见和国际借鉴。第四部分对本书前面论述的内容进行概述,从那些旨在创建包容性城市的地方性领导力实践中总结出经验。它主要包括两类主题:一是需要超越精明城市(smart city)和发展智慧城市(wise cities)①;二是

---

① 智慧城市(wise city)又被称为"更精明的城市",是比精明城市(smart city)更高的城市形态。精明城市只是智慧城市的一个构成或一个阶段。国内一些研究和论著把"smart city"译作"智慧城市"或"精明城市",也有研究和论文译为"智能城市"(实际上,智能城市对应的是"itelligent city"),本书统一翻译为"精明城市",以区别于"智慧城市"(wise city)。——译者注

总结包容性城市的规划和管理经验，进行国际交流，具有巨大潜力。

四、创新故事

本书编写了17个创新故事，它们是从全世界最具创造力的城市中总结提炼出来的。每一个创新故事都用一种新方法，对地方性领导力的成功实践进行记录。每个故事都会对某个城市中发生的剧烈变迁进行简要论述，然后得出一些可能对其他城市的城市领导力有激励启发意义的经验。本书的目的并不是为了识别出城市治理中的"最佳实践"——根本就不存在这类实践。相反，一个好的故事会增强人们的理解，激起大家作出创造性的反应。我很感谢所有这些城市的城市领导者们在合作开展社会探索时为我提供的帮助。

一些读者可能喜欢按照顺序来阅读各章，这是有益的，因为后面的章节也是受前面章节讨论内容的启发。不过，本书在设计时也考虑到便于让繁忙的公共政策制定者们能够直接阅读他们最感兴趣的章节，比如，阅读特定的创新故事和经验。每一章都提供了可进一步阅读的参考文献，文末的注释和参考书目也可以为那些希望更深入了解某些思想的读者们提供有用的指引。

目　录

概述 ·· 1
    第 1 章　地方性领导力与包容性城市 ···················· 3

01　诊断：理解趋势和挑战 ··································· 45
    第 2 章　全球趋势和我们的城市未来 ···················· 47
    第 3 章　公共服务改革本质的变化 ······················· 69

02　概念：地方、领导力、创新和民主治理 ········· 97
    第 4 章　理解地方和公共政策 ····························· 99
    第 5 章　地方性领导力 ······································ 136
    第 6 章　领先的公共服务创新 ···························· 171
    第 7 章　民主的城市治理 ··································· 210

03　经验：管用的地方性领导力 ························· 245
    第 8 章　领先的生态城市 ··································· 247
    第 9 章　创建人居友好型城市 ···························· 282
    第 10 章　多样性的优势 ···································· 307

04　经验汲取：洞见和国际借鉴 ························· 337
    第 11 章　从精明城市到智慧城市 ······················ 339
    第 12 章　国际经验借鉴 ···································· 369

附录　国际城市网络与资源 ································· 393

致谢 ·· 398

参考文献 ·· 401

译者后记 ·· 445

· 1 ·

图表目录

图 1.1　个体、社会和自然 ⋯⋯⋯⋯⋯⋯⋯⋯⋯⋯⋯⋯⋯⋯　32

图 1.2　参与型学术（engaged scholarship）⋯⋯⋯⋯⋯⋯　38

图 2.1　世界人口增长 ⋯⋯⋯⋯⋯⋯⋯⋯⋯⋯⋯⋯⋯⋯⋯⋯　49

图 3.1　公共服务改革战略 ⋯⋯⋯⋯⋯⋯⋯⋯⋯⋯⋯⋯⋯⋯　74

图 3.2　市民社会、市场和国家 ⋯⋯⋯⋯⋯⋯⋯⋯⋯⋯⋯⋯　88

图 5.1　地方性治理的政治空间塑造 ⋯⋯⋯⋯⋯⋯⋯⋯⋯　142

图 5.2　地方性领导力的五个领域 ⋯⋯⋯⋯⋯⋯⋯⋯⋯⋯　157

图 5.3　地方性领导力的统一领域 ⋯⋯⋯⋯⋯⋯⋯⋯⋯⋯　158

图 5.4　具体情境下的地方性领导力 ⋯⋯⋯⋯⋯⋯⋯⋯⋯　160

图 5.5　城市领导力的过程模型 ⋯⋯⋯⋯⋯⋯⋯⋯⋯⋯⋯　161

图 5.6　优秀地方政治领导力的指标 ⋯⋯⋯⋯⋯⋯⋯⋯⋯　162

图 6.1　社会探索的策划协调（orchestration）⋯⋯⋯⋯⋯　199

图 6.2　领先的公共服务创新 ⋯⋯⋯⋯⋯⋯⋯⋯⋯⋯⋯⋯　202

图 7.1　行政部门及议会的责任说明 ⋯⋯⋯⋯⋯⋯⋯⋯⋯　220

图 7.2　城市政府的内阁＋议会模式 ⋯⋯⋯⋯⋯⋯⋯⋯⋯　222

图 7.3　城市政府的市长/内阁＋议会模式 ⋯⋯⋯⋯⋯⋯　224

图 7.4　城市政府的市长/城市经理＋议会模式 ⋯⋯⋯⋯　225

图 7.5　公民赋权阶梯 ⋯⋯⋯⋯⋯⋯⋯⋯⋯⋯⋯⋯⋯⋯⋯　233

图 11.1　精明城市视角 ⋯⋯⋯⋯⋯⋯⋯⋯⋯⋯⋯⋯⋯⋯⋯　344

图 11.2　拓展学术研究的定义 ⋯⋯⋯⋯⋯⋯⋯⋯⋯⋯⋯　353

图 11.3　参与型学术三角 ⋯⋯⋯⋯⋯⋯⋯⋯⋯⋯⋯⋯⋯　354

图 12.1　理解国际经验借鉴的框架 ⋯⋯⋯⋯⋯⋯⋯⋯⋯　384

创新故事目录

（括号里的数字表明创新故事出现的章节）

1. 草根领导力：纽约市高线公园的创建（第 4 章）………………… 123

2. 独立的城市领导力：布里斯托的市长制治理（第 5 章）………… 165

3. 市民视角：芝加哥 311 服务（第 6 章）…………………………… 179

4. 开辟与困难家庭一同工作的新空间：斯温登家庭 LIFE 计划
   （第 6 章）…………………………………………………………… 184

5. 解决城市剥夺：恩斯赫德的社会全科医生计划（第 6 章）……… 189

6. 亲贫居住点项目升级：南非朗拉格儿童发展基金（第 6 章）…… 194

7. 创建超级城市：奥克兰的城市治理改革（第 7 章）……………… 228

8. 马尔默市：从绣带城市到领先的生态城市（第 7 章）…………… 238

9. 巴西库里提巴建立可持续的公共交通系统（第 8 章）…………… 263

10. 广州的公共交通改革（第 8 章）………………………………… 269

11. 绿色发展：弗莱堡的地方性领导方法（第 8 章）……………… 274

12. 扩大公共领域：哥本哈根的人居友好型城市政策（第 9 章）… 295

13. 地方塑造：墨尔本的经验（第 9 章）…………………………… 300

14. 增强跨文化认知：日本滨松市的方法（第 10 章）…………… 324

15. 多元文化城市的地方性领导力：多伦多的经验（第 10 章）… 328

16. 大学的城市参与：波特兰州立大学的经验（第 11 章）……… 358

17. 大学的城市参与：印度艾哈迈达巴德环境规划与技术中心大学的
    经验（第 11 章）………………………………………………… 363

· 3 ·

≪ 縁起

第 1 章

地方性领导力与包容性城市

公共之恶（public ruin）会侵害每个公民的空间，就是有院门也无法阻挡这种侵害，因为它会跳过高高的围墙。有人会跑进来，试图藏在密室或壁橱里，但是最终也会被揪出来。

——梭伦（Solon）[①]，公元前 600 年，《论坏政府之恶》

（*On the Evils of Bad Government*）

引　言

城市领导者，以及所有与城区治理相关的人士，都面临着前所未有的挑战。本书将指出并讨论其中的许多挑战。不过，本书的目的并不仅限于对城市发展趋势和出现的问题进行国际性考察。城市规划与城市政治学方面的文献已经为城市动态和公共政策的制定提供了许多有价值的洞见，其中，很多文献对现有规划和城市发展方法内在的生态和社会危险都作了探讨[②]。

[①]　梭伦（Solon，公元前 638 年—前 559 年），生于雅典，古希腊时期雅典城邦著名的改革家、政治家，古希腊七贤之一。梭伦出身于没落的贵族。他年轻时一面经商、一面游历，到过许多地方，漫游名胜古迹，考察社会风情。——译者注

[②]　关于城市和环境的研究文献一直在增加。我在本书中引用了各种来源的文献。下面列出的文献为我们全面了解城市现在面临的挑战提供了有益支持：Benton-Short and Short 2013；Boone and Modarres 2006；Bridge and Watson 2011；Dannenberg et al. 2011；Davies and Imbroscio 2010；De Blij 2009；Fainstein 2010；Friedmann 2002；Gehl 2010；Girardet 2008；Nightingale 2012；UN-DESA 2012；and UN-Habitat 2010；2011；and 2012。

· 3 ·

迈向包容性城市
地方性创新的故事

本书从相关文献中得到了很多启发，但是将努力超越一般性的社会科学分析和批判。本书引入了很多不同学科的概念和观点，对世界上最具创新的一些城市经验进行总结，希望能鼓励实务工作者努力去改善城市生活。更具体地讲，本书强调地方性领导力有助于解决社会和环境问题，推动社会包容①（social inclusion）事业的发展。

因此，本书有一个规范性立场。它支持人们努力改变城市政策和实践，创建更多包容性城市。它的意识形态立场与阿伯尔特·赫希曼②（Albert Hirschman，1971）是一致的，即"对希望的偏爱"（bias for hope）。本书探讨了地方性领导力在公共政策制定中的作用，并提供了一些实践案例，说明城市领导力在一些城市和邻里社区是如何提倡包容性方法的。我将简要地解释一下"地方性领导力"（place-based leadership）和"包容性城市"（indusive cities）的涵义。但是我首先要指出，学者们（这里也包括学生和训练有素的专业人士在内）能够给那些负责城市决策的人提供帮助。

我猜，一些专业学者可能会对这样的看法感到困惑。传统上，有思想的学者会认为，研究者应该远离政治和政策制定；一些人敬告说，直接参与实践世界，会损害知识分子的独立性。比如，有人会认为，对政府提建议的学者不可避免地会"成为权力的仆人"。③ 这是一个值得怀疑的立场，但是，我不想在

---

① 在国内，"social inclusion"这个词有一种译法为"社会融合"，本书采用"社会包容"的译法，对应于包容性发展（inclusive development）。——译者注

② 阿尔伯特·赫希曼（Albert Otto Hirschman）是著名的发展经济学家，当代伟大的知识分子之一。1970年，赫希曼出版了他的代表著作《退出、呼吁与忠诚：对企业、组织和国家衰退的回应》。赫希曼在这本书中博众家之长，将许多学科，比如经济学、社会学、政治学和心理学的研究和思考综合在一起，以及将社会观察与社会科学方法论融为一体，提出了企业、组织和国家中的一个问题：由于技术进步和劳动生产率的提高，人类的生产活动会创造出一定的剩余，从而使各类组织都程度不同地具备了承载低效运行的能力，因而，绩效衰减迟早会发生。赫希曼发现，面对组织绩效的衰减，人们有两种选择，一是退出，一是呼吁。他论述了这两种恢复机制的运作机理和方式，以及各自的优缺点，理想的运作次序及组合，二者之间的交互作用及适用条件，以及忠诚对退出与呼吁的影响。诺贝尔经济学奖得主阿玛蒂亚·森认为，赫希曼的著作改变了人们对经济发展、社会制度和人类行为的认识，也改变了我们对身份认同、忠诚、义务的性质和意义的理解。——译者注

③ 30多年前，迪尔洛夫（Dearlove，1979，p.259）对问题解决和政策分析方面的研究进行了强有力的批判。他指出，"这些研究是实用而相对倾向于在台掌权的人的，意味着（采用这种方法的体制内学者们）往往从事某类研究，他们的研究因为最初的信仰和假设，客观上是不足的和带有意识形态色彩的"。这种立场不应该被忽视，而且城市研究方面最近更多的学术研究也提醒我们——比如，戴维斯等人（Davies and Imbrosicio，2010）出版了一个论文集指出，研究者需要探讨一下"未证实的"（unexamined）和"理所当然的"（taken for granted）。在本书中，我试图在学术界和实务界之间搭起桥梁，采用了美国的"参与型学术"理念，这种方法将在第11章得到详细讨论。

· 4 ·

第 1 章

地方性领导力与包容性城市

这里展开讨论。相反，我认为，研究者们思考一下他们的研究如何影响社会才是至关重要的。在城市研究这个广泛的领域，我更认为应该鼓励学者们投入精力，努力确保他们的实证研究会产生政策影响①。因此，本书对"行动者"（doers）和"思想者"（thinkers）都是有益的。

本书面向的读者群很广。关注城市的学者、城市市长、政治领袖、当选的议员、城市经理、城市规划者、公务员、商业领袖、工会领袖、志愿组织和社区积极分子，以及国家和国际层面的政策制定者，都可以成为本书的读者。我也希望，城市规划、地方政府和城市可持续发展方向的学生，会发现本书为他们提供了一些有用的见解和指导。

这一章对书中将讨论的主要论题作一个概述。本书的内容是什么？本书有哪些关键概念有助于我们的理解？我所说的"包容性城市"是什么意思？通过这些问题，我们介绍一下指导本书进行学术分析的哲学基础。

一、为什么聚焦包容性城市？

我首先需要指出，在过去大概 30 年里，全世界的社会已经变得日益分化。本书关注城市，是因为正如第 2 章将更充分解释的那样，今天绝大多数人都生活在城市，并且从人口预测来看，在未来 30 年里，我们必定会生活在一个更加城市化的世界。尽管城市现在是创造繁荣的中心，但事实上，城市的社会经济不平等在上升，甚至是在非常富裕的城市，比如著名的、所谓的"全球性城市"（global cities）里，情况也是如此②。

---

① 在英国和其他地方，最近对研究在大学中的作用进行了讨论。这个讨论已经揭示出，学者们对是否需要证实他们的研究有影响还是没有影响存在争议。比如，英国高等教育基金理事会（Higher Education Funding Council for England）引入一个"卓越研究框架"（Research Excellence Framework, REF），以取代"研究评估实践"（Research Assessment Exercise, RAE）。在"卓越研究框架"下，英国高等教育基金理事会对英国所有活跃的学者的研究进行评估，内容就包括了对他们的研究的影响力进行评估。2009 年，理事会有一篇咨询报告写道："需要更加认识到，卓越的研究可以对经济、社会、公共政策、文化和生活质量带来可证明的好处。"（HEFCE, 2009）至少在英国，国家对大学的政策鼓励研究者们去证明"影响力"，我们将在第 11 章进一步讨论这个问题。

② 大量的证据表明，城市和社会正在变得更加不平等。参见 Davis, 2006; Dorling, 2011; Hamnett, 2003; Nightingale, 2012; OECD, 2008; Piketty, 2014; Sassen, 2001; and Wilkinson and Pickett, 2010。

迈向包容性城市
地方性创新的故事

一些学者确定地认为，城市贫困的迅速增加源自现有的城市发展路径。例如，爱德华·格莱泽（Edward Glaeser, 2011, p. 70）认为：

> 从里约到鹿特丹的城市贫困现象反映的是城市优势，而不是弱点。超大城市不是太大了。约束这些城市的增长，明显会带来更多的困难而不是好处，因为城市增长是减少贫困的好办法。

这是一种误导性的、新自由主义的观点。当然，农村贫困会将人们捆绑在孤立的农村区域，很多代人都无法改变，这种观点是正确的。但是，我们并不能说，快速、无规划的城市增长就是一个健全的发展战略。容忍城市贫困存在的做法既不必要，也不明智，更不用说整个社会了。正如 1998 年的诺贝尔经济学奖获得者阿玛蒂亚·森已经很清楚解释的一样，"穷人是否也能从既有的经济秩序中获益，这个问题根本没有得到充分的重视"（Sen, 2006, p. 136）。他认为，我们必须提问的是穷人是否在经济、社会、政治上的机会不平等更少一些，他们是否得到了更加完善、更加公平的待遇。阿玛蒂亚·森建议，应该相应地对国际国内的制度安排进行改革。

与新自由主义主张的所谓"自由市场"思想截然不同，本书认为，不仅必须对城市增长的路径进行指导和约束，而且也需要创造一个正义（just）的城市，让那里的所有居民，不管是已有居民还是新来的居民都可以从中受益和得到发展。这种做法把公正（equity）而不是经济增长作为公共政策的核心目标。本书借鉴了包括经济学家在内的大量学者们的研究，他们认为，在公共话语和公共政策中对经济发展的痴迷，已经阻碍了社会的进步（Stiglitz, 2012）。令人鼓舞的是，联合国现在已经更加积极地关注日益增长的不平等问题。事实上，城市公正已经成为了 2014 年 4 月在哥伦比亚麦德林举行的第七次世界城市论坛（WUF）的主题。世界城市论坛的概念性文件《发展中的城市公正：生活的城市》（*Urban Equity in Development: Cities for Life*）一书指出，公正现在正从边缘转变为国际发展政策的中心（UN-Habitat, 2014）。第七次世界城市论坛在闭幕时通过了题为《公正是城市可持续发展的基础》的宣言，即麦德林宣言。这个宣言并不支持新自由主义的思维模式。

第 1 章

地方性领导力与包容性城市

关于城市不平等的学术研究，我想着重介绍苏珊·S. 费恩斯坦所作的有价值的分析（Susan Fainstein，2010）。费恩斯坦在其著作《正义城市》（*The Just City*）中，对现代规划理论进行了毁灭性的批判，她认为这个理论的大部分内容忽视了结构性不平等和现代社会存在权力科层制的事实。她引用罗尔斯的自由和正义理论，对阿姆斯特丹、纽约和伦敦城市规划的分配效应进行详细考察，提出了一个正义城市理论（urban theory of justice），我们稍后会作专门介绍。[①]

本书集中关注城市领导力，希望对城市规划和城市治理的讨论作出一些努力。[②] 这是因为，正如第 5 章将更详细解释的一样，地方领导力是很重要的，它可以影响到一个城市的生活质量。简单地说，领导人可能重视不公正，也可能忽视不公正。值得强调，城市领导者不只是那些"身居高位"的人，比如直接选举产生的市长、政治领袖和地方政府部门的负责人。相反，在现代地方治理体系中，领导力是分散的和多层次性的。除了城市市长从战略上作出的努力之外，邻里活动家或社会企业家也可以对地方性领导力作出重大贡献。

规划理论的一个主要缺陷是它在本质上一直是忽视领导力的。本书邀请城市学者，包括规划理论家，一同来关注领导力在塑造城市环境和地方生活机会上的作用。当然，城市领导者受制于更广泛的经济、政治和环境力量，其政治行动的范围是有限的。我们将通过多个创新故事，探讨对地方性领导力而言具有可行性的政治空间。但是，我们首先得指出，即便不是全部，至少也是大多数城市领导者——从宽泛的角度可以定义为领导力——是有一定的影响力去改变城市居民的生活质量的。全球性力量在影响城市未来，而不是决定城市未来。正如我们将看到的，在过去 30 年里，非地方性的力量越来越多，但是它并不能说明现代城市中发生的一切。

---

① 还有很多其他学者对城市中的社会公正问题进行了讨论。参见：Brenner et al.，2012；Friedmann，2002；Iveson and Fincher，2011；Nightingale，2012；Sandercock，1998 and 2003；and Young，2000。

② 在这个讨论阶段，我想引入与地方性领导力相关的话题。这个讨论适用于农村和准城市或半城市区（semi-urban），也适用于城市区。我们使用"城区领导力"（urban leadership）、"城市性领导力"（city leadership）、"城市领导力"（civic leadership）、"地方领导力"（local leadership）都是同样的意蕴，它们都是"地方性领导力"（place-based leadership）的不同版本。第 4 章和第 5 章将更加详细讨论地方性领导力的本质。

更多地关注政策和实践是否在使城市更加包容，从根本上说与道德有关。多林在他富有想象力的分析中就指出，可以用"不公正"来反映人类社会本质以及目前全世界范围都存在的现象（Dorling，2011）。其他作者也对不平等的高昂社会成本进行了讨论（Lansley，2012；Stiglitz，2012；Wilkinson and Pickett，2010）。但是，创造更包容的社会并不局限于道德上的讨论。正如本章开篇引用梭伦的话所表明的那样，没有建立好的政府，就会有一些不受待见的力量"跳过高墙"。坦率地说，如果城市变得越来越不平等，富人和穷人的生活质量都会受到威胁。正如本书序言所解释的那样，即便是繁荣的城市也会短时间内陷入城市暴乱。随之而来的，对城市正义的不重视会带来政治的不稳定。城市领导者如果忽视社会、经济和政治包容的重要性，就会削弱其城市的公民基础。

二、承认市场的局限性

为什么助长社会排斥的进程占据了主导地位？为什么不平等在上升？可以肯定地说，近年来，全球连接的加强给世界偏远的地区带来了大量新的机会。从国际视角看，城市，包括快速扩张的城市和全球南方国家的特大城市，正在为数十亿人提供新的经济和社会机会（Campbell，2012）。需要指出，仅仅关注城市和城市地区现在面临的"问题"，是一种误导行为。事实上有很多城市成功的故事，我们在本书中就会记录其中的一些成功故事。

但是对城市领导者、社区积极分子而言，关键是无论在农村还是在城市，社会不平等都在急剧增加。出现这种令人不安的趋势，原因是复杂的。这里，我认为最应该谴责的是人们越来越痴迷于市场意识形态。在过去30年左右，许多公共领导者，无论是地方的还是国家的领导人，都逐渐相信市场能够为社会所面临的问题提供最终的答案。在20世纪80年代早期，右翼政治家——特别是美国总统罗纳德·里根和英国首相撒切尔夫人——主张"自由市场"而不是政府，能够为社会和经济的进步提供正确的前进道路。在由大企业资助的智库襄助下，这些新自由主义的政治家们产生了巨大影响力——在许多国家，意识形态都向右转向。

第 1 章
地方性领导力与包容性城市

然而正像张夏准（Ha-Joon Chang，2010）所明确指出的，并不存在所谓的"自由市场"。每个市场都有约束自由选择的规则和边界。因此，新自由主义意识形态就是建立在沙滩上的房子，并不可靠。它对市场规则的认识是完全不现实的、理想化的。正如西奥多等人（Theodore et al.，2011，p.16）指出的，"在实践中，为了执行好市场规则，新自由主义一直都在急剧地增加强制性的、严厉的政府干预"（作者本人的观点也是如此）。尽管存在地理差异，但是许多西方国家的公共政策都受到"自由市场"价值的主导，即便我们深知自由市场并不是这么回事。

最近一些年，许多研究对公共政策深陷自由市场价值迷思的做法进行了激烈批判。比如，拉帕维查斯（Lapavitsas，2013）认为"金融化"已经改变了发达资本主义经济体的本质。他指出，在许多社会，整个社会如何占有金钱已经发展到了用私人利润取代公共目的作为准则的地步。皮凯蒂（Piketty，2014）对过去两个世纪财富分配的形成过程进行了拓展性分析，他的研究强化了拉帕维查斯的观点。皮凯蒂证实，当代资本主义的不平等正在急速增加。此外，这种加速的趋势正在危及民主社会，以及民主社会所钟爱的社会正义价值。

丝奇雅·沙森（Saskia Sassen）的研究也反对新自由主义。她认为，飞速增加的不平等与其说是由于超级富豪和大型公司对人的剥削引起的，不如说是由内嵌着既得利益的"掠夺性构造"（predatory formations）① 所引起的。在对现代资本主义的评估中，沙森认为，传统型的强盗资本家已经被如下群体所取代：

> 精英和体系性生产能力与金融结合在一起，成为关键的能动者（enabler），推动着剧烈的集中——这种体系性生产能力是由技术、市场、金融创新，以及政府力量混合在一起的变量集合体。（Sassen，2014，p.13）

非常直白地讲，直到20世纪80年代，无论是资本主义还是共产主义国家的经济都有吸纳（incorporate）人群的趋势，特别是工人，这些人群中的大多

---

① 按照沙森在《驱逐：全球经济的残酷与复杂》一书中的定义，"掠夺性构造"即精英和以金融为关键手段的系统能力的混合，推动财富的极端集中。——译者注

迈向包容性城市

地方性创新的故事

数（虽然不能说全部）都喜欢生活水平的改进。沙森认为，在过去 30 多年里，"吸纳"（incorporation）的动态过程已经被相对新的"驱逐"（expulsion）过程所取代。因为大多数人现在不再需要去加快难以置信的财富集中，所以，掠夺性过程现在主要是用来驱逐人，而不是吸纳人。

大多数人认为，2008—2009 年的国际金融危机已经使个体、社群和政府进行了反思（Tett，2009）。迈克尔·桑德尔（Michael Sandel）在他的畅销书《金钱不能买什么：金钱与公正的正面交锋》（*What Money Can't Buy*）中论证了为什么市场必胜的时代已经终结。他认为，金融危机已经对市场有效配置风险的能力提出了质疑。全球经济在 2008 年到 2014 年间的震动带来了更深层的焦虑感，人们感到，市场已经脱离了道德以及更宽泛意义上的公共目的。

桑德尔提到，对于许多人而言，解决问题的出路是控制贪婪，对银行业提出更高的征信要求，制定合理可行的规章制度，防止以后发生不负责任的金融行为。然而，他的主要洞见是认识到这种做法并不足以解决问题。桑德尔认为，过度的贪婪在金融危机中扮演了重要角色，而更糟糕的事情实际上正在发生：

> 在过去 30 年中，最致命的变化不是贪婪的增加。市场以及市场价值扩张，进入不属于它们的生活领域，这才是最致命的变化……我们需要对这种变化如何影响市场的本来定位展开辩论。为了进行这次辩论，我们需要思考一下市场的道德局限性。我们需要质问一下，是否有一些东西是用金钱买不到的。（Sandel，2012，p.7）

桑德尔拓展了对这种变化的讨论，尽管他没有讨论变化是如何实现的，他认为"我们已经从拥有（having）一个市场经济转向了成为（being）一个市场社会"（Sandel，2012，p.9；作者本人的观点）。这种对市场价值的迷思，可能挤掉了其他更重要的价值——比如同情、慷慨、体贴、团结。稍后，我们还会再转回来讨论桑德尔的论题。这里，我们想指出，本书的核心观点是认为建立包容性城市是现代城市领导者目前最重要的任务，这与桑德尔对现代社会的批判是一致的。在我看来，他认为市场是有道德局限的，但是这一点已经被大大地忽视。宽泛地讲，城市领导者有助于我们将道德判断重新带回到公共政

第 1 章

地方性领导力与包容性城市

策领域。

这绝不等于说市场就是"坏东西",它们对包容性城市的创建就毫无用处。相反,成功的包容性城市往往都有充满活力而多元化的经济,我们在第 9 章将进一步讨论这个话题。这里需要强调,市场需要服务于社会,而不是反过来。有志于创建包容性城市的城市领导者会欢迎改进本地居民生活质量的社会企业和商业企业。他们也将坚决地抵制强大的经济利益集团——我称之为非地方性领导人——这些利益集团随时在准备剥削本地居民。[①]

我已经将推动包容性城市发展的主要观点列了出来,现在,我想介绍一下本书后面会更加详细讨论的四个重大论题:

1. 公共政策中的"地方";
2. 公共领导力;
3. 公共管理中的创新;
4. 现代社会中的权力。

这四个重大论题就是我们在讨论如何创建和平的、文化多元的、人与自然和谐的城市时的思想基石。

三、公共政策中的"地方"

我的核心观点是那些希望强化公共政策有效性的人应该更加关注"地方"——特别是那些希望推进社会包容事业的人。这里,我并不想冒犯那些从事地理、城市和区域规划、建筑、可持续发展及其相关学科研究的人,他们已经数十年在努力推进以地方为基础的分析和描述事业了。相反,我认为这些

---

① 英国工党领袖米利班德(Ed Miliband)在 2011 年的工党年会上的发言中对不同的商业给出了一个类似的区分。他认为,今天的主要政治选择并不是在亲商业(pro-business)或反商业(anti-business)的党派之间进行的——因为,所有的党派都必定是亲商业的。他指出,公民现在面临的真实选择是:"你是支持财富的创造者还是资产的倒卖者?生产者还是掠夺者?生产者进行培训、投资、创造、销售……而掠夺者只关心赚快钱,拿走他们从商业中能得到的东西……我们必须认识到,如果增长来自掠夺者,而不是生产者的话,这样的增长就是建立在沙滩上的,没有牢固的根基。"(Miliband,2011)自从那次演讲之后,在一段时期里,其他英国政治党派的领袖也提出过类似的言论,统统表明需要一个更加负责任的资本主义形式。此外,沙森为了解释"掠夺性构造"的增长,还详细构建了一个理论框架(Sassen,2014)。

迈向包容性城市
地方性创新的故事

学科对地方的考量是非常突出的。

民族国家的政府试图按照部门划分来构建它们国内的公共政策——比如，经济、教育、医疗、社会照顾、交通、农业、公安、能源等等。结果，比较有影响力的中央政府部门，在更多政策共同体、专业人士和既得利益者的支持下，逐渐主导了公共政策的构思、制定和实施方式。这是一个坏消息。[①]

事情变得更糟了。正是与公共政策相关的知识建构方式限制了我们的认识。沃伦·马格努森（Warren Magnusson）提醒我们，这是因为社会科学依然还沿袭了19世纪末的传统，而出于学术研究目的，世界已经被人们用新的方式进行了划分。这个假设是劳动分工——在经济学、社会学、地理、政治学、哲学等学科之间的劳动分工将促进科学研究，事实上也是如此。但是，这种划分方式是有缺点的；也就是说，它与其他类型的分析发生了冲突，特别是它低估了跨学科研究的价值。[②] 马格努森认为，城市研究者一直犹豫于是否挑战严格的学科边界……这种胆怯与采用国家视角而不是城市视角的取向密切相关（Magnusson，2010，p. 41）。

他认为，传统的学科反映了一个特殊却富有争议的认识世界的方式，虽然社会科学一直在努力影响政策，但它们往往是"国家视角"（see like a state）的——也就是说，它们生产的是那些试图进行统治的人可理解的知识。马格努森有一个激进的观点，他认为"城市视角"（see like a city）具有许多好处，尤其是它把我们当作居民，而不是统治者。[③] 我是认同这种分析的，用我的话

[①] 正如沙森（Saskia Sassen）解释的，大型股份制公司积极工作，按照它们的意愿歪曲决策。她指出，美国的公司进行大量的游说活动，而这些在主流的新闻中实际上并没有引起关注。比如，通用电气（GE）2010年就花费3930万美元，在华盛顿（美国白宫）开展游说，平均来说，对每个议员和代表的游说花费都超过了7.3万美元（Sassen，2014，p. 269）。这里，我想强调的是，在民族国家内部，权力的集中（集权）适合大的公司。用来游说中央政府的花费可能是巨大的，同时，大公司知道这笔花费是非常值得的。因为，要想用这笔钱去影响成千上万个地方政府的决策（现在全世界都存在的）是不可能的，尽管这样做，大公司的政治影响力会获得很大的提升。

[②] 正如我们指出的，无论是在自然科学还是在社会科学中，近年来都大量出现了跨学科的研究。跨学科研究意味着在一个单项研究中综合运用两个或更多的学科知识。比如全球变暖、艾滋病流行病学、社会不平等等议题，都需要从不同的学科进行探讨。在自然科学中，我们可以看到一些新的跨学科领域出现，比如生物信息学和合成生物学。

[③] 这个"城市视角"（seeing like a city），而不是"国家视角"（seeing like a state）的理念是从斯科特的研究中引申出来的（Scott，1998）。

第 1 章

地方性领导力与包容性城市

讲，"城市视角" 就是要采用地方性视角（place-based perspective）。在第 4章，我还将对此展开讨论。

现在，已经不时地有一些由中央政府发起的项目承认接受公共政策的地方性方法。比如，在英国，迈克尔·莱昂斯（Michael Lyons）爵士的一份关于地方政府的报告就倡导地方对本地政府的影响（Lyons, 2007）。更近一些时候，人们在努力对公共服务提出一个总所（total place）① 或者说一个全域（wholearea）方法（HM Treasury, 2010）。这种基于地方对政府努力进行的分析，通过考察一定区域内的总公共支出，试图揭露浪费和重复建设，把资源释放出来，从而更有效地利用资源。最近，特里·法内尔（Terry Farrell）爵士提交了一个报告，对英国未来的建筑和建设环境进行讨论（Farrell, 2014）。有趣的是，这个报告的题目是 "我们在地方上的未来"（*Our Future in Place*），特里爵士很有激情地指出，我们需要发展一个更加积极主动的方法去进行地方性规划和设计。

采用总所（total place）方法进行试点的一个核心成果是英国的中央政府将不得不把 "它们" 对公共服务的重要决策权下放给地方，以帮助这激进的、地方性方法发挥作用。虽然英国中央政府此前就在努力发展基于地理的 "全盘处理方法"（total approach），但是因为受到集权主义思维的驱动，它们对此并不坚定。② 2012 年，受卡梅伦首相的邀请，赫塞尔廷勋爵③（Lord He-seltine）对阻碍英国经济增长的因素进行了研究。在他的重要报告中，他指出，集权主义已经弱化了地方的领导力。他建议每年将中央政府的公共支出中

---

① 英国的 "总所"（total place）项目在 2011—2012 年的 "社区预算"（commuinty budget）中出现了变形。社区预算方法集中关注满足那些面对多种问题的家庭的需要。我们会在第 6 章的创新故事 5中，以英国斯温顿的家庭生活项目（Family LIFE Project）为例，对这种社区预算方法进行考察。

② 在中央政府中，部门主义（departmentalism）盛行，这并不新鲜。在 20 世纪 70 年代的 "全盘处理方法"（total approach）面临的许多问题，现在的 "总所" 项目和 "社区预算" 项目同样也存在（Hambleton, 2010）。

③ 迈克尔·赫赛尔廷（Michael Heseltine, 1933 年— ）是保守党政治领袖，在 20 世纪 90 年代早期，他是英国环境事务大臣。在任期间，赫赛尔廷提出在地方政府推行市长直接选举，以强化英格兰的地方性领导力（Department of the Envrionment, 1991）。保守党议员们（Tory MPs）反对这个想法，他们担心这会导致出现高姿态的地方性政治家，后者会在他们的选区成为竞争对手。就像闪电一样，这个政策很快就被取消了。在第 5 章里，我们将讨论工党政府，尤其是在托尼·布莱尔担任首相期间，是如何激发英国讨论地方性领导力的。

· 13 ·

的 120 亿英镑转移支付给地方。这个大胆的建议意味着要扭转"集权化趋势"（a process of centralisation），而集权化趋势在英国已经持续了上百年，却从没有被审视过（Heseltine，2012）。最近，英国议员、城市和宪法部部长格雷格·克拉克（Greg Clark）与他人合作发表了一篇论文，希望中央政府将权力和责任下放给城市（Clark and Clark，2014）。事实上，这篇文章并没有坚决地建议强化由选举产生的地方当局的财政权力，而是不太令人信服地提出，为一些城市和地方提供小规模的资金"优惠"（deals）。[①]

权力向中央政府或白厅（whitehall）的转移，在英国已经有很长一段时期，尽管英国向苏格兰和威尔士下放了权力，但是仍然进入了一个荒谬的集权式决策模式。这必然带来负面影响，英国地方民主体制的财政能力目前已经不足。我在这里会给出国际性的考察。那些采用地方性视角的国家都可能遭遇严重的抵制，这些抵制来自相互独立的政治和专业权力结构，来自更高级别的政府，它们往往认为自己"最了解情况"。

如前所述，中央政府发现非常难以避免采用"国家视角"的倾向，而这阻碍了任何国家的公共服务改革。当然，也并不是没有指望了。正如巴贝尔（Barber，2013）所言，民族国家自身可能会发现，它正被城市领导者所超越，后者现在正证明——这已经是国际性的运动——他们使用地方性方法，能够非常有效地解决问题，并建立起城市与城市间（city-to-city）的学习网络（Campbell，2012）。

四、公共领导力：新的可能？

公共政策中的领导力从本质上与私人部门的领导力是不同的，它终于开始

[①] 这篇文章认为，英国是一个"城市导向的国家政策和项目"的例子，它试图在一个全球化系统中把地方性领导力和国家框架结合在一起（Clark and Clark，2014，p.5）。然而，如果认为权力正在从英国中央政府转向城市，这可能是误导性的说法。它没有考虑到地方政府的支出出现了前所未有的削减（在过去三年里，也就是从 2012—2013 年到 2014—2015 年，年度财政收入的支出大约减少了 30%），也没有考虑到所谓的地方政府条款（Localism Act，2011）包含了 140 多个集权化的措施，更不用说选举产生的地方当局，即便到现在，也无法设定它们自己的地方税收水平。英国的地方领导人继续受到高度集权化的国家的干涉，我们将在第 5 章对此再进行讨论。

第 1 章

地方性领导力与包容性城市

得到学界的广泛关注，这是值得肯定的。我们很难想象，如果没有大胆而有远见的领导力，公共服务可能会发生怎样的重大变革，而公共领导力理论似乎依然落后于实践的需要。比如，我们想一想，从地方政府管理（local government）转向地方治理（local governance）。① 在广义上，地方"治理"指的是各种公共、私人、社区、志愿部门在地方层面的互动过程和结构。它得益于集体供给责任的分散，承认不同层级和不同部门的贡献。这与传统的地方政府"管理"概念有很大的区别，在传统上，国家运转才是关注的焦点。

对地方性政治领导力而言，从管理（government）向治理（governance）的转变具有重大意义。决定政策和优先序的"城市老板"②（city boss）理念应运而生；"促进型领导者"（facilitative leader）也出现，它协同整合了各种行动者的努力。当然，这是对现代城市领导力领域的变化作出的一种诙谐说法。但是，它也强调了具备与"合作工作中的领导力"或"网络领导力"相关的能力是重要的。相对而言，目前仍然很少有文献对不同机构和行动者的权力与责任被分散的情形下，公共领导力如何发挥作用的问题进行研究。

当然，公共领导力理论也一直在努力适应环境的变化（Burns，1978；Grint，1997，2005；Keohane，2010；Pendleton and Furnham，2012；Scharmer and Kaufer，2013）。然而，关于城市领导力的理论研究是少见的。吉姆·斯瓦拉（Jim Svara）是一位十分受人尊敬的美国学者，他是个例外——他是少数几个在 20 世纪 80 年代就认识到城市领导力重要性的城市政治学家之一。他率先出版了关于地方性领导力（local leadership）的论著（Svara，1990，1994），讨论选举产生的政治家和任命的公务员在城市领导力领域是如何互动的；最近，他和同事又合作完成了一些与此相关的研究（Svara，2009）。在英国，首相托尼·布莱尔提升了对地方领导力的讨论质量，这是值得肯定的（Blair，1998）。1997 年，在台上执政的工党政府着手强化英国地方政府的政治领导

---

① 从"管理"（government）向"治理"（governance）的转变，现在在城市和地方政府研究中都是大家熟悉的话题。参见 Denters and Rose，2005；Goss，2001；Haus et al.，2005；Heinelt et al.，2006；Hambleton and Gross，2007。

② "城市老板"是美国城市社会结构中的特殊群体。19 世纪末 20 世纪初，美国大多数城市都被政治核心集团控制，其首领被称作"城市老板"，又译党魁、政魁或政治老板。——译者注

· 15 ·

迈向包容性城市
地方性创新的故事

力，特别是引入立法，确定了更强有力的执行角色——包括在英格兰直接选举产生市长（Hambleton，1998）。

更近一段时期的研究对地方性领导力的作用进行了讨论，比如鼓励公共服务创新（Bason，2010）；推动可持续发展（Parkin，2010）；促进知识经济的发展（Gibney et al.，2009）；可持续地进行地方塑造（place-shaping）（Collinge et al.，2011；Sotarauta et al.，2014）；推动地方经济发展（Swinny et al.，2011）。我们将在第 3 章和第 5 章对领导力相关的理念和经验，包括我所称的"新城市领导力"（new civic leadership），作更深入的讨论。这里，我们仅强调三个重要的议题。

第一，应该更加关注领导力在带来重要变化上发挥的作用。在一个稳定的世界里，进行创新可能并不是必要的——在去年所做的基础上增加一点或减少一点，都会是一个令人满意的方法。在这样一个稳定的世界里，没有领导力也不必然是灾难——有管理模式就足够了。但是，在一个快速变化的世界里，领导力就会变得重要，有效的领导是进行变革的关键。成功的领导者可以帮助所有的人预见到可能的挑战，因此，他们也必然会打破现状。这对社区群体和有想象力的城市市长都是适用的。实际上，草根活动家们也对新城市领导力议程作出了贡献。正如艾利森·吉尔克里斯特和玛丽莲·泰勒（Alison Gilchrist and Marilyn Taylor，2011，p. 123）所言，"社区发展能够鼓励社区领导力，反映相关人员的关切和它自己的价值。换句话说，它试图确定一种包容、合作、平等主义和民主的领导力"。

第二，从管理向治理的转变，更强调促进型领导力技能。美国的经验与此相关，因为治理模式在美国被采用的时间比其他国家要长些。很多美国城市学者认为，传统的"自上而下的强领导"模式并不适用于权力分散的地方（Stone，1995；Svara，1994，2009）。最近有一个关于英国地方政府的协作领导力（collaborative leadership）的研究就支持这种观点（Williams，2012）。这种跨界领导的方式可能得到人们的支持和发展，本书将重点对此进行讨论。

第三，关于领导力的理论和实践已经严重忽视了情绪（emotion）的作用。同样，我们需要注意例外的存在。比如，丹尼尔·戈曼（Daniel Goleman）和同事们对情商（emotion intelligence）进行了研究，强调领导力的软技能（soft

第 1 章
地方性领导力与包容性城市

skills）对增强关系质量是重要的（Goleman et al.，2002）。最近，英国和荷兰（anglo-dutch）的学者合作对两国消除社会排斥的做法进行了研究，也发现领导力在其中起到了特别重要的作用（Hambleton and Howard，2012）。

以上三个议题在后面的章节里还会进行一定的讨论。不过，我在较早阶段就对领导力给出自己的定义，会更有价值。在之前的研究中，我把领导力界定为"通过对个人或群体的情绪和行为施加影响，以实现共同目标的过程"（Hambleton，2007a，p.174）。对"领导力"还有其他的定义，其中的一些定义，我们在后面的章节中将会考虑。我这里给出的"领导力"定义将被用来指导全书的分析。这个定义的优势在于它关注了人们的感受，强调对共同的目标进行集体和社会建构。

五、公共管理中的创新

公共服务创新是一个相对被忽视的议题，直到最近一些年才引起人们的关注，现在已经是公共政策圈里高度关注的话题。一些人可能会认为 2008—2009 年的金融危机是导致这种态度转变的主要原因。在此意义上，目前对公共服务创新的兴趣是对很多国家大幅度削减公共服务支出的一种反应。许多公务员已经摒弃以往的行为方式，结果，创新已经超出了"管理任务清单"（the managerial to do list）。不可否认，伴随金融危机而来的紧缩已经引发了人们对公共服务创新的兴趣——无论是地方，还是国家和国际层面都是如此。然而，这种关注焦点的转变反映出人们对公共服务的作用和目的进行了更深入的反思，至少在一些地方是这样。在一些情形下，这也包括对国家和市民社会的关系进行反思。在这些地方，创新并没有被看作应对财政压力而采取的暂时性的管理办法。

对公共服务改进和公共服务创新进行简单的区分，是有益的。在公共服务改进方面，政治家对他们的公务人员提出了明确的目标，而这些目标与公共服务的成本—收益相关。他们要求其下属持续改进，监督服务的投入和产出，评估公共服务绩效，然后为提升服务效率作出相应调整。这是经典的绩效管理——我们在这里不打算对指导组织绩效的规范进行评论。与公共服务改进不

迈向包容性城市
地方性创新的故事

同，在公共服务创新中，公务员试图用一种更加有成本—效率的方式为其顾客提供更多相同或非常类似的服务。当一个组织从事创新时，它就超越了传统的绩效管理范畴。这需要对其自身的效率进行严格的评估，接纳一些可能闻所未闻的事物，探讨用全新的方式去实现目标。

在区分改进与创新之间的区别时，我想使用一个由阿吉里斯和施恩（Argyris & Schon，1978）最早提出的概念。这个概念是在他们产生较大影响的组织学习论著中提出的。在他们的"单环学习"（single loop learning）模型中——我认为就是"改进"，包含了将检测到的结果与组织战略联系在一起的单循环反馈。在这个模型中，对绩效的改善，重点是通过改变战略和实践来实现的，并没有挑战到组织规范。而"双环学习"（double loop learning）发生在组织意识到它无法通过继续用自己已知的方法来改进绩效之时。① 在双环学习模型中——我认为就是"创新"，存在两个反馈：一个是将学习与组织战略联系起来，一个是将学习与决定有效绩效的关键规范联系起来。

两种组织学习在任何成功的组织中都起到重要作用。在稳定的时期，强调改进的战略也能发挥作用。而在组织环境发生快速变化的环境里，几乎可以肯定地说，这时需要重视的是创新。我所作的区别和一些作者对增量型组织变迁和颠覆性组织变迁所作的区别是一致的。持续的改进往往是一个细粒度的、增量的过程，而创新却往往包含了与过去的实践进行一定程度的分离（Hartely，2011）。

英国政府创新孵化中心（Whitehall Innovation Hub）成立于 2008 年，它为英国的公共服务创新讨论贡献了新的思维。苏·马多克（Su Maddock）是这个孵化中心的主任，他从一开始就认识到，领导力在孵化公共服务创新中起到关键作用——不仅仅是激发创新动力方面，而且在创造一个鼓励创新的公共服务文化方面也起到作用（Maddock，2009）。最近，一个英国的慈善组织——也就是国家科学、技术与艺术基金会②（NESTA）开始对公共服务实践中的创新

---

① 单环学习，只是通过一般的学习，寻求行为和结果之间的匹配，以保证组织的正常运转。从本质上讲，单环学习可以维持组织的正常行为，但不能取得改进效果。所谓双环学习，是指进一步追问组织行为的前提是否恰当，通过克服"习惯性防卫"造成的认知障碍，谋求从行为的前提变量（即行为的前提假设）上取得根本性改善。——译者注

② 国家科学、技术与艺术基金会（NESTA）是英国最大的支持科技创新发展的非政府机构。——译者注

第 1 章
地方性领导力与包容性城市

进行纪录，探求用新的工作方式去推动创新（Gillinson et al., 2010；Mulgan and Leadbeater, 2013）。

在本书中，我将公共服务创新定义为提供公共服务的新方式，这种新方式被运用到实践中，并最终发现它是否有用。这个简单的定义表明，创新不仅仅包括发明一个新的点子，还包括运用这个新的点子。[1] 此外，它把创新看作一个社会探索和学习的过程。我们将探讨创新主题——特别是地方性创新[2]——在第 6 章和本书后面讨论的很多创新故事里，我们都将对此作出探讨。在此方面，我这里只想重点强调两点。第一，依我的经验，快速激进的公共服务创新总是包含了一个共同创造（co-creation）的过程——也就是与人们一起共同创造和提出新的解决方案，而不是为他们提出新的解决方案。对公共服务创新进行研究的其他作者们也很认同这种方法，比如，巴森的研究（Bason, 2010）。第二，本书的研究表明，公共服务创新的管理模式起关键作用，但是真正快速的变化需要的是政治领导力，而不仅仅是管理领导力。

六、现代社会的权力

有大量的文献对权力进行研究，提出了很多定义。这里，我作一个简要的介绍。我聚焦那些影响领导力的权力维度，特别是地方性领导力。牛津英语大辞典对权力作了界定，这是我们的起点，它认为权力是"做事或行动的能力"。约翰·斯科特（John Scott, 2001）将"社会权力"界定为"一个能动者在与其他参与者的社会关系中有意识地运用因果力量去影响他们的行为"。这个能动者可能是个体、群体、组织、政党，也可能是一个特殊利益群体，等等。

那么，因果（causation）就成为权力概念的关键，并且往往会对诱导性的权力运用和强制性的权力运用进行类似的区分——有时用口语来说，就是

---

[1] 这与创新方面的管理文献是一致的，参见 Tidd et al.（2005, p. 66）。

[2] 地方性创新（place-based innovation）强调每一个地方的整体性和独特性。传统的城市规划学的研究对象是"空间"（space），而不是"地方"（place）。"place"指某人或某物所占的特定的空间，是可数名词。——译者注

迈向包容性城市

地方性创新的故事

"胡萝卜或大棒"。约瑟夫·奈（Joseph Nye）对现代世界政治中的"硬实力"和"软实力"进行区分，丰富了我们对国际外交的理解认知。他认为，硬实力往往依靠诱导（胡萝卜）或威胁（大棒），而权力还有软实力的一面。软实力拉拢人们，说服争取了人们。简单地说，软实力"……就是通过吸引别人而不是强制他们来达到你想要达到的目的的能力"（Nye，2004，p. x）。当然，对软实力运用的关注，并不意味着要抛弃硬实力。约瑟夫·奈认为，权力可以被看作一个连续谱系，从较软的权力到较硬的权力——或者，我们可以说，从通过胡萝卜吸引到通过大棒吸引。正如我们将看到的，当我们稍后对成功的地方性领导力进行考察时就会发现，事实上，有效的城市领导者在实践中对软实力的运用方式是非常复杂的，尽管他们可能不用这样的话语。

不过，权力概念远比简单地区分软实力和硬实力的方法要复杂得多。斯蒂夫·卢克斯（Stephen Lukes，2005）在其论著《权力：一个激进的评论》（*Power：A Radical View*）中，对现代社会中的权力作了一个非常精彩的分析。这本书最早出版于 1974 年，在书中，卢克斯引用了大量文献。他认为，权力有三个面向（faces）或者三个维度。首先，在公共决策中就存在明显的权力运用。权力的这种表现吸引了当代新闻组织的关注，主导了公共话语。它主要集中关注那些对一些存在可见的利益冲突的问题作出决策的行为。在美国的多元主义学者看来，比如罗伯特·达尔（Robert Dahl，1961）等人看来，对城市中的实际决策进行考察，也就能揭示现代社会的权力分配。多元主义认为，在一些专门的决策中，不同的利益群体是赢还是输，取决于它们的讨论是否完备，取决于它们获得支持的程度，取决于它们的组织能力等等。卢克斯把这称为权力的一维观（one-dimensional view）。

权力的第二个维度强调一些利益群体阻止问题一开始就进入公共空间的能力。巴克拉克和巴拉茨（Bachrach & Baratz，1970）率先提出了非决策性（non-decision-making）的观点。他们认为，一个共同体可能包括部分有足够的能力有意无意地为了防止政策冲突进入公共空间而设置障碍的群体。卢克斯认为，这种非决策性的观点与"偏见的动员"（mobilisation of bias）理念（Schattschneider，1960，p. 71）是类似的，而且可能不易发现；它是权力的一个重要方面，意味着一些潜在的需求在被大众所知之前很可能就被压制下

第 1 章

地方性领导力与包容性城市

去了。

卢克斯继续指出，虽然以上两个维度已经提供了权力的很多内容，但是仍然不充分，因为它们把权力和真实的、可观察到的冲突（或者在非决策性场景中的潜在冲突）联系在一起。卢克斯认为，权力存在第三个维度，也就是不可见的、隐藏的欲望构成，这些欲望通过错误的信息、社会工程和宣传来操控群体的价值。

> 实际上，让另一个人或别的人拥有你希望他拥有的欲望，或者说通过控制人们的思想和欲望来实现他们的遵从，难道不是对权力的一个极端运用吗？（Lukes，2005，p. 27）

权力的第三个维度对政治体制是如何防止政治需求变成政治问题，甚至禁止政治需求的形成，提供了一种可能的社会学解释，而不是仅仅从个体角度去解释。[1]

在过去 40 多年里，政治科学家和城市学者们一直在积极运用权力观去研究许多城市的治理问题。克拉伦斯·斯通（Clarence Stone，1989）曾出版了一本名叫《政体政治》（*Regime Politics*）的书，对亚特兰大市在 1946 年到 1988 年的权力运用进行了详尽的分析，值得我们关注。斯通的研究影响了一代城市学者（比如 Davies and Imbroscio，2010），他对亚特兰大城市政体的本质给出了许多洞见，例如，他认为"一个共同体是通过系列安排而得到统治的（governed）"（Stone，1989，p. 6）。他还指出，"权力争斗并不是为了控制和抵抗，而是为了赢得和积累行动能力——也就是作为能力（power to）的权力而不是作为支配（power over）的权力"（Stone，1989，p. 229）。

正如我之前提到的，苏珊·费恩斯坦（Fainstein，2010）指出，现代规划理论一直忽略了权力在现代社会的作用。然而，如果认为所有的规划理论家们都对城市规划实践中的权力结构视而不见，那也是错误的。比如，在多年以

---

[1] 关于权力方面的文献很多，我在这里仅仅介绍一些重要的观点。有兴趣的读者可以参见 Flyvbjerg，2001；Foucault，1979；Lukes，2005 与 Scott，2001。

· 21 ·

前，傅以斌（Bent Flyvbjerg，1998）就对丹麦奥尔堡城市规划中的理性和权力利益之间的互动关系进行了详细分析。近期，菲利普·阿尔门丁格（Philip Allmendinger，2009）对规划理论中的七个流派进行了考察。他认为，不同的规划方式可能或者不可能服务于不同的社会利益群体。这些对政治权力和规划之间的互动关系进行的研究是重要的，也必将受到人们的欢迎。在接下来的多个章节里，我们还会反复讨论到现代社会的权力主题。

七、包容性城市的维度

我们已经引介了四个对创建包容性城市的有效策略起关键作用的主题，包括对地方的理解、对领导力重要性的认知、进行创新的承诺、对现代社会权力的理解。现在，我想概要地提出一种界定包容性城市的方式。我和乔·霍华德（Jo Howard）在一个关于公共服务创新的国际研究报告中曾对社会包容作出过界定，认为它"是能够完全参与社会活动，并且或参与政治和社会生活"（Hambleton and Howard，2012，p. 11）。这个简单的定义是管用的，它足够对英国和荷兰的地方性领导力和社会包容进行比较分析，我们研究的三个城市的创新者们都很接受这个概念。

这里，我尝试采用一个更加综合的方法——包括政治、社会、经济和环境四个维度，拓宽社会包容的定义。对定义的讨论是重要的，因为正如我们所见，一些词汇——特别是像"可持续发展"——在过去多年里曾被滥用，完全失去其本来的意思。

我引入四个与包容相关的、彼此关联的主题，认为它们对界定什么是一个包容性城市都是有作用的：（1）把包容、不平等与地方联系起来；（2）采用"基于权利"（rights based）的视角；（3）增强民主的包容路径；（4）我们与自然环境的关系。

（一）包容、不平等与地方

首先，我们考虑一下不平等和包容的关系。有大量社会学文献对社会可能

第1章

地方性领导力与包容性城市

边缘化或排斥一些群体进行了考察——基于一个人所处的阶级、教育、性别、种族、宗教、民族、种姓、性取向、年龄、身体力行的能力，等等。[①] 这是一个复杂的主题，我们必须避免太随意地进行概括。然而，威尔金森和皮凯蒂在他们富有国际影响的研究《水平仪：为何平等更有利于每个人》(*The Spirit Level: Why Equality Is Better For Everyone*) 中提出，"在一个更加不平等的社会里，人们更多地受到操控；而在一个更加平等的社会里，人们更多包容和富有同情心" (Wilkinson and Pickett, 2010, p. 168)。作者认为，在一个社会中，收入差异越大，越会固化社会结构，减少向上流动的机会。那么，自然地，那些想推动包容理念的活动家们有望同努力减少不平等的人们一样找到共同的事业。

地方和不平等之间有什么关系？地理起作用吗？答案是"肯定的"。事实上，地理在影响生活机会上起到关键作用，这也是前文为什么提到公共决策对地方的忽略是令人烦恼的原因之一。[②] 证据表明——而且肯定地表明，人们在其所生活的地域要么是处于弱势的，要么是处于优势的。我们能识别出三类与地理相关的不公正现象，我把它们分别称为区域正义 (territorial justice)、空间正义 (spatial justice) 和环境正义 (enviornmental justice)。

戴维斯 (Davies, 1968) 采用**区域正义**这个词汇，用来指不同区域单元的社会需求不同，而公共政策应该针对这些不同的社会需求进行资源分配。他指出，区域不公正是广泛存在的。现在，有充足的证据表明，区域不公正在许多地理层级上都很盛行。在微观层面上，任何一个城市的不同邻里之间都在生活质量上存在显著差异。[③] 在城市和区域层面，也存在不均等的地理机会。因此，在绝大多数国家，城市和区域之间在生活质量、预期寿命等方面都存在显著差异。比如，在英国，南北之间就在生活机会上存在显著差别，生活在北方

[①] 关于社会包容、社会排斥和不平等的文献越来越多。参见 Askonas and Stewart, 2000；Byrne, 1999；Craig et al., 2008；Dorling, 2011；Taket et al., 2009；and Young, 2000。关于残疾人政策，参见 Fleisher and Zames, 2001；and Roulstone and Prideaux, 2012。

[②] 我们在第4章讨论地方 (place)、空间 (space) 和区域 (territory) 三者的区别。这里，我使用"地方" (place) 涵盖以上三个方面的内容。

[③] 我在西英格兰大学 (University of the West of England) 的同事对这个主题做出了有益的研究，他们研究了英国情境下的表现 (Smith et al., 2007)。利维等人在 1974 年就对美国不均衡的邻里结果做过很棒的研究 (Levy et al., 1974)。

迈向包容性城市

地方性创新的故事

的人们生活水平相对差一些，而生活在南方的人们生活相对富裕一些，这是无可置疑的。[①] 国际上，迪伯利（De Blij，2009）已经在一个非常透彻的分析中指出，我们出生的自然和文化环境对个体和集体的前景都有深刻的影响。

空间正义概念与区域正义是部分重叠的。在《寻求空间正义》（*Seeking Spatial Justice*）一书中，索杰（Soja，2010）对空间正义概念进行了拓展性分析，认为它不仅仅指社会进程有空间效应（spatial effects），而且反过来也是对的，就是说，空间有社会影响。空间正义概念与区域正义的核心观点并不冲突——社会和政治过程产生了可以记录下来的不公正结果。但是，空间正义[②]是一个更加复杂的概念，因为，它还与空间动态引发不平等的方式有关。索杰在哈维（Harvey，1973）的研究基础上，对社会空间的哲学进行了概述。他认为，城市的工业化资本主义是需要空间的，因为空间需要被用来满足其需求。采用空间正义视角的研究者们对资本积累的需要和社会需要之间的社会—空间冲突进行了说明。

环境正义概念与区域正义和空间正义有部分重叠。环境正义的研究者们已经指出，贫穷的邻里社区获得的环境服务更少，比如街道清扫和开放空间的维护，而那些较富裕的社区往往可以享受到公园、海滩和森林。伊莎贝尔（Isabelle，2013）对一些揭示"传统的"环境正义之类的不公正现象的研究进行了描述，认为它们对我之前介绍过的区域正义理念提出了一个环境变量。然而，她注意到，环境正义学者们开辟了一个新的领域，他们在考察被边缘化的邻里社区如何通过新鲜食物和绿色空间项目来开展整体性的环境行动以获得健康的生活，对废弃材料的回收利用进行创新。伊莎贝尔提供的证据表明，当代环境正义的努力与社区发展是紧密相关的，而且她还强调地方性行动对心理是有益的：

> 他们的工作包括安全和保障在内，不仅仅包括单个的对生理、社会或财务损害的保护，而且包括了安慰、养护、保护和健康等属于环境健康的

[①] 参见 Doran et al.，2004。

[②] "justice"在国内论著中译为"正义"，比如罗尔斯的《正义论》。本书采用这一译法，同时，采用"不公正"（injustice）的译法，作为"justice"的反义词。——译者注

第 1 章

地方性领导力与包容性城市

心理维度。（Isabelle，2013，p. 171）

我们将很快再回到环境正义话题上。

最近几年，城市批判理论得到了快速发展，激进的知识分子和活动家们对城市重构的空间模式和资本需求之间的关系本质提出了一些新见解。比如，科克伦（Cochrane，2012，p. 104）论证了区域为什么"不能被认定为给定的、已经存在的、等待被政治所充斥的，而应该是通过政治过程来积极建构和形成的"。考克斯（Cox，2013）对近期关于规模和空间的论著进行了评论——也对网络理论进行了评论。他认为，因为潜在的社会结构往往被忽视，许多此类研究提供的见解充其量是部分的、不完全的。比如，他对网络理论进行了严厉批评，认为网络理论忽视了社会权力结构，"在网络理论中，相互支持的个体一起工作，已经取代了资本主义的压迫。在一些人看来，资本主义已经变成拥有商品的能动者们之间进行的快乐合作，即便在绝大多数人拥有的商品仅仅是他们自己的劳动力时，也是如此"（Cox，2013，p. 59）。城市批判理论家们对引发社会和空间不平等的过程进行了讨论（Davies and Imbroscio，2010）。2008—2009年的全球金融危机已经引发学者们开展新的研究，努力理解城市重构的当代过程和现代社会中的不平等增长（Brenner et al.，2012；Harvey，2012）。城市批判理论的核心观点认为，在资本主义社会，城市是受逐利行为的驱动而不是受社会目的的驱动。比如，利比·波特和凯特·肖（Porter and Shaw，2009）研究了"市场遵从"型战略（market-obeying）在许多国家是如何逐渐主导城市更新实践的。这种实践往往导致了取代低收入居民的绅士化（gentrification）① 进程。

城市批判理论学者们的观点各异，他们针对资本主义将关系商品化、使不平等长期存在下去的方式方法提出的解决方案，也五花八门。这些建议包括推翻资本主义体制的公开革命，以及激进的社会运动和行动。资本主义近期的失败已经导致了广泛的社会反抗。比如，在 2011 年爆发的"我们是 99%"和"占领华尔街"运动已经激励全世界很多城市——在纽约、伦敦、巴塞罗那、

---

① 绅士化（gentrification）又译中产阶层化或贵族化，指一个旧区从原本聚焦低收入者，到重建后地价及租金上涨，引来高收入者迁入，并取代原有低收入者。——译者注

雅典、开罗等大城市，以及许多小城市，发起了成千上万的非暴力集会（Byrne，2012；Graeber，2013）。

对区域、空间和环境正义的研究文献认为，至少推动包容的努力并没有考虑城市权力关系的动态性，并没有考虑空间和地点在这些未展开的动态过程中的作用，因而这些努力都是无效的。

（二）城市权利

我们的第二个主题与第一主题密切相关，考虑"基于权利"的方法对研究包容问题的价值。马歇尔（Marshall，1950）在其名著《公民权和社会阶级》（*Citizenship and Social Class*）中作过经典的分析，他为我们理解第二个主题提供了一个好的起点。[①] 他认为，至少在英国，公民权的发展经历了一个历史过程，人们对权利的诉求经历了三个主要的阶段：（1）在17世纪和18世纪对民事权（civil rights）的抗争，带来了有限的法律平等；（2）在19世纪和20世纪早期对政治权（political rights）的诉求，与资本家的利益产生冲突，因为这些争斗是要取得参与政治权力运用时不受经济地位或性别限制的公民权；（3）社会权（social rights）增加——获得普遍的生活水平和分享社会遗产的权利——（在英国）这个权利来源于福利国家在20世纪的兴起（比如，免费医疗、免费教育、住房补贴，等等）。[②]

在其他国家，公民权的出现和发展与英国的情况并不一样。马歇尔区分的三类权利——民事权、政治权和社会权，可能对任何情境都是有益的。应该提到，马歇尔的论著是在1950年写的，他的分析集中在"公民"的权利上，而

[①] 马歇尔正在对英国的公民权发展进行写作，英国取得的这一系列成就，至少从时间来看，是与其他国家的公民权演化不一样的。然而，马歇尔把公民权分为三个组成部分，这是有益的做法。马歇尔的讲座内容在最新的一个论文集中有所呈现，在这个论文集中，巴特摩尔指出，马歇尔的思想已经影响了"四十多年"（Marshall and Bottomore，1992）。巴特摩尔重点关注了战后的移民，特别是工人从穷国向更加发达的国家流动产生的重大影响。在他先知先觉的分析中，巴特摩尔指出，"对正规公民权和在公民权履行中争取更自由政策的组织进行新的讨论，对长期的居民（另一方面是民族主义者，而不是仇外的旨在排斥或驱逐外来工人的运动）来讲是重要的"（Marshall and Bottomore，1992，p. 83）。

[②] 福利国家成功地提供了大量重要的服务，但是这些成果总是受到攻击。比如，社会住房（social housing）在英国就受到了攻击（Bennett et al.，2006；Goetz，2013）。

第 1 章

地方性领导力与包容性城市

在一些城市，很多居民都可能根本不被认可为"公民"（Saunders, 2010; Spencer, 2011）。关于移民的权利，每个国家颁布的法律也大相径庭。然而，事实上，在许多城市里，刚刚进入的人往往是最受到社会排斥的——有时，他们看起来根本没有权利。

最近，基于权利的方法不断得到了推动，一些国家在努力把"城市权利"（right to the city）理念纳入它们的公共决策过程中，在一些案例中甚至被纳入了宪法中。这种战略建立在 1948 年颁布的《世界人权宣言》（*Universal Declaration of Human Rights*）基础之上，在 2004 年的《世界城市权利宪章》（*World Charter on the Right to the City*）中得以实现。[①] 魏茨曼（Carolyn Whitzman）和他的同事采用这种方法完成一个论文集，对妇女的安全和城市权利之间的关系进行了一系列富有洞见的研究。他们指出，"……城市权利与生活在城市中的每一个个体都密切相关，从自己选择生活方式而不受政府及权威限制的自由，到个人自由，到享受城市生活的权利"（Whitzman et al., 2013, p. 5）。这个论文集强调了妇女和女童获得城市权利的重要性，收录了大量实践战略——从妇女的安全审查到社会性别主流化。[②]

关注一下女同性恋、男同性恋、双性恋和跨性别者[③]（LGBT）群体的权利，对现代城市的形成是重要的。与 LGBT 人群相关的法律在每个国家之间的差异很大。在一些国家，并没有公开的异性恋主义者歧视（heterosexist discrimination）——比如，在加拿大、冰岛、荷兰、挪威、瑞典、南非和西班牙。

---

① "城市权利"在 2004 年巴塞罗那举办的世界城市论坛上获得了联合国的认同，它最早起源于亨利·列斐伏尔（Henri Lefebvre）的论著——1996 年出版的著名的《城市权利》（最早出版是在 1968 年）。最近一些年，它得到了发展，参见 Mitchell 2003, Brown and Kristiansen 2009, Soja 2010 and Harvey 2012。

② 2012 年 12 月 16 日，印度新德里，一辆公交车上发生了野蛮轮奸妇女的事件。这提供了令人不安的充分证据，支持魏茨曼和她的同事们对改善妇女公共安全方面作出的分析（Whitzman et al., 2013）。沙克尔（Shackle, 2013）认为，在无法执行保护妇女的法律方面，印度并不是特例；她倡议对强奸及其发生的复杂综合因素进行严肃而持续的讨论。桑切斯和罗伯茨（Sanchez de Madariaga and Roberts, 2013）对欧洲城市规划中的性别影响因素进行了广泛分析，探讨了环境可持续性和具有性别敏感的城市发展之间的联系。

③ LGBT 缩略词在美国和英国是熟知的，但是它不可能在所有国家中都为人们所熟知。自从 20 世纪 90 年代这个缩略词开始使用以来，它指的就是女同性恋、男同性恋、双性恋和跨性别共同体（社群）。在不同国家，LGBT 有不同含义，但是这个词也被许多基于性取向和性别认同的群体看作"自我命名"（self-designation）。参见 Hirshman（2012）and Stein（2012）。

·27·

迈向包容性城市
地方性创新的故事

在其他的国家，同性的活动或身份认同却是要受到死刑惩戒的。此外，我们在第 10 章会看到更详细的论述，城市和地方性领导者已经并且始终将积极倡导推动 LGBT 群体的权利。①

（三）提高地方民主的质量

与包容相关的第三个主题是民主，特别是决策过程在多大程度上为不失真的话语和差异认同提供了民主支持。艾丽斯·杨（Iris Marion Young, 2000）在对包容与民主进行的综合分析中，强调了自主决定（self-determination）和结社活动在推动社会正义上的作用。她对存在结构性不平等和文化差异的情形下如何实现包容性的民主沟通所需的规范和条件，进行了有益讨论，指出了强国家通过在公民结社和国家制度之间搭起新桥梁，如何推动社会正义的方式方法。②

在第 3 章我将会讨论另外一些进行公共服务改革的方法路径。按照赫希曼（Hirschman, 1970）的观点，这里的讨论表明，现代社会对于赋权问题存在两种理想型的理论路线，二者在互争高下——退出与呼吁（exit and voice）。市场模式为消费者提供了退出的权力——不满意的消费者可以去其他地方进行交易。民主模式依赖于公民对发言权力的运用——表达不满、争取改变和提供新的思想。在公共服务管理领域，已经存在许多关于市场和准市场方法的实验，正如我们将看到的，结果总是让人失望。而在另外一个关于赋权的理论路线上，我们可能看到，改革地方民主质量和有效性的战略已经快速增加了很多，地方当局已经很有经验地提出了更多有效的办法，以应对其辖区内的地理性共同体和利益共同体事务（Cornwall, 2008；Fung, 2004；Oliver and Pitt, 2013；Pearce, 2010；Smith, 2009）。

我们将在第 7 章更为详细地讨论与包容和民主相关的主题，特别是地方民主。在那里，我们讨论的内容包括如何增强代议制地方民主的质量，以及如何

---

① 许多作者关注到了在现代城市规划和管理中嵌入对多样性的认识的重要性。参见 Watson, 2006, and Fincher and Iveson, 2008。

② 康沃尔（Cornwall, 2008）对包容性的民主实践作了一个有益的国际分析，而泰勒（Taylor, 2011）的研究更进一步，他对"社区"和"社区赋权"的本质进行了考察。弗雷泽（Fraser, 2004）也对此进行了有益的讨论。

第 1 章

地方性领导力与包容性城市

完善参与民主的方法等。人们跨过国际边界快速流动，这意味着城市正变得越来越多元化。我们在第 2 章讨论人口迁移，而到第 10 章专门讨论民主治理在多元文化城市中的意义。这里，我们需要指出，地方性领导力在重塑地方民主过程中，对吸纳那些往往被排斥的声音起到了关键作用。

全世界的城市都对地方民主提出了大量方法路径，有很好的机会在这个领域进行国际交流。值得强调的是，研究表明，增强地方民主质量对任何减少城市贫困的有效战略而言都是关键的。比如，最近的一个研究分析了全球南方国家减少贫困的原因，结果发现有两个关键的因素：一个是穷人被组织起来的程度；一个是他们与地方政府的关系本质（Satterthwaite and Mitlin, 2014, p. 7）。

（四）对自然环境的综合考虑

最后，把我们与自然环境的关系纳入对包容的定义中去，是可能的吗？这提出了一个很大的任务，我们在第 8 章还会进行讨论。我之前已经提到了环境正义这个理念。把环境放进我的包容路径中去，似乎有点陌生，甚至有点冲突，但是我在这里会详细地给出这样做的理由。允许我回溯一下。在过去，关于"城市"和"自然"二者的思想与行动之间存在着不利的分化。[1] 传统上，环境主义者一直关注的是这个星球上的自然保护区，比如热带雨林和冻原（苔原）。回头看过去的一个多世纪，我们可以看到，许多国家建立了国家公园或州立公园，明确要保护脆弱的生态系统。公园强调对稀有动物、植物和神奇的自然环境进行有力保护。对照来看，城市则被看作人类发明；在很多方面，城市被认为是与所谓的自然世界相分离的，一些观点还认为城市对原始区域的威胁越来越大。

城市居民和农村居民的生活方式分化，更是强化了上述不幸的分化。在学术上，对跨学科研究的低估恶化了这一问题。结果，城市政治科学家们长期以来一直关注城市和城市区域的社会、经济和政治动态，却很少把城市看作一个

---

[1] 越来越多的文献关注到了思想理念与现实实践的分化带来的不幸结果。这里，我特别推荐一下 Boone and Modarres（2006），Bento-Short and Short（2013），Newman et al.（2009）and Parkin（2010）。

迈向包容性城市

地方性创新的故事

生态系统。① 同时，在过去，生态学家和环境学家集中精力去改进人们对自然世界的理解，却对人类行为的影响，比如对气候变化和生物多样性的影响很少关注，或者对治理在影响环境变化方面的作用很少关注。

有人可能会认为，1972 年在斯特哥尔摩举行的联合国人类环境大会改变了以上状况。与德内拉·梅多斯等人（Meadows et al.，1972）在《增长的极限》一书中提出的观点一样，这次会议强调任何未来的发展议程都必须包括为所有人类创造一个健康和富有生产力的环境。十多年以后，由格罗·哈莱姆·布伦特兰（Gro Harlem Brundtland）任主席的世界环境和发展委员会对平等发展提出了一个新框架。这个路径被称为可持续发展，它旨在平衡环境、社会和经济需求三者之间的关系（WCED，1987）。

然而有疑问的是，许多利益团体已经选择重新界定可持续发展，使得可持续发展至少在一些场景下变成了没有任何意义的表述。② 实际上，20 多年前，就有证据表明经济增长和环境保护成为两个并不相容的同伴，人们开始担忧，可持续发展可能变成"传统做法"（business as usual）的一个"保护套"（green cover）而已（Jacobs，1991，p. 59）。

另外一些研究批评了"可持续发展"这个概念被运用的方式，认为"可持续发展仍然是模糊的、不准确的、定义不全的、无边界的和不可测量的"（Stewart and Collett，1998，p. 59）。奈杰尔·泰勒（Nigel Taylor，2003）对"可持续发展"这个词的内涵曾作出过一个比较透彻的分析，他认为对一些相互冲突的欲望含混其词，从智识角度来看就是不诚实的。

埃里克·史温吉道（Erik Swyngedouw）在此基础上进行了研究，深化了原有的讨论。他把当前关于气候变化和可持续发展的民粹主义话语与在台上的许多人士追求的企图联系起来，采用一个后政治化（post-political）的研究路

---

① 即便是苏珊·费因斯坦（Susan Fainstein）在她的杰作《正义城市》（*The Just City*）中，也忽视了对生态的考量。她认为："可持续性问题在将来需要提出来，但也只是辅助性的讨论——并不是因为它缺乏重要性，而是因为仅仅在一本书内是很难涵盖的。"（Fainstein，2010，pp. 20 – 21）

② 比如，"可持续发展"目标在 1988 年的 G7 工业化国家同盟的多伦多峰会上，被参会领袖所接纳（包括英国首相撒切尔夫人，美国总统里根）。人们试图去掩盖环境保护和经济发展之间的冲突："可持续发展这个词汇看起来像一个魔杖，会在一个单一统一的目标内消除这些冲突。它意味着我们两个目标都要实现。"（Jacobs，1991，p. 59）

第 1 章

地方性领导力与包容性城市

径对公共领域进行研究。在一个后政治化的世界里，为了减少根本性的冲突，词汇被进行了重新定义或稀释。在此意义上，我们就不奇怪了，可持续发展已经成为一个没有意义的词汇，因为"'后政治'指的是这样一种政治，在它里面，意识形态斗争已经被技术管理型（techno-managerial）计划、专家管理和行政管理所替代"（Swyngedouw，2010，p. 225）。埃里克将"后政治"与气候变化联系在一起，认为许多参与绿色政治的人士在 10 年或 20 年前的争议、组织行动、极端异议的立场都已经发生了转变，现在他们被拉拢到为新自由主义的目标和对象服务中去了。埃里克认为，对可持续发展的定义很弱，这些定义试图最大化地赢得共识，却阻碍了人们对真实发生的事情进行清晰的思考。

马克·怀特海德（Mark Whitehead）也质疑这种对可持续城市发展概念的误用是否会导致我们抛弃这个词汇。最终，他停止了试图消灭可持续的城市主义的努力，因为"尽管存在明显的腐败……显然，在城市政策中存在可持续发展原则，对那些急于看到一个更加进步和公正的城市化模式建立起来的人来说，这是一场恶战之后取得的胜利"（Whitehead，2012，p. 42）。然而，对概念的混淆模糊依然存在。最近一些年，韧性（resilience）这个词已经赢得了更多人的喜好，在一些圈子里变得流行起来，似乎正在取代可持续性成为城市的核心期待。但是，正如我们在第 8 章将进一步讨论的，韧性也是一个经常掩盖了城市规划和城市管理决策的分配效应的词汇。比如，那些设计来使城市更能抵御洪水风险的政策，可能会出现人口替代问题，贫穷的社区往往不同程度地受到影响。近年来，美国新奥尔良在卡特里娜飓风之后进行重建的经验就充分证明了这点——公共住房区域的居民已经吃了亏。爱德华·戈茨（Edward Goetz，2013，p. 93）指出，对卡特里娜飓风的应对已经产生了分配效应："卡特里娜飓风的到来，最终促使新奥尔良市关闭了公共住房，开始寻求新的发展。"

或许我们需要一些新的词汇或者改变我们的思考方式，为讨论社会环境的未来注入一些新的动力。这里，我介绍一下英国城市设计师理查德·里斯（Richard Rees）提出的一个简单的分析框架，因为这个框架有助于我们在社会科学和生态科学视角之间搭起一座桥梁。然后，我会回顾一下格罗·哈莱姆·布伦特兰（Gro Harlem Brundtland）在可持续发展方面提出的一些思想，

· 31 ·

迈向包容性城市
地方性创新的故事

尤其是因为她的关键思想在话语中已经被修饰过。里斯认为，现代生活的本质要素——个体、社会和自然——已经被分离，它们需要被再次连接起来。图1.1来自里斯的研究，阐明了我们对可持续发展的一种简单思考框架。①虚线被用来表示可渗透的边界。

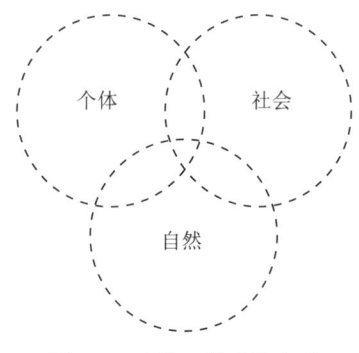

图1.1　个体、社会和自然
资料来源：理查德·里斯，《城市设计师》，英国。②

里斯和日渐增多的韧性城市和社区研究者们一样，认为城市领导者、城市规划者、建筑师、设计师和其他人都需要在城市政策和实践中嵌入一个更有效的共存属性（co-existence）。③ 我们与自然环境的关系不应该被视作另一个单独的政策考虑——它需要被综合考虑到公共政策决策中。正如提莫司·比特力（Timothy Beately，2001）观察到的，自然对人类经验而言是关键，他解释了城市领导者如何创建他所称的"亲自然城市"（biophilic cities）——也就是支持

---

① 这个框架与文献和政策圈里关于可持续发展的类似表述是有区别的。已有的可持续发展模式也包括了三个重叠的领域——但是它们往往被定为环境、经济和社会领域。从这个概念界定出发的政策描述往往提倡基于"三条底线"（triple bottom line）的思想——获得经济繁荣、环境质量和社会正义（Elkington，1997）。然而，正如我们已经看到的，尽管许多公司和政府可能会支持这些原则，但是在实践中对这些原则的执行情况并不理想。

② 2010年1月21日，我和理查德·里斯（Richard Rees）在伦敦的"转型中的地方"（Places in Transition）研讨会上发表了演讲。这个会议由英国城市设计信息资源网站（RUDI）组织召开。这里，我经里斯的许可，引用了他的题为"反思地方：城市设计中的个体、社会和自然"（*Re-thinking Places: The Individual Society and Nature in City Design*）的演讲。

③ 因为关注气候变化、大量化石能源的浪费性消耗，担心食物和饮水短缺，需要发展可再生能源战略和稳定的国民经济，城市韧性方面的文献不断增加。有很多文献是可以参考的，参见 Berners-Lee and Clark 2013；Bulkeley 2013；Droege（2006），Flint and Raco（2012），Hopkins（2011），Jackson（2009），Lewis and Conaty（2012），Monaghan（2012）and Newman et al.（2009）。关于作为生态系统的城市的研究，参见 Girardet（2008）与 Newman and Jennings（2008）。

第 1 章

地方性领导力与包容性城市

自然本身有力扩张的绿色城市。亚当·福特（Adam Ford，2013）在他关于城市生活的思维和艺术的书中，颂扬了城市花园、小块土地和绿色空间的价值，使我们能够与植物和自然联结起来。顺带说一下，他很赞同游击园艺运动①。这个方法的哲学基础参见图1.1，它让我们从人类中心主义转向了生态中心主义，是绿色政治思想中已经很成熟的理论（Eckersley，1992）。一些规划学家开始检视社会和生态韧性之间的相互作用，这是一个好的迹象（Wilkinson，2012）。

现在，我想回过头来讨论布伦特兰委员会对可持续发展的定义。请注意，这个定义包括了两个词汇，而不是一个词汇：

> 可持续发展就是不以牺牲未来几代人满足自身需求的能力为代价而满足他们的需求的发展。它包含了两个关键概念：（1）"需求"概念，特别是世界上贫困人口的必要需求，需要优先考虑。（2）技术和社会组织状态限制了环境满足当前和未来需求的能力。（WCED，1987，p. 43；作者本人的观点）

第一个词汇重点强调世界贫困人口的需求，它在许多学术和政策讨论中已经很少见了。一些讨论可持续发展的作者不仅遗漏了第一个词汇，他们也对贫困和社会中的不公平根本不关注。然而，有一些研究者注意到了这些挑战，他们认为，有必要从传统强调自然保护的环境角度转向坚定地解决环境正义问题。

正如阿德鲍威尔（Adebowale，2008）解释的，对自然采取一个环境正义视角，强调的是社会维度。它不仅强调了社会与环境在综合条件下互动的方式，也强调它们与规划、城市发展和实践的分配效应的相关性。正如前文中我们提到的，环境的"善"与"恶"在许多社会中的分配是不均衡的。因而，城市发展的分配效应应该是可持续发展的核心。不幸的是，在大多数时候，分配效应被忽视了。戴娜·梅多斯（Dana Meadows）和她的同事们在30年后

---

① 福特（Ford，2013，pp. 48－49）解释说，游击园艺（guerrilla gardening）是一个伞形概念，涵盖了许多活动——从个体和小群体（他们可以在小块的公共土地上制作种子炸弹或种花、种草），到积极性很高的群体（他们偷偷采用废弃了的或者被遗忘了的土地，耕种这些土地，使大家都受益）。

重新修订了《增长的极限》，重申"当前的增长模式固化了贫困，增加了富人和穷人之间的差距……在现有体制中，经济增长通常发生在富裕的国家，而且这些国家的财富不合比例地流向了最富裕的人"（Meadows et al.，2005，pp. 41 – 42）。①

八、想象一个包容的城市

在讨论"包容性城市"时，会用到一些词汇——比如"包容""不平等""权利""正义""自然""可持续""韧性"等，它们都是社会建构出来的。对这些词汇没有固定和最终的定义——它们都是很有争议的概念。另外，这些概念中有些在一些国家并不是相似的——它们可能在不同的文化、语言和场景中有不同的定义。显然，准确地界定词汇是有益的，实际上，确保概念的准确性对进行富有智慧的对话是至关重要的。然而，对文化多样性保持敏感，也是关键。在这里，我想强调的是，我并不企图对包容性城市给出一个固定的定义。相反，我希望这里的讨论能够给读者提供一个可根据自身经历对定义进行调整和发展的基本法则。②

在本书里，我对包容性城市的定义如下：

> 包容性城市是由富有权威的、地方性民主机构进行管理的。所有的居民都能够完全参与社会和经济，城市领导者在关心我们赖以生存的自然环境的同时，努力追求一个公正的结果。

当然，这是一个乌托邦式的空想愿景，但我并不想为此致歉。乌托邦式的

---

① 值得指出，最近一些年来，学者们已经创办了新杂志，努力推动对城市和城市发展的跨学科分析——涉及社会—政治和社会—环境的视角。比如欧洲城市研究协会（European Urban Research Association，EURA）在 2008 年启动了一本国际期刊——《城市研究和实践》（*Urban Research and Practice*）；在 2010 年首次出版了《城市可持续发展国际期刊》（*The International Journal of Urban Sustainable Development*）。

② 我引用了发展基本法则（grammar）或者系列法则的思想，参见 Cooper（1976）。他的研究让读者打破了"规则"，创造了新的可能。

第 1 章

地方性领导力与包容性城市

想法经常遭到谴责，因为它们对社会变革或激进的变化提供的建议是理想化和不切实际的。我赞同约翰·弗里德曼（John Friedmann）的观点，认为："如果要纠正不公正的东西……我们将需要对乌托邦思想有一个准确的想象，提出那些能带领我们更接近一个更公正的世界的步骤（Friedmann，2002，p. 104)。"① 我的方法和弗里德曼的一致，和苏珊·费恩斯坦的"真实的乌托邦主义"一致（Fainstein，2010，p. 20），和梅多斯（Dana Meadows）及其同事提出的"愿景"（visioning）理念也是一致的：

> 我们并不相信愿景能够改变一切。没有行动的愿景是没有用的。但没有愿景的行动是漫无目的的和无力的。对指导行动和激励行动而言，愿景绝对是必要的。更重要的是，当更多人拥有同样的愿景，并坚定地盯着这个愿景，愿景就能够产生新的体制。（Meadows et al.，2005，p. 272；作者本人的观点）

汉斯皮特·克瑞埃西（Hanspieter Kriesi）和拉尔斯·穆勒（Lars Muller）使用大量绝妙的照片和图像对民主本质的变化进行了精彩分析。他们提醒我们，所谓的"乌托邦梦想"是能够成真的：

> 纳尔逊·曼德拉当选总统的照片和德国柏林墙被推倒的景象都说明，曾经是乌托邦的理念是如何成为现实的。（Kriesi and Muller，2013，p. 9）

与前面讨论的包容性城市理念一致，我们在这里想强调一下五个关键概念的重要性：地方、民主权利、城市领导力，正义和环境意识。这里，潜在的逻辑是：（1）地方是重要的；（2）富有权威的地方自治政府是关键的；（3）社会中的各种声音都应该有影响，而不仅仅是富人和有权的人；（4）大胆自信的地

---

① 在另一个作品中，弗里德曼（Friedmann，2000）对城市方面的乌托邦思想进行了很好的辩护。这个亲乌托邦（pro-utopian）的立场也得到了安东尼·吉登斯的支持。吉登斯认为，气候变化政策应该考虑一下乌托邦思想："为什么呢？因为尽管气候变化已经发生，我们正在迈向一个新型社会，它将从本质上与我们今天生活的社会完全不同"（Giddens，2009，p. 13）。

迈向包容性城市
地方性创新的故事

方性城市领导力是基础；（5）政策和实践的双重目标应该和自然保持平衡。①

实现包容性城市有不同的路径。简单地讲，正如我们之前就提到的，实现包容的战略设计当然取决于一系列的措施，从温和的调整以消除不公正现象，到改变社会关系和增加平等的激进改革，到革命性地推翻剥削工人阶级的资本主义体制，到获得新的生活方式。目前，城市研究和其他研究领域正在为此展开激烈讨论，存在多种不同的思想流派。比如，在海沃德和托德·斯旺斯特罗姆（Hayward and Swanstrom，2011）主编的《正义和美国大都会》（*Justice and the American Metropolis*）一书中，绝大多数章节介绍了美国当前的政治环境下最可行的想法和建议。其他的一些评论者，比如马克思主义的城市研究学者，认为不公正现在已经内嵌在现代社会之内，需要进行颠覆性的变革，对经济进行更加民主的管理（Harvey，1973，2012）。韦弗（Weaver，2014）对可能的选择进行了概述，倡议重点强化社会公民权（social citizenship），我在之前讨论过这个概念。

我对包容性城市给出乌托邦式的愿景，并不是认为可持续发展是一个应该被忽视的概念。我是想努力对社会—环境的未来提出一些新思想。布伦兰特女士提出的可持续发展思想被误用了 25 年，现在，我们可以从关注新词汇中获益。按照我的观点，要推动城市领导力和城市管理前进，一个建构性的路径就是更多地关注包容性议题。如果布伦兰特女士的目标，即优先满足世界上穷人的需求得以实现的话，我们就可以坦率地讲，不再有必要倡导可持续发展了。

领导力在这种场景中起到什么作用呢？一些作者在讨论可持续发展时已经抓住了治理在任何未来战略中的重要性，这是令人鼓舞的事。比如，在《治理可持续发展》（*Governing Sustainability*）一书中，一群引领可持续发展研究的专家认为，环境危机首要的是治理的危机（Adger and Jordan，2009）。在该书中，凯特里娜·布朗（Katrina Brown）的文章对现实进行了检视，她的分析是非常严肃的：

---

① 重要的是，需要指出："正义结果"在此情形下是有特殊意义的。艾尼斯·杨（Iris Young）提出了一个公众解放的过程，在此过程中，每个人都有平等机会发言、免受控制，鼓励所有人能够表达他们的需要和利益，"知道他们是为其他人负责的，他们相互有责任达成协议，也就意味着每个人都明白他或她的利益将在追求'正义结果'的过程中得到满足"（Young，2000，p. 30）。

第 1 章
地方性领导力与包容性城市

> 有大量指标表明，世界正离全球可持续发展越来越远，而不是越来越近，生态系统恶化的问题和贫困固化是长期存在的。（Brown，2009，p. 46）

令人吃惊的是，即便这些信息灵通的作者们，也根本没有讨论过领导力，很少讨论地方性领导力的重要性。这显然是当前关于治理可持续发展的讨论中的一个严重缺陷，我希望本书提出的理念能够有助于填补这个空白。在本章早些时候，我曾和桑德尔（Sandel，2012）一样解释道，由市场主导的思想并不能为社会提供令人满意的结果。因此，政府需要干预，这就是为什么公共领导力，特别是地方性公共领导力十分重要的原因。我认为，在未来对治理可持续发展的思考中，推动包容性事业的领导力应该是关键。

九、参与型学术和创新故事

在本章引言中，我曾指出，本书的目的是为学界和实务界搭建桥梁。这在当代学术界并不是一个主流范式，对那些试图在分隔的世界中生存的学者和实务者来说，都可能是一种危险的行为。一个后果就是他们往往会很难彼此沟通，从而不利于双方。在本节中，我引入一个"参与型学术"（engaged scholarship）的理念，这个词与美国高等教育中的概念类似，但是这个理念本身仍没有在世界上建立起来。它为我们分析城市动态和公共领导力提供了一个重要的智力支持。我们将在第 11 章更详细地来讨论这个理念，这里仅仅简单地介绍一下几个关键的概念。

欧内斯特·L. 博耶（Ernest L. Boyer）是卡内基基金会的理事长，他对美国高等教育中的学术概念的演化发挥了重要作用，其洞见为我们讨论参与型学术提供了一个好的开端。他在有影响力的报告《学术的反思》（*Scholarship Reconsidered*）中总结道：

> 我们今天面对的，就是需要厘清校园的使命，把学校的工作更直接地与当代生活的现实联系在一起……我们继续坚信，如果国家的高等学习机

构能满足今天急需的学校使命和社会使命，就必须认真地重新设定它们的使命，创造性地重新考虑学术的意义。（Boyer，1990，p. 13）

在后来的一篇文章中，他指出：

> 参与型学术……意味着创造一种特殊的空间，在里面，学术和公民文化能够更持续和更富创造性地进行沟通。（Boyer，1996，p. 148）

为实现本书的这个目的，我将"参与型学术"界定为学者和实务工作者在一个共同发现的过程中共同创造新知识。这种方法类似于系统性行动研究，它认识到有不同的探求知识的路径（Burns，2007）。有大量的文献对知识的本质进行了探讨，并提出了许多分类方法。一种有益的分类方法，就是区分"显性"知识（有时候，它被描述为常态的、科学或者专业性的知识）和"隐形"知识（来自个人和社会经历的、不可言说的知识）（McInerney and Day，2007）。参与型学术试图运用一种聪明的、有智慧的方式来利用以上两类知识。①

图1.2说明了实务界和学术界是如何在参与型学术中走到一起的。在一个实务和学术重叠交叉的区域，有效的合作需要建立起好的关系。以我的经验，这就需要创造一个空间，在里面，参与者能够冒险、质疑、总是知道他们的观点能够受到尊重。只有当共同创造者（co-creators）彼此信任，这类冒险性的探索才能够是有效的——当然，这说起来容易，做起来难。正如图1.2所示，

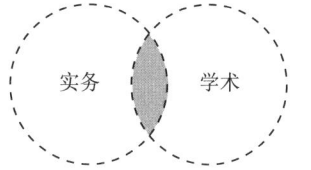

图1.2　参与型学术（engaged scholarship）

资料来源：作者自制。

---

① 同样需要考虑社区发展实践。参与式方法经常会遇到一些问题的阻碍，比如，谁的知识重要？埃弗索尔（Eversole，2012）讨论过在社区发展实践中如何将"专家知识"（expert knowledge）和"本土知识"（indigenous knowledge）融合在一起。

第 1 章

地方性领导力与包容性城市

我采用虚线的数据去强调可渗透性。

在此之前，我推荐大家参考一下乔·霍华德和我做过的一个研究，我们对三个城市的地方性领导力进行了考察——两个城市来自英国，一个城市来自新西兰（Hambleton and Howard，2012）。这个研究项目为我们提供了一个参与型学术的例子，也是本书中将大量使用的一个概念的来源——创新故事的理念。这个英国与荷兰合作的研究从两个层面上共同创造了新的知识：第一，它在学术界和实务界之间搭起了桥梁——研究者们和实务工作者之间积极开展协作，一起创作一个创新故事，记录每个城市进行公共服务创新的领导力。第二，这个研究通过参与国际对话，提出了新的认知。来自两个国家的人们有着不同的经历，他们分享了自己的理念，共同创造了思考城市领导力的新方法。

那么，什么是创新故事？它就是一个对特定创新进行简短而结构化的陈述式描绘。它试图弄明白变革是如何产生的，为其他人提供领导力经验。这种方法可以广泛地运用到公共、私人和非营利部门中。它为我们探求领导力和创新之间的关系提供了一种新方法，这个过程即便是到现在也是不容易理解的。在本书中，我主要关注特定的创新故事——理解地方性领导力在推动有利于创建包容性城市的创新方面到底起到了什么作用。[1]

总结来看，创新故事运用了参与型学术理念，并且理想化地讲，它应该具有以下特征：

1. 简短的

繁忙的实务工作者和活动家可能发现，很难有时间去阅读长篇大论的案例研究。创新故事为读者提供了精明扼要的总结，同时，又提供了索引资源和网络连接，为读者提供进一步探求的路径，如果他们希望的话。

2. 真实的和实用的

在城市政府当局——地方营销（place-marketing）要为此负责——提供的文献中，大多数都是为了推广或者卖掉这个城市。从经济角度来看，

---

[1] 这项英国和荷兰的合作研究提出了三个创新故事，每个故事都按照下面的标题来展开：（1）引言和概要；（2）目标和任务；（3）城市治理内容；（4）创新故事陈述；（5）理解创新的影响；（6）解释领导力在创新中的作用（Hambleton and Howard，2012）。在本书里，我采用一个简略的框架。

迈向包容性城市

地方性创新的故事

一些城市的推广演说是没有帮助的。创新故事需要基于证据，而且应该提供经得起考验的实用知识。

3. 鼓舞人心的

创新故事不是用来"证明"所提出的方法是现代城市引领变革的"正确"方法。相反，一个好的创新故事能够强化认知，激励那些听到这个故事的人们开展创新活动。

依据我的经验，从我在很多国家对城市所做的研究来看，变革的能动者们往往在态度上是很开放外向的，他们往往对了解其他地方的创新性项目充满了兴趣。典型的问题是：他们为什么要做这个？有什么影响？谁从中受益，通过什么方式受益？成本收益如何？这些都是好问题，但是问得最多的一个问题是：他们是如何做到的？实务者们是行动导向的——他们探求的是如何带来积极变化。一个创新故事不可能总是能够很好地回答这个问题，但是它应该能够引起人们的联想。这就是为什么我相信使用"故事"这个词是有帮助的。在公共政策分析中，讲故事是一个记录经历的有价值的方法，它能够为公共服务领导者和活动家们提供激励性和实用的洞见（Yapp，2005）。

然而，讲故事的方法也存在危险，诺贝尔经济学奖得主丹尼尔·卡尼曼（Danniel Kahneman）在他那本富有洞见的书《思考，快与慢》（*Thinking, Fast and Slow*）中，就讨论了两个危险："叙事谬误"（narrative fallacy）和"光环效应"（hallo effect）。① 叙事谬误来自我们理解这个世界的不懈努力：

> 让人们觉得引人入胜的解释性故事是简单的；是准确的而不是抽象的；天赋起了很大的作用……而不是幸运；集中关注那些发生了的显著事件而不是那些没有发生的不计其数的事件。（Kahneman，2012，p. 199）

卡尼曼认为，故事不是单单简化就行，它们也可能误导人们。不幸的是，

---

① 卡尼曼解释说，塔勒布（Nassim Nicholas Taleb，2017）提出了"叙事谬误"（narrative fallacy），"光环效应"（hallo effect）来自罗森茨维格（Rosenzweig，2007）的书中。

第 1 章

地方性领导力与包容性城市

"光环效应"就可能催生"叙事谬误"。它意味着一个共同的偏见，在影响我们对人和状况的观念方面起到关键作用。心理学研究者已经表明，"第一印象"（first impressions）真的会影响我们的判断——积极和消极的影响都有——甚至会过滤掉我们拥有的好的证据，这些好的经验在后来才会被认识到，与我们第一时间的判断是矛盾的。

卡尼曼从他对这些思维过程的理解中引申认为，许多关于所谓成功领导者和公司的商业图书一贯会夸大领导力类型和管理实践对公司结果产生的影响。令这些作者尴尬的是，他们滥用了对一些商业领袖的赞扬，从长时段看，受人尊敬和羡慕的公司往往运行并不那么好。这是因为在商业成功中，幸运起到了很大作用，但是我们的思维意识很难接受这个事实。卡尼曼的洞见认为，我们在解释本书创新故事的意义时应该非常认真细心。焦点需要转向我所称的相关经验的借鉴上，而不是虚假地去发现所谓的最佳实践或英雄般的领导力。

在本书中，我提供了 17 个来自世界各地城市的创新故事。不存在一个国家或一个大洲绝对拥有引领地方性变革去创建包容性城市的智慧。在准备创新故事时，我使用了如下标题：

（1）目标和任务；

（2）创新故事概要；

（3）领导力经验；

（4）进一步了解的资源。

毫无疑问，本书中提出的社会探索方法是国际性的。我们将在第 12 章对国际经验作更详细的考察。

十、结论

在本章，我已经邀请读者们和我一道探求在一个快速全球化的世界里加强地方性领导力的可能。我使用的一些词汇，人们可能并不熟悉，但是我希望我在这里给出的观点能够激发人们对推动包容性城市的建立有新的思考——在包容性城市里，城市领导者，在广义上，会在关心我们赖以生存的自然环境的同

迈向包容性城市
地方性创新的故事

时，也努力追求公正的结果。

我最关心的是当前的经济和社会趋势在不断地制造不平等的社会、分化的社会、不幸福的社会、不可持续的社会。在全球化时代——我们所有的人都生活在这个时代——我们不要指望那些不怎么关心地方的领袖们会去关心特定地方和社区作出的决策会有什么结果，虽然他们已经获得了极其强大的权力和影响。这种权力需要被改变，生活在特定地方的人们需要重新获得自主决定他们当地生活质量的权力。在一个跨国公司似乎接管了国际权力的时代，重新点燃一定地方的共同体权力可能是希望渺茫的。

但是，本书的观点并不悲观。当代资本的非地方性权力——在国际上转移投资的权力，对不同国家和地方的人们进行残忍剥削——不再被许多人看作是合理的行为。人们对气候变化和快速加剧的不可持续发展越来越关注，强烈反对那些被视作正常经济发展模式的商业。现在，发展一种更加负责任的资本主义得到了国际支持，有越来越多的文献讨论在不破坏我们的星球的前提下如何去实现繁荣（Jackson，2009；Hopkins，2011）。

社会和国际组织，比如联合国，正在探求如何获得一个更加可持续的发展未来。我已经指出，迈克尔·桑德尔曾提出了造成我们今日所面临的麻烦的最根本原因——他表示，在许多国家，我们已经从市场经济转变成了市场社会（market society）。对市场价值的痴迷正在挤掉更重要的价值，特别是体谅、团结性、利他性和感恩自然环境。因此，需要对社会需求作出新的回应，挑战市场驱动型价值目前所拥有的主导地位。

在许多路径中，地方性领导者——城市领导者、志愿者组织、社区活动家、公共专业人士、工会领袖、地方商业领袖——在影响未来的可能性上发挥着影响作用。对此，本章已经指出下列主题是关键的：公共政策中的"地方"；公共领导力和社区行动主义；公共管理创新；现代社会权力。基于这些理念，本章已经阐释了"包容性城市"的乌托邦愿景——在这样的城市，有权力的地方性民主机构赋能所有人参与的权利；公正的结果和对自然环境的关心引导着政策制定，而不是经济增长导向。本章努力更新了对可持续发展的讨论，认为包容应该是城市决策的新口号。关于参与型学术的理念和建构新知识的方法也得到了概述。

· 42 ·

第 1 章

地方性领导力与包容性城市

总之，本书旨在更多地思考在一个快速变化的世界中，与城市领导力和公共服务创新相关的问题；也努力为那些想推动包容性城市发展的活动家、繁忙的政策制定者和实务工作者们提供直接的帮助。

（丁开杰　翻译）

01 >>

诊断：理解趋势和挑战

第2章

全球趋势和我们的城市未来

正如许多人口学家预测的，即便是到本世纪末，人口稳定增长，城市化进程也会继续。与人类文明史上的情形一样，世界又站在了一个变迁的关口。

哈姆·迪伯利（Harm de Blij, 2009），
《地方的力量》（*The Power of Place*）

引　言

世界正变得更加城市化，人类和星球未来的福祉都与我们是否智慧地应对城市增长和变迁紧密关联在一起。然而，最近一些年，是全球化，而不是城市化，成为了公共政策领域讨论的焦点。

现在，已有大量文献讨论全球化对社会未来的影响。但是全球化是指什么呢？霍普金斯（Hopkins, 2002, p. 16）将全球化定义为"一个将跨国、跨地区、跨洲的经济、政治、社会、文化关系拓展得更宽，变得更紧密，速度更快的变革过程"。赫顿和吉登斯（Hutton and Giddens, 2000, p. viii）在分析全球化时采用了类似视角，他们认为"全球化是非凡的技术创新和赋予今日变迁不同特性的全球资本主义向全世界拓展二者之间互动的过程"。莫伊纳和沃斯利（Moynagh and Worsley, 2008, p. 1）给出的定义比较友好而简单，他们认为"全球化是……世界正在变得更加相互依赖和一体化"。所有这些定义背后

· 47 ·

迈向包容性城市

地方性创新的故事

都暗含着一个理念，即随着互联网和现代传播技术的急剧发展，全球经济竞争和国际化交流正在缩小这个星球的距离。

全球化文献是重要的，值得引起我们的注意。但是我们沉迷于全球化事务，就可能已经忽视了一个同等重要的过程在发生——城市化。事实上，全球化和城市化是相互关联的过程，一些全球化专家已经阐明了这种互动关系（Birch and Wachter，2011）。但是，我认为，城市化是一个与全球化截然不同的过程，值得我们给予更多关注。在这一章里，我将考察人们往城市迁移的惊人现象，描绘一下全球城市化未来的概貌。目前，全世界的城市区域人口已经达到了大约36亿人。按照联合国的预测，到2030年，城市人口将再增加14亿人。这个变化意味着，城市化数量和规模都有明显的增加——这会给城市领导者带来很多挑战。

本章讨论城市的扩张，考虑城市增长可能发生的地方，考察一下为什么越来越多的人搬到城市。尽管城市化很重要，但是城市移民对城市治理的意义一直被严重忽视。本章探讨谁将是城市移民，讨论一下文化不断多元化的城市该如何应对领导力和治理所面临的挑战。

一、城市人口的扩张

城市的增长并不是新鲜事。但是城市人口在最近几十年里的快速增长是让我们始料不及的。[①] 尽管全世界在城市人口增长上有差异，大多数城市现在都在疯狂地快速增长。结果，与以往相比，越来越多的人在城市里生活。不仅如此，自2007年以来，城市人口已经超过了农村人口。毫无疑问，从全球来看，城市增长必定会继续，城市人口将继续以惊人的速度增加。城市扩张意味着全球地缘政治出现了令人惊奇的变迁，即便是现在，也无法很好地理解这些变化。

首先，让我们来考察一下人口增长的基本数据。人口学家和地理学家讨论

---

① 在接下来对人口增长和变化的讨论中，我将引用联合国经济社会事务署（DESA）的研究，特别是其关于世界城市前景的研究（UN-DESA，2012）。更多内容参见 http：//esa. un. org//unup。

第 2 章

全球趋势和我们的城市未来

了这个惊人的空间变化情形，认为实际上会有重要的、注定的挑战。比如，有一些突出的观点认为，在一个人口安置点能够被认定为"一个城区"之前，需要确定规模有多大才能算作城区。[①] 不过，联合国的网站已经为我们提供了关于全球城市化的不错数据，我在讨论中将使用如下的数据来源：

> 在 2011 年到 2050 年期间，世界人口预计会增加 23 亿人，总人口从 70 亿人增加到 93 亿人。同时，居住在城市里的人口预计会增加 26 亿人，从 2011 年的 36 亿人增加到 2050 年的 62 亿人。（UN-DESA，2012，p.1）

如果我们转向相对近期的未来——从现在到 2030 年，世界人口必定会从 2011 年的刚刚超过 70 亿人口增加到 2030 年的大约 83 亿人口——参见图 2.1。

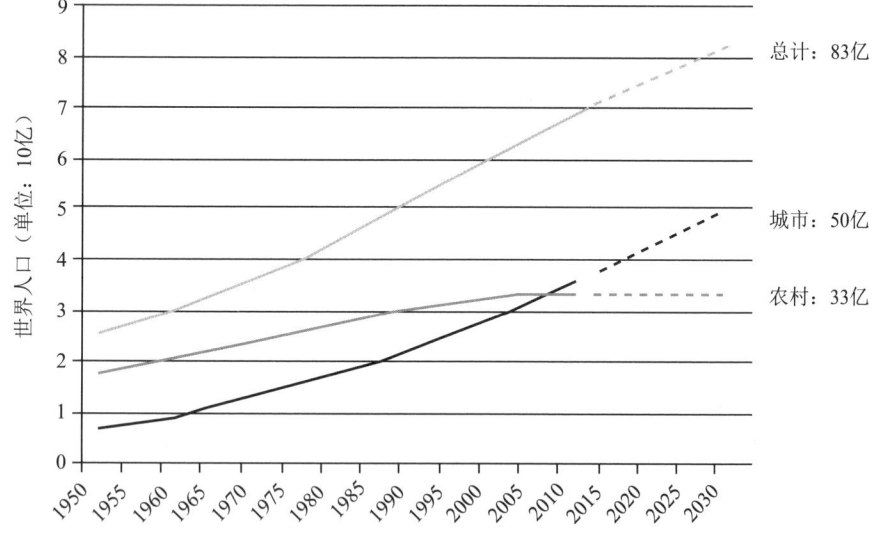

图 2.1 世界人口增长

资料来源：United Nations World Urbanization Prospects，http://esa.un.org/unup。

[①] 这些数字不可避免地是粗略的。迪伯利（De Blij，2009，pp.184-186）解释了"城区"（urban）的定义在各个国家是不同的。比如，在加拿大，任何人口超过 1000 人的居住区都被叫作"城镇"（town）。而在印度，居住人口超过 5000 人的地方都依然被定为"村庄"。在日本，只有居住人口超过了 3 万人的居住点才被官方定为"城区"。除了跟不上变化的速度，还因为受限于人口普查数据，这些定义的差异意味着我们在讨论全球城市趋势时，无法作出准确的预测。

· 49 ·

迈向包容性城市
地方性创新的故事

到那时，有50亿人口（占世界人口的60%左右）将生活在城市区域里。这个增长是令人难以置信的，在一个相对短的时间里，世界城市人口就出现了急剧增长。想一想吧。大伦敦地区的人口大约是800万人，这意味着在不到20年里，全球城市人口增加了相当于175个伦敦规模的城市人口。此外，正如我们将看到的，这些城市将不同于伦敦。与城市增长的逐渐加速上升对比来看，世界农村人口预计会趋于平稳（参见图2.1），实际上从2020年左右开始就会减少。

从公共政策的视角看，值得指出的是，城市的快速扩张主要发生在城市化模式以往不主导的地区。发达国家和欠发达国家之间，在城市化率方面的差异变动幅度非常大。实际上，在世界上的一些国家和地区，我们可以说，城市或者至少一些（有卫星城镇的）大都市区的中心区域在萎缩。联合国的人口学家们很清楚，预测的世界人口增长大部分将来自欠发达国家和地区（UN-DE-SA，2012）。正如迈克·戴维斯（Mike Davis）在《贫民窟的星球》（*Planet of Slums*）中指出的，绝大多数新的城市居民将不会去那些由玻璃和钢筋组成的优雅城市居住：

> 在21世纪，许多城市区域并不是坐落在灯光直插天穹的城市，而是坐落在被污物、粪便和腐烂物环绕的地方。（Davis，2006，p. 19）

罗伯特·纽维尔斯（Robert Neuwirth）在《暗影之城》（*Shadow Cities*）中估计道，今天在世界上大概有10亿个居住区，而这个数字到2030年就将会翻一番（Neuwirth，2005，p. 9）。

伯奇和华西特（Birch and Wachter，2011）已经整理组织了一些有用的文献，为我们认识全球城市化的各种维度提供了概览，这些文献涵盖了人口趋势、空间规划、城市治理、金融和其他方面的内容。他们指出，当然是很礼貌地指出，城市人口的增加及其带来的发展问题，都对许多社会科学家测量和分析国家层面的数据却忽视了空间差异的做法提出了质疑（Birch and Wachter，2011，p. 4）。当然，他们是对的。在第1章，我就解释了"国家视角"扭曲了理解，阻碍了富有成效的分析；我也提出，"城市视角"是有优势的。

第 2 章
全球趋势和我们的城市未来

法国前总统萨科齐组建斯蒂格利茨委员会（Stiglitz Commission），对全球的统计测量方法进行了考察。他们发现，许多全球的计量手段，比如 GDP 和人均 GDP、通货膨胀、失业等，都是有瑕疵的，因此他们建议对这些计量手段作出改进（Stiglitz et al.，2009）。委员会的研究报告对如何测量繁荣富裕给出了许多有益的建议，但是即便如此，这个令人尊敬的委员会也遗漏了"城市化水平"。这就遗漏了社会变迁的一个关键维度。伯奇和华西特对此提出了批评，而在更有希望的层面上，他们也提出，全世界的领导人现在至少需要更高的能力把城市视角放进他们的评估中去。有证据表明，世界上的主要国际组织，比如联合国和世界银行，现在都转向对城市化进行讨论。[1] 在国际公共政策领域，维护城市利益的国际组织正在更加有效地强调"城市维度"的重要性。[2]

二、城市增长维度分析

正如在第 1 章里解释的，地方非常重要；此外，地方也非常不一样。接下来，我们必须防止太随意地总结"全球城市化"。然而，在这个提醒下，我们就能发现许多关于国际城市化趋势的突出特征。首先要指出的就是，城市区域正在以一个比过去更快的速度在增加。这是因为，正如图 2.1 所显示的，世界总人口正在快速增加，同时，世界人口中的城市人口也在增加。其次，现在的城市比以前大得多。比如，在 1950 年的时候，世界上只有纽约和东京两个特大城市，其人口超过 1000 万。但是现在，世界上已有 20 多个特大城市。最后，城市人口的分布正在急剧变化。大多数城市增长来自发展中世界。我将提供表格说明这些动态变化特征。

表 2.1 列出了 1950 年到 2025 年间世界上人口最多的城市名单。1950 年，

---

[1] 比如，联合国人居署（UN-Habitat）将一些全球城市化方面的极其有用的数据汇总在一起，定期发布世界城市状况的报告，为改善城市政策提供了很多想法。参见 UN-Habitat（2012）。

[2] 世界城市和地方政府联合组织（UCLG）值得特别关注。它的总部在巴塞罗那，代表了全世界地方政府的利益，不管这些地方政府服务的社区规模有多大。UCLG 的成员单位代表世界上一半以上的人口，该组织在积极开展地方治理的比较研究，倡导地方自治的价值。更多内容参见 Http：//www.uclg.org。

·51·

迈向包容性城市

地方性创新的故事

表2.1 世界上人口最多的城市（1950年到2025年）

	1950年人口（单位：百万）			2025年人口（单位：百万）	
1	纽约-纽瓦克，美国	12.3	1	东京，日本	38.7
2	东京，日本	11.2	2	德里，印度	32.9
3	伦敦，英国	8.3	3	上海，中国	28.4
4	巴黎，法国	6.2	4	孟买，印度	26.6
5	莫斯科，俄罗斯	5.4	5	墨西哥城，墨西哥	24.6
6	布宜诺斯艾利斯，阿根廷	5.1	6	纽约-纽瓦克，美国	23.6
7	芝加哥，美国	5.0	7	圣保罗，巴西	23.2
8	加尔各答，印度	4.5	8	达卡，孟加拉	22.9
9	上海，中国	4.3	9	北京，中国	22.6
10	大阪神户都市圈，日本	4.1	10	卡拉奇，巴基斯坦	20.2
11	洛杉矶，美国	4.0	11	拉各斯，尼日利亚	18.9
12	柏林，德国	3.3	12	加尔各答，印度	18.7
13	费城，美国	3.1	13	马尼拉，菲律宾	16.3
14	里约热内卢，巴西	2.9	14	洛杉矶，美国	15.7
15	圣彼得堡，俄罗斯	2.9	15	深圳，中国	15.5
16	墨西哥城，墨西哥	2.9	16	布宜诺斯艾利斯，阿根廷	15.5
17	孟买，印度	2.9	17	广州，中国	15.5
18	底特律，美国	2.8	18	伊斯坦布尔，土耳其	14.9
19	波士顿，美国	2.5	19	开罗，埃及	14.7
20	开罗，埃及	2.5	20	金沙萨，刚果民主共和国	14.5

资料来源：《联合国世界城市前景：2011年修订》，http://esa.un.org/unup/。

纽约城是世界上人口最多的城市，人口达到1230万；同时，美国还有另外5个城市也列入了"人口最多的20所城市"之一，它们是芝加哥、洛杉矶、费城、底特律和波士顿。而当时，欧洲只有3个城市（伦敦、巴黎、柏林）、俄罗斯有2个城市（莫斯科、圣彼得堡）入选。让我们直接跨越到2025年，届时美国依然还有2个城市位于世界上"人口最多的20所城市"之列，纽约和洛杉矶，而欧洲和俄罗斯将不再有城市在列。正如表2.1所示，到2025年，几乎所有位列"前20名"的大城市都来自发展中国家。

· 52 ·

第2章

全球趋势和我们的城市未来

中国、印度及其邻国的特大城市出现了显著增长情况，同样，非洲（拉各斯、开罗和金沙萨）和拉丁美洲（墨西哥城、圣保罗、布宜诺斯艾利斯）也出现了特大城市。与过去不同，未来的大城市主要分布在不同的地区，而且这些特大城市都一定真的是巨大的。这些城市的人口比许多国家的人口都要多得多。实际上，排名前10位的特大城市——那些人口在2025年超过2000万的特大城市——每个城市的人口都将超过某些国家的总人口。比如，丹麦、芬兰、新西兰和挪威目前的总人口还没有超过2000万。联合国预测，世界上特大城市的数量将从2011年的23个增加到2025年的37个。

或许，并不令人吃惊的是，特大城市往往更吸引新闻头条和电视纪录片——世界上从来没有看到过这么大规模的城市集聚。然而，有一个普遍的迷思是特大城市拥有或者将拥有世界城市人口的大部分——反之亦然。联合国按照5个人口规模来划分城市等级：低于50万人口的城市（微小城市）；50万到100万人口的城市（小城市）；100万到500万的城市（中等城市）；500万到1000万的城市（大城市）；1000万及以上人口的城市（特大城市）[1]。有许多突出的特点值得关注。观察一下2011年的城市人口分布——前面提到的36亿人口，我们就可以看到：

（1）世界城市人口的绝大部分——比18亿稍微多一些（占比51%）的人口是居住在人口低于50万的微小城市；

（2）差不多14亿城市人口（占比39%）居住在小城市、中等城市或大城市（50万人口到1000万人口）；

（3）差不多3.6亿城市人口（占10%）居住在特大城市（人口1000万及以上的城市）。

联合国预测，在2011年到2025年期间，世界城市人口将增加差不多10

---

[1] 这里使用形容词——微小的、小的、中等规模的、大的——是我自己的考虑，并不是联合国的标准。它们是有助于沟通的，并且和布尔切与瓦切特尔的观点一致（Birch and Wachter, 2011, pp. 9–15）。

迈向包容性城市

地方性创新的故事

亿人（从36亿人增加到46亿人）。注意：

(1) 绝大多数城市人口扩张——差不多6.2亿人（占62%）——预期会发生在人口低于50万的城市里。

(2) 特大城市的数量预计会急剧增加，从23个增加到37个，到2025年，这些城市的人口预计将占到世界城市总人口的13.6%。

这种讨论强调，不同地方的城市领导者面临的挑战程度存在突出差异。在一个极端的方向上，我们可以看到，对于不断增加的特大城市来讲，形成有效的地方性领导力和治理是最紧要的事情。但是，改善城市领导力和城市治理所面临的挑战是非常广泛的。世界上成千上万个城市——无论大小——都在经历快速的增长。

在发展中国家，城市领导者面临着来自城市扩张带来的严峻挑战——比如，与居住、饮水、卫生和公共健康相关的挑战（Dijk，2006；Sclar et al.，2013；Tannerfeldt and Ljung，2006）。正如苏珊·帕内尔（Susan Parnell）和埃德加·彼得斯（Edgar Pieterse）在2014年解释的，非洲大陆的城市增长速度最快，尽管其基础水平较低。在对如何处理非洲城市化的问题提出一些有趣的想法之前，彼得斯讨论了挑战程度和可能面临的社会动荡。他指出：

在绝大多数非洲的城市和城镇，贫民窟是很普遍的……不言而喻，这类城市现象不能简单化地无限复制下去。（Pieterse，2014，pp. 200 - 201）

许多城市在快速扩张，我会简要地讨论这个情况，同时也有一些城市在萎缩，它们需要调整自己的城市发展战略，以适应变化的环境。

正如我在第1章里讨论的，城市生活的质量根本不是它应该存在的样子。约翰森和加里亚（Johnson and Galea，2011）对低收入和中等收入国家的城市健康进行了评估。结果发现，城市贫困随着城市化的发展而在增加。

在2002年，有11亿多人每天的生活支出低于1美元，他们中就有

第2章

全球趋势和我们的城市未来

2.82 亿人生活在城市里。低收入和中等收入城市居民的收入增加往往伴随着收入不平等的增加,这给社会凝聚增加了压力,也为市民增加了冲突风险。(Johnson and Galea,2011,p. 352)

这里,我们需要提到联合国千年发展目标(MDGs),它是 2000 年参加联合国代表大会的各国领导人提出来的。8 个目标形成了 21 世纪的相关政策目标,比如,消除贫困、改善教育、降低儿童夭折率等等。千年发展目标已经推动了很多成功的行动计划,以消除贫困,尤其是农村地区的贫困。但是,我们可能需要注意,只有 1 个目标专门提到了城市贫困人口的困境。这个目标要求到 2020 年至少 1 个亿的贫民窟居民的生活得到极大改善,这是一个适度的目标,考虑到当今世界可能有 10 亿贫民窟居民的话。在 2012 年,联合国就指出:"1990 年,有 6.5 亿人生活在贫民窟;而现在,估计有 8.63 亿人生活在贫民窟。"(UN Expert Group,2012,p. 56)我们希望那些从事 2015 年后发展议程目标(取代了 2015 年的千年发展目标)的人能够更多关注城市问题,特别是考虑一下改善城市治理的重要性。可持续发展方案网络(sustainable development solutions network)已经对这个讨论作出了有价值的贡献,它认为应该在 2015 年后发展议程中单独设立一个关于城市的目标:

> 如果管理好的话,城市化能够创造就业和繁荣,成为结束极端贫困、增强社会包容的核心驱动力。但是如果管理不好的话,城市就会加剧社会排斥,无法创造充分的就业。(UN-SDSN,2013)

当然,这不意味着联合国已经忽视了城市和城市地区。相反,1976 年在温哥华的一个国际会议上,联合国人居署就已经开始努力将城市和地方社区的视角纳入国际性的全球议程中。自 2002 年以来,联合国人居署已经加快了对城市方面的努力,从内罗毕开始,在世界各地轮流召开一个定期的系列世界城市论坛(World Urban Forum,WUF)。这些行动将政府领导人、城市市长、地方政府协会成员、非政府组织和社区组织、专业人员、学者、草根妇女组织、年轻人、贫民窟居民群体聚在一起,共同分享经验,提出新的政策和实践,以

· 55 ·

改善城市生活质量。

我们从支持世界城市论坛的系列研究中可以了解到城市的走向，发现城市政策和管理的创新方法。《世界城市之邦 2012—2013》就是这样一个报告（UN-Habitat，2012）。报告显示，政策制定者、企业家和社会活动家们需要超越狭隘的经济成功的理念。对金融繁荣的痴迷已经导致富人和穷人之间的不平等扩大，同时，也引发了对环境的严重破坏。这个报告对如何培育更宽泛意义上的城市繁荣给出了建议，我们将会在本书后面对这些观点的部分内容进行探讨。比如，我们会对南方国家的各种非正规聚居区发生的创新进行考察。尤其是第六个创新故事将为我们提供具体的细节，告诉我们南非的朗拉格安置区（Langrug）在进行居民区改造中是如何采取有利于穷人的创新方法的。

三、城市增长和萎缩的城市

是不是所有的城市不管怎样都一定在扩张呢？答案是否定的。首先，从长期看——许多人口学家预测在本世纪下半叶的某个时间点，世界人口将会停止增长，一些人口学家甚至预测会下降。迪伯利是谨慎的，但是他也指出："对世界人口稳定水平的预测大都居于 90 亿到 100 亿之间，而我们知道，这种长期性的预测往往都是有风险的。"（De Blij，2009，p. 24）皮尔斯（Pearce，2010，pp. 293 – 294）在一个生动的分析中则讲得更为直接。他认为，世界人口最早在 2040 年就可能达到最高峰值，因为"人口出生率在下降，意味着我们很快就会遭遇到每一代母亲都会比上一代母亲更少的处境"。

丹尼·多林（Danny Dorling，2013）对世界人口增长的预测给出了一个透彻的分析。他认为，联合国在 2011 年对 2100 年的世界人口预测作了很大调整。对 2100 年的预测数字已经从 91 亿人口跃升到了 101 亿人口。显然，长期的人口预测确实是一个棘手的事情，但是，多林还是认为，预测的变化更多是因为政治因素而不是因为在对如何建立人口趋势的模型上进行技术性讨论的竞争所造成的：

我认为，联合国的预测在提高，这是因为它的预测更多是出于政治取

· 56 ·

第 2 章

全球趋势和我们的城市未来

舍而进行了提高。它显然是在警告人们，世界人口数量可能正在失控。
（Dorling，2013，p. 33）

多林对数字的讨论根本没有耐心。他坚信，最重要的事情是人们的行为而不是他们的总数量。

世界人口的下降会对全球城市化趋势产生重要影响吗？这里，我们再一次给出了否定的答案。正如我们会看到的，人们搬到城市居住的原因是深刻而突出的。移民的动力意味着全球城市化早就存在——一定存在几十年了。但是正如一些人指出的，如果认为不可阻挡的城市化在地球上的每个地方皆是如此，那么并不令人信服。在发展中世界，一些城市的增长率可能会衰减很多，同时，它们还面临着难以对付的空气污染和交通堵塞问题。比如戴维斯（Davis，2006，p. 2）就指出，在 20 世纪 90 年代的时候，很多人预测墨西哥城的人口将达到 2500 万，然而在增速下降后，墨西哥城的人口在 20 年后仍然没有超出 2000 万太多。①

此外，不是所有的城市都在增长。与城市人口的急剧增长相反，在富裕的西方国家，许多城市或者至少这些大都市区的中心区域，都经历了人口的萎缩（Pallagst et al.，2014）。在过去 50 年里，绝大多数"萎缩的"城市出现在西方工业国家，特别是美国、英国、德国和意大利。但是在发展中世界，也出现了萎缩的城市，比如在中国和中东欧国家，比如乌克兰。

诸如美国的克利夫兰（Cleveland）、巴蒂摩尔和英国的曼彻斯特等老工业城市，已经遭遇了从去工业化时期（de-industrialisation）中恢复过来的挑战，这些城市的就业岗位和人口都转移到了郊区和城市远郊区。戈登·杨（Gordon Young，2013）在她关于密西根州的弗林特（Flint）市改革的书中对城市萎缩的数量进行了统计。这本书的副标题是"纪念消失的城市"，它也对复兴计划

---

① 这些数字指的是墨西哥城的大都市区域（metropolitan area）。在 2012 年，墨西哥城本身有 890 万人口。但是，如果把墨西哥城周围的 60 来个城市算进去的话，墨西哥谷（valley of Mexico）市区在 2012 年就有 2010 万人口。这个例子告诉我们，正如我们讨论的"萎缩"城市一样，清楚了解我们思考中的地理区域是非常重要的。在此意义上，对"中心城市"（central city）和"大都市区"（metropolitan area）作出区分是关键的。

迈向包容性城市

地方性创新的故事

作了有力论证。或许，底特律是萎缩城市最生动的例子。根据美国人口普查局的数据，在 1970 年到 2010 年间，底特律的城市人口从 151.1 万人减少到 71.4 万人，锐减了 53%。然而，这个数据有点偏差，因为它们与底特律的城市自治区有关，这个自治区是一个范围更大的大都市的核心部分。事实上，底特律大都市区的人口在近年来总体上已经下降——从 2000 年的 480 万人下降到了 2010 年的 470 万人。不过，这个下降幅度在十年内只减少 2.7%，并不是很剧烈的下降。

城市萎缩并不是一个新现象。回溯到 20 世纪 30 年代，包括城市社会学的芝加哥学派在内的学者们曾记录了一个城市的变化过程，他们把这个过程看作生命周期，从理论上来讲，这个周期最终会以下降为终点。但是这个"先升后降"的现象是值得反思的。最近关于萎缩城市的学术研究涉及经济、人口、地理、社会和物理等维度（Martinez-Fernandez et al., 2012）。这挑战了我们对萎缩城市的认知，即当一个城市的传统产业丢失后，人口出现简单的线性下降。或许下降（decline）是一个错误的词汇——人口下降不一定是事实，它意味着的应该是恶化（deterioration）。

在此情形下，显然在人口下降的城市里，城市领导者和城市规划者们能够提出与过去的实践经验不同的战略来，这些发展战略不再沉迷于增长和扩张。东德为了应付后社会主义时代的经济转型而进行的城市实践可能特别吸引那些参与萎缩城市规划和管理的人（Wiechmann and Pallagst，2012）。萎缩城市带来的挑战是巨大的——房屋空置、建筑废弃、基础设施利用不足——但是一些城市在此方面也开拓出了一片新天地。比如，在底特律，市长迈克·杜干（Mike Duggan）推动实施"底特律的未来城市"（detroit future city）项目，这个项目最初是由前任市长戴夫·宾（Dave Bing）发起的，包括了大量创新性的项目在内（Detroit City Council，2012）。

人口下降的城市区域往往致力于实施"将人们带回城市"的项目。这种方法是普遍的，比如在美国。有很多研究都记录了这个趋势（Gratz and Mintz，1998；Gorgan and Prosicio，2000），一些城市的市长们就参与了这类研究（Norquist，1998）。这种强调恢复城市核心区活力的做法是很有意义的，因为城市为居民提供了许多好处——来自这些城市的密度、历史、基础设施、网络

第 2 章

全球趋势和我们的城市未来

和文化资本的好处。

尽管存在萎缩城市，但是公正地讲，从全球视角来看，总体上的模式是大量的城市扩张。在未来一个时期，绝大多数进入城市的居住者将是在发展中国家。而在那里，城市领导者的挑战集中在推动城市可持续发展，支持越来越多的城市新居民成功地融入城市生活。有趣的是，在欧洲和北美，城市的增长在放慢，城市居民在变老。虽然这给城市领导者带来了不同的问题，但是我们已经看到，绝大多数城市领导者——无论是在发展中国家还是在发达国家——都面临着创造性地满足更加多元化的人口需求的挑战。

四、理解人们向城市的迁移

布鲁格曼（Brugmann，2009）对他提出的"大迁移"（the great migration）给出过一个富有启发性的分析，"大迁移"指的是自 18 世纪以来，成千上万的人们向城市的极端迁移。[①] 首先，他提到，人类迁移并不是新鲜事物。历史学家告诉我们，绝大多数文明，即便是看起来定居的和农耕的文明，从远古时期开始就有了季节性的迁徙。比如，在中世纪，许多欧洲农民家庭会根据季节的不同进行长距离的迁徙，以帮助他人收割庄稼、制作砖块、修建堤坝等等。除了这种季节性的迁徙以外，众所周知，拥有特殊技能的人在数百年前就能够娴熟地跨国进行贸易往来了。比如，在 15 世纪和 16 世纪，来自意大利北部的技术熟练的石匠就在建设法国和英格兰漂亮的哥特式教堂中发挥了主要作用。

然而，在 18 世纪，人类的迁徙进入了新阶段。在中世纪的欧洲，农奴制将农民牢牢地束缚在了封建领主的土地上。正如布鲁格曼（Brugmann，2009，p. 38）指出的，在 17 世纪，农奴制的衰败使全球的城市迁移过程开启，这个过程直到今天依然可见……沙森对欧洲的人口迁移历史进行了考察，她指出，长距离的季节性迁徙"最终形成了链条式迁移（chain migration）的要素，随

[①] 接下来的内容，本书将直接引用布鲁格曼在其著作《大迁移》（*The Great Migration*）第 3 章中的分析（Brugmann，2009，pp. 33 – 54）。

迈向包容性城市

地方性创新的故事

着一些移民待在他们的目的地并且组建了家庭，就为他们原居住地的人们更多地迁徙出来建立了联系"（Sassen，1999，p. 10）。季节性的移民开始在城市中建立永久的居住地，以改善他们自己和家庭的生活质量。

沙森的"链条式迁移"依然是一个理解现代城市移民进程的有益方法——一个家庭成员在城市建立了落脚点，学会如何发家致富，建立本地关系，然后鼓励其他人也迁移过来。先行者的优势被后来的家庭移民或社区成员所利用。那些拥有令人满意的技能的人往往会被邀请成为市民："例如，德国在 18 世纪的历史就表明，在商贸城镇，差不多一多半的市民是移民。"（Sassen，1999，p. 8）

随着出现了巨大的庄稼歉收，城市在瘟疫和各种流行病以及挫折发生之后努力去恢复人口和劳动力，欧洲的农民逐渐从学徒中不断解放出来，成为了地主。再随着商人阶级的兴起、全球贸易的急剧增加、新产业技术的出现，欧洲在 18 世纪和 19 世纪就出现了大规模的人口向城市迁移。欧洲成为了第一个以城市为主的大洲，在现代民族国家建立之前，它就拥有了影响社会进程的富有权力的城邦国家。布鲁格曼相信，这个历史很能解释为什么许多欧洲城市有效率和富有活力，欧洲的城市文明很丰富多彩、也很有韧性。

在 1900 年，世界人口只有 16.5 亿人，估计有 2.2 亿人（或者说 13%）生活在城市。正如表 2.1 所表明的，世界人口现在大约 70 亿人，而将近有 36 亿人（或者说 51%）生活在城市地区。即便是考虑到一部分城市人口的增长来自原城市居民的生育，这些数据也表明在 20 世纪有一个惊人的从农村地区到城市的人口迁移趋势。在世界历史上，还没有哪种人口运动能够匹配这个规模的迁移或者说这种城市迁移向全球的拓展，正如表 2.1 所指出的，这种趋势必定会继续。

重要的是，需要指出，城市增长在世界上不同的经济区域以不同的方式在发生，正如我们下面会进一步讨论到的一样，在不同的世界区域，城市扩张的未来场景会有不同的时间表。然而，如果我们接受布鲁格曼的观点（Brugmann，2009，pp. 41 - 42），将有助于识别出城市移民的三个主要阶段：

1. 区域性的城市移民

先行的个人和家庭决定与他们的农村传统脱离关系，向一个区域性的城镇

第 2 章

全球趋势和我们的城市未来

迁移。链条式移民和投资过程将城镇变革成了一个完全成熟的城市。城市政治学、经济学和文明变迁，以及传统与农村腹地的互惠互利关系的本质被打乱了。这个"第一阶段"的城市移民在全世界的较小城市中持续高速地进行着，而且正如早些时候提到的，在未来的时期里，这种类型的迁移将占世界城市增长的大部分。联合国估计，人口低于 50 万的城市在 2011 年到 2025 年间将增加 1.17 亿个。

2. 民族国家的城市移民

当移民家庭在区域性城市立足之后，他们就会在其母国内开始向一个大城市移民，并且有时候会移到特大都市。这是城市移民的第二个阶段。他们充分利用民族和家庭联系建立新的网络，支持他们在成熟的产业或者新兴的产业中专业化，支持发展新的政治和社会运动。联合国估计，在 2011 年到 2025 年间，世界城市系统中将增加 393 个人口规模在 50 万到 100 万的城市。这将使城市人口增加 6.23 亿人，差不多相当于美国、巴西和日本三国的人口总和。

3. 国际城市移民

在移民的第三个阶段，移民家庭从他们的母国移出，在另外一个国家寻求更好的生活质量。北美的移民实践就为国际城市移民提供了一个生动的例子。在 1846 年到 1940 年间，估计有 5500 万人跨过大西洋移民到北美，开始新的生活。在美国和加拿大的民族国家创建先驱们的传奇中，有一个不被人所知的事实是，这些移民向往的是正在扩张发展的城市，而不是农村地区。近期以来，国际移民增长得非常多。据估计，在 2010 年，有 2.14 亿人移居外国，几乎都是移居到另外的城市。接受这些移民的部分城市正在经历"动态多样性"（dynamic diversity）的过程——也就是说，来自很多国家的大量移民迅速地进入了某个城市（Hambleton and Gross，2007）。我们稍后在本章和第 10 章中将探讨一下动态多样性会带来什么样的挑战。

卡斯特尔和米勒对国际人口运动进行了广泛考察，他们把当代的特征归结为"移民时代"。他们指出："人口的国际流动必然增加，导致接受移民的国家会出现更大的民族多样性和新型的跨国连接"。（Castels and Miller，2009，p. 18）

五、谁是城市移民？

布鲁格曼敏锐地指出，城市移民不应该被看作更广泛的经济社会力量的可怜受害者：

> 古代的季节性移民，将城市经济社会生活与他们的农业腹地联在一起。这种移民往往是由大规模的事件引发的，比如革命、战争、殖民、瘟疫和饥荒。但是，离开农村在城市中重建他们破碎的生活的移居模式表明，这些移民行为并不是消极的、冲动的受害反应。数世纪以来，甚至到今天，城市移民一般都是由一些大事件的积极能动者推动和拉动的，而不是消极的受害者。（Brugmann，2009，pp. 38 - 39）

为了支持这一论点，布鲁格曼（Brugmann，2009，pp. 42 - 54）报告了他在印度马杜赖开展的研究发现。马杜赖是位于印度南部农业地区的城市，人口超过 100 万人。研究人员对城市移民和离开村庄的村民进行访谈，建立了一个清晰的模式。那些愿意留在农村的人从心理状态来看更加"接受现状"。而那些移居城市的人更可能是焦躁不安的，更加充满憧憬的。换句话说，较大部分的城市移民是主动选择的结果。对我们常见的从媒体中了解到的城市移民形象而言，这是一个重要的洞见。

> 许多城市规划者和政治领袖都没有指出移民的坚韧和有条不紊的路径方法，许多对全球化的批判将移民看作受公司资本和现有制度约束的受害者。但是，城市从经济本质上看就是一个赋权中心，在已有的推动力和拉动力之间产生了新的战略。（Brugmann，2009，p. 52）

上面提到的三步走的城市移民类型划分是有好处的，但是这种分类简化了实际上更加复杂的现实。第一，应该强调，移民并不一定按顺序一步一步地实现这三个阶段的流动。在某个国家中发生危机——比如爆发战争——就可能刺

第 2 章

全球趋势和我们的城市未来

激移民家庭进行远距离的迁移，甚至是移居国外，根本不需要任何中间步骤。第二，人们迁移的理由是多种多样的，我们在下面将会进一步讨论。移民可能是"经济移民"，是为了寻求更好的就业前景，一些人会移居海外去求学，一些人可能因为自身无法控制的因素而移民，比如，宗教处罚、政治迫害、战争、饥荒等。第三，我们也需要对移民的定义提出疑问："什么时候一个移民才会成为真正的移民？"一些移民可能把自己看作游客，或者临时居住者，而不是永久居民。比如，在欧盟，现在人们可以在 29 个国家之间自由流动。这会在当代国际移民模式中产生此消彼长的趋势，很难作出准确的预测。

在进一步讨论之前，我们应该认识到区域差异的重要性。我们已经认识到，在世界上某些区域——比如，在中国、印度和部分非洲和拉丁美洲国家——城市在以一个惊人的速度增长。在这些城市，城市领导者需要关心的不仅仅是如何应对快速增长，而且需要考虑如何影响城市化进程，实现公共目标。在其他世界区域，一些城市正在减少人口，城市领导者面临的是相当困难的挑战——如何重振他们的城市——稳住他们的居民和/或吸引新的移民。

在第 10 章，我们将更加详细地探讨城市移民的动态过程，考虑一下新的国际居民将是谁？这里，我们需要指出，简单地讲，有两类移民—— 一类是不得不（或者说认为他们不得不）的移民，一类是完全自愿的移民。我们应该花点时间考虑一下那些高素质的移民，他们能够在很大程度上对自己希望生活的地点进行选择。城市领导者们逐渐认识到，当代知识经济的主要参与者——有时候被认为是创意阶层（Florida, 2002）——对任何城市繁荣的希望都是至关重要的。这些有才干和富有创造力的人们——科学家、工程师、教授、艺术家、设计师、建筑师、作家、智库研究人员、编辑、发明家等——还有综合职业的人们——比如高科技产业、金融服务业、商业管理等——对他们想生活的地方都很有自己的看法。

我们太随意地进行概括是不明智的，根据弗洛里达（Forida, 2002, 2005）的经验，来自创意阶层（creative class）的人们显然被那些能提供一定生活方式的区域所吸引，包括好的文化设施、活跃的夜生活、丰富的社会交往、多元化的居民（包括同性恋和跨性别人群）、强大的空间认同感和高质量

· 63 ·

的环境。这个研究是基于美国城市进行的，其细节的东西不适宜于用在其他国家和场景中。但是，这个致力于吸引人才的想法为城市领导者提供了有益洞见。显然，成功的城市将需要更多致力于创造出对的"人才氛围"（people climate），而不是相信营造出"商业氛围"（business climate）是经济健康的关键。

六、现代城市的动态多样性

在这里，我们展开讨论全球化和城市化之间的互动，正在产生比过去更加文化多元的城市。更特别的，移民——人们跨越国际边界进行流动的数量在快速增加——正在许多城市里改变城市生活的本质。这些变化给地方领导者提出了新挑战。在本章早些时候，我曾提到过，这些问题是从国家层级的数据库中得出的，反映出人们还没有向"城市视角"努力（Magnusson，2010）。一点也不奇怪，当我们试图理解城市移民时，我们再次遭遇了这个问题。因此，像联合国这样的组织按照国家来估计在外国出生的人口，并不是按照城市/大都市的规模来汇总数据。城市学者有责任启动一个全球的城市移民数据库。玛丽·普利斯和丽萨·本藤－肖特（Marie Price and Lisa Benton-Short）与他们来自许多国家的同事一起合作，描绘出了城市移民目的地的地图，我在下面的讨论中会引用他们的工作（Price and Benton-Short，2007，2008）。

门户城市（gateway city）这个词指的是有大量移民居住的大都市区。这类城市已经越来越重要，因为城市经济正在变得越来越依赖于新来的、越来越大规模的外来工人去承担特定的工作——往往是服务部门的相对低薪水的岗位。普利斯和本藤－肖特（Price and Benton-Short，2007，p.104）认为，"……随着城市区域的外籍出生人口不断增加，挑战人们关于公民权、认同和归属的基本假设，关于新来者的包容/排斥话语就在不断强化"。结果，移民的门户城市往往集中在一极。一方面，基于跨国资本和世界贸易，它们被看作世界公民文化的活力中心。另一方面，它们往往集中在密集的地方（locality），按照种族和阶级标准来划分的极化现象非常突出。

在一本关于全球化时代城市治理的书里，基尔·格罗斯（Jill Gross）和我

· 64 ·

第 2 章

全球趋势和我们的城市未来

提出，一些门户城市呈现出动态多样性。我们使用"动态多样性"① 这个词汇，希望能关注一些门户城市发生的变革速度。我们用这个词汇来表示大量移民从很多国家快速进入某个城市（Hambleton and Gross，2007，pp. 218 - 220）。正如格罗斯（Gross，2007）描述的，经历动态多样性的城市，面临着一系列"多样性—民主"（diversity-democracy）挑战——也就是动态多样性对民主治理带来的挑战。她对门户城市——比如，多伦多、巴黎——运用民主参与体制（systems of democratic engagement）应对城市人口需求改变的方式进行了考察。在更近期的研究中，她还讨论了北美洲和欧洲的首府城市对移民进行的多层级治理（multi-level governance）（Gross，2012）。

动态多样性的挑战有多大？在本章早些时候，我就指出，在 2010 年，联合国估计有 2.14 亿人会移居另一个国家——这是一个非常大的规模。但是，这些人都去了哪里？普利斯和本藤-肖特（Price and Benton-Short，2007）试图回答这个问题。在我们思考他们给出的答案之前，我们需要提出三点注意事项。第一，这个分析使用了人口普查数据来统计外国出生的居民人口。作者们指出，这种数据来源是有局限性的。人口普查的日期和频次因为国家不同而有所变化，显然，人口普查只提供了最低程度的外国出生人口的记录数据。不正常的或者"非法的"移民非常可能不会提交问卷。对外国出生人口（foreign-born）的定义也不同。许多国家将外国出生人口界定为出生在国界之外（terri-torial state）的个体。然而，在一些国家，比如，在荷兰，对外国出生人口的定义考虑将移民的孩子看作外国出生人口，即便他们就出生在荷兰。第二，作者们并没有分析移民对其移居城市的影响。这需要在单个的门户城市中进行详细的实证研究。第三，数据反映了很多报告年份，绝大多数是从 2000 年到 2005 年。在一些国际大都市区，现在有越来越多的外国出生人口，规模比数据反映的多得多。除了这些告诫说明之外，他们的分析描绘了全球移民向世界

---

① "动态多样性"（dynamic diversity）这个词与"超级多样性"（hyper-diverse）是相近的，但又是不同的。后者在城市研究中被用来指种族非常多元的社区。比如，普利斯和本藤-肖特（Price and Benton-Short，2007，p. 112）指出，如果满足如下条件，一个城市的人口就是具有"超级多样性"的：（1）总人口中至少有 9.5% 的人是在外国出生的；（2）没有哪个国家的移民在移民总人口中占比达到 25% 或超过 25%；（3）移民来自世界各国。我们使用的"动态多样性"一词关注的是一个地方的人口以极快的速度转变为更加多元的人口——这个过程对于维持有效的民主治理是重要的。

· 65 ·

迈向包容性城市

地方性创新的故事

流动的情况，为我们提供了帮助。

这个研究提供了 52 个国家 145 个城市的外国出生人口信息。这里，重点是讨论人口超过 100 万的大都市区。下面是从这个分析中得到的一些主要论断：

（1）19 个大都市区有超过 100 万的外国出生的居民。纽约大都市的外国出生居民数量最多（510 万），另外 7 个有卫星城的大都市的外国出生居民超过了 150 万：洛杉矶（440 万），香港（300 万），多伦多（210 万），迈阿密（190 万），伦敦（190 万），芝加哥（160 万），莫斯科（160 万）。①

（2）差不多 100 个大都市区的外国出生居民超过 10 万人，而且这类城市遍布全世界。北美洲和欧洲的城市是最主要的移民目的地，但是全世界的区域都有这个特征。

（3）越来越多的大都市区有相对高比例的外国出生人口。比如，在中东的一些移民城市有非常高比例的外国出生人口。这些石油富有国已经建立了多种多样的临时工作项目，成千上万的劳动者（劳工）——经常享有很少的权利——移居到了这些区域。迪拜的外国出生人口比例最高（83%），然后是阿曼首都马斯喀特（44%），吉达港（37%），利雅得（31%）。

（4）其他拥有非常高比例外国出生居民的大都市区是多伦多（45%）、香港（43%）和温哥华（39%）。多伦多是例外，我们将在第 10 章进一步讨论这个城市。这里，我们需要指出，每年有差不多 7 万移民从 170 多个不同的国家移居多伦多，在多伦多的大都市区现在已经有超过 200 万的外国出生人口居住。

只要新的群体能够从社会、政治和经济等层面融入城市，多样性就能给城市社会带来巨大活力。实际上，全球城市可以被界定为文化和思想观念的混合产物。提出和采用避免内部人（insider）和外部人（outsider）间产生冲突的政策是有挑战的。我们稍后会再次考察的一个主题是在一些特定城市和城市的一些特定邻里社区，富于创造的地方性领导力可以为多元文化的理解和跨文化的共同创造提供新的空间。在那些已经经历了动态多样性的城市里，有一些富有价值的洞见可以提供给那些还不熟悉引领和管理多元文化城市的城市区域分享。

----

① 多伦多的动态多样性将在创新故事 15 中详细讨论。

第 2 章
全球趋势和我们的城市未来

七、结论

在本章中，我已经讨论了与全球城市化相关的各种议题。我在这里的部分写作目的是安排一下接下来各章的内容，讨论在公共话语和学术话语中城市化已经或者正在被全球化的思考所遮蔽的问题。这是令人烦恼的，而且可能反映出民族国家和它们的媒体存在"国家视角"倾向。幸运的是存在一些强劲的相反趋势——很大程度上不为人知——我们将在接下来的章节中详细讨论。这些相反的趋势涉及地方认同的重要性、社区的意义和地方在一个快速全球化的世界中的影响力。

在此场景下，我们将认识到联合国作出的有价值的贡献。在本章，我已经大量引用了联合国人口专家的成果，他们对世界城市化的前景不断提供了有价值的信息（UN-DESA，2012）。除此之外，联合国人居署（UN-Habitat）还为城市的政策分析提供了相关的世界领导力，持续为思考城市的未来提供新的路径（UN-Habitat，2012）。无论是在本国还是在国际上，各种代表城市利益的组织也在不断作出重要的贡献——其中一些富有成果的合作就是与联合国一起完成的。这些由地方推动的研究和分析不仅在帮助产生关于城市未来可能性的新思想观念，而且也在帮助我们制定解决城市问题的实操战略。我特别想强调一下世界城市和地方政府联合组织（United Cities and Local Governments，UCLG）的工作—— 一个全球的城市、地方政府和区域政府的网络。这个地方政府的国际网络正在为我们理解城市和城市的未来作出重要贡献。比如，来自UCLG 的《全球地方民主观察》（*Global Observatory on Local Democracy*）报告——即 GOLD 报告，对地方政府在应对当前和未来城市挑战中的作用作出了极其宝贵的分析（UCLG，2008，2011，2014）。

城市化并不是一个新的过程，但是在本章，我已经指出，城市化的速度和规模则是一个新的问题，我们并不熟悉。在 2011 年到 2030 年间，世界城市人口将新增 14 亿人，这是非常巨大的规模，而且难以想象的。如果我们想按照第 1 章所提到的思路指引这个特别的城市增长，建立包容性城市，我们就必须要有强有力的地方性领导力。这是有深远意义的，不仅因为迅速增加的超级城

· 67 ·

迈向包容性城市
地方性创新的故事

市需要有效的领导力和治理，而且成千上万个城市也需要吸纳大量的新移民。

除了这种涡轮增压般的城市增长，主要发生在发展中国家的城市扩张外，本章还关注了一些城市在萎缩的事实。这种规模的缩减同样在挑战着城市的角色定位，为城市规划和管理开辟了新的空间。本章已经关注到了城市移民——事实上，现在有亿万人口正移居到外国的城市。城市移民的增加对城市领导力、地方民主和城市治理都会产生很大影响——这些意义还不怎么被人们所理解。经历过动态多样性的城市，可以为那些依然还没有遭遇快速向多元文化的未来转变的城市提供有价值的经验。

在结束本章前，我希望能对全球趋势和城市前景提供一个不同的视角——一个艺术家的视角。塞巴斯蒂安·萨尔加多① （Sebastian Salgado）是国际知名的摄影家，他对世界上正变动中的大规模移民现象进行拍摄，出版了一个非常精彩的图片集（Salgado，2000）。为了完成这个摄影，他在 35 个国家里花了 7 年的时间。他的工作给我们提供了许多观察变动中的人性的动人视角。他写道：

> 我也逐渐明白，之前从来没有过的，地球上发生的一切都是彼此联系的。我们都受到不断扩大的贫富差距的影响，受到第三世界人口增长信息可及性的影响，受到农业机械化的影响，受到急剧扩张的城市化的影响，受到环境破坏的影响，受到民族主义、种族和宗教偏执的影响。那些流离失所的人们就是我们自己造成的全球动乱的最显而易见的受害者。（Salgado，2000，p. 8）

萨尔加多呼吁我们停下来，反思人类的处境。他认为，人类似乎因为自我破坏而受挫；他为我们提供了很有影响的图片，帮助我们理解现在已经处在什么样的阶段。

（丁开杰 翻译）

---

① 塞巴斯蒂安·萨尔加多，巴西摄影家。1944 年生于艾莫雷斯。1973 年成为职业摄影师，曾出版包括"劳动者""土地和非洲"等在内的数本摄影集。在过去 40 多年里，他从未停止过对全球性社会问题的关注，一直致力于拍摄世界上一些不发达国家中的贫困人群和工人的生活。——译者注

第3章

公共服务改革本质的变化

> 所有私人的努力、所有个体的公益，与组织起来的、有很大代表性的力量相比，都会相形见绌。
>
> ——约瑟夫·张伯伦（Joseph Chamberlain），伯明翰市市长，
> 1875 年在伯明翰市议会上的演讲①

引　言

19 世纪 60 年代的伯明翰，与英国所有其他的城市一样，是一个荒凉而逼仄的地方，街道很不卫生，房屋破旧，还有没完没了的贫困。历史学家崔斯特瑞姆·亨特（Tristram Hunt）对这种悲惨的生活情景曾作过特别生动的描述，他指出，在那个时候，伯明翰就是一个"让人唾弃的城市"（Hunt，2004，p. 324）。1854 年，约瑟夫·张伯伦抵达西米德兰兹郡，后来成为一名成功商人，他受到乔治·道森牧师（George Dawson）和其他公民活动家的鼓舞，参与了 1869 年的伯明翰城市议会选举。1873 年，张伯伦 37 岁，即将成为伯明翰市市长。我们很快将看到，他在很短的时间内，就成功地改变了伯明翰市民的生活质量。他对市政管理的哲学和功能采取了完全不同的方法。

---

① 这个引注来自约瑟夫·张伯伦（Joseph Chamberlain）在他第三次当选为伯明翰市市长时在城市议会发表的演讲。张伯伦担任了三届任期为一年的伯明翰市市长（Hennock，1973，p. 143）。

迈向包容性城市

地方性创新的故事

正如本章开篇引用的张伯伦演讲内容所见，他重视城市议会，这意味着他把城市看作一个有机整体，认为城市的目的是改善所有市民的生活质量。亨特（Hunt，2004）把张伯伦的方法描述为"市政信念"（municipal gospel），因为这种方法坚信，所有当选的地方官员都能够更有效地帮助社区解决问题，比那些远在威斯特敏斯特的政客们强多了。张伯伦的战略包括有效地组织和管理对市民的投资，以扭转城市衰败的进程，较早地为真正管用的公共服务改革提供了一个典型案例。我们将很快回来讨论张伯伦、乔治·道森和他们在伯明翰的同僚们所取得的成绩。

这里，我想先指出，约瑟夫·张伯伦在城市领导力上的努力是如何彰显我们在本章和后面章节将重点论述到的主题的。首先，重要的公共服务改革往往来自于各种地方性的项目。比如，如果回顾一下现代社会、医疗、教育和住房服务的起源，我们往往就会发现，鼓舞人心的活动家们受到感动后都是在地方层面采取的行动。在志愿部门、宗教机构、工会、地方企业、地方政府、地方政党等地方，这些变革的能动者往往受到一种富有激情的信仰的影响，也就是他们相信有能力改变社会、让社会变得更好，他们因为信仰而行动。①

显然，城市在公共服务创新进程中起着非常重要的作用。在之前的章节中，我就解释了为什么城市在过去150年里已经发生了很快的扩张。欧洲是城市化进程的引领者，或许，我们并不奇怪，我们能在19世纪的欧洲大城市里找到一些大胆的地方政府领导力项目。在早于19世纪30年代的时期，地方政府总体上并不是一个特别重要的公共机构。那个时候，至少在英国，地方政府的任务就主要是行政管理和司法。因为城市化而蔓延的城市病（urban squalor）

---

① 一个典型的模式是地方活动家们尝试新的方法，开创出新的空间。这些实验为改革运动打下了基础，而负责任的国家能采纳这些观点，并把它们应用到本地（地方）或国家的政策中去。比如，罗伯特·欧文（Robert Owen），一个威尔士的社会改革家，他在19世纪早期就积极推动英国工厂工人的医疗和工作条件的改善。欧文被称作英国婴幼儿照护的创始人，他在英国新拉纳克的磨坊和社区，对当地工人及其家属采用比较体贴的方法，领导了社会改革，产生了全国性影响，甚至在欧洲都产生了影响。比如，英国1819年的《工厂法》（Factory Act）就受到欧文改革的影响。珍·亚当斯（Jane Addams）是一位社会政治活动家，她为我们提供了一个来自美国的令人鼓舞的地方性领导力案例。1889年，她在芝加哥联合创办了赫尔官，这是美国第一个慈善中心（settlement house）。她证明激进的思想管用，在19世纪90年代她就带头为母亲和儿童提供大量社会服务。她的地方性项目和运动对美国医疗和福利政策的发展都产生了很大影响。

第 3 章

公共服务改革本质的变化

问题，和工业革命一道，改变了这一切。传统的地方政府体制难以应付这些主要的新变化。许多地方开始建立有力量的、选举产生的地方机构来引领社会变革。

强调了地方性城市领导者在 19 世纪公共服务发展中的作用后，本章将转向考虑过去 30 多年的公共服务改革所作出的努力。我们将考虑三种彼此竞争的方法。这包括使用两种不同的赋权机制——运用选择权（exerciese of choice）的机制和进行话语表达（expression of voice）的机制——另外的第三种方法是依赖于公共服务供给者的自我改进。可能这就意味着，改革路线包含了用非常不同的方法来思考国家及其服务的公民之间应该有的关系。许多国家推行了以"新公共管理"（NPM）为名的改革，我们将对此进行批判，因为它们是建立在错误理解国家和公民之间的关系基础之上的。相反，我们将强调另外一种方法，我们把它称为"新城市领导力"（new civic leadership）。新城市领导力意味着强大的地方性领导力将通过调动市民社会、市场和国家的力量，相互补充，共同创造解决公共问题的新方法。这个领导力策略强调将重心从公共服务的改进转向受政治驱动的公共服务创新。

一、公共服务——地方性的起源

公共服务与人权密切相关。传统上，公共服务一直是由国家提供给人民的。但是，在一些国家，比如英国和美国，国家本身并不提供所有的公共服务。这些国家允许私人部门的公司提供一些服务（比如，英国的电力、天然气和自来水），而国家对这些公司的经营进行监管。公共服务的历史在各国存在差异，但是，我们想指出，在绝大多数发达国家，广泛存在的公共服务供给是在 19 世纪中叶到 19 世纪末期才开始出现的。

就像伯明翰的实践一样，通常是地方政府率先引入新的服务，比如，公共的天然气和自来水服务，还有公共医疗、城市规划、教育和住房供给等。在发展中国家，公共服务总体上并不是太多。比如，在一些国家，自来水服务可能仅仅在相对富裕的地区才是可及的。这里，我想强调，英国出现了地方政府领导力（local government leadership），并且它对公共服务的发展产生了影响。类

· 71 ·

迈向包容性城市

地方性创新的故事

似的思考可以用来解释其他发达国家中出现的公共服务及其增长。在这里我并不想提供一个完整的历史陈述——相反，我只是想强调一下地方性领导力在推动公共服务创新中的作用。

正如我在本章引言中所说，19 世纪，城市不断增长，特别是可怕糟糕的生活条件和可怜的城市贫民窟，引起了政府的关注。《1835 年市政法案》（*Municipal Corporations Act, 1835*）在英格兰和威尔士引入多目标（multi-purpose）选举产生地方机构的理念，取代了以往自我选举的、往往腐败的中世纪法人团体。在亨特（Hunt, 2004）对维多利亚城市所做的富有思想的综合考察中，他对地方政府权力的增加进行了完美分析，还在各种各样的省会城市中——包括伯明翰、布里斯托、格拉斯哥、利兹、利物浦、曼彻斯特，对城市领导力和公民行动进行了典型的分类列举。

这里，我再次提到约瑟夫·张伯伦在伯明翰取得了突出成绩，是为了阐释清楚一个更为广阔的趋势。在彼特·马什（Peter Marsh）的深度研究中，他论证了张伯伦是"如何因为其在公共事务上的成绩而赢得广泛尊重的。那些成绩……为城市政府创立了一个新的政策组合，比如人们熟知的市政社会主义或天然气和自来水社会主义（gas-and-water socialism），在整个工业化世界引发了仿效"（Marsh 1994, p. 77）。在 1873 年至 1876 年间，张伯伦担任伯明翰市市长，他在此期间获得议会授权，接管了失效的、由私人拥有的天然气和自来水公司。这实际上就是逆民营化（reverse privatisation）。张伯伦使用新的收入流对城市进行了重大改进，在市中心创建公共空间，改善住房和街道，建立公园、图书馆，还有一个相当棒的城市博物馆。这个在城市中心区发生的变革，是工业城市在复兴最初付出的艰辛努力之一——伯明翰迅速被赞誉为"英国中部的大都会"（the metropolis of the Midlands）。正如马什指出的，张伯伦在公共融资领域引入了重要的创新：

> 贫民窟变得干净整洁，公民乐意到城市商业中心来消费，而来自商业改善的收入又能够被用来更新贫民窟。（Marsh, 1994, p. 93）

特别需要指出，从约瑟夫·张伯伦大胆的地方性领导力中，我们得到的一

个关键经验是他能够重新定义和拓宽公共服务的本质。正如马什（Marsh，1994，p. xiii）写道："为了加强英国工业城市的公民福祉，张伯伦坚持拓宽了政治行动中已有的社会经济因素。"按照 21 世纪城市政治学的框架来分析，张伯伦可能会被人们批评采用了家长主义式（paternalistic style）的领导力。在他的模式中，工作的人们会从中受益，但是他们并不是张伯伦的各种市政企业的合作伙伴。然而，这样的批评是没有意义的。在 19 世纪 70 年代的伯明翰，基于一个省会城市强有力的政治根基，张伯伦对公共服务改革率先提出卓越而相当有效的方法，将城市中的市民自豪感提升到了惊人的水平。直到今天，有必要重新划定公共行动的边界，包括削弱资本剥削人民的力量，仍然是城市政治领导人面临的主要挑战。

二、公共服务改革——三个替代战略

现在，让我们往前跨越一个世纪左右，思考一下最近这些年对公共服务改革作出的努力。首先，我们将回顾一下，特别是自第二次世界大战之后的公共服务出现的稳定增长，我们很高兴地看到，在许多国家，福利国家给公民带来了巨大的公共福利。比如，在英国，国家扩大了公共服务的范围——教育、医疗照顾、图书馆、社会工作支持、艺术画廊、博物馆、公共开放空间、道路、自行车道，无家可归者支持、街道清洁、救火急救服务、警察服务、垃圾收集/回收利用服务、消费者保护、社会保障等，这些服务都是免费提供的。另外，还有大量有价值的公共服务是由国家提供的，不过，这些服务需要使用者付费——比如，社会住房、游泳池、休闲中心、公共交通。在发达国家中，许多福利国家提供类似的服务或者更多的服务，并且享有这些服务的人们的生活质量改善了很多。

然而，至少在 20 世纪 70 年代的英国，有人开始质疑福利国家是否能继续提供高质量的公共产品。我们形成的福利国家模式是否真的如设想的一样是成本有效的或者是价格可取的？必须进行改革吗？下面，我以英国为例来论述最近这些年推动公共服务改革方面所作出的各种努力。在一个较早研究中，丹尼·伯恩斯（Danny Burns）和保罗·霍格特（Paul Hogget）以及我，对英国

· 73 ·

迈向包容性城市
地方性创新的故事

已有的提供大量公共服务的高度专业化部门进行了考察（Burns et al., 1994）。我们注意到，其中占主导地位的组织形式是官僚体制。在每一种服务中，都出现了以下情况：一个职能确定的部门或分支机构；一个控制性的行政科层制；一系列统一执行的程序；还有一群职业人员或专家来执行这些任务。这些部门尽力为人们提供无偏见的、公平的服务，但服务使用者开始抱怨，服务提供部门往往不灵活，并且部门人员经常在与公众打交道的过程中表现出一副"我们最了解情况"（We know the best）的态度。

对这种公共服务供给模式的不满逐渐增加，到1994年，我们总结了三类应对官僚家长主义的主流意见。我们把这些看法整理在了图3.1中①。从图底

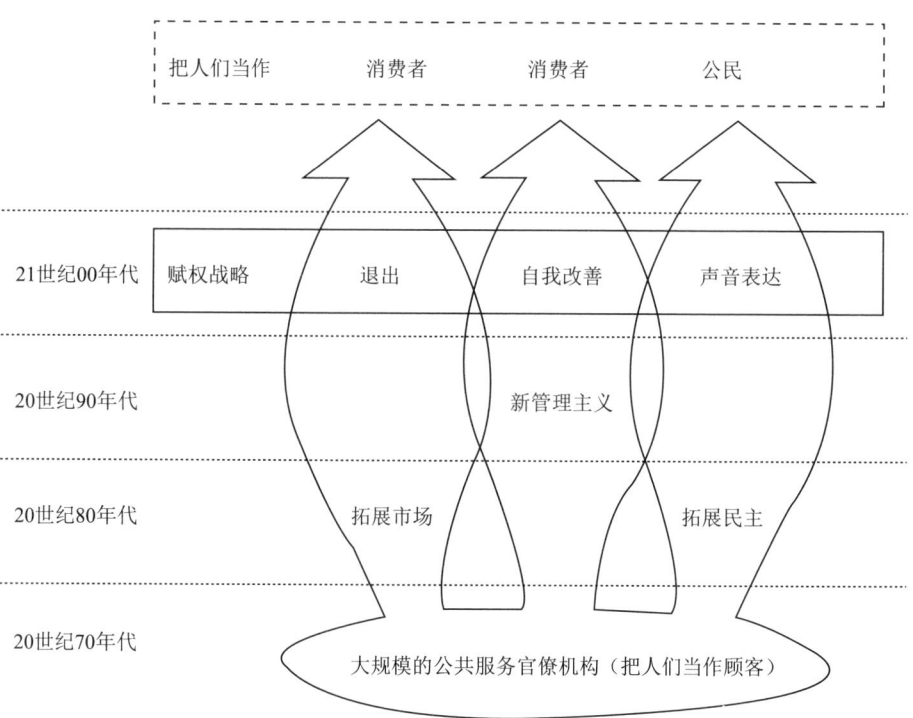

图3.1 公共服务改革战略

资料来源：转自伯恩斯等人的研究（Burns et al., 1994, Figure 1.1, p. 22.）。

---

① 这种范式的早期版本来自伯恩斯等人的研究（Burns et al., 1994, p. 22）。我在许多国家为城市领导者和公共经理做培训和召开发展工作坊时，都大量地采用了这个范式。在协助领导人和经理们思考一下他们希望在地方看到的国家与社会关系方面，这种范式是有帮助的；对地方性领导人而言，在这些选择中取得一个合适的平衡则是关键。

第 3 章

公共服务改革本质的变化

开始，也就是在 20 世纪 70 年代，我们发现，大的公共服务组织是由专业人士构成的。这些专业人员对公共服务有很强的承诺，他们努力工作，"为"人们提供服务——他们往往把人们描述为"顾客"。有批判的意见认为，这些公共服务供给者的意图很好，但是他们实际上往往很难充分考虑到服务使用者的生活经验。并且这些专业人士，或者至少他们中的部分人员，是有家长主义作风的。

图 3.1 显示了三种改革路线。直到今天，这三种选择依然是公共政策圈里相互竞争、吸引眼球的方案；可以肯定地说，在未来，这三种选择也仍将是公共服务改革讨论的焦点。这些不同的战略在学术和公共政策讨论中经常会发生冲撞，而这实际上是一个大错误。比如，政治家们有时会使用"现代化"这样的类属性词汇，却不对这些词汇在改革建议中有什么价值作出清晰的解释说明。因此，我们想问，这三种不同的改革路径到底是什么呢？

正如图 3.1 的左边展示的，第一种比较宽泛的路径是摈弃对公共需要进行集体和非市场化服务供给的理念（Walsh，1995）。这种路径的核心是私有化，它力图用私人供给来替代公共供给——它在公共服务领域努力扩大市场模式，特别是竞争模式。这个战略并不只是说卖掉公共资产，还强调服务的商品化，倾向于引入所谓的"准市场"（quasi-market）（Le Grand，2007）。支持这种路径的人认为，让消费者们在竞争性的供应商中进行选择，就会使服务提供者们更有回应性。

第二种路径是图 3.1 的右边展示的，它旨在保留公共供给的理念，但是对公共供给方式进行彻底的改革。它追求的是拓宽民主，而不是缩减民主。它试图用一个更加民主的方式来替代过去的官僚家长主义模式，往往很激进地将供给分权化，下放到社区邻里层级，采取新的公民参与方法。我们在《分权政治学》（*The Politics of Decentralisation*）一书中对这种改革战略作过详尽讨论（Burns et al.，1994）。最近一些年来，很多作者对如何民主化地提供公共服务进行了研究，我们在第 7 章会对这些文献进行回顾（Cornwall，2008；Oliver and Pitt，2013；Taylor，2011；Wainwright，2003；Warburton，2009）。在许多社会里，这种公民导向的改革路径正使第三部门的作用被彻底重塑。

第三部门——经常被描述为志愿部门、非营利部门、社会经济或市民社

· 75 ·

迈向包容性城市
地方性创新的故事

会——在许多社会中正逐渐变得重要。在一些国家，自从第二次世界大战以来，第三部门已经在福利服务供给中发挥重要作用——比如，在德国和荷兰。另外，比如在英国，直到 20 世纪 90 年代，政府才决定将大量的公共服务，包括社会住房，外包给第三部门提供商。随着第三部门最近这些年的发展，国家和市民社会之间的边界已经模糊，中间出现了一系列的混合型组织。也就是说，正如艾维斯和拉威尔（Evers and Laville，2004）所指出的，第三部门组织具有了一些类似于国家（比如，有正式的规章条例）和市场组织（比如，合同使用）的特征。布兰德森和皮斯托弗（Brandsen and Pestoff，2006）已经提出一个有用的概念框架，用来理解这些发展。他们在这个框架中区分了共同生产（co-production）、共同管理（co-management）、共同治理（co-governance），我们很快会对此进行讨论。

注意，市场化路径（the market approach）把人们当作服务的消费者，而民主化路径（the democratic approach）把人们当作有权进行表达的公民。我们很快会看到，这是一个关键的区分。市场模式的倡导者们常常掩盖其意图，他们在"准市场"体制中不断地将其服务使用者描绘为"公民"。这将是一种误导，因为市场模式完全依赖于个体消费力量，而不是公民能使用的集体力量。

公共服务改革的第三个宽泛的战略，正如图 3.1 的中间部分所示，在近些年里已经变得越来越有影响。它试图将公共服务机构面临问题时的应对方法区分为管理型回应（managerial）和政治型回应（political）两种类型。这个战略借鉴了来自两个竞争性的政治模式的做法，模仿了激进的方法，但是保留了生产者和服务使用者之间既有的关系。在公共服务改革的第三个战略中，公民被重新界定为消费者。现在，有大量文献主要从私人部门的经验出发，讨论了顾客导向、消费者驱动型的服务供给以及诸如此类的问题（Osborne and Plastrik，1997，pp. 157 - 202；Bernard et al.，2011）。[1]

---

[1] 关于私人部门管理的图书中，充斥着公司不应该仅仅是接近它们的客户而是应该客户至上（customer obsession）的建议。现在，有很多公司使用社交媒体来发现大量客户的个人信息，而且把容易轻信媒体的客户变成销售人员。比如，许多销售产品的网站现在往往通过巧妙的方式，邀请购买者将自己购买的产品通过社交网络推荐给他们的朋友。

第 3 章

公共服务改革本质的变化

三、理解公共服务改革的动力

对公共服务改革努力的研究文献往往没有区分所倡导的战略蕴含的哲学意义。这导致了混淆的和欠佳的决策，因此，我认为，对图 3.1 中显示的顾客、消费者、客户和公民进行区分，是极其重要的。这里引用阿尔伯特·赫希曼（Hirschman，1970）的研究成果，区分两种理想化的赋权理论概念——退出（exit）和呼吁（voice）。他认为，一个组织、一个民族国家或任何其他的人类聚集形式的成员，从本质上讲，都有两种表达不满的方式：他们可以退出（从关系中撤离）；或者用他们的声音进行呼吁（努力抱怨或提出变革的建议）。他还用一些有趣的事情提出了第三个概念——"忠诚"（loyalty）——我们很快会回来讨论这个概念。

正如图 3.1 所展示的，退出权利与市场的研究有关——因此我们使用"消费者"（consumer）一词来描述这种方法的重心。而另一方面，呼吁在本质上是政治的，因此并不奇怪，它与公民自由的表达有关，包括公民的投票权、抗议权、游行权利等。赫希曼指出，退出和呼吁两者都可以用来评估组织绩效，并且从本质上看，呼吁在提供人们为什么不开心的理由方面更有信息优势。

在图 3.1 中给出了第三种改革战略——新管理主义（new managerialism）——它并不是来自赫希曼的研究。这是因为，新管理主义在本质上根本不是一个赋权机制。相反，它意味着要对变化的公共压力作出管理型回应。这种方法并没有采用混乱的退出和呼吁的信号，而是采用了私人部门的管理技巧——市场研究、用户满意度调查、申述程序、消费者关爱项目、神秘的"购物"访问、社交网站、重点人群，等等。这套技巧往往提供温和而可控的反馈。与压力相反，反馈的关键并不是要促使组织改变——而是要在客户间建立关系，或用管理角度的说法是为了亲近客户。

如果现在回顾一下，我们可以区分出"四个 C"，它们有助于我们理解许多当前的公共服务改革讨论中存在并彼此竞争的理念。这些理念使我们关注到国家及其服务的公民之间的关系本质（Burns et al.，1994，p.51）。这四个"C"是：

· 77 ·

迈向包容性城市

地方性创新的故事

1. 顾客（Client）——这意味着顾客是专业人员的主要用语，这个词在传统的公共行政中就经常使用。

2. 消费者（Consumer）——这意味着在市场中有一个自由的能动者，他只对服务的生产或提供感兴趣。用赫希曼的话讲，消费者就是有退出的经济权利的人。

3. 客户（Customer）——这意味着重视个人使用组织服务的体验，并且理想地讲，要与其建立关系。

4. 公民（Citizen）——这就是说，人们有权对影响本人生活质量的公共决策作出回应，有责任与其他公民建立联系。用赫希曼的话讲，就是有进行呼吁的政治权利的公民。

这些区分看起来并不重要，而且事实上，把这些词翻译成其他语言时可能会出问题。但是，它们已经清晰地讲出了既有的公共服务改革努力所代表的各种社会思潮，如果我们忽略了这些区别，那将是很危险的。

在第 1 章，介绍了迈克尔·桑德尔的观点，他认为，许多社会都发生了从拥有（having）市场经济到成为（being）市场社会的转变，然而，人们并没有意识到这个转变，也没有对此进行讨论（Sandel，2012，p. 9；我本人的观点）。这种在公共服务改革中错误采用市场和准市场方法的做法——经常被学界称为新公共管理——很好地阐释了桑德尔的观点。① 已经存在大量对公共服务的竞争性模式进行批判的研究——这种模式把公共服务用户当作市场中的消费者。虽然一些研究对这种模式的局限进行了详细论述（Whitfield，1992 and 2012；Dowding and John，2009），但是公共政策的讨论仍然还没有充分认识到这种模式的局限。这里，我想介绍六种观点。

第一，在许多公共服务情形下，根本没有可退出的地方。比如，穷人根本不可能或不能轻易地搬家，也就意味着把那些不满意的消费者重新配置到另外一个能提供更好服务的地方，简直是胡扯。

---

① 新公共管理出现在 20 世纪 80 年代，它倡导在公共部门中采用私人部门的管理实践。本质上，新公共管理之所以兴起，在于相信政府应该像私人企业那样运作。波利特（Pollitt，1990）对当时在公共服务中出现的管理主义进行了描述。登哈特等人（Denhardt and Denhardt，2003，pp. 12 – 24）的研究，还有胡德（Hood，1991）的研究都对此进行过有益的概述。

第 3 章

公共服务改革本质的变化

第二，许多公共服务是集体生产的，也是集体享用的——比如，洁净用水、公园、街道、步行道、图书馆、博物馆等等。公共的受益不能被分割成一个一个的购买行为。

第三，准市场方法可能产生"双层"服务体制——合理化地为富人和善于表达的人提供高质量的服务，这种服务体制能够在准市场体制中成功运行，与此同时，那些更穷的人享有的服务却在下降。

第四，从一个管理观来看，如果在批准一个合同之前就详细列出所有的要求，会导致形成一种高度集中化的控制模式，而这种控制模式是反对创新和地方学习的。

第五，市场机制可以被看作对地方政体的挑战；在地方政体中，会形成一个自利和个人化的决策方法，它并不乐于对集体的考虑和需要进行讨论与协商。

第六，赫希曼在讨论忠诚的价值时，曾一定程度指出，容易退出和大范围地使用退出战略可能会导致本可以挽回的企业最终不必要地衰败下去。这些都是很有影响的讨论。

另外，我们可能需要提到桑德尔很清晰地阐明的核心哲学观点。他已经证明，对自利行为的强调会恶化生活质量：

> 在不平等不断增加的时代，每件事情都市场化，就意味着富人和中产或中等水平的人会逐渐过上不断分隔的生活。我们在不同的空间生活、工作、购物、游玩。我们的孩子去不同的学校上学。你可能会把这称为美国社会生活的"包厢化"（skyboxification）。① 这对民主并不好，也不是一个能让生活满意的方式。（Sandel，2012，p. 203）

然而，桑德尔对公共服务改革还提出了一个更重要的观点。他让我们基于

---

① 桑德尔用球场里的"豪华包厢"作为隐喻来批评美国社会极度的市场化，钱可以决定一切；机场的特别通道、医院的特殊待遇、球场里的豪华包厢等，只要有钱就可以得到这些优待。这样做实际上把不同身份、不同族裔、不同其他背景的人隔离开来，把社会划分为权贵和一般人，公民的活动出现了区隔化，政治共同体的基础因此而遭到了破坏。——译者注

· 79 ·

迈向包容性城市
地方性创新的故事

案例认真思考一下，是否商业化的实践本身就会退化？他的观点并不是主张市场会因为自利行为而繁荣，而是认为市场会消失和退化成其他的形式：

> 经济学家经常假定，市场并不会触碰或玷污他们规制的商品。但是这并不是事实。市场对社会规范是有影响的。市场激励经常会恶化或者挤出非市场的激励。（Sandel，2012，p.64）

简单地讲，市场挤出了道德。市场并不会玷污它们交易的商品，这种理念是不合理的。显然，把市场或所谓的"准市场"拓展到公共服务领域，就会对公共服务精神造成很大的伤害。他们践踏了关心他人和追求公共目的的理念，而这些理念正是一个文明社会的核心。

这种讨论意味着，城市领导者应该理智地认真检验把人们当作消费者或客户——这些都是那些新公共管理的倡导者们使用的词——背后的意义是什么。不应该不假思索地就否定建立在这些概念基础上的管理模式。更重要的是，强化公共服务体制中的服务质量，可以为客户关爱等相关议题提供有价值的经验和观察。但是，如果相信私人部门对服务使用者的回应性远比公共部门强，就是严重的错误。正如我们在第6章中会讨论到的，在公共服务的回应性上，富有经验的地方政府是强于最好的私人公司的，创新故事3就提供了具体的论证。证据表明，把人们当作消费者或客户的改革努力（见表3.1）在改善公共服务质量上起作用，而如果国家把重心放在尊重人们并把人们看作自由而负责任的公民的战略上，就会更富有成效。

四、公共政策中的"助推"① 危险

在重新考虑地方性城市领导力有潜力吸引公民参与和推动公共服务改革事业之前，让我们简短地回过头来提示一下在一些公共政策圈出现的令人烦扰的

---

① 助推理论（nudge theory）由2017年诺贝尔经济学奖获得者、美国经济学家、芝加哥大学教授理查德·塞勒（Richard Thaler）提出。"助推理论"不是强迫人们去做事情，其核心在于引导人们作出正确的决定，以达到预期目标。——译者注

第3章
公共服务改革本质的变化

"助推"（nudge）思想。这里，我指的是暗中怂恿人们以国家方式行事，或者更准确地说，一些为国家工作的人认为对我们有好处（Thaler and Sunstein, 2008）。在英国，中央政府的部分人认为，在我们还没有意识到自己被改变的前提下就改变我们的行为，是可接受的，甚至是必要的。

这是一种非同寻常的状态，有一份来自英国内阁办公室（首相办公室）的文件就规定了如何执行助推政策（Dolan et al., 2010）。一点也不吃惊，在这个文件里，每一页都盖上了"讨论文件——不代表政府政策"的声明。就好像作者们认为这个材料不仅敏感，而且可能对那些考虑捍卫自己的公民自由的人来说是不可接受的。知道这一点，给英国公民提供了少许安慰。2010年，英国首相在内阁建立了一个行为智慧团队（behavoir insights team），也就是人们熟知的"助推"团队，这个团队的明确目的就是影响英国公民的行为。

爱德华·伯尼斯（Edward Bernays）在他突破性的论著《宣传》（*Propaganda*）中，对现代社会的大众控制进行了考察，他对公共关系的早期指导，为新的家长主义者们提供了方向。或许令人吃惊，他的开篇语没有指导性意义（devoid of spin）地指出："对有组织的习惯和大众的观点进行有意识的和智慧的操控是民主社会的一个重要构成。"（Bernays, 1928, p.1）但是你们将会发现，伯尼斯的书并没有被塞勒（Thaler）和桑斯坦（Sunstein）或者行为智慧团队引用。更不用说你们会发现，万斯·帕卡德（Vance Packard, 1957）的杰作《潜在的劝说者》（*Hidden Persuaders*）对这些实践作出的有洞见的批判，很少被人们参考。数十年来，我们看到的是，无情的私人部门公司、不道德的政客及其公务人员都认为，只要操控人们的本能和情感就能控制人们，而不是通过影响人们的理性判断来实现。

在民主社会里，政府有一套法定政策工具（legitimate policy instruments）组合，这些政策可以用来影响人们的行为。在通过合理的方式（比如，在设计政府申请表、培训公务员的创造力等时开动脑筋）对服务进行管理上，政府有四类法定的政策工具可以使用。在进行必要的讨论后，政府可以：

（1）通过立法，禁止不合时宜的行为（比如，要求那些坐车旅行的人们系上安全带）。

（2）对那些可能危害其他人利益的行为进行规制（比如，在室内的公共

迈向包容性城市

地方性创新的故事

空间禁止吸烟，对那些污染环境的人进行处罚）。

（3）（通过多种方式）征税以限制一些行为（比如，对酒吧或商店里的卖酒行为按照单位征收高额税收）。

（4）采取积极的措施对自由公民进行教育，让他们了解生活方式的选择和对未来的选择有什么利弊（比如，与社区成员一起协同设计富有想象力的运动，以促进健康生活；安全性行为，锻炼身体，平衡饮食，等等）。

上述四类法定政策工具中，最后一个战略是与合作生产新知识以解决社会问题融为一体的，下面，让我们简要地讨论一下国家和市民社会开展合作的方式方法。

与已有成熟的方法相比，助推方法是相当危险的。当实践发生变化，我们就会注意到，以"助推"为名的步骤总是鬼鬼祟祟的。隐藏在后面的是，我在本章早些时候批判过的家长式官僚机构，就会试图东山再起。公允地讲，美国人在倡导"助推"方法时，承认它是一种家长主义式的政府模式：

> ……我们推荐的方法是家长主义式的，因为私人和公共的选择架构（choice architects）并不仅仅是想追溯或者执行人们所预期的选择。相反，他们自觉地想推动人们朝着改善生活的方向前进。（Thaler and Sunstein, 2008, p. 6）

注意，不用担心谁知道什么是"更好的"。他们是任命的官员。使用"选择架构"① 这个词来描述这些官僚机构，本身就是"助推"方法的热衷者们喜欢使用模糊语言的一个好例子。2014 年，拥有 16 名成员的英国行为智慧团队被私有化了。这实际上是件麻烦事。行为智慧团队离开了英国内阁，现在属于三方所有：一部分属于政府，一部分属于一个慈善信托 NESTA②，一部分属于机构员工。英国的纳税人为助推机构的工作人员提供了好的薪水，使他们在四年的发展中提出思想理念和进行公共服务创新。现在，这些工作人员已经被允

---

① 选择架构是指我们如何做出选择取决于选项是怎样被表达出来的。比如商家通过各种手段方式故意引导消费者的选择，最终效果呈现于消费者的实际购买情况。——译者注

② 英国国家科技艺术基金会（NESTA）。

第 3 章
公共服务改革本质的变化

许部分私有化他们的知识产权，虽然公共资金已经为他们支付薪水。看起来，他们把自己的服务销售给政府将赚取不少钱。这是因为行为智慧团队的个体不再受到公务人员薪酬等级的限制，他们看来能够获得巨大的奖金[①]。正如爱德华·伯尼斯（Edward Bernays, 1928）解释的，几乎在一个世纪以前，政府就可以从操控中获取利益。

有三个理由可以解释为什么应该用心考察一下公共政策中的助推项目。第一，公务人员或者公平政策顾问（arms length policy advisers）应该正在使用心理技巧去控制人们的行为，这个想法本身就是无礼的（无论这种欺诈行为是否事先被通知过）。第二，十分令人担忧的是，从行为心理学中借用来的概念和思想正被用来玷污败坏政府的诚信。正如艾琳·格莱泽（Elaine Glaser）解释的：

> 这种时髦的怪癖完全是为了削弱政府、心理学和市场营销之间的关键区别……我们不再被吸引成为公民。我们只不过是有缺陷的单元，被要求花更多的钱，而政府的花费支出却更少。宣传不仅仅存在于政治—公司对公众的控制之中，而且——几乎都是暗中地——以非意识形态的实证主义和表面上自主为幌子。（Glaser, 2013）

任何声称关心公共决策透明性的政府都很难为这些操纵技巧辩护。第三，这也解释了那些参与者们是惊人的麻木，此时此刻，政客和政府正遭遇非常高水平的公共失信。在此背景下，即便开始认为引入一个在不改变思想之前就改变行为的战略是聪明的举动，那也多少有点无能和傲慢。英国上议院科学技术特别委员会（The UK House of Lords Science and Technology Select Committee）已经开始反思"助推"团队的工作。2014 年 7 月，这个委员会的主席塞尔伯恩（Selborne）勋爵写信给负责这个团队的内阁大臣奥利弗·莱特温（Oliver Letwin），对这个团队为取得绩效提出的积极主张表示质疑。他提到，这个团队自从 2011—2012 年以来就没有发布年度报告，因为缺乏数据，对这个团队

[①] 在我们写作本书时，NESTA 已经令人吃惊地拒绝披露它在新业务中的股份花费了多少钱，以及那些公众依然可以分享的新项目的财务信息。

· 83 ·

工作进行的独立评估也是令人失望的。① 在英国，或者在其他地方，看起来，那些被用来挫败 20 世纪 70 年代的官僚家长主义作风的论调，需要被重新利用起来，以应对 21 世纪 10 年代出现的新的官僚家长作风。

五、新城市领导力

现在，我们开始更详细地探讨城市领导力或者地方性领导力理念。首先，让我们回顾一下公共服务的起源。在本章开始时，我就指出，地方性领导力在创建现代福利国家中起到了主要作用，它和其他因素一起，在 19 世纪推动了有效的、多目标的地方政府发展。它们发明了范围很广的新公共服务，产生了执行这些公共服务的政治意愿。为了获得和维护信用，中央政府采用了这些理念，并且把它们国有化了。地方性领导者们——地方活动家、当选的政治家、许多有公共精神的运动领导者——取得了突出的成绩。在接下来的讨论中，我的目标不是用某些类型的机械方法倡导回到城市领导力的黄金时代。反而，我认为，现代城市领导者们能够从政治驱动力和城市领导者的乐观主义中获得激励。富有想象力的地方性领导力方法，为未来的公共服务改革提供了一个充满希望的路径，不仅因为它们提供了机会，更因为它们在国家和市民社会之间建立了协作关系。

我们将分四步来论证这个观点。第一，我们思考一下从政府管理到治理的变化。正如我在第 1 章里提到的，在许多社会都发生了这个转变。第二，我们认为，这个转变要求我们重新审视市民社会、市场和国家之间的关系。第三，我们参考一下与公共服务改革中的非市场价值相关的新理念和新思想——特别是忠诚和公民认同。第四，我们考察一下跳出公共服务改进的理念，转向共同创造公共服务的重要性。现在，我们一个一个地来考察它们。在本书剩余章节里会展开讨论，而这里仅仅集中讨论我所称谓的"新城市领导力"（New Civic Leadership，NCL），它能够显著地推进过时的"新公共管理"（NPM）理念——这个理念已经支撑了公共服务创新很长时间。

---

① 杰米·多华德（Jamie Doward）在《观察者》（The Observer）中讨论过这封信（Doward，2014）。

第3章

公共服务改革本质的变化

（一）从政府管理到治理

很多作者已经提出，我们正在从政府管理的时代迈向治理的时代（Pierre and Peters，2000；Denters and Rose，2005；Mossberger et al.，2012；Pierre，2011）。[1] 政府指的是国家的正规机构。政府在特定的行政管理和法律框架里进行决策，用一个经济并且可问责的方式使用公共资源。最重要的是，政府决策得到了国家法定科层权力的支持。而治理却包括了政府管理，以及政府更加松散地影响和协调一些公共和私人机构去实现理想结果的过程。

治理视角鼓励公共部门、私人部门和非营利部门之间进行合作，以实现共同的目标。国家的科层权力并没有消失，治理的重点是影响和协调其他机构的行动。这里，大家的共识是政府不能孤立行动。正如乔恩·皮埃尔（Jon Pierre，2011，p. 20）指出的，"治理可以被界定为公共和私人资源被协调起来，以实现集体利益的过程"。因此，作为一个概念，"治理"的内涵和外延都比政府管理宽泛得多。[2] 这里需要提醒注意，从政府管理到治理的转变正在进行中，并且在不同国家以不同方式进行着。比如，麦卡尼和斯特恩（McCarney and Stren，2003）曾出版过一部非常有价值的论文集，他们解释了发展中国家的城市治理轨迹与发达国家如何不同。在许多发展中国家，已经长期存在民间自建的城市[3]（informal city），它们的运行不受任何规制框架束缚，受一些非国家行动者的领导，这意味着用政府管理向治理的转变来概括所有国家中的城市管理方法并不是一个明智的行为。在作出这样一个重要的界定之后，我们就可以移到下一步，考虑讨论市民社会、市场和国家之间的关系变动。

---

[1] 这里，我引用我在之前的论著中提出的分析来阐释这个转变（Hambleton，2007，pp. 164 - 165）。

[2] 对于从"管理"（government）到"治理"（governance）的转变，有很多不同的解释方法，我在其他地方会更详尽地讨论（Hambleton and Gross，2007）。我们需要注意，这个转变并不必然就是好的。我们的书中有两章内容会对城市治理模式进行有力批判。贾德和史密斯（Judd and Smith，2007）认为，在一些美国城市，治理已经走得太远，私人利益相关者已经接管了公民权力（civic power）。戴维斯（Davies，2007）对英国的地方治理进行过类似的批判，他认为，许多地方提出的复兴（regeneration）伙伴关系旨在策划一个新自由主义议程。相应地，治理安排的设计，尤其是民主问责性的安排，就极其重要。

[3] 民间自建的城市，包括民间自发的规划，多指贫民窟。——译者注

· 85 ·

迈向包容性城市

地方性创新的故事

（二）市民社会、市场和国家

我们已经讨论了市场和国家在公共服务改革中的作用。市民社会有什么作用呢？玛丽莲·约旦·泰勒（Marilyn Jordan Taylor，2011）对市民社会概念长期而显著的历史进行了有益的概述，对相关词汇也提供了有益的介绍——比如，社区/社群，社群主义，社会资本和共生关系（mutuality）。她解释了在欧洲，随着封建社会的瓦解，市民社会理念是如何在国家领域从私人领域的分离中出现的。她认为，市民社会超越纯粹的交易计算，为互惠、共生与合作提供了基础。瓦泽尔（Walzer，1992，p.7）把市民社会界定为"非强制性人类结社的领域，以及填充这个空间的关系型网络——它因家庭、信仰、兴趣和意识形态而形成"。安东尼奥·葛兰西（Antonio Gramsci）则提出了一个更为激进的解释——他认为，市民社会就是为了文化和意识形态霸权而进行争斗的领域。他担心，市民社会制度可能被统治阶级所利用，"市民社会的上层建筑就像当代战争的防御体系（trench-systems）"（Gramsci，1971，p.235）。

爱德华（Edwards，2009）解释说，市民社会概念包括了对社会生活的伦理解释，描绘了社会规范和价值共生性。奥利弗和皮特（Oliver and Pitt）强调了这种解释的实用价值：

> ……一个市民社会的规范和价值是嵌入在志愿结社之中的，而合作的技能在此过程中得到了发展。用政治词汇来讲，回归市民社会也就意味着回归到一个可以管理的社会生活，强调自愿结社、教堂和社区（Oliver and PITT，2013，p.56）。

互惠、合作、结社、联结、团结性、社区——这些词汇都是在讨论市民社会的本质时使用的词汇。[1]

雅格布·诺维格·拉森（Jacob Norvig Larsen，2012）指出，在区分市民

---

[1] 对于市民社会的不同层面，已经有大量的文献讨论。泰勒（Taylor，2011）给我们提供了一个很好的介绍。其他有用的文献对如下主题进行了讨论：社会资本（Putnam，1993）；社群主义（Etzioni，1995）；社区发展（Ledwith，2011）。我们在第7章还会对这个主题进行讨论。

第3章
公共服务改革本质的变化

社会（社区、第三部门）、市场（经济、商业）和国家（公共部门、政治学、政府）时，经常会使用一个三分法的范式。他解释了现实是如何更加复杂，现在在三维的内部空间又出现了新形式的社会行动。他在解释其观点时，就举了来自丹麦的城市再造项目例子。他的分析和卢卡斯·梅叶思（Lucas Meijs，2012）的观点一致，认为荷兰的市民社会再造有三种模式：（1）服务供给组织；（2）结社运动组织；（3）相互支持的组织。这些作者提醒我们，市民社会和它相近类似的社群共同体一样，可能变得理想化、不可持续，甚至不道德了。市民社会内部出现了分支，城市领导者需要理解这些分支，并作出反应。

霍奇逊（Hodgson，2004）也指出，国家可能很难处理这种复杂性，可能会努力去建设一个满足其需要的市民社会。她认为，这样一个变动实际上会损害市民社会，她总结道："需要认识到，真正的市民社会是一个复杂的、多元化的、有机发展中的实体，不能为迎合政府需要而去建造。"（Hodgson，2004，p. 160）

鉴于这些复杂性，图3.2的内容表明，把市民社会、市场和国家三者之间的关系看作三个影响相互交叉重叠的领域，而不是严格的三角关系，是有帮助的。[①] 这个模型使用虚线表示思想在这些部门之间流动的方式。这些概念之间的边界是明显可以渗透的，实际上，一些行动者可能会发现自身在同一时间同一地点并不是仅仅在一个部门内活动，而是在多个部门活动。在本章前面部分，我就提出，有必要区分共同治理、共同管理和共同生产（Brandsen and Pestoff，2006）。简单地陈述如下：

（1）共同治理是指第三部门参与公共服务规划和供给的一种安排。

（2）共同管理是指第三部门组织与国家共同生产提供服务的一种安排。

（3）共同生产是指公民生产自己的服务，至少是部分生产自己的服务的一种安排。

这种划分意味着，与共同管理、共同生产相比，共同治理要求在国家和第三部门之间建立了一种更加战略的关系，它意味着第三部门参与政策制定。共

---

① 网络治理已经在越来越多的文献中出现，这些文献对政策制定者和政策供给网络之间的互动关系进行了思考。戴维斯（Davies，2011）提供了一个很好的概览，他对网络治理理论和实践给出了强有力的批判。

同管理指组织之间互动。共同生产则指单个的公民作出的志愿努力。

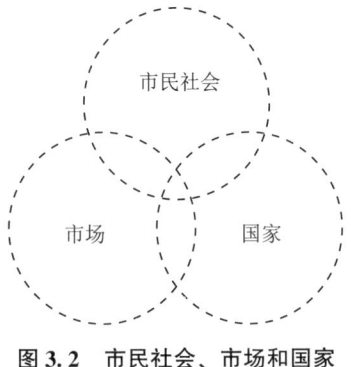

图 3.2 市民社会、市场和国家

资料来源：作者自制。

图 3.2 为我们提供一个新的方法，考察本章早些时候提到的确保公共服务改革努力的核心价值的相关论点。图 3.1 总结了对变迁动力的讨论内容，指出城市领导者如果一味地将人们看作消费者或顾客是不明智的。个人主义的自我服务行为提升，相对而言，对那些寻求公共服务效率的重要进步的人来说，就是一个盲区。正如本书中的许多创新故事会阐明的，国家内部的城市领导者正在迈出重要的一步，创造性地与市民社会建立关系。从图 3.2 中，我们可以看到，最有可能发生公共服务改革的领域并不在准市场（市场和国家的重叠部分）的改进上，最有可能的区域是在另外两个重叠的部分——在市民社会和国家之间（比如，社区照护、社会住房、公共医疗的创新方法），以及在市民社会和市场之间（比如，通过创立社会企业、合作社、信贷联盟）。但是，为什么市民社会的参与会起作用呢？为了回答这个问题，我们有必要重温一下阿尔伯特·赫希曼对赋权作出的透彻分析。

（三）忠诚与公民认同

阿尔伯特·赫希曼很优雅地分析退出和呼吁的优势劣势，同时提出了辨别忠诚理论（Hirschman，1970，pp. 76 – 105）。他写道，作为一个规则，忠诚阻止和激活表达："当存在忠诚时，退出就急剧改变了特征：警觉的消费者转变成一个更好的买者，本来是一种受肯定的理性行为，却成了可耻的背叛、遗弃

第 3 章

公共服务改革本质的变化

和大逆不道。"(Hirschman, 1970, p.98)忠诚是一种珍贵的财产——市民社会在忠诚方面是富有的；成功的地方性领导者理解忠诚、联结忠诚、强化忠诚。

在第 1 章里，我提出了一个包容性城市的视角——一个由有力的地方性民主机构管理的城市。在这样一个城市里，所有的居民都能够完全地参与社会，城市领导者努力追求公正的结果，同时，也关心自然环境。在接下来的章节中，我将探讨全球城市里的城市领导者是如何努力创建包容性城市，努力达到这些需要的标准的。这里，我想强调一下忠诚的重要性——这个概念和公民或社区自豪感是重叠的。

在讨论忠诚时，我们很容易就沉迷于对现代社会中的社群和共同目的提出一些模糊不清的主张。在英国，这就是首相卡梅伦华而不实地提出创建"大社会"理念的一个特征。① 对"公共价值"的热心同样是这样的，它对忠诚概念的真实意义作出了错误的主张。特别是，这个理论并没有强调现代社会的权力问题。正如我在第 1 章解释的，对权力关系的理解和强调，在提出建立包容性城市的任何有效战略中都是关键的一环。关于公共价值方面的文献，并没有对如何避免权力利益决定公共价值的构成提出实用的建议。结果，这个概念失去了它原本已经拥有的意义——它变得"放之四海而皆准"(all things to all people)(Rhodes and Wanna, 2007, p.408)。②

任何对城市政治有过些许体验的人都知道，社群是互相冲突的，忠诚是存在紧张的(Hoggett, 1997, 2009)。③ 无论是对于过往，对于熟悉的人，还是对于未来，对于部分的利益群体，对于新来的居民，对于新的可能性等而言，矛盾的情感(Competing feelings)都是现代城市社会的部分内容。此外，所有

---

① 英国首相戴维·卡梅伦 2010 年在多次演讲中提出了"大社会"理念，旨在鼓励社会中的志愿者主义(Norman, 2010; Tuddenham, 2010)。这个概念受到了批判，因为它的思想贫乏。许多人认为，"大社会"概念无非是政府为了掩饰其削减公共支出而给出的托词。

② 公共价值的理念最早出现在马克·摩尔(Mark Moore)的书中，它吸引了美国和英国公共政策圈的关注(Moore, 1995; Benington and Moor, 2011)。然而，这个词从来没有得到过清晰的界定，结果成为了一个模糊的、空洞的概念——掩盖了观念的冲突，也削减了政治在公共服务改革讨论中的关键作用(Rhodes and Wanna, 2007)。

③ 霍格特(Hoggett, 2009, pp.61-77)对现代社会中的冲突动态给出了一个透彻的分析。他指出，一些社区变得非常地具有防御性，它们的边界逐渐变得死板而不可渗透。

· 89 ·

迈向包容性城市
地方性创新的故事

的个体都有多种忠诚或认同——对他们的家乡，对他们的阶级，对他们的出生地，对他们的年龄群体，对他们的民族群体，对他们的政治政党，对他们的社会网络，对他们的运动俱乐部，对他们的工作等。一些人会对一个宗教或世界观有忠诚。

在接下来的章节中，我们将更为详细地探讨这些主题。比如，在第 7 章里，我们将讨论民主参与的方法，在第 10 章里专门讨论现代城市的多样性议题。这里，我想指出，如果政策制定者没有对他们要服务的公众——社群和个体之间的差异有综合系统的了解，找到能联合社群和个体的东西，那么他们就无法预期能成功地使用合法化的政治领导力。这就包括理解那些因为多种原因而可能观点被边缘化的人的经历——比如，新移民（Thorp，2009）或残疾人（Roulstone and Prideaux，2012）。

城市领导者，从本质上需要理解这些不同的冲突和紧张，并超越它们，采取有利于公共利益（common good）的行动。说起来容易，做起来难。但是呼吁居民对他们的本地、城市、居住地的忠诚，这个想法是充满潜力的。按照我的观点，地方性认同（place-based identity）的重要性，包括新来的居民对他们新城市的归属，在城市政治科学和城市研究中长期被忽视。我们将在第 4 章更详细地探讨地方的意义，在第 5 章探讨地方性领导力的机会。这里，我想指出，流行的公共政策话语已经低估了对一个地方的情感归属和共同承诺。

贝尔和德夏里特（Bell and de-Shalit，2011）在《城市的灵魂》（*The Spirit of Cities*）一书中，给出了一个正确的回答。他们认为，与那些沉迷于新自由主义意识形态的人所提出的观点不同，在地方层面的社会单元有政治和经济所需的资金或手段，这与全球化缺乏地方性的逻辑恰恰相反。在一个细致的分析中，贝尔等人认为，每个城市都有声誉——居住在这个城市的人们都普遍认可的一系列价值和判断。他们收集了来自世界各国的 9 个城市案例，通过叙事指出，城市反映和影响了居民的价值和判断。他们认为：

> ……许多人想经历特别，以维持和丰富他们自己的文化、价值，他们相信的习俗构成了他们的认同，他们的生活沟通方式并没有被彻底抛弃。因此，我们想指出，城市已经逐渐成为人们反对全球化及其文化趋同的

第 3 章

公共服务改革本质的变化

机制。(Bell and de-Shalit, 2011, p. 5)

这些作者提出了一个新词——市民主义（civicism）——以解释城市自豪感的构成要素，正如爱国主义（patriotism）被用来传递国家自豪感。"市民主义"这个新词可能会损害英文表达，可能甚至是不必要的，但这并不影响作者们在分析人们对居住地的感知方式时的价值。

地方性忠诚和承诺能够为实现地方治理的环境目标提供特殊贡献。在第 1章里，我强调在城市战略和实践中加入对自然环境的考虑。近年来，已经出现了大量创建可持续社区的实践，许多地方现在能够促成国家和市民社会之间积极开展合作，释放新的能量以应对气候变化问题，鼓励再循环，推动基于社区的问题解决方法。比如，在英国，我们能够找到许多知名的项目。其中的一些项目是由国家领导的，政府在创建可持续社区的技能发展方面提供了很好的指导（Egan, 2004）。其他一些重要的项目是由草根的公民行动推动的——比如"转型运动"（transition movement），这个项目旨在增强社区在面临气候变化时的韧性（Hopkins, 2011）。罗伯·霍普金斯（Rob Hopkins）是"转型运动"的发起人，他在《做事的力量》（*The Power of Just Doing Stuff*）（Hopkins, 2013）一书中，对公民活动家提供了非常可及的指导。这些项目的关键特征之一是它们从强烈的地方意识和相信地方社区行动能够发挥作用的信念中获得力量。

（四）领先的公共服务共创

在第 1 章里，我指出，区分公共服务改进和公共服务创新是有帮助的，我引入了一些组织学习方面的理论来阐释我的观点（Argyris and Schon, 1978）。这里，我作一个简要回顾。为了改善服务，公务员努力而为，但并没有重新考虑组织规范。相反，他们的目的是通过一个更加成本有效的方式，为人们提供更多同样的或类似的服务。当一个组织开展创新实践时，它就超越了传统绩效管理的领域。在公共服务创新中——我较早的时候把它界定为创造公共服务的新方法——将新方法投入实践，考察它是否管用，公务人员对已有的规范提出

· 91 ·

迈向包容性城市

地方性创新的故事

质疑，探讨崭新的服务供给方式。这是很令人兴奋的，有才华的公务人员们喜欢这样做。通常，成功的创新跨越了国家和市民社会之间的分隔。

我们将在第 5 章和第 6 章里更详细地讨论公共服务创新中的领导力。这里，我想强调的是，地方性领导力在用共同创造的新方法界定挑战和提出新答案时起关键作用。与兴趣共同体和地方社群一起合作而不是为他们工作的想法，在社区发展中已经长期存在。[①] 在本章早些时候，我解释了自 20 世纪七八十年代以来，许多公务员是如何把自己看作"为"他们的顾客提供专业、高质量的服务的，至少在英国是这样。这些动机并不坏，但是采用的方法往往还存在很多值得探讨的地方。

我认为，在过去这些年里，公共服务改革的话语已经发生了变化。更重要的是，如何进行有效管理的哲学基础已经进步了很多。各种各样来自社区的压力已经推动管理迈向了一个更加公民友好的路径。社会运动很多，并且各种各样，应该肯定的是它们带来了转变。但是，需要指出，在全世界的很多城市和地方有无数社区发展项目，为他们工作的人也作出了不可估量的贡献。这些工作人员支持草根活动家，他们的能力应该得到赞扬，不仅仅因为他们实际的成绩，而且因为他们重塑了我们对国家和市民社会关系的理解（Oliver and Pitt，2013；Taylor，2011）。

他们在政治上积极推动公民活动，以及大都市政府的强有力领导，已经改变了公共机构和公民在一起合作解决社会问题的方法路径。正如本书中的各种创新故事将表明的，地方性领导力正在推动新形式的公民参与。这里，我们应该提到，信息和通信技术（ICT）可以在基于社区的公共服务创新中发挥作用。尽管这样说为时尚早，但是已有证据不断表明，在面对面的创新之外，ICT 能够在公民参与中发挥有价值的作用（Smith，2009）。

在当代公共服务中，成功创新的一个特征是有意愿跨过市民社会、市场和

[①] 社区发展作为一种可识别的付费活动，其最初的起源可以追溯到 20 世纪 50 年代早期。这个领域在 60 年代得到了繁荣发展，部分原因在于美国公民权运动的发展，也因为在欧洲和其他地方出现了类似的压力，使公共政策的制定过程采用了更多参与式方法。社区发展杂志（*The Community Development Journal*，CDJ）在 1965 年创刊。关于社区发展的重要文献，克雷格等人曾经出版过一个有用的论文集（Craig et al.，2011）。

第 3 章
公共服务改革本质的变化

国家的边界开展活动。图 3.2 能给我们的重新思考提供起点。在这三个领域的人们是如何分享理念、经验，合作提出新的解决方案的呢？伯恩斯（Burns，2007）发现，在一个复杂的社会和组织环境下，采用一种系统方法来实现整体的变迁是有价值的。巴森（Bason，2010）提出了另外一种合作供给公共服务的方式，按照他的理念，应该关注创新的生态系统。摩根和利德比特（Mulgan and Leadbeater，2013）扩展了这种观点，认为系统性的创新是进行公共服务改革的一种重要方法。

合作供给公共服务——一个包括共同治理、共同管理和共同生产的过程——对地方性领导力是重要的。利德比特在领导力议程上的提示现在可以公开了：

> 在一个更加开放、新兴的系统中，许多参与者在更加流动的环境里活动，他们的任务是提供解决方案而不是重复任务，成功的领导力将更像领导一个志愿者共同体——这些志愿者是无法指导的。领导力可能是更加互动和分散的，而不是集中的和可指导的。（Leadbeater，2013，p. 50）

互动式领导力（interactive leadership）理念完全符合我在第 1 章提出的促进型领导力理念。我们将在第 5 章中考察地方性领导力的本质变化时，更加详细地讨论这个理念，我将它描述为新城市领导力（new civic leadership）。本书记载的创新故事提供了准确的证据，表明地方不仅重要，而且地方性领导力能够发挥作用——有时候还会发挥很大的作用。

六、结论

本章一开始就回顾了当代福利国家的起源。回到 19 世纪，在发达国家，政治活动家们在工业化城市的地方工作，逐渐提出了提供全新的公共服务以满足集体需要的理念。众所周知，资本主义利益集团只关心剥削人们，而很多进步的社会运动和左翼政治家们给政府施压，让政府进行干预。我曾指出，坦率地讲，中央政府并不善于进行干预。但是中央政府在学习先锋城市的地方经验

迈向包容性城市
地方性创新的故事

上起到重要作用，而这些地方正在开拓新的空间，传播公共服务创新理念。这个地方创造的过程，伴随着国家的行动，它们一起很好地解释了为什么至少在英国，我们现在有了公共图书馆、公共学校、城市博物馆、公立公园、公共交通、公共医疗服务和所有其他我们现在正享有的福利服务。在发展中国家，公共服务的发展轨迹更为复杂，但是有强大的证据表明，在地方的压力之下，出现了一些满足社会需要的新方法。

本章考察了过去 30 年左右的公共服务改革努力，指出改革中出现了三个竞争性的推动力——经济竞争、政治呼吁和公共服务专业人士的自我改进。后者是重要的，公务人员有动力去提供高质量的服务，这在全世界都是事实，他们对公共服务给出的照顾承诺是值得称赞的。然而，本章给出的分析表明，从根源上看，只有两种竞争性的方法是有利于激进的公共服务改革的。

一种方法是新公共管理。这里，新公共管理的基本理念是把私人部门的管理技巧输入公共部门。在公共部门建设准市场，给消费者提供选择，更加亲近公共服务的用户，依靠个人和家庭住户的自利行为——这些都是指导新公共管理的市场驱动型价值。证据表明，这种对市场的痴迷并没有提供解决问题的希望。实际上，我认为，这些市场驱动型价值正在损害许多国家的公共服务信誉，因此，应该摈弃这种狭隘而平淡无奇的议程。

许多市民、政治家和公务员都清楚被误导了的新公共管理模式的局限。此外，这个政策在创造"双层"服务和分隔的社会，人们对此感到极其不舒服。他们拒绝接受新自由主义对这种现代社会应该如何运作所作的分析。不是陷入一个市场社会——在一个竞争性的、弱肉强食的社会里，自利的消费者很少或者根本不考虑其他人的利益——相反，许多城市和国家承诺推进公共利益，保护福利国家的价值。另外一种可选择的战略，就是我描述的新城市领导力，它抓住了承诺所具有的公共精神意蕴。

按照桑德尔（Sandel，2012）的观点，新城市领导力理论认为，自利行为挤出了更重要的价值——比如，团结性、思想性、利他、对共同体的承诺。不仅如此，这个理论还认为，追求自利行为损害了当代生活的公民基础——如果社会继续变得更加不平等的话，就不可避免地会发生社会骚乱。本章提出，不管什么挑战，我们都有理由乐观。需要强调，进步的地方性城市领导力是一种

第 3 章
公共服务改革本质的变化

新方法，其理念来自于世界上最创新的城市经验。新城市领导力的关键要素是要认识到，政府不能单打独斗，地方的政治领导者需要跟市民社会中的其他利益相关者接触与合作，忠诚和对地方的认同感是无价的资源，共同创造公共服务可以提供崭新的解决方案。我们将在接下来的章节中进一步讨论和阐释这些主题。

（丁开杰　翻译）

02 >>

概念：地方、领导力、创新和民主治理

第4章

理解地方和公共政策

我们塑造城市，城市也塑造我们。

——扬·盖尔（Jan Gehl），《人性化的城市》

（*Cities for People*），2010 年

引　言

本书的一个重要论点是，地方应该在公共政策制定中发挥更加突出的作用。正如我在第 1 章中所解释的那样，地方是公共政策中被忽视的一个方面，特别是在国家和州层面。这是因为更高层级的政府被部门主义削弱了。它们按照职能领域划分来制定公共政策，例如经济、教育、健康、社会照料、交通、农业、警务、能源等。部门思想深深植根于这些政府机构的设计和它们所聘用的公务员的思维过程中，因此在理解公共政策对特定地方的整体影响时，政治领导人的表现往往都不佳。

这是地方政府在现代社会如此重要的原因之一。总的来说，地方选举产生的领导人及其官员倾向于更全面地了解特定社区所面临的挑战。例如，一个城市或一个社区的社会地理，比一个广大的领土更容易掌握。此外，从重要意义上说，地方政府的政客及其官员实际上更接近他们服务的人们。他们拥有所管辖地方生活的隐性知识。

· 99 ·

迈向包容性城市

地方性创新的故事

确实，城市政府和县政府也可能成为"筒仓思维"①（silo thinking）的受害者，并且有许多不完善之处。但是，在我看来，根据我在地方和中央政府担任政策制定职位时的经验，在更高层级政府的运作方式上，部门主义往往更加根深蒂固。其中部分原因是街道层面的生活现实离高层更遥远，还因为部门文化产生了特定的"看待"世界的方式（Berger，1972）。问题和挑战往往以部门方式建构，证据的收集也通常反映了部门的优先事项和偏好。

结果，中央政府决策的有效性受到了损害。正如我在第 1 章中提到的，沃伦·马格努森（Warren Magnusson）讨论了这种现象，他认为各国政府倾向于"国家视角"，而不是"城市视角"。他建议政策制定者采取"城市视角"，即一个"……将自己定位为居民而不是州长……"的方法（Magnusson，2010，p. 53）。这与我的观点一致，应该加强基于地方的政策制定。

但是"地方"意味着什么？在现代社会中，通过提升地方性领导者的力量可以带来什么好处呢？在本章中，我将通过四个步骤来解决这些问题。第一，我考虑一个问题：我们所说的"地方"是什么意思？第二，我概述了对政策制定者来说更多关注地方是有用的原因。第三，我研究了地方可以在公共政策制定中扮演的一些角色。第四，我发出了关于城市公共空间私有化的警告。

通过提供一个具体的例子来阐明地方在公共政策制定中的重要性是很有帮助的。因此，在本章的后面内容中，我将介绍一个创新故事，这是本书中的第一个创新故事，旨在说明地方性领导力的有效性。这与高线公园相关，它是一个现在很著名的公共空间，位于美国纽约市曼哈顿西侧废弃的高架铁路线上。这一成功故事证明，地方感（local sense of place）和地方性活动能够为公共政策的制定提供非凡的力量和智慧。

一、地方意味着什么？

在过去 40 年里，人类地理学家、环境心理学家、建筑师和规划理论家已

---

① 筒仓思维，指的是条块分割的思维和行为。它会阻碍合作，而合作是处理高度复杂问题所必需的。——译者注

第 4 章
理解地方和公共政策

经很大程度上促进了我们对地方的理解。段义孚[1]在他的著作《经验透视中的空间与地方》（*Space and Place*）中提供了一个关于人们感受和思考空间的方式（Tuan，1977）。他指出，空间和地方是生活世界的基本组成部分，但我们往往只是把它们视为理所当然的。例如，这两个词通常可以随意互换。段义孚的伟大洞见是阐明了空间的意义可以与地方融合，但它们具有相当不同的情感根源。按照他的理解，地方是与安全有关的（例如，考虑一下这样的说法：没有像家一样的地方），而空间是有自由的内涵的（例如"我们都需要空间来发展"的说法）。[2]

段义孚认为，不仅仅是我们"得陇望蜀"，而是空间和地方的概念需要相互定义：

> 随着我们更好地了解它们并赋予其价值，无差别的空间开始成为地方……在地方的安全和稳定上，我们意识到了空间的开放性、自由和威胁，反之亦然。（Tuan，1977，p. 6）

段义孚还展示了不同规模的地方：

> 极端来说，最喜欢的扶手椅是一个地方；就另一种极端而言，整个地球也是一个地方。家园是一个中等规模的重要的地方类型。它是一个大到足以支撑人们生计的区域（城市或乡村）。（Tuan，1977，p. 161）

段义孚关于如何理解地方的阐述是值得高度尊重的。但是，在他写下经典著作后的这些年里，在广阔的空间研究领域，"地方"已经成为了一个颇具争议的概念。在地理学、社会学、城市规划、建筑、城市设计、生态学和环境心

---

[1] 段义孚是一位当代华裔地理学家，他的人本主义地理学思想在西方地理学界，以及与西方关系密切的其他地方的地理学界，都产生了重大影响。——译者注

[2] 我们应该提到，一些女性主义者对这个理念，也就是"家"必然就是一个安全与和平的空间的观点，进行了批判。简单地讲，女性主义者们的观点认为，对妇女而言，家可能是一个工作的地方、冲突发生的地方，甚至是妇女被压制的地方。关于空间、地点和性别的讨论，参见 Massey（1994）。

迈向包容性城市
地方性创新的故事

理学等领域，学者们对地方的意义持续进行了争论。事实上，有大量的文献，其中一些是高度理论性的文献，讨论了地方认知、地方心理、地方感（the sense of place）和地方设计（Canter，1977；Gehl，2010；Massey，2005；Relph，1976）。

曼纽尔·卡斯特（Manuel Castells）在其早期的一篇颇具影响力的文章中，概述了"信息城市"的轮廓，他对传统的"地方"概念提出了质疑。他认为，我们正在见证"流动空间的历史性出现，这个空间已经超越了地方的空间内涵"（Castells，1989，p. 348）。他的分析具有先见之明，特别是当人们意识到他的写作是在万维网（互联网）发明之前完成的。在当代生活中，互联网的广泛使用意味着信息确实能够通过网络迅速远距离地传播开来。它使人们能够跨越空间开展活动，这在30年前几乎是不可想象的。但是，在我看来，卡斯特扯得太远了，他声称："根本事实是，社会意义从地方蒸发，因此也从社会蒸发了……"（Castells，1989，p. 349）

毫无疑问，控制当代世界信息流动的人们拥有了强大的力量，但认为这种"网络社会"的成长消除了地方的意义，实际上是一种误导。相反，我认为，在一个信息流纷飞和权力关系隐藏的动荡世界中，基于地方的社会意义非但没有消失，而是变得更加重要和更受追捧了，并且在本体论意义上，显得更为重要。当然，实现渐进式变革的社会行动可以跨越空间创造性地进行部署。2011年的"占领华尔街"运动就提供了一个很好的例子（Byrne，2012）。但是日常生活都是地方性的，比如送孩子们上学，按分工进行工作，参加礼拜场所，去当地的外科医院和/或日间中心等，应该说都是地方性的。换句话说，尽管存在移动电话技术等所有奇迹，但大部分生活仍然存在，而且将永远存在，并且始终依赖于地方。因此，我们可以推测，如果地方受到滋养、受到重视并与其他地方的力量相联系，那么它就会成为抗拒非地方性"流动空间"的源头。

在提出这个论点时，我并不想诉诸一个浪漫的静态时间概念，即当我们都生活在一个空间固定的和平地方时，人们都会感到"自在"。这种静态的"社区"概念是一个神话。毫无疑问，城市是一直处于变化之中的，任何特定的区域或地方都是一个不断演化的社会结构（Cresswell，2004；Massey，2005）。对一个地方进行固定概念化的观念早已过时。但是，在我看来，如果认为地方不再是身份认同和社会承诺的来源，也是有误导性的。本书中提供的证据，特

第 4 章

理解地方和公共政策

别是各种创新故事表明，地方对人们来说仍然很重要；更重要的是，它可以为社会行动提供坚实的基础。

城市学者和规划、城市设计领域的作者对此非常了解。事实上，正如我们将要看到的，都市主义者、规划理论家和城市设计师为塑造城市空间提供了许多有价值的见解，这些城市空间促进了包容和欢乐（Healey，2010；Jacobs，1961；Shaftoe，2008）。丹麦建筑师和城市设计师扬·盖尔在这方面特别值得提及，他对地方与市民社会之间相互作用的敏锐认识是显著的。作为一名专业的城市设计师，他以及他与同事拉尔斯·吉姆松（Lars Gemzøe）的合作，对许多城市产生了重大影响，包括与哥本哈根、墨尔本和旧金山相距甚远的一些城市（Gehl，2010；Gehl and Gemzøe，2000）。在第 9 章中，我们将再次参考扬·盖尔的工作。

需要提醒一句，我们应该避免过度简化关于地方意味着什么的争论。"地方"是一个真正难以定义的概念，巴西城市规划者里鲁·卡斯特罗（Lineu Castello）在他对地方意义的扩展分析中就很好地说明了这一点（Castello，2010），我想从他的书中引用两个见解。第一，他明确指出，定义"地方"并不容易："……地方概念和其他一些概念一样，比如'激情'，其定义在用语言表达时会受到损害。"（Castello，2010，p. xiv）因此，我们应该留意这个词充满复杂含义的微妙之处。第二，这是一个密切相关的观点，人在任何完善的"地方"概念化中都是居于核心的："毕竟，是人们创造了地方，经常使用地方。正是他们将空间（space）变成了一个地方（place）。"（Castello，2010，p. 231；我本人的观点）

这种以人为本的方法认识到，公民往往非常关心他们周围的环境以及从中获得的乐趣。因此，在城市中实施改造项目和/或修建大的当代建筑时，通常会伴随着激烈的公众辩论，这并不奇怪。这些建筑物对某个地方的影响，无论是好的还是坏的，都会引起很大的争议，并经常吸引媒体和公众的高度关注。在这种情况下，可以说城市设计变得更具有新闻价值，也应该受到欢迎。例如巴黎蓬皮杜艺术中心的建筑师理查德·罗杰斯爵士（Sir Richard Rogers），他是伦敦劳埃德大厦的建筑师，现在是一位著名的公众人物。他就城市设计的各个方面发表了公开演讲，吸引了大量媒体的关注。

在本书中，我将"地方"定义为：某处有人关心的地点。我赞同段义孚和卡斯特罗的观点，认为人们赋予地方以意义，并且地方通常与重要的认同感联系在一起。我的定义很宽泛，可能它不能满足社会地理学家和环境心理学家的需求，但是这个松散的定义具有和段义孚提出的分析一致的吸引力。它首先使我们能设想"地方"在许多地理层面的存在；其次，它涵盖了人们与地方的短暂接触，以及深刻的归属感和地理根源；最后，它承认人们对许多地方有多重忠诚。最重要的是，就本书的目的而言，它使我们能够将决策者分为两个不同的类别：一是地方性领导者，他们关心其正在做决策的地方，一是非地方性领导者，他们不关心其正在做决策的地方。

在第1章第1节中，我解释了跨国公司的发展和权力在非常大的偏远机构中的集权，意味着一些在当代世界最有影响力的人物，正是我所称的"非地方性领导者"。非地方性领导者不关心他们的决定对特定地方的影响。与地方性领导者相比，这些决策者很少或根本不关心特定地方是否繁荣或崩溃。

二、为什么要关注地方呢？

在下面的讨论中，针对为什么在公共政策中应该更多关注地方，我提出了五点理由。这些论点是相互交叉的，但为了说明的目的，我将它们分开来论述是有益的。

1. 地方性认同；
2. 环境、地方忠诚和生活质量；
3. 提高政府效率；
4. 作为民主基石的地方；
5. 需要打击非地方性的力量。

这些主题将在后续章节中进行扩展和发展。各种创新故事和后面的章节都为完整的说明提供了可靠证据。

（一）地方性认同

贝尔和德夏里特（Bell and de-Shalit, 2011）对来自四大洲的九个现代城

第 4 章
理解地方和公共政策

市进行分析，认为每一个城市都有其独特的声誉。他们的著作《城市精神》
(*Spirit of Cities*) 对以下观点进行了反驳：在全球化时代，地方的社会单元不
再有任何意义——没有地方政府有政治意愿去反对经济全球化。他们详细阐述
了为什么城市认同在全球化时代很重要，认为城市自豪感是一个被严重忽视的
话题，并提出一个词来帮助填补我们词汇的空白。"爱国主义"一词用来指民
族自豪感，足以用在民族国家场合；而他们新提出的一个词"市民主义"
(civicism)，则用来表达我们作为城市一员或一个稍小的共同体成员的感受。

过去，城市政治家及其他专业人士往往没有意识到人们对家乡的感受和邻
里生活的社会意义有多么重要。因此，在 20 世纪下半叶，许多城市经历了错
误的城市规划和道路再造。例如，在英国和美国，整个邻里社区都进行了城市
更新。明迪·汤普森·弗里拉夫 (Mindy Thompson Fullilove，2004) 在《根
震》(*Root Shock*) 一书中就详细介绍了城市更新对非裔美国人社区的影响。她
阐明，当邻里社区被破坏时，居民们的福利感受经历了休克性的打击。在许多
（但不是所有）城市中，对地方的社会意义的认识有所提高；在进步的城市
里，城市再生的方法比过去更加敏感和复杂。那些城市规划、建筑和社区发展
的教学可以自称已经改进了专业实践。

成功的城市领导者认识到，我们对社区的归属感是由个人经历所创造的，
包括在那里发生的事件——从当地社区庆祝活动到主要的街头节日。尼古
拉·培根 (Nicola Bacon) 准确地指出，有效的城市政策是与这些社区认同感
有关的：

> 人们的归属感，适应能力和与他人的联系，会影响到他们的幸福感和
> 生活质量，影响到他们个体和集体行动的能力，以及社区的犯罪、健康和
> 教育成就水平。(Bacon，2013)

本书后面介绍的创新故事提供了许多城市和社区领导者通过与当地人合作
而不是为他们工作来产生协作优势的例子。许多例子都是从地方认同很重要这
个前提出发的。稍后，我会谈一谈地方忠诚和生活质量。

然而，在这里，我想提出的一般观点是，与其他研究一样，比如前面提到

· 105 ·

迈向包容性城市
地方性创新的故事

的段义孚（1977）和卡斯特罗（Castello，2010）的研究，我认为地方对人们具有重要意义。许多人对他们的城市和/或他们的"住宅区域"（home area）有一种归属感，在某些情况下是强烈的归属感，并且这通常构成他们身份认同的一个部分。归属感具有文化意义，诸如体育俱乐部、社会活动、社区活动，通常会给归属感带来文化意义，并且它可以为公民参与提供承诺基础。这些想象的地方在不同个体之间会有不同的心理认知，并且不是固定和有界的实体。

经济、社会和政治变化意味着，随着城市经济的转变和发展，城市邻里社区不断被重塑。人们迁入、迁出，不同的社会群体对不同的地区有不同的理解。同样重要的是要强调，如前所述，身份认同感和归属感并不都是基于地理位置的。在当代的多元文化城市中，社交网络经常跨越空间，许多家庭与其他国家和大洲的朋友和家庭有着非常强的经济和情感联系。例如，米歇尔·拉盖尔（Michel Laguerre，1999，p.18）解释了移民如何通过与家乡保持持续的关系来创造一个跨国空间：

> 位置的政治（politics of location）并不能完整地定义身份认同政治。一些少数民族现在同时经历两个国家的社会空间：他们住在这里，但他们仍持续积极地参与其祖国的事务。

近年来，互联网上的社会网络扩张就强化了这一论点，因为它可以强化跨越空间的归属感和认同感。因此，我们认为地方对许多人来说意义重大，并不是说其他形式的归属感就不重要了。

在这个讨论中，我们还应该注意到，地方性身份认同并不全都是好处，它也可能有负面的影响。正如地理学家哈姆·迪伯利（Harm de Blij，2009）所说，地方的限制可以限制人类的思想和行动，并且可以将社群共同体锁定在不平等的位置。即使在富裕的大都市，我们也能发现，由于种种原因，许多街区基本上被排除在正常的繁荣上升之外。这些社区可能会感到在文化或经济上被困在了一个地方。巴里·奎克（Barry Quirk）在评论这一趋势时就指出，一个城市或城市地区的经济结构调整可能会在一些社区形成一种不受欢迎的认同感——一种内向和后退（内卷）的感觉。他指出，在西方，这种狭隘的视角

第 4 章

理解地方和公共政策

往往伴随着他人的恐惧，"……在贫穷的白人社区和贫穷的少数民族社区中都能找到"（Quirk，2011，p. 108）。这个讨论对于那些从事社区发展工作的人来说是熟悉的。虽然"社区"（community）概念有许多优点，但它也有一个消极的一面，因为社区可能是压迫性的和排他性的（Taylor，2011）。

在这种情形下，我们应该提到"门禁社区"（gated communities）。从本质上讲，这些住宅区的设计方式允许居民排除其他人。它们实质上是反对创建包容性城市的想法的。我们将在本章后面回顾一下城市门控的发展，并思考很多城市公共空间正被私有化的方式。

（二）环境、地方忠诚和生活质量

第二组更多关注公共政策中的地方的论点认为，地方对我们生活质量有直接影响。例如正如我在第 1 章所解释的那样，我们生活的地方都有优势或劣势。地方对许多不同层面的生活质量都有影响，包括从邻里社区到全球层面（Smith et al.，2007；De Blij，2009）。一个不可回避的事实是，人们生活在特定的地方，并"全面地"体验他们的家乡。因此，地方的环境质量非常重要。在实践中，这种环境质量，包括服务的可及性，在任何特定城市的社区之间往往都存在显著差异。例如商店、市场、新鲜食品、图书馆、学校、开放空间、门诊室、银行和其他本地服务的使用都可能有很大差异。这种可及性对所有家庭都很重要，但是由于某种原因，它对不流动的人来说更为重要，例如，有小孩的家庭、体弱或残疾的人或贫困家庭。

在这里，我们需要加入被忽视的生态维度。在第 1 章第 1 节我就指出个体、社会和自然都有着千丝万缕的联系（见图 1.1），我们与自然环境的关系应该被纳入公共政策制定中。在第 3 章我扩展了这一讨论，并指出国家与市民社会之间正在形成新的关系，例如，现在通过共同治理、共同管理和共同生产①提供服务。市民社会和国家之间重叠的领域充满了共同创造的可能性。我

---

① 公共管理领域的"共同生产"（又称"合作生产"，co-production）模式逐渐兴起。这一概念由诺贝尔经济学奖获得者埃莉诺·奥斯特罗姆提出。她认为，不管是权力集中的单中心结构，还是自由的市场化方式，都可能无法兼顾效率与公平；政府只有借助社会力量推动共同生产，才能利用有限的财政开支来满足不断增长的服务需求。——译者注

迈向包容性城市

地方性创新的故事

和赫希曼（Hirschman，1970）一样，也认为忠诚是一种宝贵的资产，它并不总是得到城市决策者的欣赏。我在此提到这些论点，是因为在地方层面——在邻里或住宅区域发生了许多协作。换句话说，这些协作是地方性的。毫无疑问，如果本地人民的忠诚、情感和精力可以与公共机构的活动相结合，那么，这个地区的生活质量就会得到提高。

"转型运动"（transition movement）的创始人罗伯特·霍普金斯（Rob Hopkins）在应对气候变化的问题上，认识到了上述论点的重要性。在《做事情的力量》（*The Power of Just Doing Stuff*）（2013，p. 41）一书中，他正确地指出，"我们大多数人都非常关心——不仅关心我们的家庭，还关注我们的社区、我们生活的地方，以及我们的孩子将继承的未来。我们需要的是帮助我们找到一个创造性的、积极的和能赋权的回应的工具"。

赫尔希曼的书提供了大量人们采取本地行动改变他们生活和工作场所的例子。值得注意的是，一些最成功的举措，例如，"托特尼斯和地区经济蓝图"（totnes and district local economic blueprint）——都没有"只身单干"（going it alone）的社区活动分子参与其中。相反，它们在当选的地方当局和热情的社区领袖之间创造性地建立了协作，为当地的政策制定和实践带来了新的活力。换句话说，它们在国家与市民社会重叠的领域蓬勃发展。

转型运动建立在地方和地方性行动之前的传统基础上。例如，多年来，城市设计师和城市规划者一直努力制定创建可持续社区的政策和推动具体实践，而这些都依赖于地方性的分析和行动。在英国，约翰·伊根爵士（Sir John Egan）在国家层面为创建可持续社区所需的技能提供了指导，而他的理念在全世界的城市都产生了共鸣（Egan，2004）。

更广泛地说，我们可以注意到，规划、建筑和城市设计在本质上就是基于地方的或者说地方性的。这些专业已经为城市社区规划和设计乃至整个城市提供了知识和实践。因此，现在我们不仅对设计后碳世界（post-carbon world），而且对鼓励步行和骑自行车，提供开放空间、休闲设施和绿地，以促进健康生活等方面，都已经有了大量有益的建议（Barton，Grant and Guise，2010；Boone and Modarres，2006；Condon，2010；Gehl，2010）。在此背景下，马克·图德·琼斯（Mark Tewdwr-Jones，2011）敦促规划者们更多关注地方的意

义，无疑是非常正确的。特里·法瑞尔爵士（Sir Terry Farrell）在一项对英国未来建筑和建筑环境所作的研究中，对英国建筑的未来和建筑环境作了高瞻远瞩的分析。他呼吁从建筑环境专业出发，采用更加统一的方法（Farrell，2014）。他认为，这些专业应该以对地方质量的共同追求为指导，"地方审视"（place reviews）应该被纳入每个地方正在进行的公共领导力中。

（三）提高政府效率

通过加强地方政府，使政治权力更接近人民，更谨慎地调整公共政策以满足地方当局内的特定地理区域的需求，这些目标实际上由来已久。在本章的引言中，我就提到了这样一个事实，即更高层级的政府经常受到部门主义问题的困扰。国家政客倾向于"国家视角"而不是"城市视角"，这严重阻碍了设计和提供有效公共政策的进程（Magnusson，2010）。

有时，中央政府似乎认识到这是个不令人满意的状态，因而开始启动各种各样的地方性项目。政府主导"区域项目"（area initiatives）的历史悠久。例如，在美国，1966 年推出的示范城市计划（model cities programme）就是一项针对贫困地区的重要项目（Marris and Rein，1972）。这个项目旨在通过各个选定城市的公民和市政当局参与地方性行动，制定新的反贫计划。许多地区性的试点项目随之而来，包括克林顿总统 1994 年推出的城市授权区计划（empowerment zones），以及奥巴马总统 2012 年启动的致力于协助农村医院、诊所和临床医生的健康与人类服务项目（health and human services）。

与此同时，英国的中央政府多年来也尝试过许多区域性行动项目，从1972 年的"全盘处理方法"（total approach）到最近的一些努力，比如 2010 年推出的"总所"（total place）项目和 2011 年推出的社区预算项目。安德鲁·塔隆（Andrew Tallon，2013）对英国区域行动项目做过有益概述。正如第 1 章所讨论的那样，这些努力总的来说是合意的，因为对政府政策和支出模式进行地方性分析，可以推动复制工作，而如果能通过富有想象力的方式处理，公共服务的"全域"（whole area）方法就是大有希望的（HM Treasury，2010）。资源可以重新分配，可以与公民合作伙伴建立新的联系，可以进行试验。然而，

迈向包容性城市
地方性创新的故事

这种区域性项目只有成功地从探索性计划——也就是作为这样或那样的特殊安排，到被纳入主流政策和实践后，才会产生持久的影响。在英国，这就意味着权力和权威从英国中央政府转移到选举产生的地方当局，以便推动服务使用者、家庭和社区进行有效的全面参与。

这让我们必须再次提出，地方政府在现代社会中可以发挥重要作用。正如第 7 章将进一步讨论的那样，当选的地方当局可以很好地制定有效的地方性公共政策和管理方法。在第 3 章中，我们看到，在英国，19 世纪开始进行强有力的地方政府选举，在应对当时的社会和经济挑战中取得了重大进步。这些地方性努力不仅使居民的健康和生活机会大大改善，而且还培养了高度的公民自豪感。在最近的时期，地方政府继续成为城市创新的驱动力。例如，在 20 世纪 70 年代，英国地方议会率先开发了公众参与和解决问题的地方性方法[①]。在最近对教育政策讨论所作的贡献中，凯瑟琳·赖利（Kathryn Riley，2013）研究了地方在学校和当今年轻人生活中的作用。她生动地描述了美国、英国和南非的学校如何利用地方性方法来帮助年轻人建立"他们在世界上的定位"，还对快速变化的内城学校所面临的挑战给予了特别的关注。

正如第 2 章提到的，在过去 30 年左右的时间里，地方当局已经把自己打造成了城市问题的世界领导者，例如，我们可以参见世界城市和地方政府联合组织（UCLG）的报告（UCLG，2008；2010；2011；2014）。对地方政府领导力的讨论将我们引向了第四个论点，即更多地关注公共政策中的地方。

（四）地方是民主的基石

地方为行使民主提供了空间。实际上，可以认为，健全的国家民主制度的存在取决于充满活力的地方民主制度所提供的政治基础。在这种背景下，地方政府的长期和基本观点具有高度相关性。约翰·吉福德（John Gyford）集中关

---

① 我仅仅从个人经验中提供一个案例。20 世纪 70 年代，我在斯托克波特大都市区的自治市议会为议长工作，我有幸参与了为管理自治市设立一套综合体系的工作。斯托克波特是英国第一个将权力下放到地方性区域议会的当局，这个体制现在已经嵌入了自治市的政治结构中。为了进行决策，官僚机构与一些具有双重责任的官员——对部门资源和基于区域的资源具有自主权的官员，一同提出了一套矩阵管理方法。对这个项目的创造性所作的讨论，参见 Hambleton（1978）。

· 110 ·

第 4 章

理解地方和公共政策

注英国经验，对地方与地方民主之间的关系进行了富有洞察力的讨论，我在这里引用他的观点（Gyford，1991）。地方政府在许多不同的国家以类似的方式发展，在 150 多年的时间里，它为民族国家提供了民主基石，最终也为国际民主机构提供了民主基石。

格哈德·班内尔（Gerhard Banner，1996）是一位经验丰富的德国城市管理者，他提出，地方政府的目的就是在地方层面对三个关键问题相关的公共利益进行组织：民主、社区和服务。首先，正如已经提到的，地方政府支持民主，它支持政治多元化并有助于政治教育，因为它充当了获得和实践民主习惯的学校。其次，它可以促进当地社区自我组织能力的提升。地方政府可以支持和鼓励各种形式的公民参与，共同治理的实验现在正在兴起。最后，它可以提高服务提供者对不同社区的多样化需求和要求的响应能力，这一观点在复杂的多元文化城市中受到了更多的重视。

地方政府的第四个重要论点是它促进了社会创新。一个国家拥有多样化的地理权力中心，增加了该国治理的创新能力。这是因为不同的领域具有政治合法性，可以尝试不同的方法并从经验中学习。

地方的概念嵌入在了有关地方政府的所有这些论点中。地方为代议制民主（representative democracy）和参与式民主（participatory democracy）带来了意义。首先是代议制民主，它通常涉及在地理基础上选举政治家。虽然不同国家的选举体制各不相同，从"得票最多就是获胜"的"领先者当选制"到各种比例代表制度，但当选人由生活在特定领土的公民所决定的理念，被广泛接受为组织代议制民主的明智方式。总体上，这种选举问责制可能在整个城市一样，例如直接选举产生城市市长。或者它可能涉及对城市中相对较小区域的责任。例如在许多国家，地方政治家是在选区或地区基础上选举产生的。

其次，地方也为多种参与式民主提供了基础。世界各地的地方当局在开发新的公民参与方法方面具有创造性，其中许多努力毫不奇怪地是以地方为基础的（Cornwall，2008；Fung，2004；Oliver and Pitt，2013；Smith，2009）。在第 7 章讨论民主化的城市治理时，我们将进一步考察这些项目。

· 111 ·

（五）需要打击非地方性力量

前面，我曾提出非地方性决策者在现代社会中获得了太多的权力。这里，我简要介绍我居住的布里斯托城附近的一个小镇凯恩舍姆巧克力工厂所发生的事情，以阐明我的观点。1824 年，来自贵格会①的约翰·吉百利开始在英国伯明翰卖巧克力饮料。吉百利与他的兄弟本杰明开发了巧克力业务，这非常成功。他的儿子乔治因 19 世纪 90 年代在伯明翰附近建造了一个模范村庄伯恩维勒（Bournville），为工厂工人提供良好的住房和生活条件而闻名。

在 20 世纪，吉百利（Cadbury）的奶吧特别受欢迎，吉百利成为英国最著名的巧克力品牌。公司迅速扩张，并与位于布里斯托的富莱父子巧克力公司（J. S. Fry and Sons）合并，后者因 1847 年制造世界上第一个巧克力棒而闻名。为改善生产，吉百利公司 20 世纪 30 年代在凯恩舍姆边上创建了最先进的巧克力工厂萨默代尔，在其鼎盛时期，工厂劳动力超过了 5000 人。与教派贵格会的价值观一致，工厂建设了良好的社交设施和广泛的运动场地。

2009 年 9 月，美国一家大型食品公司卡夫（Kraft Foods）对吉百利提出的 102 亿英镑收购方案被拒绝。卡夫食品的股价并没有受到影响。重要的是，在收购吉百利的持续谈判中，卡夫食品明确表示将保留萨默代尔工厂。2007 年，吉百利曾表示计划关闭萨默代尔工厂并将生产转移到波兰，而阻止这种情况发生的运动也随之而起。工厂的工人和凯恩舍姆的居民对卡夫食品的许诺表示欢迎。2010 年 2 月，卡夫食品最终以 115 亿英镑的价格收购了吉百利。

吉百利董事会主席罗杰·卡尔（Roger Carr）和首席执行官托德·斯蒂策（Todd Stitzer）通过向卡夫食品公司出售股权，实现了真正巨大的个人财务收益（斯蒂策先生就获得了 1200 万英镑）。在收购吉百利的几天之后，卡夫食品公司于 2010 年 2 月 9 日宣布，打算关闭萨默代尔工厂，将裁掉 400 个工作

---

① 贵格会（Quaker）是基督教的一个教派，又称教友派或者公谊会，是基督教新教的一个派别。该派成立于 17 世纪，创始人为乔治·福克斯，因一名早期领袖的号诫"听到上帝的话而发抖"而得名 QUAKER，中文意译为"震颤者"（tremble），音译"贵格会"。——译者注

第 4 章

理解地方和公共政策

岗位。为争取萨默代尔工厂继续运营，人们发起了运动，参加运动的埃莫里·拉德福德（Amoree Radford）2011 年 1 月 14 日向英国广播公司（BBC）表示，她没有理由相信卡夫食品会重新履行其承诺："我曾经相信他们，员工曾经相信他们。工厂的生产力非常高，这是非常有利可图的。卡夫公司之前说想扩大工厂，并希望建立环境友好型的工厂。所以，我们曾经相信他们——谁又不会相信呢?"

这是一个运用非地方性力量的典型例子。卡夫食品公司 2012 年更名为亿滋国际公司（Mondelez International），董事长艾琳·罗森菲尔德（Irene Rosenfeld）及其公司的高管人员在芝加哥北部郊区诺斯菲尔德的办公室工作。从他们在伊利诺伊州的有利位置来考虑，他们决定关闭一个富有生产力的工厂，而这却对 5000 英里①外的另一个国家的小镇造成了无法估量的损失。他们这样做，不是因为萨默代尔工厂在衰落，而是因为他们相信，波兰低廉的劳动力成本会让他们赚到比现在更多的钱。英国 Unite 工会能够证明，在当时，英国吉百利的利润率超过 12%。从地方性视角看，从人们依赖工厂为生的视角看，关闭工厂的决定是毫无意义的。

但远不止于此。随后，原材料成本增加，波兰工人的工资大幅增长，加上燃料成本迅速增加——每天有 16 至 18 辆大型货车（LGV）满载的巧克力要即时从波兰运回英国——这意味着，即使单纯从经济角度看，生产从英国搬到波兰不仅是不生态的，而且是不明智的。不幸的是，萨默代尔工厂工人的经历很普遍。资本主义经济一味地追求最大利润，必将导致戴维·兰尼在分析芝加哥工业衰落时富有远见指出的情形出现，也就是"全球性决策"导致了"地方性冲突"（Ranney，2003）。

这里，我对非地方性权力的批评与桑德尔（Sandel，2012）提出的论点是一致的。他认为，对市场驱动的决策模式的痴迷，挤掉了其他重要的价值观。例如，跨国公司的非地方性决策者在决定是否投资于某个地方，和/或撤回某个地方的投资时，只计算了潜在的利益和损失。这种方法不考虑当地的历史、身份认同、团结或当地社区（社群）的感受。更令人吃惊的是，遥远的决策

---

① 本书中的计量单位均保留原文，不做翻译。1 英里 ≈ 1.609344 公里。——译者注

者往往无法通过他们自己的狭隘指标来作出健全的经济决策。[①] 这是因为他们对当地经济的了解和认知往往缺乏或者根本就一无所知。

在总结了为什么地方重要的主要原因后，我们现在开始考虑把地方纳入公共政策的方式。

三、公共政策中的地方

如果认为地方过去在公共政策制定中没有作用，那就错了。实际上，本书的关键主题之一就是强调地方性方法（place-based approaches）在世界各国已经取得了显著成绩，并提请大家注意从这些积极的经历中借鉴领导力经验。或许，地方在当前公共政策中的出现有三种主要方式：地方营造（place making）、地方营销（local marketing）和地方塑造（local shaping）。对于一些处在富有国家的读者来说，这些短语可能看起来是不熟悉的。我的目的不是创造出一种不同类型的地方性领导力方法。相反，我的目的是简要介绍与现代公共政策相关的三个主要主题。这三个主题中，有一两个已经表现出了智慧，而一个是有问题的。

（一）地方营造

首先，地方营造的艺术显然已经形成。实际上，几个世纪以来，它一直是城市规划和城市设计实践的核心，我们可能认为地方营造的艺术与城市本身一样古老（Duany et al.，2003；Hall，1988；Girouard，1985；Sepe，2013）。地方营造指的是地方的规划、设计和建设，它是城市规划，建筑和城市设计的绝大多数专业课程的核心。我们已经提到，城市理论对什么构成地方感进行了持续

---

① 有证据表明，商业思想家开始认识到，这是一个不令人满意的状态，即便是从狭义的逐利观来看也是如此。这是因为所有的商业都是地方化的（Quelch and Jocz，2012）。许多全球公司现在都在努力展示自己是地方导向的、生态友好的。比如，IBM 就声称，它创立了"小星球的解决之道"，而 HSBC 银行的市场营销文案提出，它是"世界的本土银行"。当然，这类主张无非是用来掩饰其是全球化机器的托词罢了，它们仍然不会为特定空间的需要负责。更重要的是，这类公司的决策权是否被下放给在特定的地点工作的经理们，是不确定的。

· 114 ·

第 4 章

理解地方和公共政策

而生动的辩论，我们已经触及城市品质（quality）主题。地方营造有很多流派，这里将提到四种有影响的路径。

让我们从城市地方营造的经典观点——强调物理性（physicality）出发，即强调公共空间、门户、景观、地标、广场、电梯等的设计（Cullen，1961）。这里，重点是城市形态的三维设计。由林奇（Lynch，1960，1981）提出的第二种方法强调了城市的"可意象性"（imageability）或易辨性（legibility）。林奇和其他人强调了城市规划在帮助创建意境地图（mental map）[①] 方面的重要性，人们可以用它来指导他们在城市周围的活动。

第三，简·雅各布斯（Jane Jacobs）在她的经典著作《美国大城市的生与死》（*The Death and Life of Great American Cities*）中强调，城市地方依赖于他们在公共活动中的成功（Jacobs，1961）。雅各布斯和她所启发的众多城市设计师，都强调街道生活、丰富的土地利用并置、城市形态的渗透性、建筑类型的混合和公共空间的密集使用。这种方法的一个内容是规划城市时间和鼓励夜间经济或 24 小时经济（Montgomery，2007）。第四种方法，即综合利用所有其他方法的方法，可以被描述为可持续的城市设计方法。这里，我用这句话作为所有那些合格专业人士的旗帜，他们关注自然在城市环境中的作用，关注气候变化对地方营造的影响，致力于建设儿童友好的、健康的城市空间（Academy of Urbanism，2011；Barton et al.，2010；Girardet，2008；Gehl and Gemzøe，2000；Sepe，2013；Shaftoe，2008；Williams et al.，2000）。

在第 8 章和第 9 章中，我们将回顾讨论规划和城市设计在当代地方营造中的作用，我们将提供地方性领导力的例子，这些领导力已经带来了高质量的城市空间，例如德国的弗莱堡和丹麦的哥本哈根。

（二）地方营销

我们现在转向关于地方和公共政策的辩论中的第二个方面——地方营销。

[①] "意境地图"（mental map）是行为地理学的知识，又称心理图谱，是人们大脑通过环境信息刺激而幻想出的心理图片或通过大脑回忆出的地理事物图像。人们大脑中产生的心理图谱复杂程度不一，但都是以空间形状要素来表达的，主要包括各种道路和路线、显著的地貌和地物，以及明显的区域组成。——译者注

迈向包容性城市
地方性创新的故事

这种方法在 19 世纪后期以显著的方式出现，同时，在不断扩大的产业经济中出现了产品营销。营销一个地方的想法是一个非常美国式的发明。洛杉矶城早期的发展就提供了一个典型的地方营销案例—— 一个为房地产业主创造了巨额利润的地方营销。戴维斯（Davis，1990）在他对"房地产资本主义"（real estate capitalism）的辨析中，展示了洛杉矶的"地方"是如何被发明、被营销和被出售给拓荒者们的。好莱坞和加利福尼亚仍然是销售梦想的全球领导者。

简单地说，地方营销涉及对一个地方要生成意象或形成倡议——这有时被城市品牌推广人描述为"独特卖点"（unique selling point），然后努力通过媒体、促销活动和各种宣传材料来投射这一意象，就像产品营销或企业营销一样。在第 2 章中，我讨论了促进城市相互竞争的全球压力。结果，近年来城市对地方营销的投入呈螺旋式上升趋势。事实上，现在已经有一个大的国际产业在致力于地方营销，或者一些人更愿意称之为城市品牌①（Anholt，2010；Dinnie，2011；Zavattaro，2013）。很快，我将探讨我们是否能够区分地方"营销"和地方"品牌"。但是，暂时让我们将它们都视为城市政治和城市领导力的单一视角。地方营销或品牌来自商业世界，通常借鉴了旅游业开发的技能，不仅用于营销推广一些城市的景点，还用来推广一些城市内的生活小区或区域。②

与产品营销一样，地方营销的一个问题是广告可能会产生误导作用。销售的渴望可能导致真相扭曲。例如，阿伦·格林伯格（Allan Cochrane，2007，p. 112）指出，"地方营销的重点在于不断地重新定义——或重新构想，使每个城市都符合主导性的成功观念"。

这里的关键词是"主导观念"（dominant perceptions）。这些主导观念是什

---

① 牛津英语词典对"品牌"（brand）的定义是：（1）一类产品；或者（2）一个可识别的商标、标签等等。从另外一个角度看，它是一个商业概念。因此，不可避免地，在城市或空间中，品牌一词的使用就必然包括了这些空间的商品化。一个特定的商标需要界定和表达。因此，许多城市商标和空间营销活动需要运用信息和对特定地方的想象，以提供一个可取的信息（Anholt，2010；Dinnie，2011；Go and Govers，2013；Zavattaro，2013）。

② 学习过人文地理学专业的同学肯定熟悉一个理论，叫作地方感/位置感（sense of place）。在设计理论中的地方感包括地方依恋（place attachment）和地方意义（place meanings）。而地方感则通过包含社会和地理内容而与地方依恋区分开来（Hay，1998）。地方感所感知的环境比地方依恋更大，它不仅包含当地人文，也涉及大体量的地理环境和当地社会关系。

第 4 章

理解地方和公共政策

么？它们来自哪里？通过它们去影响公共支出，为谁的利益服务？谁为这一切买单？克莱尔·科隆（Claire Colomb）对柏林地方营销的政治学作了深刻的分析，表明了自 1994 年以来，城市品牌公司如何创造了一系列使亲商业的、政治的、经济的选择合法化的话语（Colomb，2012）。就像在其他许多城市进行营销一样，柏林市的领导人寻找具有竞争性的经济优势，也包括开发推广当地文化的尝试。毫不奇怪，这已经遇到了阻力，当地社区、艺术家和活动家拒绝他们生活和工作的地方被强加一些简单化的信息，比如柏林提出的"贫穷但性感"（poor, but sexy）的口号。柏林的反对派们指出，在一个债务重大的城市中，这些意象营造工作是不必要的，是在浪费金钱。当然，激进分子已经歪曲了各种各样的信息。然而，这座城市的商品化依然在继续，这很令人不安。

在第 1 章中，我和桑德尔（2012）一样，认为目前对市场价值的痴迷正在挤掉更重要的价值观。城市品牌产业提供了大量证据来支持桑德尔的观点，即如果不对市场的作用和影响力进行认真的辩论，我们就会从市场经济走到市场社会。例如科克伦（Cochrane，2007）指出，地方品牌活动不仅限于将城市出售给外人。现在，对销售的迷恋意味着城市品牌信息往往被返回给城市居民自己。而这些提升城市自豪感的表面努力通常会降低地方感和社区身份认同。

在我看来，这种可以被"出售"想法的增加是令人不安的，我希望对此提出一些质疑。努力创建包容性城市的城市领导者应该思考与地方营销相关的四个关键问题。第一，这是否充分利用了我们有限的资源？推广城市的任何支出代表了可以花在其他目标上的支出。因此，城市领导者需要提出这样一个问题：为什么我们非要这样做呢？营销人员需要提出一个令人信服的智慧案例，精确地说明为什么将城市作为商品对所有城市居民都是一个好主意；作为其中的一部分，他们需要明确指出希望城市中哪些人受益。对这些受益人是否真正获得了所述福利，每年都进行监测，会更加严谨些。

第二，我认为这是一个更主观的维度，我想问一下：将我们居住的地方推向市场是否合适？这说明了桑德尔（Sandel，2012）详细阐述的论点，他认为，生活中的某些物品（goods）如果变成了商品（commodities）就会腐化或退化。接下来要问："我们真的想把居住的地方推向市场吗？"这是一个需要

迈向包容性城市
地方性创新的故事

回答的合理问题。关于地方营销和城市品牌的文献在很大程度上并没有提到这个基本的哲学观点。两位美国社会学家约翰·R. 洛根（John R. Logan）和哈维·L. 莫洛奇（Harvey L. Molotch）在其论著中，提供了一个把地方当作商品（places as commodities）的有趣章节，他们指出"地方对它们的用户而言是有价值的，但这不是传统的商品概念的内容"（Logan and Molotch, 1987, p. 17; 作者本人的观点）。这种情绪不能也不应该被用来买卖。

第三，至少在许多情况下，一个给人好印象的图像传播本身就会是一个推动社会排斥的过程。这是因为地方营销的观众总的来说是相对富裕的。例如，通常，吸引国际游客就意味着需要在市中心服务设施上消费，而不是在社区消费。但是还有更令人不安的地方。城市品牌公司正忙于努力美化社会历史，似乎一个辉煌的过去才能向游客推销，而忽视了对城市历史的另类解释。毫不奇怪，一个美化了的、以旅游为导向的社会历史，可能会导致对社群的损害。

第四，在这里，我与一个匿名的全球城市市长进行对话。在一次关于地方营销的采访中，有个市长明显不赞成城市品牌，他问我："你买书是因为它营销不错，还是因为它是一本好的文学作品？"这位市长认为，这个城市真正是什么样的口碑才是最重要的。他为自己的城市感到非常自豪，事实上，他对这个城市的热情是无限的，但他希望通过直接的经验和真实的故事来理解它，而不是通过营销或品牌推广。尽管如此，即使是这位强大的市长也认为很难完全选择不进行地方营销。

那么，对那些参与地方营销和城市品牌推广的人来说，这是有一些挑战的。一些城市非常清楚这些问题，正在提出一些试图"超越品牌"（beyond branding）的方法。例如，华盛顿州的塔科马市正在与居民合作，阐明根植于城市历史和城市资产的愿景。从好的方面来说，这可能是进行城市品牌建设的创新方法，那些能够彰显各种地方性身份认同的方法，可以在创建包容性城市方面发挥建设性作用。但是，与传统智慧的精髓相反，我认为，当前的地方营销和城市品牌推广方法需要受到质疑。

（三）地方塑造和城市发展战略

在对地方营销作出一些警告说明后，我现在转向城市领导者的一个重要话

第 4 章

理解地方和公共政策

题：地方塑造和城市发展战略。

与地方营销相反，地方塑造是一个付出努力真正有回报的领域，本书后面介绍的几个创新故事都提供了令人信服的证据来支持这一主张——从丹麦的哥本哈根到巴西的库里蒂巴。或许，人们对于地方塑造意味着什么，以及城市发展战略包括什么，还存在一些困惑。我试着解释这些术语，并且认为在不同的国家和不同的情况下，这些术语的用法是不同的。

在英国，迈克尔·莱昂斯爵士（Michael Lyons）应工党政府的要求，对地方政府未来的作用、职能和资金编制了一份影响深远的报告，"地方塑造"这个比"地方营造"宽泛得多的概念，开始在英国流行起来（Lyons Inquiry，2007）。在题为《地方塑造：面向地方政府未来的共同抱负》（*Place-shaping*: *A Shared Ambition for the Future of Local Government*）的报告中，迈克尔爵士认为，地方塑造应该被视为民选的地方当局的关键职责。"在我的工作中，我一直在推动地方政府发挥更广泛的战略性作用，我将其称为'地方塑造'——创造性地运用权力和影响力，促进社区及其公民的普遍福祉。"（Lyons Inquiry，2007，p. 3）

实际上，迈克尔爵士试图与我在第 1 章就提到的极端集权化斗争。他正在努力扩大英国地方当局的政治权力，特别是将权力从中央政府转移到全国各地。尽管他的分析是正确的，当时的工党政府却对他的论点充耳不闻。他建议的权力转移并未发生。但从积极的一面来看，这份报告确实激发了人们重新思考民选地方政府的更广泛目标。在本书中，我以迈克尔爵士的方式运用了"地方塑造"这一概念。我对它的定义是：选举产生的地方政府发挥战略性作用，塑造它们所管理的地方，以促进全体人民的福祉。希望这个概念在国际上引起共鸣。

关于地方塑造的定义，我强调以下两点。一方面，它与地方政府的传统定义截然不同。传统的观点认为，地方政府是可以在一系列地方公共服务的"管理"中发挥重要作用的组织。而"地方塑造"设想了一个更为外向和积极的地方政府角色。当地的城市领导者并不"管理"公共服务，他们制定议程，努力提高当地的生活质量。另一方面，地方塑造不仅仅关注建筑形式的规划和设计及其与自然的关系。正如上文所述，对地方营造的讨论清楚表明，这些是

· 119 ·

迈向包容性城市
地方性创新的故事

成功的城市领导力的重要组成部分。但地方塑造更具战略性和广泛性。它包括了许多不影响物理环境的活动，关注的是地方性领导者在改善当地生活质量方面的总体努力。

城市发展战略如何适应这种讨论呢？精心策划的城市发展战略，对于提升当地政治领袖的政绩是非常有意义的。在此意义上，我们不妨退一步对城市和区域规划性质的变化作一些阐述。

这是一个宏大的议题，而且很明显，各个国家的情况可能是不同的。然而，我们或许可以作出有益的概括。城市和区域规划或城市规划，是一个政治和技术性的过程，涉及土地的使用和可持续城市的创建。不过，这个过程的完成路径已经发生了改变。①

在 30 到 40 年的时间里，城市规划的重点已经从"土地使用规划"（land use planning）转向了"空间规划"（spatial planning）。非专业人士认为，这些短语的含义是一样的，这是可以理解的。但是，在实践中，这是两个截然不同的概念。简单地说，至少在许多国家，城市规划的声誉已经不再是准备制定一个控制城市发展模式的规划，而是转向了更具创造性的设计，在这个过程中，能充分体现出设计师对城市发展的不同设想（Morphet，2010）。

传统的土地使用规划主要考虑的是为未来的发展提供一种直观或图解式的描述。有时，在其他发展规划中，这被描述为总体规划，目的是绘制未来基础设施的位置，并且常常为特定类型的活动设计区域。设计师的注意力集中在对城市发展的调控上。在这种方法中，提出和实施这些发展的人却被忽视掉了。相反，规划的作用被看作控制开发商的行为，无论是私人的还是公众的，他们都是为了达到公共目的。

空间规划与此截然不同。它侧重于协调和整合当地不同机构和个人的行动，以实现政治目标。正如伊冯·赖丁所言："空间规划不仅强调利益相关者的参与，而且是基于通过这种接触将不同层级的政府和不同决策部门的政策整

---

① 这里的讨论实际上简化了对城市和区域规划的变化本质所作的一系列讨论。更多的内容，参见 Adams and Tiesdell，2013；Haughton et al.，2010；Morphet，2010；and Rydin，2011。

· 120 ·

合起来的理念。"（Yvonne Rydin，2011）。当然，空间规划的方法有很多。一些人非常关注经济增长，一些人则寻求没有经济增长的繁荣（Jackson，2009；Rydin，2013），而另一些人则专注于推进现代城市的公平事业（Krumholz and Forester，1990）。

城市发展战略涉及之前描述的空间规划方法的应用。从国际上看，我们可以发现，城市在准备稳健的城市发展战略方面正变得越来越积极。国际城市和地方政府网络在城市战略规划方面促进了城市之间互相学习的创造性进程，取得了丰硕成果。在一份政策文件中，UCLG 曾对 21 世纪城市发展战略进行了有益分析，对全球经验进行了概述：

> 城市发展战略（City Development Strategies，CDC）在过去十年中不断演变，成为应对新挑战的工具，并为制定涉及所有利益相关者的创新政策提供了空间。除了社会经济和空间发展，减贫和气候变化问题也越来越重要。

这项 UCLG 推动的研究为城市战略规划提供了有用的定义，识别了城市领导者面临的挑战，分析了城市战略规划替代方法的优缺点，并提出了一些合理的建议。该研究包括对不同国家的实践分析，对于所有希望加强并支持地方性城市领导力规划的人来说，这是一种宝贵的资源。

四、地方性行动力量

在本书中，我介绍了一系列鼓舞人心的创新故事，旨在说明地方性领导力的有效性。我选择纽约市高线公园①（high line）—— 一个"空中"公园——

---

① 高线公园（high line）是一个位于美国纽约曼哈顿中城西侧的线型空中花园。原来是 1930 年修建的一条连接肉类加工区和三十四大街的哈德逊港口的铁路货运专用线，后于 1980 年功成身退，一度面临拆迁危险。在纽约非营利性组织"高线之友"（friends of the high line）的大力保护下，高线终于活了下来，并建成了独具特色的空中花园走廊，为纽约赢得了巨大的社会经济效益，成为国际设计和旧物重建的典范。——译者注

迈向包容性城市

地方性创新的故事

作为第一个创新故事，因为它有助于为我们即将讨论的地方性领导力设定政治基调。首先，"高线"是一个出色的城市领导力故事，它促进了我们对如何创建包容性城市的认知——如何在城市中扩大公共空间，即使困难重重。其次，这也许是令人惊讶的，它不是关于高层领导者，也就是有强大权力关系、设置议程、决定城市事件走向的人物的故事。相反，纽约市最资深的政治家——当时的市长鲁迪·朱利安尼（Rudy Giuliani）——认为"高线"这个想法是错误的，并拒绝了它。这是一个关于草根城市领导力（grassroots civic leadership）的故事，是两个没有城市规划或城市设计背景的年轻人，看到了被废弃的高架铁路线背后的巨大潜力——而当时纽约市的权贵们都希望拆除高架铁路线。

在第 1 章，我解释了什么是创新故事。这里，我再简要回顾一下。创新故事，正如我所定义的，是一个简短的、真实的例子，它介绍了大胆的地方领导力故事。本书中所有的创新故事都遵循以下结构：

1. 目标和任务；

2. 创新故事概要；

3. 领导力经验；

4. 进一步阅读的资源。

它们的一个关键特征是，每个故事都试图总结出领导力经验。我邀请你们阅读第一个创新故事，因为它提供了一个鼓舞人心的例子，表明了地方领导力能够取得怎样的成果。它表明，地方（当地）积极分子不仅拥有丰富的本地知识，而且对"他们"在城市中的位置未来应该是什么充满了激情。我们将看到，市政厅里有权势的大人物能够从积极分子那里学习经验；而且值得赞扬的是，权贵们也改变了自己的做法。正统的城市领导者们在一个非凡的成功故事中变成了积极的合作伙伴。因此，第一个创新故事，证明了草根项目的力量，为政治家和专业人士学习如何以不同的方式看待事物提供了极好的例证。

第 4 章

理解地方和公共政策

● 创新故事 1 ●

草根领导力：纽约市高线公园的创建

1. 目标

在纽约市的西侧，一条废弃的高架铁路线（high line）已被改造成高线公园，这是一个非凡的公园，在街道上方拔地而起。可以说，这是世界上最具创新性的城市公园之一，它在曼哈顿中心地带为市民提供了一个意想不到的绿洲和步行街。它被称为"空中公园"，现在深受当地居民、城市工作人员和大量游客的喜爱。这是一个基于社区的愿景和通过不懈的政治倡导，最终为废弃的工业基础设施发掘出创造性公共用途的故事。

1999 年，两位当地居民乔舒亚·截维（Joshua David）和罗伯特·哈蒙德（Robert Hammond）创立了"高线之友"（Friends of the High Line，FHL），高线公园得以幸存。面对困难重重，面对试图说服市政府拆除高架轨道的强大的房地产游说团体，"高线之友"及其支持者们成功地建造了一个长达 1.75 英里的条形公园。

本创新故事简要介绍了"高线之友"如何成功地将铁路轨道转变为能够容纳大量游客和各种公共与商业活动的公共空间。在被遗弃 20 多年之后，高线依然展现了其工业化的历史和野性特质。正是因为社区领导的坚持，使纽约作为世界上最繁忙的城市之一，创造了人们急需的公共空间。

2. 创新故事概要

1934 年至 1960 年期间，高线是货运铁路，负责运送肉类、农产品和邮递物品到纽约市西区仓库和工厂。修建这条高架轨道就是为了避免从街道上运送危险的货物。然而，到 20 世纪 50 年代，州际公路网的兴起预示着铁路货物运输的消亡。1963 年，随着铁路使用的减少，加上城市项目更新，高线铁路的下段被拆除；到 1980 年，只剩下最后一列货运专列沿着高架剩余的轨道在运行。

· 123 ·

迈向包容性城市

地方性创新的故事

随着铁路关闭，"高线"的未来在哪里，引发了争议。西区铁路发展基金会（the west side rail line development foundation）是当地在早期就倡导保护高线铁路的组织。1984年，这个社区组织成功地以10美元的价格买下了高线铁路。三年后，在一群拥有高线下土地利益的财产所有者们的努力下，法院判定"10美元购买高线"的交易不成立。这一团体后来成为了很有影响力的切尔西业主委员会（Chelsea Property Owners，CPO）。他们的目标是拆除高架轨道的剩余部分。他们极力主张，这条废弃的高架铁路阻碍了邻里社区的活力，吸引了反社会活动，而且对标的财产和公众安全都构成了威胁。

业主们得到了市政府的大力支持。市长鲁迪·朱利安尼（Rudy Giuliani）也认为年久失修的"高线"阻碍了当地的经济发展。2011年10月，他签署了拆除"高线"的文件，之后不久便卸任市长。鲁迪的这一决定对于理解高线公园的创新故事至关重要。市政厅和"高线之友"的创意设计是冲突的。正是社区领袖——不受国家雇佣的地方活动积极分子——为推动这项倡议提供了远见和活力。

1999年，"高线"的所有者——美国CSX运输公司——委托第三方开展了一项关于这条轨道的未来选择的研究。研究建议使用轻轨和绿道。同年，在一次讨论这些建议的公开会议上，当地居民戴维和哈蒙德见面了。在没有任何其他的保护游说团出席的情况下，他们联合创立了"高线之友"。这是一个非营利性组织，它的使命是保护"高线"，并将其作为一个公共开放空间来加以利用。

面对强大的拆迁游说团体，把轨道改造成新的公共空间的想法似乎就是毫无希望的幻想。但是，随着当地居民、艺术和时尚名人、建筑师和设计师、民间组织以及一些企业开始认同戴维和哈蒙德的观点，即将铁路重新用作公园是可能的，"高线之友"的工作逐渐有了起色。

著名摄影师乔尔·斯特恩菲尔德（Joel Sternfeld）在2000年至2001年间对"高线"拍摄了很多引起人们回忆的照片，使高线铁路的争论受到了全国的关注。乔尔的这些鼓舞人心的照片被《纽约客》重点报道，后来又被搬上了美术馆的展览和《行走高线》（Walking the High Line）一书的封面。

第4章

理解地方和公共政策

这些照片揭示了纽约市中心的一个神秘、近乎神奇、狂野的空间。2001年，亚当·戈普尼克（Adam Gopnik）写道："现在，纽约最宁静的高地是一段被称为'高线'的高架桥。"①

"高线之友"（FHL）的两位联合创始人和其他活动人士为了获得一些有影响力的政界人士和机构的支持，夜以继日地工作。最终，他们获得了支持，包括纽约议员、纽约市议会议长柯魁英（Christine Quinn），州议会议员，城市规划官员，比如城市规划专员阿曼达·伯登（Amanda Burden）等人的支持；而且获得了纽约市新市长布隆伯格（Bloomberg）最具有决定性的支持。

2001年9月11日，纽约世贸中心遭到恐怖袭击，这不仅对美国外交政策产生了深远影响，也对所有纽约人的情感产生了深远影响。一些人想知道，继续住在这个城市是否是安全的。截维和哈蒙德被这些事件震惊了，他们想了很久才想出如何应对，提出了一个有说服力的论点：

> 我们说，我们致力于纽约市的未来，这是一个面向未来的项目，现在不是将其拆除的时候……高线的拆除将是非常具有破坏性的……人们并没有做好面对任何破坏的准备。②

市长布隆伯格采取了早期关键性的举措，废除了前任市长的拆除令（demolition order）；从2002年起，纽约市出台了高线铁路保护和再利用的政策。

高线的故事牵扯到错综复杂的法律关系，涉及铁路轨道所有者、相邻房产的所有者、纽约州和纽约市以及非营利组织。重新划分住宅用途和规定，使潜在的业主能够将其开发权转让给邻近的土地所有者（涉及密度转移出让）——这被证明对确保公共融资用到公园发展上是至关重要的。

2005年，CSX运输公司将大部分的高线捐赠给了纽约市，CSX、纽约州和纽约市达成协议，确保高线铁路作为步道保留下来——这是一个全国性的

---

① Gopnik, 2001.

② David and Hammond, 2011, p. 39.

迈向包容性城市

地方性创新的故事

"铁道变步道"项目（"rails to trails" initiative）的正式组成部分之一。这反过来又使高架线有可能被改造成公共公园。公园的建设工作于 2006 年开始，最南端的部分（二十大街以下）在 2009 年率先开放；两年后，第二期（从二十大街到三十大街）开放。公园可以坐轮椅进入，在一些入口设有电梯。这条高架轨道的第三期也是最后一段（三十大街到三十四大街）的所有权在 2012 年由 CSX 移交给了纽约市，并计划在 2014 年开放。

纽约市提供了公园前两期的大部分资金，高线之友（FHL）通过一个大型融资活动筹集了最后一期公园所需的主要资金。慈善和私人捐赠一直是很重要的资金来源。纽约市与高线之友达成协议，高线之友负责公园的日常维护和运营，并负责筹集 90% 以上的持续运营成本。

社区参与一直是高线之友（FHL）活动的核心特点。在整个设计过程中，高线之友与詹姆斯·科纳场域运作事务所（james corner field operations）的设计团队、Diller Scofidio + Renfro 事务所和景观设计师皮特·奥多夫（Piet Oudolf）共同举办了一系列社区参与会议，介绍、审查和完善设计方案。最终，他们制定出了非常高标准的城市设计方案。FHL 充分借助新的社交媒体，让社区参与了这个项目，并继续通过高线理事会（high line council）和志愿者活动等特殊项目，与长期以来的捐助者和志愿者团体保持联系①。

公园的游客人数是很可观的。2012 年，就有超过 400 万人参观，许多人参与了公园的免费和低成本活动、教育活动，以及专门针对纽约人的会员活动。差不多一半的游客是本地人。虽然高线的成就是值得庆祝的，对周边企业也带来了好处，但一些本地居民表示担心公园的成功，以及重新分区以允许新的住宅开发，正在导致邻近社区的绅士化②（gentrification）。考虑到这些问题，FHL 正在努力实现其最初的目标，即实现一个对所有纽约人来说都是特别地方的公园。

---

① 作为非营利组织，高线之友有一个 38 人的理事会，这些理事可以通过投票权决定高线之友的战略和运营等。——译者注

② 绅士化（gentrification）又译为中产阶层化、贵族化或缙绅化，是社会发展中一个可能现象，指一个旧区从原本聚集低收入人士到重建后地价及租金上升，引来较高收入人士迁入，并取代原有低收入者。——译者注

第 4 章
理解地方和公共政策

3. 领导力经验

● 本地居民可以获得巨大的既得利益和胜利。以社区为基础的"高线之友"组织为社区活动家们有激情的地方性领导力提供了一个鼓舞人心的、成功的案例。

● FHL 的联合创始人认识到，为实现推动建立新型城市公共开放空间的目标，重要的是要在社区、商业、政治、文化和技术行动者等之间建立广泛的联合。

● 最初，市政府官员没有意识到这条高线铁路的巨大潜力，并决定将其拆除。然而，值得称道的是，他们改变了立场。布隆伯格市长在这方面表现出了明智的领导力——他决定，市政当局应该放弃反对重新设计高线的决定，市政大厅成了该项目的热心支持者。

● FHL 在分享和促进"空中公园"的愿景方面表现出了极大的想象力。艺术家、设计师、景观设计师、植物学家、摄影师、电影制作人以及其他许多人都为此作出了积极的努力。

● 专业规划师、律师和房地产专家在解决与发展权和公共责任相关的重大技术障碍问题上发挥了重要的作用。

● 激进变革的领导者需要有坚韧的情感，才能坚持他们的愿景。正如FHL 的联合创始人乔舒亚·戴维和罗伯特·哈蒙德所说："做任何事情的关键，都是要坦然面对很多拒绝。"[1]

资料来源：

David, J, 2002, *Reclaiming the High Line*, New York：Design Trust for Public Space.

David, J, Hammond R, 2011, *High Line：The Inside Story of New York's City in the Sky*, New York：Farrar Straus Giroux.

Gopnik, A, 2001, *A Walk on the High Line*, New York Journal 21 May, 44.

Sternfeld, J, 2009, *Walking the High Line*, 3rd edn, Gottingen, Germa.

Friends of the High Line：www. thehighline. org/.

City of New York Parks and Recreation：www. nycgovparks. org/.

---

[1] David and Hammond, 2011, p. 21.

迈向包容性城市
地方性创新的故事

五、门禁社区和恐惧之城

高线公园为扩展城市的公共空间提供了很好的典范。不幸的是，对于那些努力建设包容性城市的人来说，依然面临着强大的阻力。强大的经济势力正在吞噬城市的公共空间。在现代城市中，最令人不安的发展趋势之一是门禁社区（gated community）的发展。关于现代城市"门控"（gating）的文献越来越多（Atkinson and Blandy，2006；Davis，1990；Glaze et al.，2006；Low.，2003）。爱德·布莱克利（Ed Blakely，2007）研究了20多年的门禁社区，他提供了一个清晰的定义，我们将以此为出发点。在他看来，门禁社区是具有排他性的居住区，因此通常被认为是公共空间被私有化了。物理障碍——围墙或栅栏——和门控或守卫控制着社区入口。

注意一下关键要素——公共空间私有化、进入限制以及防止擅自闯入的物理障碍。根据定义，门禁社区是排他性的。它们的目的是拦住外来的人。正如我们接下来讨论城市被私有化的过程中会发现，在商业发展和城市住宅发展中出现了城市门控化的三个基石——私有化、对人的新控制和加强排他性的物理设计。

（一）门禁社区

迈克·戴维斯（Mike Davis）是最早意识到门禁社区对包容性城市构成威胁的作者之一。他的获奖作品《石英之城》（*City of Quartz*）描写了洛杉矶，其中在"城堡洛杉矶"（Fortress LA）的章节，他记录了门禁社区的蔓延滋长。他描述了一个"疯狂的……住宅军备竞赛，因为普通居民需要曾经只有富人才能享受的那种社会隔离"（Davis，1990，p. 246）。他的分析很有预见性，不仅关注了城市内部和周边公共空间的私有化，还关注了私人保安公司和使用最先进技术的电子监控的发展。伊万·麦肯齐[①]（Evan McKenzie，1994）

[①] 伊万·麦肯齐（Evan McKenzie）是伊利诺伊大学芝加哥分校的教授，他开设了一个富有洞见的博客（http://privatopia.blogspot.co.uk），对美国私人政府的发展进行讨论。

· 128 ·

第 4 章
理解地方和公共政策

也是一个走在时代前列的人，他强调了"私人政府"（private government）的发展。

正如戴维斯所预测的那样，最近几年出现了斯蒂芬·格雷厄姆（Stephen Graham，2010）所描述的新军事都市主义（new military urbanism）。从这种视角看①，"混杂"的城市聚集了形形色色的人，这被视为坏消息。它们被认为是：

> ……有问题的地方，在真正民族社区的乡村或远郊核心地带之外……例如，美国安全人员普遍将 2003 年入驻巴格达的美军仿照以色列建设宗派主义飞地（sectarian enclaves）的做法②，描述为美式风格的"门禁社区"在一个国家的发展。（Graham，2011，p. 124）

因此，军事主义的城市设计师努力建造飞地或殖民区，以抵御外部的威胁。在一个饱受战争蹂躏的国家，很可能需要这种做法。正如格雷厄姆所解释的，问题在于，潜伏的军事主义正渗透到世界各地城市的方方面面，包括那些根本没有必要进行军事主义的城市。因此，全球城市的门禁社区数量正在以惊人的速度增长（Glasze et al.，2006；Bagaeen and Uduku.，2010）。门禁社区的设计者可能声称，他们是在为居民提供社区身份；但这种说法试图掩盖他们正在积极摧毁包容性城市这一事实，是站不住脚的。

人们选择住在这种戒备森严的飞地的原因很复杂，但最近的一项国际对比

---

① 格雷厄姆认为，新军事都市主义包含一套复杂的、快速发展的思想、理想、实践、规范、技术和流行文化场所，通过这些思想、理论、实践、规范、技术和流行文化场所，城市的日常空间、地点和基础设施以及它们的市民人口，现在成为了无限"战斗空间"中的主要目标和威胁。——译者注

② 自 2002 年 6 月起，以色列开始沿 1967 年战争前的以巴边界线修建高 8 米、长约 700 公里的安全隔离墙，尚未全部完工。其目的是将约旦河西岸巴勒斯坦地区与以色列彻底隔离开来，阻止巴激进组织成员渗透到以境内实施袭击。2007 年，为了减少愈演愈烈的教派冲突，驻伊美军在巴格达市中心也修建了一条 3 英里的水泥墙，试图把逊尼派和什叶派分隔开来。该隔离墙主要围绕巴格达一个逊尼派阿拉伯人聚居区阿扎米亚（Azamiyah）修建。阿扎米亚位于底格里斯河东岸，主要居民为逊尼派阿拉伯人。很多居民接受采访的时候表示，面前的隔离墙让自己感觉"简直像是住在被以色列占领的巴勒斯坦领土"。——译者注

迈向包容性城市
地方性创新的故事

研究表明，其主要的驱动因素是人们对安全的需求（Bagaeen and Uduku，2010）。许多门禁社区的居民似乎相信，生活在将他们与外部隔离的社区会使其生活更加安全。恐惧不是唯一的动机。例如，有些人出于对社会地位的渴望而购买或租用门禁社区的房屋。加入富人俱乐部，而不是拥有一块非常昂贵的手表，被视为身份的象征。但是，越来越多的证据表明，正是恐惧导致了自20世纪80年代以来门禁社区的快速增长。

让我们考察一下这个论点。在一个充满敌意的世界里，人们为了自卫而联合起来建立堡垒的想法，有着几千年的历史。它们是一个"无法无天"时代的产物，当时国家无法为公民提供安全保障。在过去，建造有城墙的城镇和村庄是很有意义的。在社区周围建造一堵高墙，并在墙上建造一定数量的大门，为抵御外部入侵提供了屏障。在基本层面上，这种城市形态可以保护居民免受大型野生动物以及武装敌人的伤害。

今天，这样的论点还有什么意义呢？幸运的是，在大多数国家，居民不再受到来自野生动物攻击的威胁。此外，随着文明、民主和法治的发展，在世界的大部分地区，堡垒的存在如同城垛上需要大炮一样是多余的。然而，令人疑惑不安的是，即便在犯罪率低的城市，人们依然痴迷于安全的生存。鲍曼（Bauman，2006）分析了当代生活中的这种功能失调的特征，并认为我们幻想出了"衍生恐惧"（derivative fear）。这可以被认为是一种产生不安全感的思维方式，不管是否真的存在威胁，这种不安全感都会引导人们的行为。那些利用这些毫无根据的恐惧而获利的人——门禁社区的设计师、投资人和建设者们、保安公司等等——并没有放慢煽动人们对犯罪的焦虑，因为恐惧的增加将为依赖恐惧的公司带来更多的利润。

美国的枪支管制游说团体或许可以与此相提并论。全国步枪协会（NRA）继续捍卫所有美国人拥有武器的权利。在法律不健全的早些时候，个人携带枪支进行自我防卫的想法具有合法性。而现在，与其他国家相比，美国的高持枪率已经降低了街道的公共安全，更糟糕的是，降低了学校内的安全感，这一点是毋庸置疑的。门禁社区的增长正在加剧城市的社会隔离（social segregation），而这种趋势，就像持枪人数的增长一样，实际上在危害

130

第 4 章

理解地方和公共政策

公共安全。[1]

塞萨·洛（Setha Low，2003）对"门后"（behind the gates）生活作过详细研究，加深了我们对门禁社区的认识。她提供的证据表明，美国的门禁社区并不比其他郊区安全。在进一步的争论中，她指出，这些隔离区（enclaves）的居民可能会为安全付出更高的代价，事实上，门控可能会把社区打造成一个盗窃活动猖獗的富裕隔离区，创造出一个缺乏社会整合的环境，从而增加居民的风险。

例如，在英国和美国，一些国家的地方当局可以要求开发商为不太富裕的租户提供一定数量的社会保障住房。这类条件旨在促进住房发展中的社会包容，并为低薪资的工人提供住房机会。然而，伦敦市中心和纽约市的高档住宅项目开发商们正在设计开发的一些住房项目，却会导致明显的社会隔离。在这些项目中，较贫困的居民被迫使用被称为"穷人之门"（poor doors）的单独入口，甚至自行车存储空间、垃圾处理设施和邮政投递也被隔离（Osborne，2014）。令人不安的是，我们现在发现，在一些城市，封闭式住宅项目故意为富人和穷人设计不同的大门。这是一种类似于英国维多利亚时代楼上/楼下的区别的做法，当时的楼房在前面设计了专供富人进出的大门，而在后面设有仆人专用的小门。

（二）公共空间被盗

封闭的住宅区就这么多了起来。那么，公共空间的私有化呢？在许多国家，商业利益在城市地方营造中已经占据了主导地位，导致公共领域大规模被侵蚀。这种与我们所居住的空间有关的权力转移，是从公共控制向私人控制转移，它在 20 世纪 50 年代和 60 年代美国的郊区购物中心建设热潮中首次显现。购物中心是对市场或城镇广场的一种私有化替代品，它在过去的 50 年里，不

---

[1] 2012 年，在美国一个封闭小区里，一名黑人少年被残忍杀害，这警示我们注意鲍曼（Zygmunt Bauman）提出的普遍恐惧文化（pervasive culture of fear）效应。特雷沃恩·马丁（Trayvon Martin）是一个 17 岁的美国非洲裔学生，2012 年 2 月 26 日，他赤手空拳地走进了佛罗里达的桑福德（Sanford）的一个封闭小区。乔治·齐美尔曼（George Zimmerman）是当地的一名居民，他向马丁开了枪，少年被杀死。齐美尔曼被指控犯了二级谋杀罪，但是最终被判无罪，因为控诉方没有正当的理由证明齐美尔曼犯有谋杀罪。2013 年 7 月，齐美尔曼被无罪释放，全国上下掀起了一片抗议。

· 131 ·

迈向包容性城市

地方性创新的故事

仅仅在美国而是在很多国家，已经成为一种非常流行的零售业发展模式。

玛格丽特·科恩（Mararet Kohn）对美国私人政府发展的经验进行了精辟分析，展示了公共空间的私有化是如何破坏言论自由机会的。她在书的开头就讲述了一名律师 2003 年在纽约吉尔德兰克的时空之门购物中心（crossgate mall）被捕的故事，原因是他穿了一件印有"给和平一个机会"（give peace a chance）口号的 T 恤衫（Kohn，2004）。这位律师错误地认为，他在购物中心发表政治言论的权利受到美国宪法第一修正案的保护。他的错误在于没有意识到这项权利在私有场所并不受保护。保安人员，以及铐住他并把他从商场带走的警察，都有他们明确的法律依据。[①]

企业接管公共空间不仅仅是一种美国现象。在对当代英国公共领域受到侵蚀的分析中，安娜·明顿（Anna Minton）就曾展示了旨在满足私营部门利益的城市发展模式是如何改变英国城市的：

> 随着 21 世纪的地产企业接管了城市的大部分地区，在过去 10 年里，土地所有权已经发生了巨大转变，从街道、公共场所和公共所有建筑转向创建新的私人地产，主要用于购物和办公大楼……与此同时，对街道的控制权正被交还给地产商，这颠覆了维多利亚时代的民主成就。今天，公众依然还没有对街道销售（selling of the streets）展开辩论……（Minton，2009，pp. 20 - 21）

安娜·明顿的研究细致入微，发人深省。特别是，她的工作有助于我们了解城市恐惧。她指出，目前在世界各地的许多城市中，私营部门控制了发展，旨在创造一个盈利的、安全的环境。然而，这些发展可以为私人带来巨额利

[①] 在美国，法律的讨论主要集中在"什么是公共空间，什么不是公共空间"，一直延续至今天。科恩（Kohn，2004）解释说，在（1972 年）著名的"英国劳埃德仪器公司 vs 美国泰纳公司"的裁决中，最高法院发现，言论自由的权利只扩展到了公共财富活动而不是私人财产上。然而，在接下来的一个裁决中，即普鲁内雅德（Pruneyard）购物中心 vs 罗宾斯（Robbins），最高法院指出，一个购物商城，并不像一个家庭或一个私人俱乐部，商城可以给公众发出邀请，因此它面临一定的规制。这意味着在私人场所的言论自由，虽然不受美国宪法的保护，但是它至少可能受到州立法的保护，如果这个空间是面向公众开放的话。你们可以说，律师有大量工作要去做。

第 4 章

理解地方和公共政策

润，却没有加强城市的安全。

相反，私人公司正在使这个城市成为一个更可怕的地方。这是因为我们将集体和个人的安全责任移交给了它们。结果，我们正朝着一个更专制、更不民主的城市发展。在最近与乔迪·埃克德（Jody Aked）合作开展的研究中，明顿进一步论证了这一观点。她指出，一些善意的努力，比如英国政府支持的"通过设计营造安全"（secured by design）政策，正在营造一个看上去咄咄逼人的高安全性环境。这项研究考察了贫困社区的军事化和学校安装闭路电视，得出了一个令人担忧的结论："研究表明，我们正在创造的物质环境导致信任水平下降和恐惧程度不断上升。"（Minton and Aked，2012，p.17）

此外，明顿对市场创造的环境质量作出了正确的批评：

> 这些地方无处不在，却毫无特别之处，它们没有当地的文化和历史，也没有带来独特性。相反，这些地方非常努力地引进自己的文化和活力，可是这行不通，它们创造了虚假的、主题化的环境，在里面，一切都是受控的而远非计划之外和自发的。（Minton，2009，p.186）

虽然城市发展的这些变化令人担忧，但我对未来并不悲观。这是因为许多城市领导者拒绝了这一私有化城市的概念——他们已经制定了扩大公共领域的城市战略。事实上，正如本书后面提出的各种创新故事所表明的那样，世界上一些最成功的城市正在证明，抵制公共领域的私有化并且创造一种不断可渗透的城市肌理（permeable urban fabric）是完全有可能的。丹麦哥本哈根的创新故事 12 和澳大利亚墨尔本的创新故事 13，不仅说明了如何挑战狭隘的市场主导思维，还阐释了如何扩大公共空间。有趣的是，这些城市的许多人已经意识到，扩大公共领域对企业来说实际上是个好消息。这些先进的城市也在加强公共安全。这是因为它们认识到，最安全的地方往往人口稠密。在精心规划设计的城市里，居民、工人、用户和偶然的过路人都会成为"街道之眼"①（eyes

---

① "街道之眼"源于简·雅各布斯的《美国大城市的死与生》，是指传统街巷有一种自我防卫的机制，邻里（包括孩子）之间也可以通过相互的经常照面来区分熟人和陌生人而获得安全感，而潜在的"要做坏事的人"则会受到来自邻居的目光监督。——译者注

迈向包容性城市
地方性创新的故事

on the street），非正式地对公共领域进行管理（Jacobs，1961；Shaftoe，2008）。在下一章中，我们将对地方性领导力作更详细的描述，它是一些城市没有对人们进行商业盘剥从而不是"像任何地方"的关键原因。

六、结论

50 多年前，激进的思想家、改革家简·雅各布斯对美国自上而下、现代主义的规划和城市政府进行了尖锐的批判。她的分析对于那些关注当今世界城市领导力和城市管理的人来说仍然很有意义。她认为，政治家、设计师、城市管理者等，都太倾向于应用理想化的、现成的、一刀切的城市发展形式。在她看来，这是不对的，因为它忽视了城市生活固有的复杂性和独特性。对她来说，重要的是生活在特定街道和街区的日常经历，以及这些街道和街区的所有特质——人们需要了解城市中的特定地点以及它们运作的方式。

她的书给出了合理的建议，尤其是对地方塑造：

> 追求活力的规划必须改进当地街道社区的连续网络，其用户和非正式的业主可以在与陌生人打交道时，尽最大努力维护城市安全的公共空间，因此，他们在公共场所密切关注的是儿童的有利条件，而不是关注有危险的人物。（Jacobs，1961，p. 421）

在这一章中，我对"地方"的含义作了介绍，并阐述了在公共政策中应重视"地方"的主要原因。讨论主要考虑了地方在城市决策中起作用的三种方式——地方营造、地方营销和地方塑造。为了理清思绪，我对这些不同的术语下了定义。通过借鉴一些创新型城市的实践，结合与全世界不同城市的决策者合作的经验，我认为地方营造可以而且应该在城市领导力中发挥重要作用。与此相反，我对当前的地方营销方法的相关性和实用性提出质疑。最后，我讨论了地方塑造和城市发展战略的作用。我的结论是，这些关键要素对有效的地方性领导力而言都是必不可少的。

贯穿本章的一个重要问题是：我们在谈论谁的地方？我曾建议，捍卫和扩

第 4 章

理解地方和公共政策

大公共领域应成为当今**所有**城市领导者关注的焦点。我已经注意到，坚守公共空间，实际上是出于公共目的，它现在变得越来越困难了，因为非地方性力量在不健康地增长。公民或公共领域受到了经济力量的攻击，这些力量把城市当作一个赚钱的机器。特别令人不安的是，这些力量会衍生出一座不安全、可怕的城市，并且越来越多的人似乎认为，生活在城市的钢筋水泥中，他们就会更加安全。而这并不是一个好兆头。

幸运的是，城市中有很多地方性领导人正在积极规划城市的未来——一个扩大而不是缩小的公共领域。在这一章里，我介绍了本书的第一个创新故事——纽约市的高线故事。它说明，社区活动家如果有想象力、有精力和坚韧性，就能够对城市生活质量产生重大影响。在高线，当地的活动分子创造了一个向所有人开放的美丽的"空中公园"（park in the sky）。在下一章中，我们将更详细地研究地方性领导力的本质，并介绍更多鼓舞人心的创新故事。

（唐琬、马蕊　翻译）

第5章

地方性领导力

不要拟订小计划，它们不会激起人们热情的魔力，而且很可能不会实现。要制定大规划，志向高远，并努力实现它……

——丹尼尔·H. 伯翰（Daniel H. Burnham），芝加哥，1909 年

引自卡尔·史密斯（Carl Smith），《芝加哥规划》

（*The Plan of Chicago*），2006 年

引　言

城市领导力是基于地方的，这意味着行使决策权的人关心生活在特定地方的群体。然而，地方性领导力意味着什么呢？可以将其概念化吗？能否拥有很多地方性领导力呢？在这一章里，我将解答这些疑问。

明智的城市领导力培养公众的地方感。城市领导者维护当地社区对抗非地方性权力，可以激发地方层面的集体行动；若非如此，这种集体行动就不会发生。但是，有必要提醒一点。支持加强地方性权力的论点有可能会偏离正轨。正如之前章节所解释的，门禁社区，即城市内已经私有化的地区，数量正在上涨。有些人可能觉得，这些区域是行使地方性领导力的明证，但这并不是我所倡导的。毫无疑问，这些飞地（enclaves）的居民与其居住的地方密切关联，可是这些社区却是私人空间。这些私人空间旨在排斥他人，因而破坏了公共区域。我所说的地方性领导力，无论是在物理意义上，还是在政治意义上都拓展

第 5 章

地方性领导力

了城市的公共空间。

本章的讨论分为四个主要阶段。第一，我们讨论地方性领导力变化的情境。一些全球可及的强大力量对地方产生了巨大影响。这些变革的驱动力可以很强，但不会使城市领导力丧失作用。将这些驱动力视为影响地方性领导力行使的情境，有助于我们的思考。成功的城市领导者会关注这些力量，就像一个成功的体育教练如何评估对手队伍的优势和劣势一样。第二，我将这种外部力量"塑造"（frame）地方领导力或者说对地方领导力进行限制的方式，用图表形式展示出来。这种方法旨在促进我们对塑造特定地方前景的影响力和权力流的理解。第三，我们跳出地方治理的视域，审视对现代社会领导力本质不断变化的讨论。关于领导力的文献可以提供什么见解呢？在第四个阶段，我将更为详细地解释地方性领导力的构成。我认为，在任何一个特定的地方，城市领导力都可能包含五个领域。在国内外，均存在城市领导者——许多不同类型的人都可以成为成功的城市领导者。而本书中的"创新故事"则说明富有想象力的领导力可以有多种多样的来源。这些领域之间的重叠部分就是进行公共服务创新的沃土。我概述了城市领导力的过程模型，以便读者理解当地领导人如何发挥作用——他们不仅仅在地方采取建设性行动，而且还重塑其运作的情境。讨论也涉及目标驱动的领导力，并思考城市领导者如何摒弃狭隘的思维。

在本章结尾处，我讲述了第二个创新故事，它是关于英国布里斯托 2012 年引进直选市长的治理模式的故事。故事探讨了一个地方的治理安排在制度设计上是如何通过调整来激发城市领导力创新的。

一、将地方性权力情境化

特定城市的领导者并不是在真空环境中进行管理的。城市治理的力量是由各种政治、经济、社会和环境力量所塑造的。在这里，我概述了这些力量。这个讨论中的一个关键主题是地方领导人可以使用的政治空间①是不固定的，其

---

① 政治空间的概念在城市研究和社会地理学中已经很成熟。例如，列斐伏尔（Lefevre，2010）论述了建设大都市区作为政治空间的过程。与考克斯（Cox，1998）一样，他将政治空间界定为政治、经济和社会参与者参与合法集体行动的空间，这是解决现有问题和实现未来的必要行动。我们将在本章的后面部分讨论这种地方性集体行动的形成。

迈向包容性城市

地方性创新的故事

边界可以扩大。在第3章中，我解释了19世纪英格兰省府城市的地方性领导人是如何能够大幅增强地方力量的，伯明翰市长约瑟夫·张伯伦是一个典型例子。正如本书中"创新故事"所表明的那样，自信、有才能的领导人可以利用地方权力来改善当地的生活质量。他们可以与非地方性力量较量，并进一步赋予城市更多的权力。但是如果认为当代世界的地方性权力是不受约束的，则是愚蠢的想法。

我要强调的第一点是，国家情境很重要。一些国家赋予独立选举的地方政府非常高的社会价值，给予了它们实质的自治权，例如瑞典。而在其他国家，例如英国，中央政府已经削弱了地方政府的权力，当地当选的领导者甚至无权按其意愿决定地方税收的水平。[1] 以英文写作的学者的研究在城市发展和城市治理相关文献中已经占据主导地位。这些作者通常将研究重点放在北美及/或欧洲的经验上，对于行使地方权力提出了许多有价值的见解（Ranney，2003；Denters and Rose，2005；Skelcher et al.，2013）。例如，跨大西洋研究已经提高了我们对城市管理体制的理解，转而影响了关于城市治理和城市能力的思考（Stone，1989；Mossberger，2009；Pierre，2011）。然而，关注发达国家只能了解当代世界中城市治理方式的一隅。令人鼓舞的是，欠发达国家中城市治理的学术研究现在在国际范围内也得到了更多的关注（van Dijk，2006；McCarney and Stren，2003；Parnell and Pieterse，2014）。[2]

这些关于城市治理的各种研究引起了人们对地方政府与上级政府之间的制度关系重要性的关注。例如，联邦制政府和中央集权制政府之间存在一些明显的区别。在联邦制政府中，通常是中层政府（州、省级或类似级别）对地方

---

[1] 英国国家权力的极端集权非常困扰我们这些生活在英国的人。撒切尔首相通过《1984年地方税法案》（*Rates Act* 1984），利用权力设定地方选民的地方税收水平。这种集权方法最初被称为"利率上限"（由于当时地方政府可获得的地方税收是一种称为利率的财产税），工党政府尽管曾承诺将其废除，但在1997年到2010年间仍将其保留。2010年当选的联合政府也保留了上限。在各种讲座中，我将过去30年来英格兰地区的权力从地方至中央政府的巨大转移称为"打了类固醇激素的中央集权"。影像资料网址 www.urbananswers.co.uk。

[2] 美国伍德罗·威尔逊国际学者中心（Woodrow Wilson International Centre）在这方面的工作值得赞扬。该中心为促进发展中国家的城市管理做了大量研究和分析工作，并出版了一系列有益的出版物，例如：Ruble et al. 2001；Tulchin et al. 2002；Eyoh and Stren 2007。获得更多信息请访问 www.wilsoncenter.org。

政府负有宪法责任；而在中央集权制政府中，则是中央与地方政府具有直接关系。在许多国家，无论是否是中央集权制政府，地方政府都享有宪法保护。这样可以保护当地的政治制度，免受上级政府不必要的干扰。在其他国家，地方政府存在于中央意志之下，地方领导人甚至将自己视为国家政府工作的地方行政管理人员。

除了宪法和文化的差异之外，丹特斯和罗斯（Denters and Rose, 2005, p. 243）也注意到多层管理越来越重要，这种管理涉及市政当局之间错综复杂的纵向和横向关系模式，这些模式跨越边界，产生了新的经济和政治空间。有时候，这些模式被描述为网络治理（network governance），它是由任何给定国家的社会政治史和地方/中央不断动态变化的关系所塑造的。斯凯奇等人（Skelcher et al., 2013, p. 43）提醒我们："城市有根深蒂固的制度遗产。"这些遗产可能建立规范或期望，而这些规范或期望以相当直接和更微妙的方式限制了地方行为者的政治空间或能动性。

在认识到这些影响重要性的同时，我们应该注意，不要夸大制度遗产的意义。受到当地社会运动和公众压力的推动，城市领导者可以采取新的做法，增加甚至取代现有的规范框架。在某些情况下，如19世纪70年代英国伯明翰的约瑟夫·张伯伦所示范的那样，他们可以抛开与地方政府有关的过往规范。安塞尔·施特劳斯（Anselm Strauss, 1978）认为，社会秩序是"协商而得的秩序"，而协商产物（谅解、协议、规则等）都有时间的限定。从这个角度来看，我们可以推测，任何一个国家的地方/中央关系或制度遗产总是有可能被修改并且可能修改得非常彻底。

（一）关于地方权力截然不同的观点

城市政治学揭示了现代社会中与地方权力有关的两个主要逻辑：经济逻辑和政治逻辑。我们将增加第三个方面的逻辑，但我们先来看看这两个公认的逻辑。汉克·萨维奇和保罗·坎多尔（Hank Savitch and Paul Kantor, 2002）对城市发展驱动力进行了有益的概述，我在此借用他们的分析。经济逻辑主张，即认为城市需要在竞争激烈的市场上进行竞争，必须不惜一切代价促进经济增

· 139 ·

迈向包容性城市
地方性创新的故事

长。蒂布特（Tiebout，1956）在 50 多年前就提出了这个说法，当时，他建议人们和行业应该根据可获得的商品和服务的简单成本收益比来选择地点。基于这样一种"公共选择"的观点，彼得森（Peterson，1981）认为，由于当地资源短缺和维持竞争地位的需要，城市已经开始依赖上级政府和私人投资来生存。在这个分析中，随着世界全球化的进一步发展，城市的依赖性在增加。劳动力和资本是流动的，人们跟随工作、行业选择迁移到更远的地方，因为那里的土地和劳动力成本较低。这种经济逻辑的核心观点是城市必须将自己设想为商业公司，设想为效率最大化的组织，必须努力提高由资本需要决定的经济生产力。

然而，政治逻辑以截然不同的方式来解释城市行为。这种逻辑认为，城市并不是商业公司，而是政治实体，在民主国家是由当选的城市领导者对公民负责。城市具有特定的社会文化价值观、历史、传统和特征。因此，城市领导者应该遵循与其居民的需求和价值观相关的政策和做法，而不是非地方性资本的要求。对采取最适当的政治策略，人们的意见是不同的。例如戴维·哈维（David Harvey，2012，pp. xv – xvi）给出了一个马克思主义分析，认为"传统的城市已经被失控的资本主义发展杀死，这种发展是无休止地需要处理过度积累的资本的受害者，无论社会、环境或政治后果如何，它都会驱动着城市无休止、无节制的增长"。

他认为，必须推翻或替换整个资本主义的永久积累制度。苏珊·费恩斯坦在同意哈维对这个问题大部分的想法的同时，还提出应该有一个"非改革主义的改革"（non-reformist reforms）战略。她认为：

> ……旨在建立更平等社会而进行的转型运动，必须找到一种基于人类动机而不是历史必然性的理由；如果不致力于革命或期待革命，就必须通过政治来实现自己的目标。（Fainstein，2010，p. 19）

在如何创造一个更公平、更繁荣的社会上，政治领域的政党提出了不同的愿景，其中一些似乎是更令人信服的。

为地方性领导力塑造可用空间的第三个逻辑是生态逻辑。正如我在第 1 章

中所解释的那样（见图 1.1），城市领导者必须将关注自然环境置于城市治理方式的核心。温室气体浓度的迅速增加和潜在的灾难性气候后果表明，城市领导者、公共管理者和其他人需要更加重视当前政策和做法的生态足迹。布恩和穆达雷西（Boone and Modarres，2006，pp. 185 – 189）提出了可持续发展的七个途径。他们主张采取预防性做法，而不是盲目地相信所有愿景都会更好。他们的建议与其他人寻求制定更可持续的城市政策和实践方法的建议是相一致的（Girardet，2008；Condon，2010；Parkin，2010；Pearson et al.，2014）。这些作者和许多持有与他们相同价值观的人认识到，市场思维的主导并没有促进人类的进步。蒂姆·杰克逊（Tim Jackson）这样写道：

> 有一种观念认为，在社会灾难中，个人的发展会受到限制。如果我的家人、朋友和社区都陷入困境，那么即使我个人万事顺利，那也并不令人感到安慰。我个人的繁荣发展和我周围人的繁荣发展是交织在一起的。（Jackson，2009，p. 1）

他的书致力于找到一个有望实现的愿景，这个愿景就是人类社会在生态有界限的情境下蓬勃发展的意义所在。

环境的维度在城市政治学以及公共管理方面被严重忽视了，亟须纠正这个局限。有些人可能会认为，生态重要性算不上一个完全不同的视角——他们可能会觉得政治及/或经济驱动因素或好或坏地包括了（或不包括）环境争议。这是对当代社会面临的可持续发展危机本质的误解。如果城市具有生态韧性，"自然"就需要在城市治理中占有一席之地。

二、界定地方权力

上述讨论表明，地方性领导人并不是自由的能动者，能够完全按照自己的选择行事。相反，各种强大的力量塑造了城市领导者的管理情境。这些力量影响了地方性领导力。它们会限制城市领导者在特定地点和特定时刻可以及时完

迈向包容性城市

地方性创新的故事

成的工作。① 图5.1是在任何给定地点塑造地方性治理的力量的简化图。对刚刚讨论的三种力量，我在图表的顶部增加了法律法规和政府政策对地方的限制。

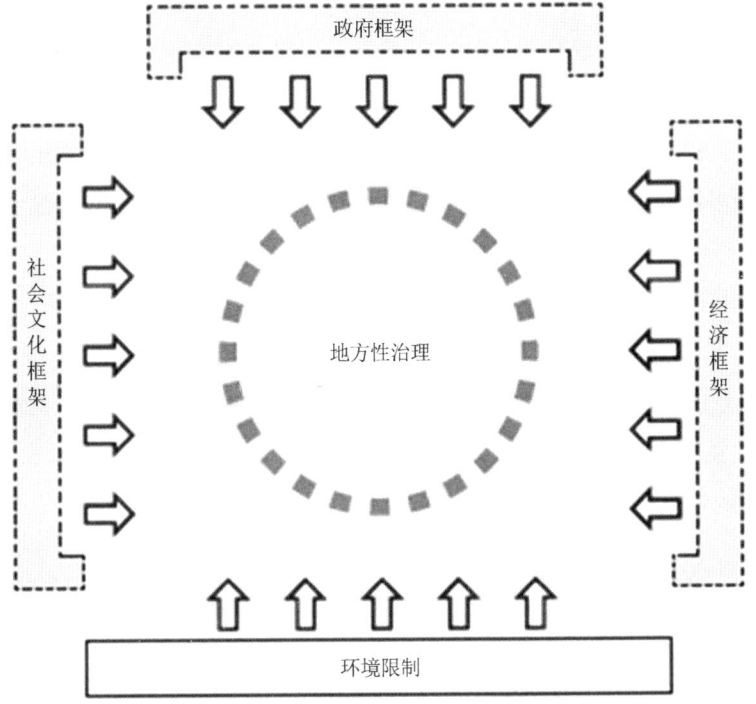

图5.1 地方性治理的政治空间塑造

资料来源：作者自制。

让我们来浏览一下这张图。在图的底部，是不可改变的环境限制。忽视城市是自然生态系统的一部分这一事实是不负责任的，如果没有注意环境的限制，就将为子孙后代留下难以处理的问题。图底部的边框是用实线绘制的，因为与图的其他边框不同，这些环境限制是无法改变的。图的左侧是社会文化力量，包含人（作为行动者）和（人们可能持有的）文化价值观的混合。在任

————————

① 对美国城市市长绩效所作的研究，可以支撑这种观点。比如，费尔曼（Ferman，1985，p.197）讨论过，"……领导力策略在其执行过程中应该如何进行检验"。弗拉纳甘（Flanagan，2004）对9个美国城市市长的绩效进行考察，他强调时机把握（timing）是关键的——城市领导者可以利用的政治空间、结构性力量和代理权之间的关系，是随着时间而变化的。

· 142 ·

第 5 章

地方性领导力

一个城市，我们都会发现有各种各样的声音，其中包括来自活动家、企业、艺术家、企业家、工会会员、宗教组织、社区团体、参与投票的公民、不参与投票的公民、儿童、新来的移民、无政府主义者等的主张。城市人民对他们希望居住的城市类型有不同的看法，在让人们了解他们的想法上具备不同的能力。一些人，也许是很多人，会要求拥有对这个城市的权力。我们可以姑且假设，至少在民主社会中，几乎不重视或完全不重视这些政治压力的当选领导人应该不会在任太久。借用赫希曼的话（Hirschman，1970）来讲，政府会对市民的呼吁不予理会。图表的右侧是横向经济力量，是地方至少一定程度上需要在更广泛的市场上竞争而产生的力量——为了内部投资和吸引人才而竞争。各种研究表明，与新自由主义的教条不同，城市领导者有可能会同企业进行谈判（Savitch and Kantor，2002）。对经济力量影响的认可，包括地方之间的全球竞争增加，并不要求城市领导者成为私人资本纯粹的仆人。例如，一项关于伦敦、纽约、巴黎和东京管理的详细研究发现，"全球力量并没有使地方性政治的地位下降。全球主义和地方治理不是相互排斥的，而是深深地相互交织在一起……重要的区别在于特定的世界城市区域对国际力量进行调解的方式"（Kantor et al.，2012，p. 241）。

如上所述，在图 5.1 的顶部，我们发现，法律和政策框架受到上级政府的影响。在一些国家，政府框架包括了超国家组织规定的法律义务。例如，欧盟成员国的地方当局必须遵守欧盟的法律法规，并重视欧盟的政策指导。各民族国家在其境内决定地方当局的法律地位、财政权力和职能。如前所述，这些关系随着时间的推移需要谈判和再谈判。

很明显，图 5.1 将复杂的现实简化了，这就是概念框架的作用。实际上，塑造地方行动的四组力量并不一定同等重要，一定程度上在任何一个城市的情况都是具有流动性和变化性的。地方能动性的空间随着时间的推移而转移，地方领导人的重点任务是在现有框架力量的情境下，抓住机遇，强化当地的力量。

该图显示，位于中心的地方治理是有很多漏洞的。成功的城市领导者不断从他们所处的环境中学习，以发现新的见解，共同创造新的解决方案，并推动他们的政治目标。值得注意的是，这四个力量并没有在转角处相连，构造出一

个死板僵硬地行使城市领导力的牢笼。相反，整个舞台的边界本身就是具有可塑性的。有想象力的城市领导者根据文化和环境的情况，可能会打破以前存在的政府框架，并扩大地方性权力。我们很快就将回到地方性领导力的主题上，但现在让我们先退一步，考虑一下一般领导力的本质。

三、领导力—— 一种导向

关于领导力的文献有很多，而且数量正在增加。[1] 在重新审视我自己的领导力定义之前，我考虑了四个重叠的观点：

- 领导者的个人素质；
- 领导力和制度设计；
- 领导力任务的本质；
- 领导力的情境。

这里，我们的目的不是对领导力理论进行全面回顾。我们的目的更加聚焦。第一，我们试图找出可以增强我们对**公共领导力**的理解的见解，即为公众而不是私人目的服务的领导力。[2] 第二，我们希望能够从有关领导力的文献中发掘出有助于地方领导力的规范理论。我的意思是提出可以帮助参与城市领导的人做得更好的实践思想。因此，我们对与领导力和地方政治有关的著作特别感兴趣，特别是那些关于领导力与地方之间关系的著作。

（一）领导者的个人素质

我们的第一个主题是考虑领导者的个人素质，这也许是非专业人士对领导力最熟悉的方面。例如，现代大众传媒往往侧重于关注地位较高的公众人物的个人素质。人们普遍认为，这些素质是重要的，毫无疑问，有魅力的领导人可

---

[1] 我发现这些文章都很有帮助：Bungay, 2011；Burns, 1978；Gardner, 1990；Grint, 1997；Heifetz and Linsky, 2002；Keohane, 2010；Parkin, 2010；以及 Pendleton and Furnham, 2012。

[2] 关于公共领导力的文献出现得比较晚，但最近出现了一些有用的文本：布鲁克斯和格林特（Brookes and Grint, 2010），以及乔伊斯（Joyce, 2012）。另外，利德尔（Liddle, 2010）对公共领导力文献进行了有用的评论。

· 144 ·

第 5 章

地方性领导力

以对社会产生重大影响。能鼓舞人心的个人可以对整个社会的前进方向产生重大影响，比如南非的纳尔逊·曼德拉、缅甸的昂山素季。个人素质，如远见、力量、韧性、毅力、能量、创造力、激情、谦卑和判断力，在公共和私营部门都与成功的领导力密切相关。

对有影响力的个人的关注主导了早期对领导力的思考。因此，19 世纪发展起来的"伟人"领导力理论把重点放在了个体领导者的特点上——具备"正确"的性格特质的"英雄"人物，他们的特质和技能是受关注的焦点。在管理研究中，强调发展个人成为有效领导者的能力研究仍然占主导地位。机场书店里卖的都是自助手册，而这些手册宣称能提供实用的建议，有心的读者可以用它们来提高领导能力。[①]

正如琼斯（Jones，1989）所说，从更学术的角度上，我们可以注意到，领导力研究的传记方法或案例研究可以通过审视知名领导人的个人行为，为行使领导力提供有价值的见解。多年来，这种方法已经发展成为一类重要文献，这类文献重点关注借鉴富有感召力的领导者的见解（Adair，2002）。这种传记方法基本已经主导了政治学中关于城市领导力的讨论（Stone，1995；Flanagan，2004）。关于著名的美国城市领导者的学术研究，已经有了关于纽约的罗伯特·摩西市长（Caro，1975）、芝加哥的哈罗德·华盛顿市长（Rivlin，1992）和理查德·达利市长的书籍（Cohen and Taylor，2000）。戴维·西格尔（David Siegel，2014）在他的书中描述了加拿大成功的城市经理的领导力素质，为此类文献做了有益的补充。有趣的是，他的研究并不关注政治领导人；相反，他通过审视五名优秀行政主管官员的领导力特质、技能和行为，使人们关注城市经理的重要领导力作用。

个体在城市领导力中的作用在欧洲受到了重视，诸如对伯明翰市长约瑟夫·张伯伦（Marsh，1994）和伦敦郡议会领导人赫伯特·莫里森（Donaghue and Jones，1973）的研究，都对此进行了讨论。现在的文献还包括越来越多的受人尊敬的城市领导者的传记。伦敦第一任市长肯·利文斯通的自传就是最近

[①] 许多关于领导力的书籍侧重于领导者的个人素质和技能。例如尼科尔森（Nicholson，2013）和泰勒（Taylor，2002）。

的一个例子（Livingstone，2011）。除此之外，还有许多由记者撰写的公共领导人的个人传略，其中一些采取了扩展分析的形式。比如，比辛格（Bissinger，1997）在关于市长艾德·兰德尔（Ed Rendell）1992年至1997年间领导费城的书中，就提供了一个具有高度可读性的关于个人情感和能量的纪实研究。

研究者们对个人素质的关注提出了一个问题：什么是真正重要的品质？这个问题并没有简单的答案，但南内尔·基欧汉在她对领导力的深刻分析中提出，领导者在任何情况下拥有的最有价值的特质是良好的判断能力：

> 判断经常涉及推理；但是判断的核心更多的是一个人的天生反应，而不是智力敏捷或任何可以通过教授传达出来的东西。（Nannerl Keohane，2010，p. 88）

在确定这个特质后，基欧汉没有继续讨论领导人是天生的而不是后天培养的。相反，她讨论了判断能力可以通过经验和反思进行改善、磨炼和提升。她的书中包含了许多如何发展个人领导技能的见解。特别是借鉴了汉娜·阿伦特（Hannah Arendt）关于康德政治哲学的研究，基欧汉认为从根本上讲，领导力涉及想象力的运用和"拓展思维"（enlarged thought）。这种"拓展思维方式"（enlarged mentality）的观念是我在这本书中所说的**新城市领导力**的核心，它要求拓宽你的视野，考虑受到你的判断影响的其他人的观点。

（二）领导力和制度设计

我们的第二个主题源自组织理论。它强调领导力和制度设计之间存在着重要关系。这里讨论的关系是双向的。第一，组织或制度的设计，可以帮助或阻碍领导力的有效行使。第二，组织领导者在塑造组织结构和文化方面起着至关重要的作用。领导力的组织观点最早可追溯到20世纪早期私营企业引进的"科学管理"（Taylor，1911）。这种方法，以大型工厂的生产线管理的泰勒主义和福特主义为典型，强调领导者在制定程序和实践方面的重要作用，以实现

第5章

地方性领导力

对劳动力的控制。按照泰勒的说法，工人无法理解他们在做什么，这就是管理者/领导者必须实施强制服从的原因。机器成为了企业领导和管理的典范，当然，这是领导和管理科层化的"命令与控制"（command and control）形式的全盛时期。

彼得·德鲁克（Peter Drucker，1954）在他的经典著作《管理实践》（*The Practice of Management*）一书中质疑了这一观点。他和其他作者，特别是麦格雷戈（McGregor，1960）在《企业的人性面》（*The Human Side of Enterprise*）中主张的领导形式是提供明确目标，但是为了实现这些目标，要制定自主导向和创新的范围。在更近时期，管理学的畅销书，如《追求卓越》（Peters and Waterman，1982），敦促管理者不再管理而是开始领导他们的组织。伴随着组织内部解放人才的努力，参与战略管理方面的努力日益高涨（Stacey，1993；Joyce，2012）。这里，一个关键的主题就是现代组织领导必须是战略性的。我们在第6章讨论领导力在公共服务创新中的作用时将再讨论这一点。备受尊敬的管理顾问斯蒂芬·邦吉（Stephen Bungay）认为，这种战略性领导包括确定真正重要的事情，传递这一信息，然后给予人们空间和支持去实现它——涉及到从"任务指挥"转向"有导向的机会主义"（directed opportunism）（Bungay，2011，p. 83）。

在许多方面，公共行政领域的思想和实践转变与私营部门的变化是如影随形的。正如第3章所述，20世纪初期，许多西方国家为推进社会公平正义，发展了大量的公共机构，用以提供保健、教育、社会保障、住房、规划等方面的福利。在早期，这些服务"是被提供的"（administered）而不是"被管理的"（managed）。重新设计制度，包括地方政府，以加强领导力和管理的想法是后来才出现的——英国是在20世纪六七十年代出现的。相对新的领导理念不仅借鉴了部门的概念，还借鉴了公共服务专业人员和政策制定者之间的国际交流成果。我们将在第12章中更详细地研究国际交流对地方性领导力的影响。

这里，我们可以注意到，许多国家通过重新设计地方当局的官员和当选的成员结构，不断加强地方政府的领导力。如果以英国为例，我们就可以看到，在20世纪70年代，地方法人规划（local corporate planning）赢得了信誉，而

迈向包容性城市
地方性创新的故事

它的许多想法都是从私营部门引进的，比如目标设定和目标管理（Management by Objectives，MbO）（Stewart，1971）。最高行政官或者说首席行政官（CEO）这一新职位是为领导和管理官员而设立的，并向政治家提供意见。以前，英国地方政府的最高级官员通常被称为镇办事员（town clerk），其主要职责是统筹管理基本上分开的地方政府服务。

在过去十年左右，至少在欧洲是这样，对地方政府制度设计的辩论集中在如何加强当选政治家对行政领导力的运用上（Berg and Rao，2005；Leach，2006；Swianiewicz，2007）。一些欧洲国家，例如德国和意大利，在地方治理体系中引进了直选市长制度。它们相信，这可以加强地方性领导力（Hambleton，2013）。在此背景下，应该指出的是澳大利亚正在积极考虑扩大直接选举市长的治理形式（Sansom，2012）。不过，一位美国重要的城市政治学家克拉伦斯·斯通（Clarence Stone）认为，我们不应该把所有的鸡蛋都放在制度设计的篮子里。他在一篇关于四个美国城市——亚特兰大、波士顿、汉普顿和纽黑文的市长领导力的论文中颇有见地的表示，制度设计很重要，但资源起决定作用："美国市长的经验表明，领导力依赖于非正式的安排而不仅仅是依赖于地方行政机关掌权人所拥有的正式权力。"（Stone，2005，p.180）

英国的经验是很有启发性的。正如第1章所述，在1997年工党政府当选后不久，首相托尼·布莱尔在一次引人注目的改革中写了一本小册子，敦促地方当局制定一个明显可见、外向的社区领导力方式（Blair，1998）。他的基本理论是制度重新设计可以加强改进地方领导方法。工党政府很快通过了立法，伦敦不仅产生了一个新的作为战略权威的直选市长，而且也为所有英国市政委员会形成新的领导力模式提供了机会（Hambleton，1998；Hambleton and Sweeting，2004）。

伦敦改革加强了首都的政治领导力（Sweeting，2002；Travers，2004）。2000年的《地方政府法》（*Local Government Act*）虽然要求大多数英国市政委员会加强政治主管领导，但并未坚持要求引入直接选举市长制度（Copus，2006）。实际上，大多数市政委员会选择设立高级议员内阁来领导地方，但这不是首相的目的。不过，关于英国直选市长的讨论近年来再次出现。2010年选举的英国联合政府提出立法—— 2011年《地方政府法案》，该法案规定英

· 148 ·

第5章

地方性领导力

国较大的城市可以自愿选择直选市长治理模式。我们将在第7章讨论民主化地方治理领导力时，研究直选市长在地方领导力中的作用。创新故事2论述了2012年布里斯托引入的市长治理模式的影响。我们可以看到，在许多国家，不仅是英国，政府正在审视其地方政府安排的设计，以引入改革者认为会加强地方领导力的制度改革。

（三）领导力任务的本质

关于制度设计对公共领导力的影响的讨论，为我们的第三个视角和更深层次的问题做好了准备：领导力任务的本质是什么？伯恩斯（Burns，1978）指出了交易型领导力和变革型领导力两种方法之间的区别。简单地说，传统的模式将领导力定义为领导人（通常被称为"老板"）和追随者（或下属）之间的"交易"。通常，交易是为了通过工作而获得报酬，但是也有其他类型的交易——例如，心理学家指出在社会交换理论中交换的是帮助和情感。变革型领导与交易型领导的本质不同。伯恩斯认为，前者更加复杂且更有力——变革型领导人理解追随者的情感和情绪，寻求通过建立互信关系，而不是交换条件来激发追随者的热情和忠诚。撒斯金等人（Sashkin et al.，2003）在伯恩斯的研究基础上进一步认为，变革型领导人应将自信与赋权他人相结合，应当认识到建立价值观驱动型组织文化的重要性。

这就引出了我要强调的领导力任务的一个关键点：情绪很重要。经过深入分析，霍格特（Hoggett，2009）指出，在大学里，无论是教授政治学还是研究政治学，都很少提到政治认同，更不用说情绪的作用了。同样，领导力理论，特别是有关公共领导力的理论也忽视了领导力的情绪维度。令人欣慰的是，情商最近引起了广泛关注（Goleman et al.，2002），一些学者已经开始研究情感在组织动态中的作用（Iszatt-White，2013）。例如海菲兹和林斯基（Heifetz and Linsky，2002）认为，成功的领导人会推动适应性变革，而这必然会引发抵触情绪，因为这挑战了人们的习惯、信仰和价值观。他们和其他学者一样都建议，领导人需要培养情绪韧性（emotional resilience），以便在遇到个人攻击时，仍然能保持坦然的情绪（Haslam et al.，2011）。情绪的重要性，表

· 149 ·

迈向包容性城市

地方性创新的故事

明领导人需要跟随自己的内心：

> 跟随内心，需要了解自己的价值观、信仰和情绪。然而，在你的职业生涯中，这可能会与保持理性的压力相冲突——也就是"用头脑思考"。但是，当你通过适应性变革来领导人们时，请记住，是他们的内心（而不是他们的头脑）在阻碍他们。（Heifetz et al.，2009，p. 270）

在这种情况下，一些学者认为，女性领导人往往比男性领导人表现出更高的情商水平——而且有很多例子可以证明这一观点。英国一位有影响力的可持续发展活动家萨拉·帕金（Sara Parkin）给出了一个很好的例证，她清楚地表达了公共领导力需要更富有活力的方法（Parkin，2010）。纳尔·基欧汉（Nannerl Keohane）在其关于领导力的书中，针对"性别会带来差异吗？"这个问题撰写了极富见解的一章。她得出的结论认为，证据表明女性的领导方式确实不同于男性——她们更乐于合作，更关心同事和下属，而且也不太关注自己的地位。但是，她强调，不要将某些领导风格定义为"女性化"，而将其他风格定义为"典型男性化"："……这本身是对复杂行为强加的刻板印象，会延续对女性领导人的偏见，而这些偏见在过去一直是她们的障碍。"（Keohane，2010，pp. 152 – 153）她希望今后有更多的女性成为领导人，并且是被视为"领导人"，而不是"女性领导人"。

英国一位备受尊敬的政府最高行政官巴里·奎克（Barry Quirk）表示，领导力的核心任务是评估团队成员和其他人的贡献。他指出，公共服务领导人在自身动力上具有很大的优势：

> 评估贡献可能至关重要，但是，是对什么的贡献呢？大多数管理者会说，"努力实现组织目标"。但是他们错了。人们希望努力实现宏大的目标而不是某个组织的狭小目标。由此可见，公共服务机构与私营部门相比，具有巨大的动力优势。在地方政府，这仍然要更容易些。把从事当地公共服务工作的人员联合起来，这一共同事业就将造福当地社会。（Quirk，2011，p. 138）

第 5 章

地方性领导力

另一位备受尊敬的英国地方政府最高行政官也强调以价值为导向的领导的重要性。马克·罗杰斯（Mark Rogers），在 2013 年至 2014 年间曾担任英国地方行政长官协会（society of local authority chief executives）主席，他鼓励协会理事讲述他们的个人故事，讲讲为什么会关心自己所从事的事情：

> ……我们应该更多地谈谈自己的个人背景，因为我们的领导力是非常个人的行为。最高行政官的角色最基本的特点是拥有很强的判断能力。而他们本质上是主观的。每个人领导市政府的方式都是不同的。（quoted in Wiggins，2013，p. 11）

这两位最高行政官强调了引起社会关注的公共领导力的重要性。在这样的背景下，鼓舞人心的是，最近关于领导力的理论著作开始关注公共领导和公民能力之间的互动。彼得·孙和马克·安德森（Peter Sun and Marc Anderson，2012，p. 317）将公民驱动力（civic drive）定义为："……参与社会问题和看到新的社会机会的欲望和动力。"他们探讨变革型领导力与公民能力之间的关系，认为理解这种动态性对于公共领导人至关重要。但他们也进一步指出，由于社会规范正在发生变化，商界领袖也需要证明他们的公司能够在社会中发挥有责任的企业公民的作用。

这种关于促进型领导力的讨论表明，现代地方政府领导力正关注融合行动能力。没有正式的权威，就更加强调个人风格。这就要求领导人了解他人的感受并提高他们的合作领导技能（Marshall et al.，2011；Forester，2013）。正如苏·高斯和保罗·塔普特（Sue Goss and Paul Tarplett，2010，p. 276）评论的：

> 有些所需的技能很像良好的指导技能；即能够仔细聆听，听出话语的真正内容，理解其语境下的语言，并提出一些抛砖引玉的好问题。

成功的边界管理者们努力建立强大的人际关系，建立信任和互惠关系（Williams，2012）。这种相对较新的合作型领导力风格，给出了三个重要的见解。第一，这种方法认识到领导力存在于群体和社区中，而不仅仅是在个人当

· 151 ·

迈向包容性城市
地方性创新的故事

中。第二，根据要求，不同的人都需要担当领导的角色——领导力具有分散、多层次的特点。第三，正式领导人的角色转而侧重于促进、鼓励和支持他人，意味着要形成情感联系——明确领导人所承诺的价值观，需要带有情感地去谈论大家共同的目标。

（四）领导力的情境

到目前为止，一切进展顺利——领导人很重要，制度设计很重要，任务的本质也很重要。那么，领导力的情境如何呢？在相关著作中有广泛的一致性意见：在一个情境中有效的领导力可能并不适用于另一个情境。纳尔·基欧汉再次给出了独到的见解。她强调，领导人需要在组织内外转变自己的领导方式，使其适用于该环境。

在考虑何种领导力最可能成功这一点上，组织的规模和文化、追随者的期望、组织追求的目标，以及其历史传统都与之密切相关。领导人的一些行为在某些情况下似乎是完全合适的，但在另一种情况下却显得很不合适。（Keohane，2010，p. 10）

由此分析，领导人的成就在很大程度上取决于他们如何应对以及如何影响他们所处的组织环境。这种环境差别很大。例如，我们可以举一个关于管理型领导力非常简单的例子，组织中一级主管的环境与首席执行官经历的情况有很大的不同，这就需要根据不同的背景有不同的领导风格。有时称为情境领导力（situational leadership），在其他时候也称为权变领导力（contingent leadership），这种方法在管理研究领域很流行。例如，赫西（Hersey，1984）认为，领导力风格应该根据下属的"准备水平"（readiness level）进行调整。而巴佳伊和奎格利（Baghai and Quigley，2011）则提出了八类典型的"领导人和追随者"的关系。

在一项对美国市长领导力所作的较有影响力的分析中，耶茨（Yates，1977）根据领导人拥有的政治和财政资源的数量，在政治行动主义的维度上概

第 5 章

地方性领导力

述了领导力风格的分类法。在他的模型中，他将最强类型的市长描述为企业家——有足够的资源对实质性政策问题采取果断行动。相比之下，他的分类法中最弱类型的市长——被称为经纪人——缺乏经济和政治影响力，这限制了他们调解各利益集团冲突的视野。这类研究表明，与一个正在衰退的、对外来投资者似乎没有吸引力的城市相比，一个发展良好的、有大量外来投资的城市，为地方政治领导人的管理提供了一个不一样的环境。这种环境转而对其领导力风格产生影响。前文中提到的图 5.1 就提出了一种思考现代社会中形成地方性领导人的环境力量的方法。

成功的地方领导人，部分是因为他们是基于地方的，具有广泛的法律和政策知识，能够比大多数人更了解当地的地理政治和社会经济背景。在第 1 章中，我提出注意隐性知识的重要性。这个术语是指源自个人和社会经验且不能被编纂的知识。由于其具有难以确定性，往往被政治科学家和城市学者所忽视。然而，关于一个地方的"感觉"的这种知识是很重要的。在第 3 章中，我提到忠诚和公民身份对成功的城市领导力至关重要——这些情绪因地区而异，但可以为城市领导者提供强大的资源。

例如，我住的城市——英国的布里斯托，让人有一种根深蒂固的感觉，我们这些本地市民被认为有些离奇又富有挑战性，有些人甚至会说我们拥有极端思想。部分原因是漫长的公众抗议反抗的历史，部分原因是由于城市的多样性，还有部分原因是因为有强大的艺术团体，这是对当地文化——包括著名的班克西街头艺术在内——的表达。在创新故事 2 中我们看到，弗格森市长在2012 年成为布里斯托第一位直选市长，他对我们所说的社会感受和信仰的软文化景观非常重视。地方性领导力的环境有一个重要的情感层面。虽然与此相关的文献并不多，但贝尔和德夏里特（Bell and de-Shalit，2011）很好地分析了培养城市精神的方法。

关于美国市长领导力的研究记录了向促进型领导力的转变（Svara，1990，1994，2003）。这种转变代表了当选市长对自己所处环境的变化作出的应对。在第 1 章和第 3 章中，我谈到了从城市管理到城市治理的运动（Denters and Rose，2005；Hambleton and Gross，2007）。虽然不是所有城市都存在这种变化模式，但城市领导者积极主动地影响城市其他利益相关者实现共同目标，这一

· 153 ·

迈向包容性城市

地方性创新的故事

想法是大多数当选市长和市议会领导人的首要任务。在公共政策工作中发展形成的合作伙伴关系，对了解自己不熟悉的领域是有帮助的。在对城市官员领导力的一项研究中，斯瓦拉（Svara，1990，p. 87）就认为，促进型市长（facilitative mayor）"通过推动他人努力来实现目标。这一点对市长的定位有很大影响，促进型市长是授权他人来完成任务，而不是寻求个人权力来完成"。

那么我们可以得出结论认为，如果一个城市的"老板"一直是一个人来管理城市，那就是个时代错误。这个想法是由前面提到的老式的命令和控制模式演变而来，设想了由地方当局政治领导人确定市议会服务政策，然后将其强加给政府机构。[①] 而不断变化的城市领导力情境需要的是能够与其他利益攸关方一同努力影响公共和私人机构的决策，以改善当地生活质量的促进型领导人。[②]

评述领导力的四个主题，就像穿越了一个快速扩张和复杂的领域。我们在这里没有空间来评述非西方文化中占主导地位的思想。例如，关于中国领导力的思想与西方是截然不同的。特别是王和齐（Wang and Chee，2011，pp. 106 –111）在他们一本关于中国领导力的优秀著作中指出，中国有一个"高语境"（high-context）文化。[③] 这意味着沟通中贯穿着潜台词——结果，领导人需要有很强的理解能力，才能够明白话语的真正含义而不是表面意思。在不同文化背景下的读者也需要考虑上述四个主题与自身文化背景的相关性。

[①] 在职业生涯早期，我曾在英国几个不同的地方当局任职。20 世纪 70 年代，我的确遇到过一些政治领导人，他们把自己当成是议会的"老板"。很明显，他们独断专制地认为自己最了解自己城市人民的需要。这种观点自然是源于他们的经验，而且在某种程度上解释了第 3 章中我们讨论的家长式领导和管理风格。芝加哥并不是 20 世纪六七十年代唯一一个由这样的"老板"管理的城市（Royko，1971）。

[②] 另外，我们可以注意到，最近的学术研究已经对领导力不断变化的本质有了新的认识。例如，德拉思等人（Drath et al.，2008）讨论了领导力的本体论，并指出现代领导力很可能包含了对话和意识生成，而这种意识生成牵涉到领导者—追随者（leader-follower）概念的转变。孙和安德森（Sun and Anderson，2012）强调变革型领导与公民能力之间的联系，并倡导公共领导力一体化。

[③] 人类学家爱德华·霍尔（Edward Hall）在《无声的语言》（*The Silent Language*）中，根据交流中所传达的意义是来自交流的场合还是语言，将文化分为高语境（high-context）和低语境（low-context）两种，这是一种从感知和交流方面研究文化之间异同的有效方式。高语境是指在语言使用时确认或猜测与对方有共享的认同、知识、经历和背景；低语境则确认或假设与对方有很少或没有共享的背景。——译者注

· 154 ·

第 5 章

地方性领导力

（五）定义领导力

我们如何定义领导力呢？在第 1 章中，我给出了我自己对领导力的定义，在这里简要回顾一下。我的定义借鉴了领导力文献和我在英国和美国的社区、政府及高等教育领域的个人经验："领导力涉及塑造情绪和行为，以实现共同目标。"（Hambleton，2007a，p. 174）[1] 这个定义把情绪放在前面，也强调领导人采取包容性方法来确定集体努力的目标和宗旨的重要性。

这一定义意味着要通过广泛的活动以产生新的见解和新的合作方式。它重视尊重他人的感受和态度以及对合作的坚定承诺。这是富有想象力的，包括风险承担，也包括"能够让自己置身于他人所处的情势中"（Keohane，2010，p. 89）。我对地方性领导力的研究方法受到了这一观点的影响。我想再次强调，在关于领导力和公共服务创新的文献中，人们对"他们的"地方的情感被严重忽视。与霍格特（Hoggett，2009，p. 175）一样，我认为领导力方式需要有一个"充满激情的理由"。然而，恰恰相反，我们的情感从来就没有与理性分道扬镳："我们的情感不仅对我们的思考能力至关重要，而且情感本身就是通往理性之路。"（Hoggett，2009，p. 177）这种情感性参与的想法是我所说的**新城市领导力**的核心。

四、理解地方性领导力

公共、私人和社区/志愿部门中都有城市领导者，他们在许多地域层次上进行管理——从街区到整个子区域，再到更广范围的其他地区。地方性领导力有五个反映不同合法性来源的领域，对其进行区分是有益于我们的：

● **政治领导力**，指的是被公民选为担任领导职务的人的工作。顾名思义，这些人指的是政治领导人。因此，直选市长、所有当选的当地议员和议会议员

---

[1] 我承认领导力是一个具有争议的概念。针对领导人和领导力本质的讨论应该始终考虑到历史进程和社会环境的影响。尽管如此，为达到本书的目的，用少数几个字进行定义是有可取之处的，因为它比较清晰地说明了我是如何使用这一难以明确的术语的。

· 155 ·

迈向包容性城市
地方性创新的故事

都是政治领导人。我已经说过，我们应该承认不同的政治家承担不同的角色和责任，并会以不同的方式来看待他们的政治角色。

●**公共管理/专业领导力，**指由地方、国家中央政府和第三部门组织任命来规划和管理公共服务，促进社区福利的公务员的工作。这些公共管理者为地方治理工作带来专业的管理技能。

●**社区领导力，**指许多用多种方式为当地领导活动付出时间和精力的具有公民意识的人。他们可能是社区活动家、志愿部门领导人、宗教领导人、高等教育领导人等。独立、志愿参与的社区部门对城市领导力的潜在贡献在这个领域是非常重要的。

●**企业领导力，**指的是当地企业领导人和社会企业家所作出的贡献，他们与当地的长期繁荣休戚相关。

●**工会领导力，**是指工会领导人为提高公共、私营和志愿部门组织的雇员工资和工作条件而作出的努力。这些领导人由他们的成员选出并在组织内具有民主合法性。[①]

以上五个领域在培养和鼓励公共服务创新方面都很重要，而且它们有重叠的部分。我把这些领域中重叠的部分称为**创新区域（innovation zones）**——这部分区域提供了许多开展创造性行为的机会——见图5.2。这是因为这些区域汇集了不同的观点，这样可以对现有方法进行积极的思考。异质性是促进创新的关键。城市领导力在创造条件汇聚不同的人群（通常是不会相遇的人）方面起到关键作用，这些人群在进行创造性对话后，开始实现他们的想法。我在图5.2中的圆用虚线表示，以强调城市领导力不同领域之间的联系或潜在联系。

可以说，图5.2中的重叠区域是冲突区域，而不是创新区域。确实，这些区域经常会发生竞争利益和价值观之间的权力斗争。重要的是要认识到，权力分配在这些区域中是不均衡的。

正式的合作伙伴关系——将当地利益相关者联系起来以进一步协作的这种

---

① 城市领导力领域的理念是作者在为奥克兰治理皇家委员会撰写关于领导力的文献中首次提出的（Hambleton，2009）。而这些理念在英国地方当局研究委员会倡议（LARCI）的范围界定报告中，以及作者与乔·霍华德为约瑟夫·朗特里基金会合作撰写的报告中（Hambleton and Howard 2012）得到了进一步发展（Hambleton et al.，2009）。

第5章
地方性领导力

行政安排——是有可能作为创新区域来实现的。但根据我的经验，情况并非如此。最近对公共服务创新的研究表明，在创新过程中重要的是非正式的、开放的个人互动关系（Hambleton and Howard，2012，2013）。如果领导人离开自己的权威"领域"，了解他人的观点和现实，就可以培养这种创造力。这意味着进入了一个区域，在我们的英国荷兰项目中，一位公共服务领导人将其称为不舒适的辩论区（Zone of Uncomfortable Debate，ZOUD）。不同的方法、不同的价值观、不同的优先权在这里产生了冲突。[①]

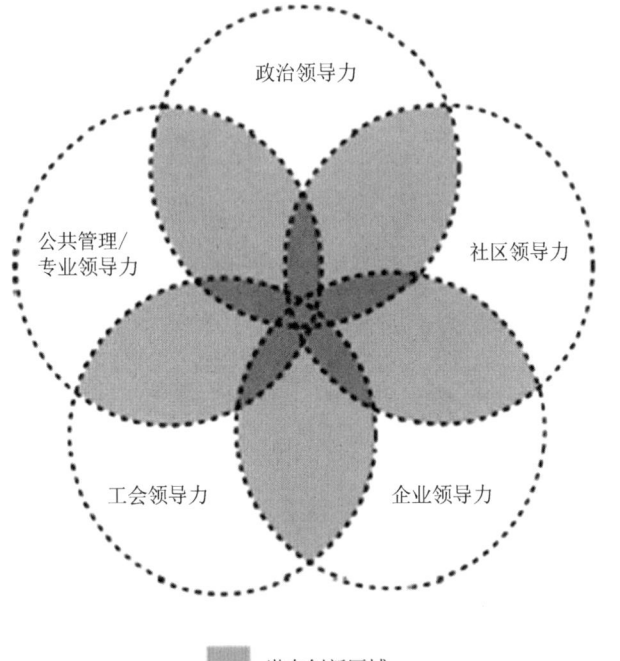

图 5.2　地方性领导力的五个领域

资料来源：作者自制。

[①]　我很感谢地方政府行政长官和高级管理人员协会（SOLACE）的常务董事凯瑟琳·罗塞特（Katherine Rossiter）在我和乔安娜·霍华德共同组织的英荷地方性领导研讨会上提出这一想法。SOLACE 承认这一想法是源自克兰菲尔德管理学院。欲了解更多信息，可以参阅凯瑟琳·贝利（Catherine Bailey）博士关于"ZOUD"的研究，http://www.som.cranfield.ac.uk/som/dinamic-content/media/knowledgeinterchange/topics/20110404/Article.pdf。

迈向包容性城市

地方性创新的故事

图 5.2 的局限在于, 虽然它清楚地表明了城市领导力的领域有相互重叠的部分, 但出现了基本上分开的行动领域。在现实中, 地方性领导力的过程比图中所表示的更具变动性——高效的城市领导者的工作每天都会涉及城市领导力的各个领域。图 5.3 是对图 5.2 的修订。每个领域的形状不是闭合的圆, 而是一个与其他四个领域不可分割的花瓣。只用一条线就勾勒出了城市领导力的各个领域。这旨在表明在为共同目标努力的过程中将城市领导力的各个领域统一起来的重要性。统一行动的这个想法与其他领导力文献的作者 (Baghai and Quigley, 2011) 倡导的 "整体" 行为概念是相呼应的。

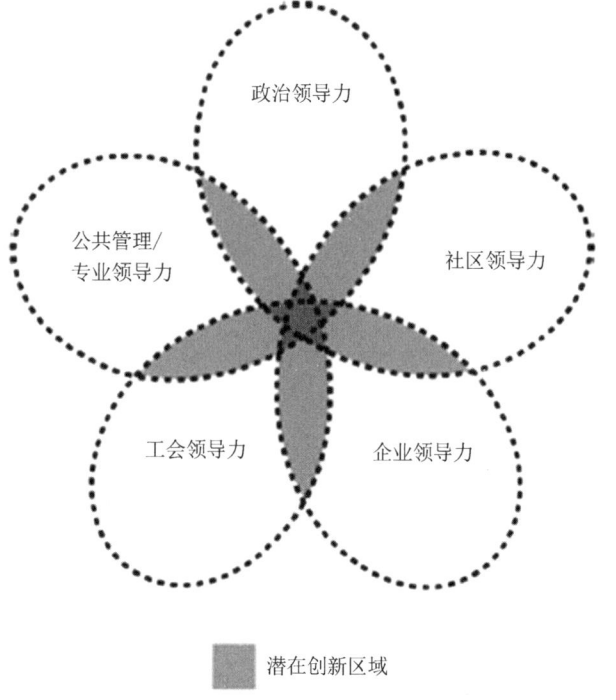

图 5.3 地方性领导力的统一领域

资料来源: 作者自制。

明智的城市领导力是重要的, 有助于确保精心策划创新区域——有时被称为规划的 "软空间" (Illsley et al., 2010) 或 "对话空间" (Oliver and Pitt, 2013, pp. 198 - 199) ——以促进聆听的文化 (culture of listening), 转而又可以推动创新 (Kahane, 2004)。在城市规划领域出现的新想法与我所提出的观

第 5 章

地方性领导力

点有共鸣之处。例如，巴尔杜奇和门蒂兰塔（Balducci and Mantysalo，2013）认为，成功的城市规划应该要创建"交易区"（trading zones），这意味着不同利益相关者不一定要对核心价值观和动机达成共识，也可以交流行动想法。这个交易区的概念与本书中提出创新区域的想法相近。

在这个创新区域或交易区的讨论中，我想强调的一点是，地方性领导力能够影响这些区域里发生的交流质量。确实，这些区域通常也是冲突区域——因为现代城市有许多价值观冲突。领导力的作用是在这些具有建设性和前瞻性的区域内对社会探索过程进行管理。亚当·卡亨（Adam Kahane，2004，p. 129）这样说：

> 我们必须把共同创造当前社会的人聚集在一起，共同创造新的社会。我们必须从照搬和争论转变为反思性和生成性的交流。我们必须摒弃之前封闭的方式而选择一种开放的方式。

总而言之，现代社会的领导力能力被分散化了。如果决策考虑了公共利益，那么它们就将具有合法性，我们的地方治理制度需要尊重并反映出这种多样性。此外，更分权化的方法——无论是在各个地方，还是在每个城市领导力的领域——都可以使非正式领导人参与到部分对话当中（Howard and Lever，2011）。图 5.3 将更加复杂的现实简化了。这并不是为了说明地方权力斗争的动态实际上是如何展现的。五个领域的相对权力因地域而异。而且，随着时间的推移，各领域的影响力也在转变。跨领域的合作也很复杂，当然，在各个领域内都有许多不同的利益。不过，我认为，五个不同领域的概念——和各个不同领域内来自不同合法性资源的领导力——为我们提供了讨论城市领导力的有用方式。

在本章前面的内容中，我解释了各种力量是如何塑造地方性领导力的环境的，并用图 5.1 将其呈现了出来。在解释了地方性领导力的五个领域后，我们就可以在更广泛的环境下定位这五个领域，以此来进一步改进图 5.1 呈现的效果（见图 5.4）。

· 159 ·

迈向包容性城市

地方性创新的故事

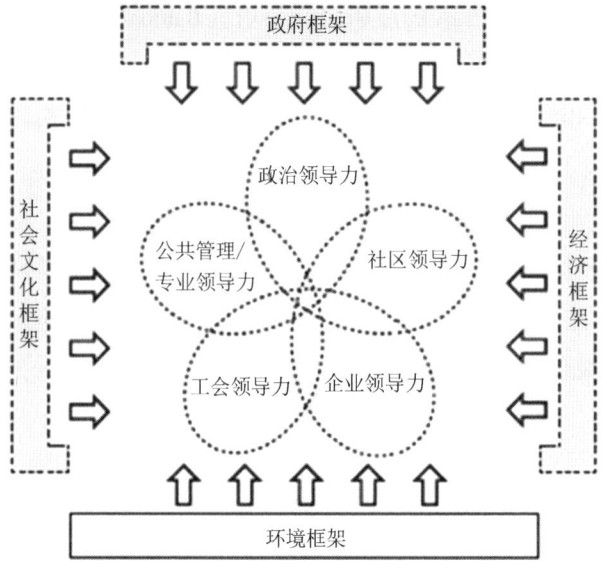

图 5.4　具体情境下的地方性领导力

资料来源：作者自制。

斯凯彻等人（Skelcher et al.，2013，p. 24）为治理转型的分析建立了一个有趣的框架，即一种流程图。他们在模型中确定了塑造当地行动者能动性的两种力量：观念环境和制度遗产。他们认为，除了有独创性的个体或团体之外，治理变革还受到两个因素影响——行动者共同体中的重要思想（big idea）（观念环境）和政府机构固有的规范逻辑（制度遗产）。这个模型特别的一点就是展示了初期的实践是如何反过来影响观念环境和制度遗产的。

我自己的模型与他们的方法是一致的（见图 5.5）。主要的区别是，我认为塑造当地行动空间的力量有四种，并不止两种。我的分析表明，环境限制是很重要的影响因素；我也试图呈现出地方变革中政治和经济驱动力之间的冲突，而不是把它们一并归为观念驱动力。图 5.5 的优势在于强调了地方性领导力的变动可能性。在结束地方性领导力的讨论之前，我们关注一下两个重要问题——地方性领导力的目的，以及地方性领导力摒弃本位主义①（parochial-

---

① 本位主义（parochialism）是指在处理单位与部门、整体与部分之间的关系时只顾自己，而不顾整体利益，对别部、别地、别人漠不关心。——译者注

第 5 章

地方性领导力

ism）的必要性。在这里，我们简要提及一下这两个问题，在随后的章节中我们还会再作讨论。

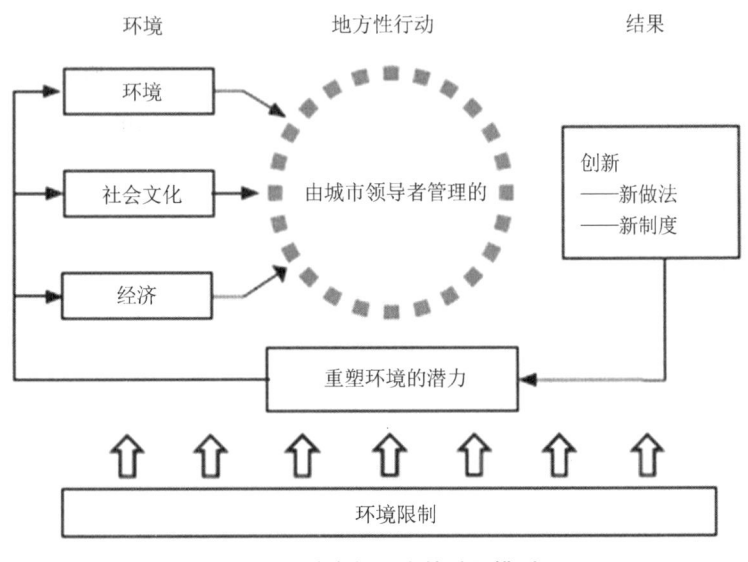

图 5.5　城市领导力的过程模型

资料来源：作者自制。

（一）目标驱动型地方领导力

领导力与目标密不可分。斯通（Stone，1995）研究了现代城市政治，认为无目的的互动是不需要领导力的。相比之下，如果在包容性的过程中出现了一个很有吸引力的愿景，然后它由一位领导者或领导者们阐明，结果就可能是鼓舞人心的。明确表达目的（或使命），可以提供形成的经验①（formative experience），塑造团体成员的身份，阐明共同的价值观和抱负。在 20 世纪 90 年代中期，我和史蒂夫·布洛克爵士（Sir Steve Bullock）——现任伦敦刘易舍姆区直选市长，曾共同受英国地方政府的委托，制定关于地方政治领导力的全国性指导意见（Hambleton and Bullock，1996）。在进行该项研究时，我们询问了英国地方政府的领导人物，请教他们认为成功的地方政治领导力包含哪些方

———————

① 弗洛伊德认为，形成的经验（formative experience）和投射的经验（projected experience）是个体心理发展的主题。——译者注

· 161 ·

面。图5.6总结了他们回答中所呈现的良好领导力的指标。

这里，我并不认为图5.6中列出的指标是全面的或者适用于所有的情况，而是认为这些指标可以成为地方政府领导力的抱负，并激发新思维。在第1章中我介绍了包容性城市的概念。在任何特定的城市，对于这一概念的阐述都可以作为讨论城市领导力目标的开始；但这并不是城市领导力的秘诀，而只是一种提示。

清晰表述地区愿景

　　制定该地区未来的发展规划以及战略方针。听取当地人民的心声，提出倡议。

提升地区质量（素质）

　　建立城市自豪感，提升当地的福利，以及吸引外来投资。

获取资源

　　获取上级政府的权力和资金，将从各种渠道获取的收入最大化。

发展合作关系

　　成功领导力的特点是具有各种外部和内部伙伴关系，共同致力于当地社区的需求。

解决复杂的社会问题

　　地方政府的本质日益碎片化，特定地区的活跃服务提供者数量日益增加，意味着跨边界的复杂问题，或利益关系之间出现的复杂问题都需要由领导力来处理解决。这种领导力要具有大局观，并可以组织联合恰当的机构来处理特定的问题。

维护支持力和凝聚力

　　如果领导力要保持权威，那么管理不同的利益，组织人员共同协作是至关重要的。

图5.6　优秀地方政治领导力的指标

资料来源：Adapted from Hambleton, R. and Bullock, S. (1996), *Revitalising Local Democracy—The Leadership Options.* London：Local Government Management Board。

（二）超越本位主义

早在1975年，美国参议院议员马克·哈特菲尔德（Mark Hatfield）（俄勒冈州共和党人）主张在美国引入社区政府立法——1975年的"社区政府法"。他的目的就是将税款大量从上级政府转移到社区政府。该立法没有取得任何效果，但它向我们提出了警示。此法旨在以低收入地区为代价，使富裕的社区更加富裕。在提倡地方性领导力在城市治理方面发挥更大作用时，我并不希望推

第 5 章

地方性领导力

崇这种自私、狭隘的行为。相反，与乔治·弗雷德里克森（George Frederick-son，2005）一样，我建议地方性领导人应该以"适应性本能"（instincts of appropriateness）和正确公平原则作为指导。地方性领导人需要有能力抓住治理的伦理目标，同时也控制领导角色中固有的不确定性和复杂性。

弗雷德里克森了解促进型领导力在现代城市中是重要的，同时，他坚持认为领导者应超越城市边界的地域限制：

> 虽然他们在管辖区工作有优势，但是领导者在实践……治理中看到的是自己所处的大的社会、经济和政治背景……要服务好城市，领导人还必须超越城市本身。（Frederickson，2005，p.6）

因此，城市领导者必须有能力建立起强大的基层关系，及其横向和纵向关系。地方性领导人需要放眼大局，同时也要与同城人民保持联系，赋予他们行动的权力。

在这种情形下，很有必要参考发生过冲突，甚至是暴力冲突的社区的工作人员经验。卡亨（Kahane，2004）对如何制定一种更加人性化的、而不仅仅是越来越聪明的开放方式——即使在高度冲突局势下也是如此，提供了许多宝贵的见解。不幸的是，世界各地都有高度冲突的情势。这里，我要提一下为爱尔兰岛实现和平所作的努力。爱尔兰国际基金会（the international fund for ireland）对和平进程作出了巨大贡献。帕迪·哈特（Paddy Harte）担任爱尔兰国际基金会顾问长达20多年，他强调了支持那些超越冲突语言的社区领导人的重要性：

> 根据我的经验，对自己社区充满热情的人总会成为点燃社区精神的火花，他们是经济和社会复兴非常宝贵的组成部分。支持这些极具价值的人是至关重要的……我曾与一些卓越的社区领导者们合作过，没有他们，就不会出现任何真正的变化。（Harte，2013，p.17）

· 163 ·

哈特表示，社区领导力建设在把权力从准军事组织中移除、发展地方性行动、联合社区方面发挥着至关重要的作用。在爱尔兰岛，特别是在南北边界地区，我们发现有越来越多的富有感召力的社区领导者，他们的实践表明，在处理公共事务方面，超越狭隘的自身利益是有可能的。

五、直选市长能发挥作用吗？

组织一个城市的政治领导力有各种不同的方式，我们将会在第7章中讨论城市治理的主要制度形式。这里，我想介绍一下本书的第二个创新故事，以此来说明重新设计政府安排将如何对城市领导力的本质产生重大影响。直选市长在许多国家都是普遍存在的，但在英国政治中仍然是一种比较新的现象。英国在2000年才引入立法让地方当局采用直选市长（Directly Elected Mayors，DEMs）的治理方式，到2012年，只有16个地方当局决定引入直选市长的治理模式，只占有权采用这一模式的地方政府的3%。

2010年5月成立的英国联合政府开始鼓励英国的大城市引入直选市长的模式，其认为，这一举措将会加强城市领导力。我们将在第7章中再来思考支持及反对直选市长的观点。在此意义上，可以说，2011年的《地方主义法案》（the Localism Act 2011）要求英国的12大城市，除了已经有直选市长的伦敦以外，举行公投决定是否采用直选市长的模式。其中，利物浦和索尔福德两座城市决定根据现行法例来竞选市长。这意味着其他10座城市的公民在2012年5月参加了全民公投。

9座城市拒绝采用这一模式，唯有布里斯托市决定采用这一模式。事实上，2012年，人们在布里斯托见证了两项有关城市领导的惊人发展。第一项，在5月份的全民公投中，布里斯托逆流而进，投票赞成直选市长来领导城市。第二项是在15位候选人之间进行了激烈的竞争之后，独立竞选人①乔治·弗格森（George Ferguson）于2012年11月当选为布里斯托市市长。布里斯托再

---

① "独立竞选人"一说，源自西方选举制度，就是不代表任何党派参选的候选人。——译者注

第 5 章

地方性领导力

次逆流而进。政党政治在英国地方政府中根深蒂固，而一个无党派人士，即不依附于任何政党的政治家，能够在全市竞选中脱颖而出，各大媒体都竞相报道。

弗格森市长从一开始就表示，他希望布里斯托市被看作一个愿意尝试新理念的地方。创新故事 2 描述了布里斯托市引入直选市长的治理形式，反思了弗格森市长在任职第一年期间所采取的领导力风格。

-------- ● 创新故事 2 ● --------

独立的城市领导力：布里斯托的市长制治理

1. 目标

2012 年 5 月，布里斯托市民在公投中决定将直选市长的治理形式引入城市。新市长的选举在当年 11 月进行，令许多评论员惊讶的是，当选者是一名无党派人士，即没有任何政党或政治组织支持的独立竞选人。乔治·弗格森是一名建筑师和城市规划专家，曾在该市进行过成功的城市再生项目。他于 2012 年 11 月 19 日在一个特别的地方宣誓就职，这个地方就是靠近城市主要火车站的历史建筑——布鲁内尔老火车站。

这个创新故事讲述了将一种全新的城市治理模式引入英国城市的过程，并对弗格森市长上任第一年的一些早期变化进行了报道。市长制治理模式的提倡者称，拥有直选市长的城市能从中受益，因为市长制领导力可以把强有力的、外向型的领导力与明确的问责制相结合。布里斯托市民在公投中的投票率的确很低（24%），但他们认为需要改变城市治理的制度形式。该市迎来了地方政治领导力的新时代。在 2016 年 5 月的新市长选举之前，弗格森市长会一直担任市长一职。他从一开始就表示，希望看到布里斯托市成为"城市创新的试验台"。

2. 创新故事概要

在市长选举前进行的调查显示，城市的利益相关者对直选市长治理模式

· 165 ·

迈向包容性城市
地方性创新的故事

是否会带来改变的看法存在着巨大差异。[①]在这项调查中，我们了解了议员、在公共机构工作的专业人士（包括地方当局），以及社区和商业部门的城市领导者的看法。当被问及"是否认同直选市长将改善城市的领导力这一看法？"时，议员们很悲观，只有28%的人赞同这个观点。相比之下，超过70%的公共专业人士和社区/商业部门领导者都认同这种观点。这项调查提供了一个有用的态度基准，还显示了受访者认为新一届政府应该优先考虑的事务有哪些。

严重的预算危机是新的城市领导者面临的首要挑战。弗格森市长上任仅几周后，就必须要完成2013—2014年度的城市预算。在就职典礼前的周末，《布里斯托邮报》（*Bristol Post*）的头版标题是"火的洗礼，新市长必须在六周后完成削减2500万英镑的预算"（2012年11月17日）。实际上，情况远比这糟糕。在弗格森市长弄清楚财务细节后，他发现中央政府要求他削减的是3500万英镑的开支。这相当于在一年内削减了超过10%的城市收入预算。

这些大幅开支削减是英国中央政府国家开支削减计划的一部分，并不是市长的作为。在2013年11月22日的一次演讲中，弗格森市长说："我喜欢挑战，但我更喜欢预算较小的挑战！"市长创立了小型的跨党派团体来审查预算方案。在几周时间内，这种方法产生了许多关于如何应对预算危机的创造性想法。削减开支是痛苦的，但弗格森市长采取了一种便利的方式，并利用许多有经验的议员的知识和技能来减少开支。

当然，新市长刚上任不久，判定市长制治理模式能否成功还为时过早。但弗格森市长已经采取了一系列措施，为城市治理制定新的基调。例如，

[①] 作者代表两所大学（布里斯托市的西英格兰大学和布里斯托大学）参与主持了一项研究——布里斯托城市领导力项目——旨在研究市长制治理模式对城市的影响，并为城市领导者提供建议。该研究的第一份报告记录了各种受访者对该市长治理前景的看法（Hambleton et al., 2013）。调查工作是在2012年11月的市长选举之前进行的，因此该研究描述了城市治理模式发生变化之前的态度。进一步的研究正在进行，以发现人们对该模式的希望和担忧是否合理。在此前的一项研究中，我们研究了在建议采取直选市长之前布里斯托城市领导的表现（Hambleton and Howard, 2013）。

第 5 章

地方性领导力

布里斯托市的市政办公楼自建成以来一直被叫作"议会大厦"。但是在弗格森市长上任的第一天，他就把大楼的名字改成了市政厅。他的意图是要表明，议会大厦应该被视为一个公共场所、城市的一种资源——而不是"为议会专门建造的建筑"。毫无疑问，这座城市现在拥有了更加明显的领导力。2012 年，在市长直接选举之前，只有 24% 的市民认为布里斯托市有明显的领导力。而在竞选结束一年左右，这个数字激增到了惊人的 69%。[①]

弗格森市长认为，市长的角色与议会主席（前市长时代的最高级政治家）的角色非常不同。他认为，作为市长，他是这个地方的领导人，而不是地方当局的领导人。"我的领导与议会所做的事无关，而是与布里斯托市的变化、对城市的感觉有关。心情的变化是最重要的。"[②]他对城市公共空间的使用有着创新的想法。例如，在 2013 年的夏天，他迅速实施了一项叫做"特别星期天"（make sundays special）的计划。通过借鉴其他国家城市的成功经验——例如法国波尔多——他决定在 6 月到 10 月期间，在 5 个周日里"解放"市中心的"街道"。在这些天里，中央区域不允许车辆过往，社区团体、活动领袖、艺术家和街头表演者将接管公共空间。这一举措在当地居民和儿童中很受欢迎，并计划在未来继续予以实施。

2013 年 6 月，因为在创建低碳城市方面所取得的进展，以及在公共交通和节能方面的重大投资计划，布里斯托市获得了"2015 欧洲绿色之都奖"（European Green Capital，2015）。弗格森市长是第一个赞扬前任市长们多年来在环境问题上所作的贡献的人。不过，他本人也非常积极地创建了一个人居友好型的生态城市。

弗格森市长选择将他的薪水换成布里斯托镑，这是一种与英镑一同使用的本地货币。2012 年 9 月，布里斯托镑开始在城市地区发行，旨在鼓励较短的供应链，以减少对矿物燃料的依赖，并致力于在社区和当地企业之间建立更好的联系，这样就可以循环利用当地的财富。数百名独立的布里斯托商人现在都接受了这种货币。

---

① 这些数字来源于 2012 年 9 月（658 名受访者）和 2014 年 1 月（648 名受访者）对布里斯托市民进行的分层民意调查，是布里斯托城市领导力项目的一部分。

② 该句以及之后的对弗格森市长的引述均来自作者 2013 年 4 月 23 日进行的个人访谈。

迈向包容性城市
地方性创新的故事

当被问到他的领导力风格时，弗格森市长说："我是通过鼓励和启发来领导的。我认为如果你对待事情持乐观态度，人们就会真的去做。不过有些人却不会。但当你看着那些给我带来困难的人时，奇怪的是其中存在某种政治目的。"提到直接选举的不同之处，他直率地说："由全体选民投票选举，让我做事的权力产生了巨大的不同。它也给了我做出改变的勇气，否则，这将很难做到。"

3. 领导力经验

• 中央政府可以引入立法，使各个城市能够选择自己的城市治理形式。可以通过这种灵活性来激励试验不同的做事方法，而这些方法反过来又可以与其他地方共享。

• 直选市长的治理形式使领导力角色具备了很高的可见性。毫无疑问，与布里斯托市的前几任领导人相比，弗格森市长的公众形象更引人注目。这种声望部分源于直接选举的过程（包括 20 多场公开辩论和媒体的正面报道），还有部分原因是市长的开放领导方式。例如他广泛使用推特（Twitter）与公众沟通，经常在城市中散步。弗格森市长尽管工作繁重，但会尽量把回应媒体摆在首要位置，因此他在城里家喻户晓。

• 直选市长的治理模式增强了城市政治领导人的合法性。这种合法性来自选举过程的本质（市民选择这个特定的人成为城市领导者），也来源于相关的透明数据。我们可以注意到，尽管投票率相对较低，只有 28%，但弗格森市长获得的个人选票比大多数国会议员都多。例如弗格森市长的票数为37353 票，实际票数要比首相戴维·卡梅伦在保守党的安全选区威特尼获得的票数还要多。

• 直选市长的治理模式似乎加强了地方性领导力，因为被选举的人直接由城市的市民授予权力，而不是通过某种间接过程。2012 年，弗格森市长在他教科书般的竞选活动中，提出的口号是"布里斯托优先"（Bristol 1st）。他不断强调，自己会对整个城市的人们负责，而不是只对市政厅的议员这一特定群体负责。

第 5 章

地方性领导力

● 直选市长有可能坚定地致力于提升议员在城市治理中的作用，其中之一就是加强城市的社区治理。弗格森市长迫切希望发挥社区伙伴关系在城市中的作用，重要原因是他认为更多的人应该直接参与到地方治理中去。

资料来源：

Hambleton, R, Howard, J, 2013, Place-based Leadership and Public Service Innovation, *Local Government Studies*, 39, 1, 47 – 70.

Hambleton, R, Howard, J, Marsh, A, Sweeting, D, 2013, The Prospects for Mayoral Governance in Bristol, The Bristol Civic Leadership Project. March. University of the West of England, Bristol：Bristol, http：//bristolcivicleadership. net.

Hambleton, R, Sweeting, D, 2014, *Innovation in Urban Political Leadership：Reflections on the Introduction of a Directly Elected Mayor in Bristol*, UK, Public Money and Management 34, September, 315 – 322.

For City Council Activities, http：//www. bristol. gov. uk.

For the Bristol Pound, http：//www. bristolpound. org.

For Bristol Civic Leadership Project, http：//bristolcivicleadership. net.

六、结论

丹尼尔·伯纳姆（Daniel Burnham）是美国有影响力的建筑师、城市规划师，他最有名的作品可能是与爱德华·班尼特（Edward Bennett）一起合作的、在 1990 年发表的颇具想象力的《芝加哥规划》（*Plan of Chicago*）。无论以什么标准来衡量，这个规划都是令人震惊的，它对芝加哥的发展产生了重大影响。伯纳姆富有想象力的规划和城市领导力方法已经影响了美国甚至其他国家的几代城市规划者。本章开篇关于伯纳姆的引言就出自他的朋友兼传记作家查尔斯·摩尔之手，总结了他对地方性领导力的雄心壮志："不要拟订小计划。"伯纳姆当然是有远见的，但如果说他是一个"单打独斗"来指挥城市地区的英雄般的领导者，那就完全错了。史密斯（Smith, 2006, p.71）提到的细

· 169 ·

迈向包容性城市
地方性创新的故事

节令人印象深刻："……制定《规划》是一项非常复杂的任务，这需要很多人的努力。"

在本章我提出强大的力量塑造了地方性领导力发挥作用的情境。在全球化的公司和中央政府中，有影响力的非地方性领导人可能根本不关心生活在特定地区中的特定群体的生活质量。而地方性领导人面临的一个关键挑战是，了解如何利用他们的地方性权力与非地方性组织进行谈判，以实现理想的结果，并增强地方民主力量。这里提出的分析表明，地方性领导力可以根据情境的不同，努力扩大当地社区的政治空间。

这一章介绍了领导力理论，并利用这些文献和世界各地创新城市的实践，提出了将地方性领导力概念化的方法。这种方法假定在任何特定地方都存在五个重叠的领导力领域：政治、管理/专业、商业、社区和工会。这些领域之间的重叠区域可以理解为创新区域——为具有不同背景、经历和知识的人提供学习和交流的机会。城市之间存在着冲突，并且在许多环境中，不同利益之间也存在着争议和摩擦。由此可见，潜在的创新区很容易成为冲突区。成功的城市领导者为当地的会话定下基调，并精心策划社会探索的共享过程。他们可以把冲突地区变成创新区。

在第3章我提到了从管理到治理的转变，并对新公共管理（NPM）作出了评论。我建议应该摒弃新公共管理，转而支持另一种观点——新城市领导力（NCL）。这种领导力方式涉及重塑国家与市民社会之间的界限，并要求我们重新定义公共领导力的本质。在创新故事2中提到的关于布里斯托市长制治理模式的例子就是我的想法。在一个全球化的世界里，非地方性领导人被赋予了太多的权力，改革者需要推动当地社区的集体力量来塑造公共政策的结果。在这一章我试着概述了新城市领导力的主要组成部分——公共政策制定和社区赋权的地方性方法。

（滕飞　翻译）

第6章

领先的公共服务创新

我们需要把即兴创作添加到管理技能清单中，这是一种关于调整和灵活适应的艺术，是在不断的尝试和错误中学习的艺术，是即兴反应的艺术，也是随时随地发现新事物的艺术。

——弗兰克·J. 巴雷特（Frank J. Barrett），

《应对乱象》（*Yes to the Mess*），2012 年

引　言

弗兰克·巴雷特是一位卓有成就的爵士音乐家，也是管理学和公共政策学教授。在最近的一本书中，他在爵士乐即兴创作（improvisation）和组织创新（organisational innovation）两个领域之间展开了有趣的对话。他的思维方式提供了很多宝贵的见解，我们将在本章借鉴他的分析。早期，他认为：

当人类向世界开放时，他们就处于最佳状态，能够注意到需要的东西，并具备在此刻作出有意义反应的技能。即兴创作就源于对所处情境的接受，因此第一步是接受现状。（Barrett，2012，p. xii）

当时我们还不知道，巴雷特的分析与发现同乔·霍华德和我（Hambleton and Howard，2012）当时正在进行的英国—荷兰公共服务创新领导力研究的发

· 171 ·

迈向包容性城市
地方性创新的故事

现是相一致的。我们与三个创新城市的行动/研究合作，指出了城市领导者的关键角色之一是创造一种文化。这种文化重视和鼓励风险承担和开展实验。这与巴雷特认为领导人需要鼓励人们尝试新事物的观点是一致的，结果很可能是意想不到的，也可能是"出乎意料的"，其中也包括错误。这并不是大多数国家公共服务组织的主流文化。相反，在很多时候，那些在公共官僚机构中得到提拔的人是那些能够"让人放心"的人。那些从不冒险获得回报的人，虽然他们的保守行为导致不断错失机会，但很少受到惩罚。

在稳定的时期谨慎行事，总是采取谨慎的路线，是可以接受的。这里稍微调一下、那里稍微整一点，这里多一点、那里少一点，这样做就可能使组织得以生存，在某些情况下，还可能运行得不错。但是，正如唐纳德·施恩（Donald Schon，1971）在他《超越稳态》（*Beyond the Stable State*）一书中解释的那样，我们并没有生活在稳定的时代。他认为，我们正在经历前所未有的加速变化，之后的很多著作都强调了这一论点。他的核心结论是："我们需要建立制度结构、认知方式以及道德规范，以适应变化本身。"（Schon，1971，p. 11）稍后，我们将回到唐纳德·施恩的观点。

本章的开篇为扩大公共服务创新领域提供了一个方向，并强调了地方性创新的重要性。创新领域的作者们似乎常常忽视地方政治是社会创新的关键驱动力之一。这或许是因为，与公共服务创新有关的主流话语，即使是现在，也倾向于被管理和/或技术手段所主导。太多的智囊团，以及它们在媒体中渴望有新闻价值的申诉和反申诉的追随者们，都把创新看作一种技术手段。本章将试图更正上述观点：虽然科学家和技术专家对社会进步作出了重要贡献，但根本的公共服务创新更有可能是由在特定地方工作并解决特殊问题的人群所推动的。用某位绿色环保积极分子的话说——大胆的创新很可能源于当地团体的"只是做了点事情而已"（just doing stuff）（Hopkins，2013）。

这一章包含了四个创新故事，展示了地方领导人如何实现地方性创新，以推进社会包容事业。类似的故事有成千上万，本章中这些故事，可以说是（我第1章中已经概述的）创建包容性城市的不同方法的先驱者。创新故事3讲述了芝加哥市长戴利推出一个三位数的电话号码——311，目前仍在美国使用，打通这一号码能在几秒钟内获得即时的公共服务。这个故事展示了在先进

第 6 章

领先的公共服务创新

的信息技术帮助下，专业、受过良好教育的员工如何极大地提高市民对公共服务的可及性。

接下来的两个创新故事概述了两个地方当局帮助家庭克服社会和经济困难的经历，开拓了全新的局面。英国的斯温登家庭生活项目（the swindon family LIFE programme）是一个富有想象力的倡议，旨在共同创造一种新方法来解决家庭所面临的各种困难。创新故事 4 讲述了一系列公共服务提供者与家庭共同开创新局面，其着重点并不是公共服务传统的关注点——家庭需求，而是通过重塑思维与实践方式来帮助处于慢性危机中的家庭。[1] 创新故事 5 描述了在荷兰城市恩斯赫德开展的社会全科医生项目（social GP programme）。这个故事概述了一种应对区域剥夺的新方法的发展过程，记录了在战略层面上共享治理的有趣结合，以及在服务供给第一线进行的大胆创新。

在第 2 章我指出那些关心创建包容性城市的人们所面临的挑战性问题，大多都出现在发展中国家迅速发展的城市。创新故事 6 概述了位于南非开普敦市附近的朗拉格首创的非正式定居点措施。在朗拉格，提高生活质量的努力已经引起了当地、国家和国际社会的关注——尤其是因为它们采用了创造性方法进行共同生产，促进社会包容。

这些创新故事为讨论领导有效的地方性社会创新，以建立更加包容的城市的主题与挑战铺平了道路。在创新故事中闪现出来的新论点是，有效的公共服务创新包含新兴领导方式的发展和担任领导者的新方式。

一、公共服务创新—— 一个方向

正如第 1 章所述，公共服务创新是公共政策界的一个热门话题。2008 年金融危机之后，许多国家开始实行紧缩政策，这迫使政治家和管理者们专注于新的做事方式。只是把老方法稍作调整，是没法成事的。在世界各地，我们发

---

[1] 斯温登和恩斯赫德于 2011 年至 2012 年参与了由作者和乔·霍华德主持的国际行动研究项目。这两座城市就通过大刀阔斧的公共创新来解决社会排斥问题方面进行了经验交流。该研究项目的最终报告提供了本章中创新故事的加长版（Hambleton and Howard，2012）。我很感谢约瑟夫·朗特里基金会允许在本章中使用该研究报告中的材料。

· 173 ·

迈向包容性城市
地方性创新的故事

现城市正在重新考虑它们与其服务对象——市民的联系方式。毫无疑问，严重的公共支出压力迫使许多城市重新考虑如何更好地为市民服务。但许多城市都发生了比传统的"紧缩管理"（cutback management）更有趣的事。正如查尔斯·利德比特（Charles Leadbeater）所言，资源前景的不断变化正在推动着与忠诚的人们有关的地方性创新浪潮，"……解决人民生活和工作的真实世界中的紧要问题"（Leadbeater，2014，p. xi）。对前几章论述中显现出的公共服务创新，我在这里仅强调三个与其相关的主题。

（一）从公共服务改进到公共服务创新

在第 1 章，我区分了公共服务改进和公共服务创新。虽然这种变化可能不会出现在各个国家的显要方面，但它对于所有有意提高公共服务质量和有效性的人来说，都是很重要的。让我们回顾一下这个论点。改进发生在传统的绩效管理领域内。在采用改进战略的公共服务组织中，政治家通常会设定业绩目标，要求其公务员监测投入和产出，评估成果和进展，并作出调整，以提高服务效率。而作为规定，组织努力的重点是以更有效的方式向客户提供更多相同（或非常相似）的服务。这正是我 20 世纪 70 年代在英国地方政府作企业规划时使用的模式（Hambleton，1978）。这种方法——通常被称为绩效规划（performance planning）——在今天的公共管理实践中仍然很受欢迎（Joyce，2012，pp. 196 – 207）。

但是当一个组织涉足创新时，它就超越了传统的绩效管理。它对自身的有效性进行了更为彻底的评估。它探索了实现成果的新方法，领导者培养了员工尝试新想法的意愿。正如我在第 5 章所解释的，向公共创新精神的转变，需要在组织领导方面作出战略性改变。这涉及"从任务指挥到有导向的机会主义（directed opportunism）"的转变（Bungay，2011，p. 83）。在第 1 章我借鉴了克里斯·阿吉里斯和唐纳德·肖恩（Chris Argyris and Donald Schon，1978）所开发的组织学习理论，对这一转变进行说明。阿吉里斯等人区分了"单环学习"——也就是我所说的改进，和"双环学习"——也就是我所说的创新。在单环学习中，人们进行有价值的学习，作出非常有益的判断——但是底层的

· 174 ·

第6章
领先的公共服务创新

组织规范并没有受到挑战。这样形成的就是一个单一的反馈回路。核心的问题是：我们怎样才能更接近目标呢？

当领导人为公共服务创新而努力时，他们认识到，组织如果只做更多已经知道如何去做的事情，是无法大幅提升效率的。而在双环学习中，决定有效绩效的那些规范将会受到审视。与单环学习相比，该组织的成员不仅仅考虑如何实现特定目标，他们还在积极地思考：这些目标是否原本就是理智的？事实上，我很乐意承认，在我们所描述的彻底改进和创新之间经常有一些重叠的区域，而我在这里并不想提出完全独立的类别。相反，我试图强调组织文化中存在的一个重要区别——尤其是在对待风险的态度上的差异。对于城市领导者来说，表明风险承担是受欢迎的还是不可接受的，是一项重要的任务。这里的措辞很重要——理智的领导者会宣传实验方法的好处。宣传实验方法存在的风险会给媒体和大众提供错误的信息。对于市民来说，在"让我们试试这个看"（let's try this and see）的基础上解释为什么要试验新想法，会更具说服力。

（二）重新协调公民与国家之间的关系

我们的第二个主题是关于管理者和被管理者之间不断变化的关系。在第3章中，我提出了三种公共服务改革的普遍方法，如图3.1所示。我对传统的官僚管理进行了评论，概述了市场和准市场模式在公共服务方面的弱点，并指出了公共服务机构视人民为公民而不是客户、消费者或顾客的重要性。那一章回顾了市民社会、市场和国家之间变化的关系。在图3.2和相关的讨论中，我强调了在市民社会和国家之间，以及市民社会和市场之间的重叠领域中，可能出现新型的合作。一个新的词汇"共同创造"正在出现，帮助我们想象和理解新的合作形式，并且我对共同治理、共同管理和共同生产①作了区分（Brandsen and Pestoff, 2006）。在第5章我发展了这一论点，并指出，不同的地方性领导力之间重叠的区域提供了创新区域；在此区域，公共服务创新的重要机会将

---

① 共同生产（co-production），也有译作"共同供给""合作生产"的。本书统一译作"共同生产"。"共同生产"理论源于20世纪70年代美国的"政府再造"运动，意指公众（作为个人或群体）与公共服务代理人（政府或非政府组织）联合提供公共服务。——译者注

会出现（见图5.3）。

克里斯蒂安·巴森（Christian Bason）指出，共同创造背后的核心理念是，新的解决方案是与人民一起设计的，而不是为他们设计的。他认为，共同创造与"参与式设计"和"共同设计"的概念密切相关。他写道："让组织内外的人参与进来是创造过程中的关键……"（Bason，2010，p.8）虽然共同创造的想法可能对私营部门公司和中央政府来说相对较新，但值得注意的是，公共服务领域的共同生产，一种涉及共同创造的方法，几十年来在社区发展领域已经得到了良好的实践。例如玛丽莲·泰勒（Marilyn Taylor）指出，"在全球南方，社区管理一直是发展政策的一部分。在那里，国家供给是缺乏的，地方知识和资源在服务提供和水资源及其他设施管理方面的作用更大"（Taylor，2011，p.33）。

事实上，在发展中国家的公民参与项目中，有大量证据表明，地方拥有项目并积极参与发展进程，为社区问题的解决提供了创造性方法（Leavy and Howard，2013）。创新故事6是关于南非亲贫定居点的升级工程，它为全球北方如何能够从全球南方学习提供了案例。

（三）系统创新——建立新的联系

在第5章我讨论了公共领导力任务本质的不断变化。我认为，城市领导力环境的变化，尤其是从管理到治理的转变，需要出现能够与其他利益相关者建立成功关系的促进型领导人。"单枪匹马"的公共机构在现代世界是没有作用的。然而，关于如何在伙伴关系中发挥领导力作用上，依然缺乏以行动为导向的建议。有很多关于协同式公共管理（collaborative public management）的有益书籍可供参考，但这些并不足以说明在合作环境中领导力的本质在不断变化（Agranoff，2012；Agranoff and McGuire，2003）。然而，在英国的情境下，保罗·威廉姆斯（Paul Williams）关于"领导人是边界扳手或跨边界者"（leaders as boundary spanners）① 的有益讨论又向前迈出了一步（Williams，2012：

---

① 保罗·威廉姆斯通过分析"跨边界"（boundary spanning）和"边界扳手"（boundary spanner）概念的区别，使边界扳手概念清晰化。按照威廉姆斯的观点，"跨边界"是一系列活动、过程和实践，而"边界扳手"则是从事跨边界活动的人。——译者注

第6章

领先的公共服务创新

100－113）。理查德·马杰勒姆（Richard Margerum）在对美国和澳大利亚自然资源管理和环境规划的合作分析中，也提出了政治领导力在塑造合作活动中起作用的有益见解（Margerum，2011，pp. 247－256）。

为什么这些协同领导力（collaborative leadership）所面临的挑战都与公共服务创新的讨论有关呢？因为公共领导人和管理者正逐渐发现，采取一个整体系统的方法来处理许多社区问题是十分有意义的。这是因为现代社会面临的最棘手的挑战是公共服务创新极其复杂，其解决方案已经超出了任何单个组织或机构的能力[1]。比如应对家庭在长期危机中面临的挑战。正如创新故事4和5生动描述的那样，这样的家庭吸引了多个机构的注意——从健康、教育、住房和社会关心到警察和感化服务。在缺乏系统支持的情况下，独立机构采取行动，可能会在无意中延续了本想通过干预来解决的这类家庭问题。

马尔根和利德比特（Mulgan and Leadbeater，2013）对那些希望参与系统性或"联合型"创新的人所面临的挑战提供了有益的见解。他们的分析借鉴了当前私营部门的想法，他们认为，如今，成功的公司"拓宽了视野"，思考让它们的产品和服务去适应更广泛的创新体系（Adner，2012）[2]。这些想法是有用的。然而，这种方法的缺点是，可能是因为它源于私营部门的经验，往往忽视了政治权力对系统重塑的潜在作用。本书中的创新故事提供了充分的证据表明，政治领导力在重新配置组织服务上起着决定性作用——地方性政治领导力可以积极促进和推动系统创新。

---

[1] 在政策研究文献中，与里特尔和韦伯的研究（Rittel and Webber，1973）一样，这些问题有时被描述为"棘手的"问题，并且与"温顺的"问题形成对比。温顺的问题可能很复杂，但它们可能会逐步得到解决，因为其不确定性是有限的。一个棘手的问题则更加复杂。这是因为原因和效果之间没有明确的关系，政策过程中的各个利益相关者将如何解决问题提出相互竞争的想法。格林特（Grint，2010）认为，温顺的问题类似于可以解决的谜题，而棘手问题需要领导者提出问题，以便能够协作解决问题。复杂问题和复合问题之间的概念区分是最有帮助的。然而，我认为"棘手的"和"温顺的"是没有必要且令人费解的行话，因而避免使用这些术语。

[2] 阿德纳（Adner，2012）反复使用"创新生态系统"这一短语。这是令人困惑的，因为生态系统是相互作用的生物及其物理环境的生物群落。而他的书根本没有讨论环境，他所描述的系统更适合被称为"创新系统"。

（四）定义公共服务创新

在本章后面，我们将会对这些与公共服务创新有关的主题作拓展说明。这里，回顾一下第1章提出的创新定义是有帮助的。我对公共服务创新的定义是：创造一个公共服务的新方法，将其付诸实践，确认它是否有效。在我看来，创新不仅仅是一个聪明的想法。想出新点子是一件容易的事——但把这个想法付诸实践并确认它的效果如何，这是很困难的部分。受唐纳德·施恩（Donald Schon）关于公众学习的想法的影响，我对创新的定义不限于新想法在实践中的应用。它还表明，创新应该被视为一种地方性的社会探索过程，因此，参与其中的人必须努力从创新的经历中汲取经验。公共服务创新与从公共政策中汲取经验的观点密切相关（Rose，1993；2005）。本书中的创新故事与这种方法产生了共鸣。在每一个案例中，我们都试图从公共领导力的实践中汲取潜在的经验。

二、公务员新技术：芝加哥311服务

在通过电话响应服务方面，公共部门的表现远胜于私营部门。在英国紧急情况下，你可以在这个国家的任何地方拨打999——一个训练有素的人会立即接电话，使你马上得到帮助①。这一响应模式在以下四个方面超越了私营部门。

第一，这是一个三位数号码。你可以记住它并直接拨号，不必浪费时间在网上或其他地方去查找电话号码。第二，不需要选择。没有自动语音说"请从以下选项中选择"。第三，它由真人接电话。你不会听见"请稍后，您的电话很快就会接通"，或者更糟糕的是"客服热线忙，请稍后再试"。第四，训练有素的电话接线员能立即帮助你，不会说"请稍等，我看看我们是否能处理这件事"。

---

① 在许多国家，公共电话网只有一个紧急电话号码，以使呼叫者能够即时获取紧急服务。世界上第一个紧急号码是1937年在伦敦使用的号码999，并迅速扩展到整个英国。在北美和一些南美国家，紧急号码是911。20世纪90年代，112成为欧盟、俄罗斯、乌克兰和瑞士的紧急号码。

第 6 章

领先的公共服务创新

有些人会说："有道理。你说的没错，与我们的 999 电话服务相比，私营部门有很大的差距。但这是我们的国家紧急号码。地方政府不可能提供这样质量的服务。"这就说错了。

在美国，全国紧急电话号码是 911（包括救护车、火灾和警察，就像英国的 999 一样）。许多城市除了 911 以外，还同时开通一个非紧急求助号码 311。这里，我想着重描述一下美国芝加哥的经验，我在那里生活并使用这项服务长达 5 年。在芝加哥，如果你想了解有关公共服务的信息，或者你需要非紧急的服务，你所需做的就是拨打 311——可以在任何时间，无论白天还是晚上。你可以直接联系到能够帮助你的人。就是这样。

创新故事 3 解释了在这个极其简单操作的背后，训练有素的人和最先进的技术是如何成功结合在一起的。311 快速的服务并不局限于芝加哥。巴尔的摩警察局在 20 世纪 90 年代初就建立了第一个 311 帮助热线，这是值得认可的。1996 年，当比尔·克林顿总统在竞选演说中支持这一做法时，许多当选的市长都选择了这个模式。现在，311 服务热线在许多美国城市运作——从纽约到洛杉矶，从底特律到休斯顿。其他一些国家也模仿了美国的这种创新模式。例如，北京市政务服务中心提供了类似的服务，只是号码不同，是 12345，像加拿大多伦多等其他城市也提供 311 服务。

在芝加哥的例子中，戴利市长想要改变服务提供者与服务需求者之间的关系。他的城市领导力引发了让每个人都更容易获得城市服务的巨大转变。在戴利退休后，拉姆·伊曼纽尔（Rahm Emanuel）于 2011 年当选芝加哥市长，他利用新技术提升了 311 服务——他在 2012 年推出了一项新的在线"开放式 311"服务。

-------------------------------- ● 创新故事 3 ● --------------------------------

市民视角：芝加哥 311 服务

1. 目标

芝加哥 311 系统的目的是为那些希望能获得城市服务的人提供"一站式"服务。这个想法主要是通过电话，近来是通过互联网，提供更高水准的公共服务。

· 179 ·

迈向包容性城市
地方性创新的故事

芝加哥市民可以每天拨打 311 电话 —— 一天 24 小时，一周 7 天，都可以打电话来报告服务需求，检查之前的请求状态，获取有关城市规划项目的信息，或者报警。此外，311 服务还为 911 紧急通讯服务提供备用设施。

2. 创新故事概要

20 世纪 90 年代中期，市长理查德·戴利对芝加哥市政厅的部门主义感到很失望。他发现很难确定不同部门对市民的信息或服务行动要求作出的反馈是好是坏。1999 年 1 月，在一次大胆的改革中，他将 311 系统引入了市政府。在采取这一步骤时，他的目标不仅仅是提高公共服务效率："我们决定将各部门的独立投诉程序整合为一个系统，以提高问责性和透明度，以及加强响应性。我们当然希望改进服务。但是，更重要的是，我们希望市民能够感到公务员在为他们工作。"[①]

超过 2000 名城市员工接受了如何使用新系统的培训。在 2000 年，戴利市长创建了 311 城市服务系统，并将其设立为政府的独立部门。在那之后，服务不断提高和发展。戴利市长后来表示："最初的焦点是放在投诉上，但很快就扩大到了文化事务上。我们试图让服务尽可能包罗万象——从回应投诉到提供城市事务的相关信息。"

311 服务系统的服务流程如下：

- 创建服务请求并自动发送至相关部门
- 申请者接收到一个服务请求编号，以便跟进处理状态
- 生成解决问题的步骤清单
- 清单转化成工作命令或其他适当的行动
- 城市职员对这一请求作出回应
- 监督反馈情况，并根据需要安排任何其他活动

在这种完美的步骤简化背后，是受过良好训练的人与最新技术的完美结合。首先，这是一个由 69 名训练有素的操作人员组成的团队，他们努力确保每位致电者都能得到一个迅速、礼貌和有帮助的响应。该团队目前由奥黛

---

① 戴利市长的引述源自作者 2012 年 4 月 23 日对其进行的个人访谈。

第6章

领先的公共服务创新

丽·马西（Audrey Mathis）领导，她是一名在市政府有丰富项目管理经验的主管。该团队在一个宽敞的呼叫中心工作，办公室设计得很好，电话接线员热情而敬业。

其次，311 服务系统的员工由一套复杂的计算机系统支持，该系统将请求发送到适当的部门，以采取必要的行动。不仅如此，通过这个系统，主管能够监控任何给定工作的进展，并迅速处理任何可能导致延迟的问题。

芝加哥的人口为 270 万。在 2012 年，311 服务中心一共处理了 380 万次电话申请。大约有一半电话（约 190 万）提出了信息申请，并及时得到了解决。

"'芝加哥的味道'活动什么时候开始？""我的孩子怎么申请暑期工作呢？""我听说湖岸车道对车辆关闭，骑自行车的人只能去机动车道了吗？""离我最近的社区税务中心在哪儿？"这些问题在几秒钟内就会得到员工解答。

另外的 190 万个服务申请呢？例如，"你能把我街区角落里损坏的街灯修好吗？""你了解地下通道潦草的涂鸦吗？"还有，那些不拨打 311 电话而是直接打电话给当地部门的市民呢？这种重复的行为会造成混乱吗？不会。无论谁在任何部门接听电话，只需将请求输入系统，其处理请求的方式与直接拨打 311 是相同的。当然，市民也可以通过互联网或手机发出服务请求，这些请求也可以整合到系统中。

不会说英语？别担心。311 接线员可以进入一个语言中心，并向 100 多种不同语言的专业译员提出服务请求。

在戴利退休后，拉姆·伊曼纽尔于 2011 年当选芝加哥市长。新市长积极利用新技术提高了 311 系统的服务质量。2012 年，他推出一个新的线上"开放式 311"服务系统，与现有完善的 311 服务系统一起运行。这样，市民就能够通过互联网跟踪服务请求进程——从提交请求到最后收到一封电子邮件，表明问题已解决。与现有 311 呼叫中心的一对一通讯系统不同，开放式 311 技术通过互联网提供多对多的通信交流——市民可以使用系统围绕一个主题来交换信息。启用的新系统中包括服务追踪技能，伊曼纽尔

· 181 ·

迈向包容性城市
地方性创新的故事

市长表示："新系统使市政府在公共服务创新的透明度和问责性上，达到了前所未有的领先水平……它还提供了一个开放式的政府信息平台，在该平台上可以创建新的应用程序。"①

3. 领导力经验

• 强有力的直选地方政府，而不是州政府或国家政府决定地方是否开设311服务系统。美国的地方领导人有创新的权力，并不是所有国家的情况都是如此。

• 在美国和加拿大，直接选举产生的市长们正在带头使用新技术，使市政厅的政府机构更加开放、透明和响应。他们所发起的此类大胆的改变具有政治上的合法性。

• 311服务通过提供公共服务的详细信息，来协助邻里社区政治家（在芝加哥称为议员）以及一些社区组织。

• 专业的、受过良好教育的员工，由地方政府任命来实现公共服务创新，可以对公共服务质量产生重大影响。

• 311服务系统从市民视角出发——它利用当地的知识、经验和优先事项。这种"市民视角"的想法可以避免公共机构采取"国家视角"的做法。

资料来源：

The City of Chicago Provides More Information at：www. cityofchicago. org/311.

Many US and Canadian Cities Have 311 Websites. For example：

Houston—http：//hfdapp. houstontx. gov/311/index. php

New York—http：//www. nyc. gov/apps/311/

Toronto—http：//www. toronto. ca/311/

For More on Open311 visit：http：//open311. org/

---

① 伊曼纽尔市长2012年9月20日发布的公告。

第 6 章

领先的公共服务创新

三、帮助危机中的家庭：
英国斯温登家庭 LIFE 计划

芝加哥的创新故事展示了大胆的城市领导力如何提高城市所有公民和服务使用者的公共服务质量。下一个创新故事探讨一项大刀阔斧的举措，旨在将重点放在少数群体——处于长期危机中的家庭——的支持上。英国的斯温登家庭 LIFE 计划是一项富有想象力的计划，旨在与家庭共同创造一种新方法来应对紧迫的困难。简称"LIFE"代表的意思是"个人和家庭享有的生活"（lives for individuals and families to enjoy），这本身就表明了斯温登公共服务机构开展的改革进程具有彻底变革的本质。该计划旨在重新思考和实践，而不是侧重于家庭的需求——这个传统的公共服务聚焦点。

如创新故事 4 所述，项目的核心是相信在公共服务和处于长期危机中的家庭之间需要形成新的关系，聚焦点应该是发展家庭能力，而不是"满足需要"。这种创新方法建立在"参与连带"（participle）组织（一家提供公共服务咨询的社会企业）所开发的方法基础之上，由一个专门团队与部分家庭进行密切合作，以发展家庭满足自身愿望的能力。

斯温登家庭 LIFE 计划由斯温登区议会牵头，与各种公共服务提供者（包括卫生服务机构、警察部门和志愿组织）和所涉及的家庭合作，引起了全国的关注。2010 年，斯温登被中央政府选为 16 个社区预算试点之一，旨在开发与"需求复杂的家庭"合作的新方法。这种方法的一个突出特点就是政治和管理领导人对此类创新之举表示欢迎。家庭 LIFE 团队没有令人失望。他们通过采取系统化的方式，协助许多困难家庭改善了境况，也节省了纳税人的钱。

· 183 ·

迈向包容性城市
地方性创新的故事

• 创新故事4 •

开辟与困难家庭一同工作的新空间：
斯温登家庭 LIFE 计划

1. 目标

家庭 LIFE 计划的起源可以追溯到 2007、2008 年左右。来自斯温登区议会、初级保健信托基金、威尔特郡警察部队、感化服务和西南战略卫生管理局的公共服务专业人士，越来越关心旨在改善陷入多重困境家庭境况的公共服务是相对无效的问题。尽管对每个家庭的经费投入都很高—— 一些研究确定每个家庭每年的经费投入约为 25 万英镑。这些家庭往往长期处在困境中——例如存在家庭暴力，有反社会行为，有精神病患者，有送进教养院的孩子，面临被驱逐的威胁，失业，或有失学的儿童。

简单来说，家庭 LIFE 计划的目的是通过不同于以往的方式与陷入困境的家庭合作，改善其境况。LIFE 缩写代表的意思就是"个人和家庭享有的生活"。除了提高家庭的自尊和能力外，这种方法也努力使公共支出花得更加物有所值。

2. 创新故事概要

一个关键的转折点是，在与机构负责人进行各种非正式对话之后，战略卫生管理局和斯温登区议会同意委托社会企业"参与连带"（participle）组织来针对遇到多重困难的家庭开发出不同的方法。[①]LIFE 计划 在 2008 年和 2009 年期间进行，"参与连带"组织和斯温登公共机构与家庭、学校和员工一起合作开发出了一套工作方法。

"为儿童与成人行动组织"（commissioning for children and adults）的负责人苏·沃尔德（Sue Wald）回忆说："因为我们已经确定现有模型存在问

---

① "参与连带"组织是一个创新的社会企业，旨在在个人、社区和政府之间建立新的解决方案。近年来，它已经在开发自下而上的学习过程方面取得了良好的效果，其工作范围经常涉及"垫底"（最差）的社区。更多信息请访问 http://participle. net。

· 184 ·

第6章

领先的公共服务创新

题，所以这真的是一个开始。社会企业'参与连带'组织说：'给我们12个最困难的家庭，我们会和他们共度难关……'"[1]他们安排了3名工作人员住在困难家庭附近，三个月后，该小组向家庭成员和高级管理人员汇报。调查结果显示，不仅这些家庭感到孤立，工作人员在创造积极的变化方面也感到无能为力。服务人员和被服务者都感到十分沮丧。

苏·沃尔德记得："汇报产生了令人震惊的效果。"[2]研究发现，专业人士花费了74%的时间在管理上，12%的时间在间接工作上，只花费了14%的时间与家庭进行面对面的接触。这个证据为提供公共服务新思维创造了一个平台。

创新过程的下一步是通过一系列与所涉组织的工作人员进行研讨得出的，包括志愿者部门。大约150名员工参加了五个不同的研讨会。这些研讨会不仅使这些家庭有机会反馈他们所接受的服务，而且使专业人士能够就如何与家庭合作提出自己的看法。

由"参与连带"组织推动的这些讨论得出了斯温登家庭LIFE计划应该制定一套新原则的建议，包括如下内容：

- 80/20工作时间分配（意思就是专注于将80%的时间用于面对面工作，20%用于其他方面）；
- 在"人们所在的地方"与他们见面；
- 无须制定日程安排；
- 要以诚相待，怀恻隐之心；
- 开拓变革的机会。[3]

项目成立了一个由不同专业人士组成的家庭LIFE计划小组，通过与家庭合作开发该模式。地方当局成功地获得了中央政府（白厅）儿童和家庭部"想想家庭"（think family）计划的拨款，在2009年4月至2011年3月两年期间为地方提供了宝贵的核心资金。合作机构同意再次调派员工进驻这个11人组成的小组（小组成员来自卫生、住房、警察、社会服务等部门）。

---

[1] 2011年3月29日访谈苏·沃尔德。

[2] Bunting, 2011.

[3] 斯温登家庭LIFE项目展示。"参与连带"组织已经开发了一个四阶段的工作方法，并已在斯温登开展：（1）邀请；（2）愿望；（3）能力；（4）机会。

迈向包容性城市

地方性创新的故事

该方法具有三个明显特征：

- 一个以新的方式工作的小组——在家庭、工作人员和社区之间建立坚定的关系。

- 家庭和工作人员的能力建设——以释放新资源。

- 当地社区的能力建设——社交网络、技能和培训机会、企业机会、同行学习。

对于家庭 LIFE 计划团队的所有成员来说，这是一个要求很高的模式，因为要摒弃之前的操作概念。模式的根本性质就是：家庭选择员工与他们合作（而不是员工选择家庭）；员工没有家庭相关的信息；员工接受"摆脱原有体系"（即之前的工作模式）的培训；员工应该在与家庭建立关系的过程中贡献自己的一些力量。

2011 年 4 月，斯温登被中央政府选为 16 个国家社区预算试点之一，后来改为危机家庭计划（troubled families initiative）。斯温登总结了家庭 LIFE 计划的教训以及综合工作和家庭护士伙伴关系的经验，将规模扩展到了与370 个危机家庭合作的模式。LIFE 团队得到加强，现在已经涵盖教育心理学家以及从警察和住房部门中借调的社会工作者和员工。

英国教育标准局是国家教育、儿童服务和技能培训机构（the national office for standards in education, children's services and skills）的官方监管机构，向英国议会提供了独立的检查报告。报告的分析表明，家庭 LIFE 计划对家庭产生了积极的影响，物有所值。[①]

3. 领导力经验

- 斯温登区议会的最高领导——政治领袖罗德里克·布卢（Roderick Bluh）议员、资深议员和行政长官——已奠定了议会期待创新的基调。例如行政长官加万·琼斯（Gavin Jones）强调，领导者和管理者需要"适应让自己感到不适应的方面"。

- 该组织文化对批判性自我反省高度重视，并且对个人和专业发展也怀

[①] Ofsted, 2012.

第6章
领先的公共服务创新

有兴趣。

● 斯温登的领导人欢迎知识渊博的外界人士加入。与斯温登合作共同创建家庭 LIFE 计划的社会企业"参与连带"组织的工作人员就为创新带来了技能和活力。

● 在本故事中，不同的领域中不同的领导人一直在寻求外部资金，为公共服务创新议程提供支持。

● 斯温登对区议会机构进行了重新设计，使之更加有效。例如国家卫生服务的工作人员与当地政府的工作人员一起，为儿童、家庭和成人提供综合服务，同时跨成人、儿童和卫生部门的试运行也已经集成一体。

● LIFE 团队为所有与此相关的人员创造了独特的文化和故事。这是建立在指导家庭并赋予其力量的基础之上的，同时也让家庭思考自己新的可能性。团队领导力、持续的反思工作和监督都支持这一文化。

资料来源：

Participle Website：http：//participle. net.

Bunting，M，2011，*Tough Love for Troubled Families*，The Guardian，9 February.

Cottam，H，2013，*The Life Programme*：*An Interim Report*，July，London：Participle.

Hambleton，R，Howard，J，2012，*Public Sector Innovation and Local Leadership in the UK and the Netherlands*，June，York：Joseph Rowntree Foundation.

Ofsted，2012，Good Practice Resource—Working with Families through the 'LIFE' Programme：Swindon Borough Council，November. www. ofsted. gov. uk/resources/good-practice-resource-working-families-through-% E2% 80% 98life% E2% 80% 99-programme-swindon-borough-council.

四、解决荷兰恩斯赫德的社会弱势

荷兰的恩斯赫德市和三家当地住房协会发起了一个邻里指导项目（neigh-

· 187 ·

迈向包容性城市

地方性创新的故事

bourhood coach project），旨在开发一种解决多重剥夺问题的新途径①。该项目也被称为社会全科医生②（social general practitioner）方案，至少在荷兰，这是一种新模式。在许多国家，全科医生通常是第一个与需要健康相关建议和援助的病人接触的人。简单来说，全科医生利用广泛的知识和各种健康服务供给者的资源，满足患者的需求。虽然这样类比并不精确，但社会全科医生模式的总体思路与之是相同的。社会全科医生的作用是成为面临多重或复杂问题的人的私人顾问，他们先被赋予力量，然后再赋予他人力量。

创新故事 5 描述了社会全科医生方案发展的背景，研究了该模式的工作原理，并对这一大胆的公共服务创新方法的领导进行了反思。像斯温登的同事一样，恩斯赫德的城市领导者认识到，社会排斥是一个多面向的现象。在许多情况下，社会和经济匮乏是与其他生活领域的问题有关的，例如教育水平不高或健康状况不佳。在增加面临多重问题的家庭的生活机会上，这些政策面临了三个挑战：

• 很多这种家庭由许多社会和医疗机构雇用的一小批社会人员提供服务（或者说是觉得"被扫荡"）——但缺乏一种综合方法；

• 一小部分这种家庭在问题出现的早期阶段是没有得到支持的，而预防措施可以避免未来出现的危机；

• 专业人士提供的关照可能是家长主义式的，这会使服务对象依赖专业支持，而不是赋予他们力量来为自己的生活作出决定。

社会全科医生方法旨在解决这三个相关的挑战。在恩斯赫德市，约 25 家专门服务提供机构同意授予社会全科医生项目在生活各个方面的非正式决策权，包括健康、住房、教育、安全、福利和/或就业，而正式决策权仍然属于这些组织。

---

① 本节和创新故事 5 直接借鉴了巴斯·丹特斯（Bas Denters）、彼特-简·克洛（Pieter-Jan Klok）和米简·欧德·维林（Mirjan Oude Vrielink）提供的社会全科医生计划。这似乎是《英国和荷兰公共部门创新与地方领导力》一书中的第四章（Hambleton and Howard，2012）。我非常感谢他们允许我在本章中借鉴这些材料。

② 全科医生（General Practitioner，简称 GP）是全科医疗的主要执行者，是受过正规全科医学训练的科班医生。——译者注

第6章

领先的公共服务创新

• 创新故事 5 •

解决城市剥夺：恩斯赫德的社会全科医生计划

1. 目标[①]

凡尔夫-林德霍夫（Velve-Lindenhof）社区位于恩斯赫德市，是荷兰东部一个约有 16 万居民的城镇。2007 年，荷兰中央政府将该地区确定为该国 40 个最受剥夺的社区之一。像其他 39 个社区一样，凡尔夫-林德霍夫受到社会、经济和物理等不利因素的共同影响，其社会经济氛围受损，对居住在那里的人们的个人生活机会产生了负面影响。2008 年，"荷兰邻里政策倡议"（dutch neighbourhood policy initiative）项目推出，旨在改善这些受剥夺地区居民的生活机会。

在恩斯赫德案例中，当地领导人决定在凡尔夫-林德霍夫社区尝试社会全科医生模式，目的是改善 600 多名居民的生活机会。社会全科医生们，也被称为"邻里指导"（neighbourhood coaches），使用了一种外联的方法；他们通过上门服务，与居民可能会经历多个问题或复杂问题的接触。这一策略的目的不仅仅是为了对多问题家庭提供更为综合的方法，而且也是为了改进适当的预防行动。

2. 创新故事概要

在凡尔夫-林德霍夫社区，社会全科医生模式被总结为一句口号："一个家庭，一个计划，一个协调员。"对于每个家庭（即一个家庭），一个社会全科医生替代了一批专业一线员工，需要专业知识的除外。社会全科医生成为邻里居民的私人顾问。根据居民的志向和能力，社会全科医生们商定家庭解决问题的方式，开始构建更美好的未来（即一个行动计划）。

像医疗领域的全科医生一样，社会全科医生尽量直接满足个人需求，除

[①] 本创新故事直接引用了巴斯·丹特斯，彼特-简·克洛和米简·欧德·维林提供的社会全科医生计划分析。《英国和荷兰的公共部门创新与地方领导力》（Hambleton and Howard, 2012）第四章描述了初步评估。我非常感谢他们允许我在本章中借鉴这些材料。

迈向包容性城市

地方性创新的故事

非情况复杂，需要专业人员的专业知识。如果转诊到"二线"，社会全科医生继续管理执行行动计划。他们在管理专业人员网络和实际服务提供方面处于核心地位，这样便能够以综合方式在跨专业的领域开展工作（即一名协调员）。此外，这种方法将居民个人的志向和能力作为起点，旨在赋予这些个人力量而不是照顾他们。

社会全科医生模型是建立在以前的邻里举措之上的，但更有创见。在战略层面上，它以共同治理为基础：共有 25 个社区和政府组织自愿同意对居民和多重问题家庭的社会解放（social emancipation）采取综合方法。为了实施这一战略，在操作层面上，有 4 名社会全科医生有权采取果断行动，执行与个体家庭共同制定的综合行动计划。

在正式意义上，该模式是基于 25 个组织一致同意的。然而，在非正式的意义上，恩斯赫德社会支持和福利部的主管汉斯·魏格曼（Hans Weggemans）、当地的住房公司主管冯斯·希卡托（Fons Cateau），这两个人是领导。他们的领导力很有影响，他们鼓励不同组织尝试新的方法。荷兰国家政府在其新的"邻里社区政策倡议"（neighbourhood policy initiative）中邀请了恩斯赫德市及其当地合作伙伴，包括住房协会，为凡尔夫－林德霍夫社区制定"邻里行动计划"，该倡议便是在这样的背景下出台的。社会全科医生计划得到了该社区内 3 个住房协会的支持。由来自各种市政部门和社区组织的创新型官员和一批独立专家组成的智囊团也成立起来。随后，25 个组织的管理人员会议对这些群体内提出的观点进行了讨论并达成一致。基于一致意见，管理人员会议制定了行动计划，2008 年计划开始实施。对于专业社会福利官员来讲，新项目的费用将由 3 个当地住房协会提供的特别补贴资助，这对计划被居民们接受而言是至关重要的因素。

特文特大学（University of Twente）的一个研究小组对该计划进行了评估。[1]结果表明，社会全科医生具有足够的专业知识和能力来发挥其核心作

---

① 巴斯·丹特斯，彼特－简·克洛和米简·欧德·维林撰写了多篇出版物，概述了这项研究的发现——见资料来源。

第6章

领先的公共服务创新

用，并能够与合作伙伴组织的专业人员进行合作。他们也成功地实现了有关其工作进程的雄心勃勃的目标。此外，他们的产出大体上符合模式目标。他们提高了居民社会能力，特别是那些真正需要的人。此外，支持时间越长，改善程度越大。最后，社会全科医生很成功地改善了居民社会状况，虽然某些领域的成果和有效性更为突出。

研究人员要求所有参与组织的专业人员和管理人员按照八项标准清单，评估社会全科医生制定和执行的行动计划。这些标准包括响应能力、灵活性、有效性、适合性等。总体而言，行动计划在参与组织和社会全科医生方面的得分很高（超过3分，满分为4分）。研究小组还要求受访者将社会公益组织制定的行动计划与恩斯赫德其他地方开发和实施的传统行动计划进行比较。研究结果表明，人们认为对照所有标准来看，新方法的结果都要更好一些。受访者尤其肯定行动计划的灵活性和效率，以及他们提供综合和适配服务的能力。

3. 领导力经验

- 战略层面的管理和社区领导人的非正式联盟，为这一创新项目奠定了基础。与一个有影响力并受到广泛尊重的社区组织——凡尔夫-林德霍夫社区理事会共享，对于确定这一项目的合法性至关重要。

- 该创新项目是在25个组织协作的背景下启动的。中层管理人员、一线工作人员和各组织外部专家在项目早期就参与其中，这有助于创新的成功应用。

- 该计划在操作层面上将战略领导力与独特的一线或街道级领导模式相结合。4名社会全科医生先被赋予力量，然后又赋予他人力量，而且他们具有跨越组织边界的合法性和权威性。

- 在操作层面上，通过认真选择社会全科医生（具有不同但互补背景的有经验人士），加强了新模式的合法性。社会全科医生在合作组织方面的巧妙运作（合作而非对抗）也为项目成功作出了贡献。

- 邻里指导队伍实施的"一个家庭，一个计划，一个协调员"的做法与其他城市广泛分享，并引起了中央政府的关注。这有助于创新理念的合法

性，激励其他荷兰城市按照社会全科医生计划的方式开展自己的社会创新。

●从邻里重点转向全市范围的方法存在挑战。要在一个社区实行一个由国家政府认可、高度可见的试点项目是一回事。在没有额外资金支持的情况下，将这种方案扩大到市一级，则又提出了一系列新的挑战。

资料来源：

Denters, B, Klok, P J, Oude Vrielink, M, 2012, The Social GP Programme in Enschede in RHambleton, Howard J, *Public Sector Innovation and Local Leadership in the UK and the Netherlands*, June, 19 – 25 York：Joseph Rowntree Foundation.

Oude Vrielink, M, Klok, P J, Denters B, 2012, *Handling Tensions in Cross-boundary Working：The Case of the Enschede Neighbourhood Coaches*. Paper Presented at the NIG ConferenceLeuven 29 – 30 November.

Klok, P J, Denters, B, Oude Vrielink, M, 2013, *Effectiveness of the Social General Practitioner：The Case of the Enschede Neighbourhood Coaches*, Paper Presented at the EURA Conference, Enschede 3 – 6 July.

五、南非的亲贫居住区升级

如第 2 章所述，发展中国家的城市领导者面临着巨大的挑战。第 2 章中提供的证据表明，今天世界上可能有超过十亿的棚屋居住者①（squatters）——是的，规模相当于 1300 多个伦敦。确实有很多人搬到了城市，希望城市能为他们及其家人提供更美好生活的机会。然而，正如坦贾·温克勒（Tanja Winkler）所认为的，在南非，非正式居住区（informal settlements）的居民"居住权没有保障，他们基本无法使用城市基础设施，包括水龙头和功能齐全的厕所"（Winkler, 2013a, p. 12）。她认为，直到不久前，南非的公

---

① 棚屋居民就是擅自占住空房者（squatters）。——译者注

第 6 章

领先的公共服务创新

共政策一直都想要实现在 2014 年之前消除非正式居住区这个误导性的目标，她的分析是令人信服的。现在，幸运的是，不断进步的决策者意识到不可能消除贫民窟。相反，改变国家机构与非正式居住区居民的合作方式才是挑战。

棚屋/贫民窟居民国际组织（SDI）是非洲、亚洲和拉丁美洲 33 个国家的城市穷人社区组织网络。[①] 该组织成立于 1996 年，旨在促进社区对社区的扶贫战略学习和交流，并力争影响政府和国际组织。SDI 认为，管理城市发展和创建包容性城市的唯一途径是使城市贫困人口成为城市发展战略的中心。这种精神非常符合我在本章前面提到的共同创造解决方案的想法。与完善的社区发展实践相一致，该组织认为，当社区进行定居点升级时，它们能够确保其可持续发展并随着时间的推移而继续繁荣。

最近的一项研究表明，共同创造解决方案是一项有效的战略。该研究包括 84 个参与式研究项目，涉及了 107 个国家中生活极端贫困和边缘化的居民（Leavy and Howard，2013）。参与研究项目的作者们都要撰写一个有用的章节，解释为什么可持续发展需要受到影响的人积极地参与进来。在他们开展的研究中，大约 70% 的研究强调，人们在生活中如何受到干预和他们被干预的结果是同等重要的。此外，成功的策略将知识、文化和网络等地方资产纳入了发展进程。

创新故事 6 概述了南非朗拉格（Langrug）亲贫（pro-poor）居住区的升级情况，很好地说明了在全球南方国家的 SDI 项目中发现的社区积极参与经验。2012 年，斯坦伦堡市（Stellenbosch）不到 5000 人的非正式居住区朗拉格因为其良好的"社区/拓展"（community/outreach）计划而赢得了南非规划研究所奖（SAPI）。该奖项颁发给已经实施了具有示范性参与和/或优秀社区发展项目的社区，这些项目提高了社区生活质量和/或克服了当地的困难情况。

[①] 非正式居住区为发展中国家越来越多的穷人提供住宿。一些受人尊敬的组织已经成长，代表棚屋/贫民窟居民发言并促进市民主导的扶贫。萨特思韦特和米特琳（Satterthwaite and Mitlin，2014）对这些努力提供了有用的概述。有许多国家棚屋/贫民窟居民联合会。棚屋/贫民窟居民国际（SDI）是国际领先的协会。更多信息请访问 http://www.sdinet.org。

迈向包容性城市
地方性创新的故事

● 创新故事 6 ●

亲贫居住点项目升级：南非朗拉格儿童发展基金

1. 目标

朗拉格是南非西开普省斯坦伦堡一个约有 1900 个棚屋的非正式居住区，大约有 4100 人住在这里。该居住区建于 1992 年，为在周边的葡萄酒农场工作的季节性工人提供住宿。因为一个大型水坝建设项目的实施，近年来，该居住区的人数大大增加。每年 9 月至次年 3 月期间，居民仍然在附近的农场从事季节性的工作，或在弗朗斯胡科酒庄附近的商店、餐馆等处工作。但是，居住区的水、卫生、电力和废弃物管理等基本服务供给都十分吃力。

斯坦伦堡市的住房等候者名单不断增长。到 2009 年，全市已经有 2 万多家庭住在非正式居住区。地方当局决定对其住房方式进行彻底的反思，并建立了一个新的非正式居住区管理部门。该部门接触了南非 SDI 联盟，试图开发一种创新的居住区升级方法。SDI 联盟由两个重要社会运动团体——城乡贫民联合会（Federation of Urban and Rural Poor，简称 FEDUP）和非正式居住区网络（Informal Settlement Network，简称 ISN）——组成，得到了非政府组织社区组织资源中心（CORC）的支持，是一个自下而上的支持城市贫民服务供给和住房问题的组织。在基层的宣传和游说下，SDI 组织从 1994 年起就通过"人民的居住进程"（people's housing process）等相关政策，对城市规划和发展方式产生了重大影响。其目的是促进以人为本的、亲贫的住房和城市发展方式。

2. 创新故事概要

开普敦市内及周边非正式居住区的住户人数正在增加。坦贾·温克勒（Tanja Winkler）估计，2010 年，这样的家庭约有 181000 个，到 2019 年这一数字将增至 26 万，增幅为 43%。[①]她认为，传统的房屋建筑项目无法应

---

① 我在这里借鉴了坦贾·温克勒（Tanja Winkler）在 2013 年 7 月 30 日由约翰内斯堡的海伦·苏兹曼基金会组织的"我们城市的未来"会议上的公开演讲。温克勒是开普敦大学建筑规划与地理学院高级讲师，她根据开普敦市 2010 年 GIS 数据提供了统计数据。

· 194 ·

第6章

领先的公共服务创新

对非正式居住区居民们所面临的挑战，别的不说，南非就根本无法根据居民所需建造住房。

南非政府已经开始鼓励采取替代办法。2009 年，南非的《国家住房法》（*National Housing Code*）纳入了一个同步对非正式居住区进行升级的计划。温克勒认为，虽然将注意力集中在原地升级上，是朝着正确方向迈出的一步，但非正式居住区升级计划（UISP）的要求非常繁琐。不过，居住区升级引入了一些服务供给创新和社会组织变革，推动了非正式居住区升级计划的长期发展。

2010 年 10 月，斯坦伦堡市和 FEDUP / ISN 和 CORC 的高级官员访问了SDI 乌干达联盟，观摩以人为本的计划执行情况。[1]这有助于所有参与者创新工作方式。通过学习交流，斯坦伦堡制定了强有力的动员策略，发展朗拉格的领导能力和领导力结构。这种动员策略与基于社区的数据收集是密切相关的；测绘和社区领导实施，成为市政府与联盟之间的全市正式协议的一个重要规划理念。随后，2011 年，斯坦伦堡市与联盟签署谅解备忘录，建设了一个城市贫民平台和财务机制，为社区优先项目提供资金。这个财务机制提供了资源，对全市各地的居住区进调查、测绘、列举和简介，以期实现全面升级。

到 2012 年初，社区领导层在居住区各处建立了街区委员会来管理项目，并深化了问责制。例如安装额外的冲水马桶，在公共厕所周围建立游乐场，开发灰水管理系统[2]，这些都是值得一提的项目。大学对这些努力的支持很重要。伍斯特理工学院（WPI）的工作人员和学生同社区一起工作了两年，制定了有效的用水、卫生和个人卫生方案。WPI 与居民、市政府和联盟一起帮助开发了朗拉格 WASH（洗涤）设施，汇集了新的公共设施思考方式。

---

[1] 下文中的内容主要来自报告《"这是我的贫民窟"—— 朗拉格的升级》。该报告由项目合作伙伴共同编写，请访问 http：// sasdialliance. org. za。

[2] 灰水系统（greywater system）是一种管道系统，其设计目的是使灰水循环利用，即某些家庭废水的再利用。——译者注

迈向包容性城市
地方性创新的故事

这个社区设施能满足各种活动的需求，包括使用热水淋浴、太阳能热水喷泉、邮局、女士美发沙龙等，全部由居民管理。新的 WASH 设施由所有合作伙伴共同设计建造。在设计和建造设施过程中，斯泰伦博施市的一名市政工作人员为当地团队提供支持。WASH 设施可能是一个微不足道的举措，但它已经大大提高了居民的生活质量。它通过共同努力汇集了广泛的服务。斯坦伦堡市升级工作的首席执行官约翰鲁·罗宾（Johru Robyn）提出了一个很好的问题："谁会想到一个厕所可以成为这样一个广泛的互动和协作的焦点呢？"[1]

2012 年，该合作伙伴关系邀请开普敦大学（UCT）城市与区域规划与景观设计学院的学术人员和硕士研究生制定居住区的长期发展计划。学生和学术工作人员的工作对非正式居住区升级计划政策的作用提出严重的质疑，并强调了为朗拉格制定社区愿景的重要性。这包括制定短期和长期的建议。

从长远来看，开普敦大学学生的规划工作概述了在非正式居住区（包括朗拉格）和附近城镇之间提供更好的交通连接的想法，例如弗朗斯胡克、帕尔和斯坦伦堡市。该长期规划与非正式居住区升级计划的政策方向一致，也设想保障居民留在土地上的权利。斯坦伦堡市政府已经采取了新策略来处理非正式居住区，这是本创新故事的一个重要特征。

2012 年，朗拉格获得了南非计划研究所（SAPI）颁发的"社区/拓展"计划奖。该奖项肯定了近年来的朗拉格非正式定居点升级工作是一个优秀的社区发展项目，认为它提高了生活质量，开创了在困难环境下解决社区问题的新方法。

3. 领导力经验

● 共同创造切实可行的解决方案，强调社区参与，可以非常有效地创造新的思维方式和行动方式。在本故事中，虽然只有最贫乏的资源和巨大的挑战，但是基于合作伙伴关系的方法已经显示出强大的影响。

---

[1] 个人沟通，2014 年 2 月 14 日。

第 6 章
领先的公共服务创新

> ● 富有想象力的市领导可以抛弃过去的做事方式，彻底重新思考并且承担风险。
>
> ● 所有社区都存在有能力的社区领袖和具有基础技能的人，在正确的支持和鼓励下，他们可以为社区发展过程带来新的思维和思想。朗拉格的驻地领导人已经表明他们愿意担当领导角色。
>
> ● 财务敏捷性使得领导者能够快速进行小规模的改进。对小成绩的关注加强了领导人在社区的作用。
>
> ● 国际学习交流可以提供切实的见解和启发。在朗拉格案例中，观摩乌干达的"以人为本规划"是发展城市贫民能力的重要一步。
>
> ● 大学可以在支持地方社区行动中发挥重要作用，大学可以从基层规划中学习。参与此类举措的学生在学习上的获益是无价的。此外，通过教师的正确指导，学生项目可以为社区改善提供能量、想法和实践建议。
>
> ● 地方政府、非政府组织和与社区合作的学者进行跨部门合作，可以非常有效地提出新的想法和实用的解决方案。
>
> **资料来源：**
>
> Partners in the Project, 2013, 'This is My Slum': The Upgrading of Langrug, http：// sasdialliance. org. za.
>
> Winkler, T, 2013, The Challenges Facing Our South African Cities, Quarterly Roundtable, No 27, July. Cape Town: The Helen Suzman Foundation Series For Information on Informal Settlement Upgrading: http：//sasdialliance. org. za.

六、领先的公共服务创新

本章介绍的四个创新故事说明了将政策和实践引向创建包容性城市的各种不同方式。这是特意安排的。政治活动家和改革家没有单一的路线图，这是应该庆祝的事情。有效促进城市社会和环境正义事业的行动可以并且确实有很多条路径。在此背景下，正如我在第 5 章中指出的那样，值得强调的是，成功的

迈向包容性城市
地方性创新的故事

地方性领导力需要调整适应行使领导权的环境。每个地方都是不一样的。斯温登的模式可能并不适合芝加哥。朗拉格的明智行动（intelligent action）可能并不适合恩斯赫德。这就是为什么发现过程必须在当地植根于特定的地方和特定的社区。当地的优先事项和文化、地方的政治动态、地方执政安排的优势，以及当地社区的资产，都需要有效的公共领导力来激励。同时，明智的城市领导层注意到，需要考察非地方性力量对地方政治行动的约束。在第 12 章我会更详细地解释了为什么城市治理没有"最佳实践"这样的说法。本书提供的创新故事是对相关实践的洞察，而不是最佳实践。

鉴于本地环境的重要性，我们也许面临着挑战。如果地方差异性很大，我们必须要问：是否有可能产生具有普适性的公共服务创新领导力的见解？极端的本地主义者会说"不"。他们会宣称本地文化、政治权力结构和历史，或者说地方特色意味着无法向别的地方学习任何经验。在我与不同国家的县市政治人员一起工作的过程中，我经常听到这样的观点。这是一个需要挑战的立场。虽然最佳实践不存在，但可以从其他地方吸取有用的见解。我建议我们应该围绕有启示的地方性领导力的主题制定一种基本原则。我在第 1 章介绍了一种基本原则和一系列原则的想法。根据这一想法，我们可以识别出与地方性领导力有关的有用主题，以及可以强化发展进步型公共领导力可能性的见解。这不是一个很好的地方性领导力的脚本——而是一组想法，读者可以根据自己的经验来修改和发展。

以下讨论直接引用了我之前提到的英国荷兰地方性领导力创新研究（Hambleton and Howard，2012）。[1] 这项研究表明，有效的公共领导力是多层次的，实际上，高级人物的关键任务是策划协调一个社会探索过程。在图 6.1 中，我提供了这个策划协调过程的草图。该图简化了复杂和高度交互的过程。图表可以增进理解——为思考公共服务创新领导力提供框架。我当然不是说这

---

[1] 我想在此向对为本章讨论作出非常重要贡献的人士表示感谢：乔·霍华德、巴斯·丹特斯、彼特-简·克洛和米简·欧德·维林。我们非常感谢布里斯托、恩斯赫德和斯温登的实践者，他们提供了支撑我们研究的实践智慧。汉布尔顿和霍华德（Hambleton and Howard，2012）详细阐释了我们的思想。我很感谢约瑟夫·朗恩特里基金会允许我们使用研究报告中的图表以及编辑过的部分文本。

第 6 章

领先的公共服务创新

个过程有五个不同的组成部分。相反，图 6.1 旨在强调思想的流动和社会探索的有效过程产生的影响。

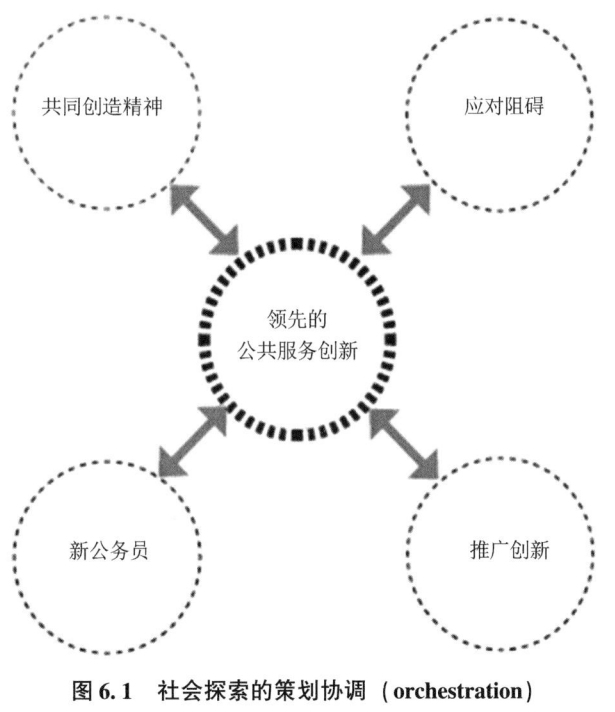

图 6.1　社会探索的策划协调（orchestration）

资料来源：转引自汉布尔顿和霍华德（2012，p. 33）。

图 6.1 的中心是领先的公共服务创新的核心任务。在创建包容性城市的过程中，如果缺乏强有力的领导力来塑造情绪和行为，社会排斥的消除是很难取得进步的。我在下文中剖析了这个领导力任务的要素。图 6.1 表明，其他四个因素与这个领导力任务是相互作用的。这些因素包括：发展共同创造精神的重要性，需要重新定义成为公务员的意义和本质，理解应对创新阻碍的方式，以及与推广创新相关的挑战。现在，我们按照以下顺序来讨论与地方性领导力和社会包容有关的这五个主题：

- 共同创造精神；
- 新公务员；
- 领先的公共服务创新；
- 应对创新过程中的阻碍；

迈向包容性城市
地方性创新的故事

●推广创新——从原型（prototype）到扩大影响力。

这些主题是相互关联的，但是把它们分开是有帮助的；这样做的话，领导者、改革者和积极分子都可以用它们来反思自己的经验。

（一）共同创造精神

英荷研究项目和它的相关研究的第一个关键主题，是公共服务的有效创新需要坚定地依靠合作精神。按照共同生产的主流观念，非国营合作伙伴与国家将一起提供信息和服务；而与此不同，共同创造意味着国家内外的各利益攸关方共同创造新事物的过程。为了作出真正的改变，共同创造的这一承诺需要引入整个创新过程——从最初阶段的概念化，到规划服务和交付，到思考如何适应和改进创新，并把它分享给其他人。

共同创造的一个重要特征是它是一种基于资产的方法。这种方法确定并建立在能力和兴趣上，并寻求创造变革的机会。是的，这种方法关注解决社会需求，但是它打破了传统的"基于需求"的服务规划和交付方法。因此，例如，斯温登和恩斯赫德计划（swindon and enschede initiatives）就明确地聚焦于巩固和加强家庭的能力，家庭直接制订计划和活动。

英荷研究提出了政府如何应对这一挑战的三个见解。第一，我们发现，以资产为基础，共同创造的方法建立在价值观和参与原则之上。我们研究的举措是基于重要价值观的，特别是信任、真实性（真实的承诺、个人动机、激情、尊重），以及我们所描述的资产导向精神（将人们看作资源而不是困难）。例如，斯温登制定的方法要求工作人员将自己投入工作中，无论个人层面还是工作层面。前提是为了建立真正的信任关系，你需要付出自己的一些东西。这表明对全面创新感兴趣的地方当局需要思考如何在工作中支持和传达价值观基础。

对有效的共同创造而言，第二个重要的因素是时机（timeliness）。① 时机在两个方面很重要。一方面，是要意识到共同创造过程中所达成的阶段——何时培养，何时退后，何时干预，何时引入其他人员；另一方面，涉及管理建立

---

① 事物在某一段时间内才有效、有意义或有作用的特征。——译者注

第 6 章
领先的公共服务创新

信任和有意义的关系所需的缓慢速度与创新者希望改变的速度之间的紧张关系。

第三个因素是领导者需要认识到自己组织内的资产——发现人才,帮助他们做好事情。共同创造的概念意味着领导、管理和提供公共服务的人的思想发生了深刻变化。根据长期建立的社区发展方法,服务于公众的人们需要发展复杂的倾听技能,更重要的是,需要比在大多数公共服务环境中更专注资产。对资产的关注也意味着对"地方"一词有了整体和包容性理解,而不是部门或部门化的理解。显然,高层领导人可以发挥关键作用,为从各界汇聚而来的人士创造空间,发现创新人才,支持他们。

(二) 新公务员

共同创造的方法需要新的工作方式。在英荷项目中,我们将这个主题称为"新公务员",以便延伸对现代公共服务的思考。在我们开展案例研究的城市里,计划管理者强调,改变工作方式是十分重要的。在我们研究的城市中,正在试验的新工作方式可能被认为是相当危险的。所涉及的风险之一是与服务用户一起成为共同创造者,重新定义专业人士和居民之间的关系,从之前的我们/他们、专业人员/问题人员,变成了合作和相互尊重的整体。

与不太强大的合作伙伴共享信息和决策,意味着以真实和有意义的方式共享权力。在斯温登,家庭选择他们想要共同合作的 LIFE 团队成员。这是常规的做法。在传统模式中,客户别无选择,所有的权力都在公务员手中。恩斯赫德的社会全科医生①已被赋予了非正式的决策权力,在服务领域与个人居民进行整体的工作,并授权他们为自己采取行动。随着其他地方发生的全面创新,这些创新故事正在重新定义成为公务员的意义。

中高层次管理者在帮助一线员工开发新的工作方式时发挥重要作用——与居民建立真正的协作关系,这说起来容易,但在实际中可能非常具有挑战性。为了以跨界方式工作,共同创造/合作型领导者、管理者和一线工作者需要重

---

① 全科医生 (general practitioners, GPs) 是接受过全科医学住院医师训练,经过考试合格的新型专科医生。——译者注

· 201 ·

迈向包容性城市
地方性创新的故事

点强调一套特定的技能和能力。这些包括个人的适应能力、情感素养和代表他人冒风险并承担风险的能力，可能需要重新审视对领导创新的培训，因为许多领导力培训计划往往会延续传统模式。

（三） 引领公共服务创新

现在，我们来看看图6.1的核心任务。领导者要怎样做才能同时推动激进创新[①]和社会包容呢？我们的创新故事表明，地方性政治领导力对于树立欢迎公共服务创新的基调至关重要。地方政治领导人可以在塑造公务员和广大社区的情感和行为方面发挥巨大的影响力，以促进社会包容，而研究文献忽视了这一点。

但是，政治家并不是唯一重要的地方性领导者。如第5章所述，在任何一个地方都存在五个城市领导力的重要领域。图5.3显示，这五个地方性领导力的领域包括政治、公共管理/专业、社区、商业和工会，而它们彼此互连和重叠。本书提供的创新故事显示，来自城市领导力五个领域的领导者在促进公共服务创新中起着至关重要的作用。不仅如此，这些故事还表明，五个领域的领导人都表示愿意采取大胆措施，在城市中实现更多的社会包容。

在本节中，我们确定并讨论了在英荷研究项目中一起工作的学者和从业者创造的公共服务创新领导有效方法的关键要素。该模型的总结，参见图6.2。

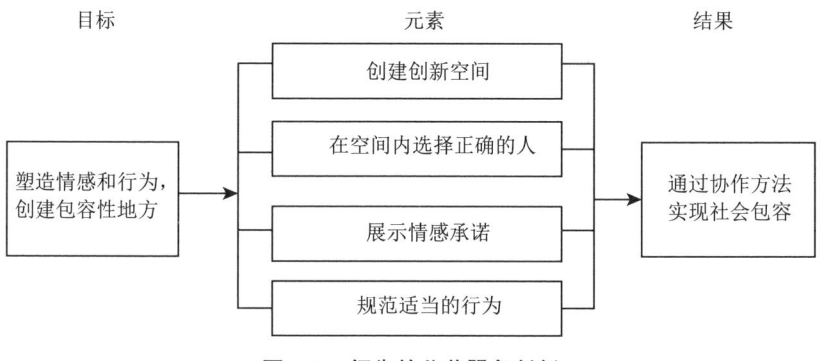

图6.2 领先的公共服务创新

资料来源：汉布尔顿和霍华德（2012，p.36）。

---

① 激进创新（radical innovation）是指那些在技术原理和观念上有巨大突破和转变的创新。——译者注

·202·

第6章

领先的公共服务创新

这个简单的模型设想了三个步骤。领导实践当然比这个整齐有序的模型所显示的更加动荡和充满挑战性。在现实中，有许多反馈循环、交叉连接、挫折和惊人的曲折，有好有坏。我们的模型并不试图映射这种复杂性。该模型以明确的目标开始。通过以前所述的领导力定义，我们界定了以一种非常简单的方式促进社会包容的城市领导目标：塑造情感和行为，创建包容性地方。这是一个总体目标——英荷研究中的每一个地方都有更多关于社会包容的具体目标。但这些复杂性并不必然影响我们的研讨。如图6.2所示，期望的结果是：通过协作方法实现社会包容。这也只是衡量进步的一个标准，每个城市都会根据更多具体标准来评估自己的业绩。就我们讨论领导力的目的而言，这个宽泛的期望结果已经足够了。

我们的研究中出现了四个核心要素。我们强调，这四个要素是相互关联的，有效的领导者将它们结合在一起。但是如果将它们分开，可以增进我们对创新的理解。其中，两个要素是关于领导人怎么做的，另外两个要素是关于他们为什么要这么做：领导者做什么来促进创新？（1）领导者为来自不同背景的人们创造新的空间或环境，相互交流，共同学习。（2）领导者将正确的人员纳入他们创造的空间。领导者如何推动创新？（3）他们建立鼓励开放勇敢行为的工作方式，帮助他人克服对变革或失败的恐惧。（4）他们显示出自己的个人奉献，并意识到他人的情绪。

在图6.2中，这四个要素都是单独罗列。而在实践中，领导者可能会采取行动，在任何时刻，这些行动同时包含了其中的几个要素。英荷研究曾详细讨论了这些要素（Hambleton and Howard, 2012, pp. 35 - 39）。这里，我们把每一个都简单地谈一下。

首先，创建连接和交换的空间是至关重要的。将不同类型的人聚集在一起，以结构化的、有目的的方式进行交流，可能与投资进行个人变革能力的建设同样重要。这一见解与第5章中提出的论证是一致的，即创造出具有不同观点的人们可以聚集在一起的创新区域，可以对已建立的方法进行创造性的质疑。世界各地的城市正在尝试创造创新空间的想法。

创造创新思维和实践的空间是一回事，让合适的人参与其中则是另一回事。让合适的人进入这个空间，需要从顶层进行战略领导。全面创新要繁荣，

迈向包容性城市

地方性创新的故事

上层的政治和管理领导人往往就需要这样做，不仅仅是为了保护创新空间免受短期财务需求和政治压力的影响，而是还要找出合适的人来实施创新举措。然后，上层领导要参与"创新人才考察"。他们需要形成识别潜在人才的资质，需要赋予具有强大协作能力的新兴领导者以权力，让他们去采取行动，并允许他们探索和实验。这些出现在所有五个地方性领导力领域中的人是跨界者，或者说是组织和团体之间的桥梁。通常，他们在组织层级或组织之间，以及市民社会与国家之间的层面上都能很顺利地开展工作。

第三个要素涉及情感承诺。公共服务创新往往需要违反常理，也就是与当前流行的文化背道而驰。这可能要求很高，一种结果就是公共服务创新的有效领导需要对创新有强烈的情感承诺。领导者必须相信变革是必要的，并且管理别人对变革或失败的恐惧。英荷的研究项目发现，公共服务创新的领导更有可能取得成功——特别是在对角色和关系进行根本反思时，领导者采用的是变革方式而不是交易方式。这意味着表现出一种理解他人的情感、激情、热情和恐惧的行为，而不是通过激励和交易的逻辑来进行领导。

在第 5 章中，我讨论了变革型领导方法和交易型领导方法之间的区别，并指出变革型方法涉及对共同目的的情感。当讨论积极进行肯定的能力（affirmative competence）时，弗兰克·巴雷特强调了这一观点：

> 解决问题本身不会产生新的解决方案。我们需要的是坚信会有解决方案，积极的事情会出现。领导者需要像爵士音乐家那样——预料到鼓励人们尝试新事物的结果将是意想不到的。培养一种对实验和错误持开明态度的思想，能够使创新的文化最大化，这种思想也使管理者能够利用错误来提供新的见解。（Barrett，2012，pp. xi - xii）

第四个要素，有时在商业管理书籍中被称为言行一致（Taylor，2005），涉及领导者通过他们的行为来表达他们希望组织做什么。对于一个欢迎创新的组织来说，领导者将通过自己承担一些风险来确定基调。这在组织的各个层面都是如此。特别是，他们将对跨越边界的领导技能进行角色建设，在不同群体之间建立桥梁，为共同的地方作出贡献。对于上层领导，建立桥梁需要走出办公

第 6 章

领先的公共服务创新

室、组织和舒适区。与地方未来相关的领导者——无论规模多大——都需要与他人联系，知道其他领域的行动者在思考什么、在做什么，并将不同的利益结合在一起。这意味着，在理想情况下，需要经常性地进入不舒服辩论区①（ZOUD）工作。ZOUD 指的是一个不言而喻的过程，它阻止人们过于仔细地质疑当前的做法。城市领导者不仅要善于辨别不舒服辩论区，而且还要鼓励员工和同事进入这个区域并走出这个区域。

（四）应对创新阻碍

英荷研究表明，创新的主要阻碍是恐惧——由于对风险的认识而产生的不同形式的恐惧。这些恐惧包括：

- 害怕失败——如果事情"错了"会发生什么？
- 害怕脱离标准——"最佳实践"的概念可能会阻碍新思维；
- 对自由的恐惧——专业人士过于依赖规则和程序，对自己的判断失去信心；
- 对新事物的恐惧——在这种新情况下我能处理好吗？
- 与同事的摩擦恐惧——这样做，其他人高兴吗？
- 对对方的恐惧——人们常常习惯与像自己一样的同事（例如地方当局的其他专业人士）工作，并可能拒绝与不同的人工作。

研究证实，负责领导公共服务创新的人士很有可能会遇到这种恐惧。我们还可以确定领导者可以用来管理或应对这些恐惧的一些策略，这里，重点介绍其中两种策略。

一种应对人们对风险的恐惧的策略，就是要尝试找到创新的理念。新的举措往往被认为是开创新局面，因此，这些新举措往往从很早的阶段就成为焦点。它们可能会引起媒体的关注，更有可能引起既得利益者的关注，从而使创新变得令人不安。当地政治家和公共部门管理者需要找到更加敏捷的方法，这

---

① 2011 年英国—荷兰研究项目使用了"不舒服辩论区"（ZOUD）这一想法。地方当局首席执行官和高层管理人员协会的凯瑟琳·罗塞特（Kathryn Rossiter）介绍了这一概念，并阐明了这一概念的来源是克兰菲尔德商业领袖计划负责人凯瑟琳·贝利博士。参见 http：//www. som. cranfield. ac. uk/som/dinamic-content/media/knowledgeinterchange/topics/20110404/Article. pdf。

· 205 ·

可能意味着不必等待许可，就能够安静地试验新想法。

另一种不同的领导战略是确定风险，并代表他人承担风险。这意味着授权、培训和支持您的员工作出决定并承担风险。公共服务领导者需要使创新者免受来自既得利益者、媒体等方面的潜在攻击，以给创新提供时间来发展并扎根，或者是失败后重新开始。因此，领导是要鼓励人们实验，并允许失败。这就是我所说的代表他人承担风险的意思。① 布里斯托市市长乔治·弗格森了解风险的重要性，创新故事 2 提供了他对城市领导方式的见解。在当选周年纪念日上，他发表了第一次"城市状态"（state of the city）演说，强调创新的重要性："我们的目标不是失败，但我们绝对不能让对失败的恐惧阻止我们成功。我们要大胆……"（Ferguson，2013）

（五）推广创新——从原型到更广泛的影响

图 6.1 中的第五个组成部分——推广创新的想法如何？英荷研究项目表明，目前在推广公共服务创新的辩论中使用的语言是有严重缺陷的。听政治家和政策制定者，甚至是智库，谈论"扩大"或"推出"创新是很平常的。或者更糟糕的是在"复制"创新。所有这些想法都是错误的，因为他们没有认识到公共服务创新是当地社会探索的过程。直白地说，你不能复制和粘贴成功的创新。那么如何分享创新呢？如何激发创新点燃其他地方的社会探索过程呢？英荷项目提出了三个建议（Hambleton and Howard，2012，pp. 40 – 43）。由于篇幅有限，在此稍提如下建议：跨越"地方"的连接；从失败中学习的能力；以及领导者在鼓励组织之内和组织之间更广泛变化的作用，包括使用讲故事的方法。

建立创新的一种方式是建立本地（或社区）领导人和全市/战略领导人之间更强的联系。跨界者可以在战略愿景和当地社区资产之间建立明智的联系，其作用变得至关重要。发展更多联系广泛的组织，表明应该扩大创新区，也就

---

① 巴雷特（Barrett，2012，p. 43）强调了不完美和宽恕的重要性，并引用了传奇小号手、乐队领队、作曲家迈尔斯·戴维斯最喜欢说爵士音乐家的一句话："如果你没有犯错，那就是个错误。"这让我想起几年前我参加马戏技能课程时听到的类似评论。我们的导师哈吉斯（Haggis）是一位出色的七个棒杂耍者，他常大声喊道："如果你不掉棒，那你就不会进步！"

第6章

领先的公共服务创新

是图 5.3 所示的五个城市领导力领域之间的重叠部分。政治领导人及其所雇用的管理/专业人员必须与地方性领导力其他领域的城市领导者一起，开放对话空间。

在本节的前面部分有关创新阻碍的讨论中，我表示，对失败的恐惧是阻碍实验和探索新事物做法的主要因素。这项研究与巴雷特（2012，pp. 41 - 65）提出的分析一致，表明需要改变对失败的态度。公共服务领导者需要将错误作为知识的来源，并能够从失败中学习。在此情况下，区分"原型"和"试点"可能是有帮助的。原型一般都会有缺陷，需要重新调整：它之所以存在是为了将想法付诸实践，并且在概念和现实无法接轨时进行调整。① 另一方面，试点意味着存在一种想法，这种想法在更大规模应用之前需要进行试验。如果接受这种区别，言下之意就是，相比试点项目，政策制定者应更加注重原型的举措，更注重通过实践来探索。当然，政界人士很难倡导有风险的行为，承认他们的一些举措失败。我建议，在关于公共服务创新的政治话语中，实验、原型设计和通过实践学习的语言都可以更加大胆。

如果我对"最佳实践""推出"试点或"扩大"举措的懒惰语言的批评是正确的，那么，领导者是怎样从孵化阶段推动公共服务创新的呢？推广创新的一个好方法是分享经验，不是把经验作为其他地方的行动指南，而是以此鼓励他人尝试、合作、确定和推广自己的资产。在早些时候，我们将情感承诺确定为创新领导力的关键要素，如果创新做法要产生更广泛的影响，情感承诺也同样重要。人们如果要自己冒险，就要感受到情感上的联系，摆脱他们已经习惯的做法，以及他们已经投入精力去做的事情。

这就是创新故事的来源。正如我在第 1 章所解释的，创新故事与传统的案例研究不同。它涉及共同创造一个关于创新的叙述，同时努力确定领导力经验。一个清晰简明的创新故事是鼓舞人心的，它会对大胆和成功的创新进行考察。尽力突出经验，这样可以从叙述中得出合理的见解。不同的读者可以考虑这些经验是否是稳健的，当然还可以确定其他更适合他们的需求的经验。使用

---

① 沙尔默和考弗（Scharmer and Kaufer，2013，pp. 184 - 189）对原型计划在促进创新中的作用提供了有益讨论，并将原型设计称为"通过实践来探索未来"（p. 188）。

故事或隐喻可以创造出能激发新思维的非字面的联系。我同意亚普（Yapp，2005）的观点，他建议在公共政策方面扩大讲故事的概念。[①]

七、结论

在稳定时期，并不是那么需要公共政策创新。照着去年的样子做，多点或少点，这可能并不是很鼓舞人心，但在稳定时期，这也很可能不会产生灾难性的结果。在本章，我认为，根据唐纳德·施恩提出的分析，我们并不处在稳定时期。恰恰相反，世界正在快速变化，人们发现传统的公共服务绩效管理方法已经无法满足需求。这种不断变化的环境意味着公共决策者和各界城市领导者需要更加注重如何实现建设性的公共服务创新。在随后的章节中，我们将延伸发展这一论点。例如，第8章将突出强调全球变暖所引起的问题，这需要在环境意识和行动方面有所改变，而提供的创新故事将展示出地方领导人是如何应对的。

本章提出，大部分关于公共服务创新的文献都忽略了地方性创新的重要性。公共服务创新的讨论太过于被技术和/或管理话语主导了——总的来说，它是与政治分离的话语；具体来说，它是与基于社区行动的创新能力相分离的话语。技术突破当然可以改变公共服务质量。创新故事3讲述了芝加哥卓越的311服务，展示了在支持服务用户和员工时，新技术是如何提升公共服务响应能力的。本章的另一个创新故事——在斯温登、恩斯赫德和朗拉格的创新实践中，创造出了旨在解决社会和经济排斥的大胆创新的非凡例子。所有创新故事中的一个重要主题——人，而非技术，才是全面公共服务创新的驱动力。例如，朗拉格的经验展示了如何用很少的钱就使得消除社会排斥问题的事业发生重大变化。

本章提出：许多公共服务机构正在从"改进议程"转向"创新议程"；全面创新包括重新考虑公民与国家之间的关系；整体系统的公共创新方法是可取

[①] 亚普认为，使用隐喻和故事的能力在创新中很重要。根据这里提出的分析，他认为，如果高层管理人员拥有更高超的叙事技能，公共服务组织的创新能力就将得到提高。

第6章
领先的公共服务创新

的。借鉴针对英荷三个城市公共部门创新的研究，本章对如何在当地领导公共服务创新提出了一些思路和建议。有观点认为，公共服务创新中的核心领导任务是策划协调（orchestration）社会探索过程。这对今后一段时期城市领导力的本质有深刻的影响。各种创新故事显示了这在实践中可能意味着什么。

在结束本章时，我想强调公共服务创新的即兴创作和突破规则的想法的重要性。我已经提到世界正在迅速变化，因此，公共组织如果只是做更多已经知道如何做的事情，那是无法提高其效力的。因此，那句曼彻斯特俗语在今天仍然是适用的："永远不要忘记，只有死鱼才会一直随波逐流。"[①]

（滕飞　翻译）

[①] 这句引文出自英国记者兼作家马尔科姆·穆格里奇。不过，他承认这是他在20世纪60年代在非正式场合从曼彻斯特的某个人那里听到的一种说法——见1964年7月9日的《广播时报》（*Radio Times*）。

第7章

民主的城市治理

西西涅斯·维鲁特斯："城市不就是人民吗？"

市民："确实，人民就是城市。"

威廉·莎士比亚，《科利奥兰纳斯》，

第三幕，第一场（约 1608 年）

引　言

本书的中心论点是，非地方性权力的范围正在扩大，而这对当地社区来说是个坏消息。由于非地方性、不负责任的决策者的所作所为，社会分裂遍布世界各地。为什么会这样呢？因为这些决策者忽略了社会考量（social calculus）。他们并不认为，对特定社区作决定时，考虑其后果是重要的。

这是一种非同寻常的状况——2008 至 2009 年的全球金融危机已经残酷地表明了这一状况。大型金融机构和跨国公司的远程决策者已经证明，他们与社会现实是完全脱节的。他们需要重新考虑他们的价值观和理论，而这对他们来说也是一个巨大的挑战，但是只有这样，他们才能成为了解当地社区重要性的组织。社会进步要求他们从剥削人民转向为人民服务。这似乎是一项雄心勃勃的任务，但是有很多争论认为，要推动资本主义走向更负责任的形式，认识到社区具有丰富多样性，认识到要创造本地财富和带来

· 210 ·

第 7 章

民主的城市治理

本地繁荣。① 我认为，要成功地将社会从剥削文化转变为服务文化，就需要大幅度地扩大地方性权力。

可以预期，地方政府将成为实现这种社会新秩序的关键角色。的确，它们已经在这样做了。本章解释了为什么强大的地方民主在现代社会重建地方性权力方面发挥着至关重要的作用。第一，我回顾一下与非地方性权力的运用相关的问题。第二，我提问道：地方政府是为了什么而存在的？这是一个很大的课题，重要的是要回到问题的基本面上。第三，我讨论民主的各个方面，考虑将代议制和参与式民主进行结合的可能性。第四，现在的论点变得更加具体，我研究了地方治理的制度设计方案。有人可能认为，我们组织地方政府体系的方式会对当地的地方民主质量产生重大影响。创新故事 7 就展示了新西兰政府如何重新设计奥克兰市辖区的治理安排，从而创建一个更有效、更具包容性的城市领导力平台。

在本章第五节，我研究了市民参与，并提出了一个简单的概念框架——公民赋权阶梯。近几十年来，全球范围内的参与式民主形式有了极大的拓展，而这种对民主重塑的大量投入也为我们带来了许多鼓舞，提供了许多有价值的见解。创新故事 8 概述了瑞典马尔默在城市治理方面进行的重大变革。与其他国家相比，瑞典地方当局的权力非常强大，所有关心地方民主强化的人们都会对瑞典的地方政府政策感兴趣。在这方面，马尔默为分权化管理和社区参与提供了令人鼓舞的例子。

一、非地方性权力——核心挑战

在第 1 章，我介绍了现代社会中的权力概念。我阐述了各种对权力进行概念化的方法，例如，区分硬形式和软形式的权力，即硬实力和软实力。简单来说，硬实力依赖于诱惑或威胁，而软实力吸引了赢家的支持（Nye，2004）。我也提到史蒂芬·卢克斯（Stephen Lukes，2005）确定的三个权力"面向"：

---

① 目前关于这个主题的文献不断涌现。例如 Jackson（2009），Chang（2010），Esteva el al.（2013），Piketty（2014）。

· 211 ·

迈向包容性城市
地方性创新的故事

（1）公共决策中的权力使用公开可见；（2）通过权力微妙的作用，吸引人设法避开与公共政策议程之间的必然冲突〔简称为"非决策"（non-decision-making)〕；（3）通过误导和宣传，操纵群体价值观，对欲望进行潜在塑造。这里，我想通过强调非地方性权力和地方性权力之间的区别来推进对权力的讨论。

不可否认的是，在过去30年左右，非地方性权力已经显著增加。所谓非地方性权力，是指那些不关心自己的决定对居住在特定地方的社区会产生影响的决策者所行使的权力。在第4章我提到远程决策者往往因为缺乏对当地的了解而错失机会，强调全球资本积累下的现代需求已经曲解了现代社会的明智决策。我们遭遇了一种境况，即私营部门的管理者不只是受到了获利重要性的驱动。但是今天的由资本主义运作主导的模式要求管理者实现利润最大化，排除了所有的其他价值观。

捍卫私营部门管理的人声称，可以引入"三重底线"的领导方法和管理来弥补这一根本缺陷。例如，在几年前，约翰·埃尔金顿（John Elkington，1997）提出，具有前瞻性的企业应该根据三个标准来衡量其绩效——经济繁荣、环境质量和社会公正——而不仅仅是经济。这是一个好主意，但是人们对他的观点置若罔闻。在哪里有确凿的证据表明，大量大公司实际上正在使用"三重底线"计划和预算呢？在那些大公司中，又有多少公司对这三个绩效标准给予了同等的重视呢？

可悲的是，证据显示，并没有多少大公司会这样做。从总体上看，私营部门中的大公司现在更痴迷于纯粹的获利能力。暂且不说2008—2009年的全球金融危机是由那些银行业领导人的自私行为所引发的，让我们先思考一下第4章提供的案例。

这里，我介绍一下美国的跨国公司（当时是卡夫食品公司，现在是亿滋国际）是如何在2010年接管吉百利巧克力公司的。尽管卡夫食品公司已经承诺保留经济上成功的、位于布里斯托附近凯恩舍姆的萨默代尔巧克力工厂，但新老板在接管公司的几天内就违背了之前作出的公开承诺。卡夫食品公司的高级决策者对"三重底线"根本不感兴趣。相反，他们迅速关闭了经济上取得成功的萨默代尔巧克力工厂，并将巧克力工厂搬到了波兰。工厂关闭、400名

第7章

民主的城市治理

工人失业，对凯恩舍姆这个英国小镇造成了巨大的经济损失。这个关于滥用非地方性权力的案例是鲜活而且记录翔实的。

但是，我想在此强调的重要一点是，萨默代尔巧克力工厂的倒闭并不是一个孤立的事件。跨国公司总是错过培养植根当地的企业的机会，这是因为非地方性决策者很少关注当地的经济发展，更不会考虑他们的决策对特定地区特定社区的生活质量会产生影响。奥托·沙勒和凯特琳·考费尔（Otto Scharmer and Katrin Kaufer，2013，pp. 111 - 112）在他们关于现代商业的书中提出了正确的观点。他们认为，商业领导者具有"组织性的自我系统意识"（an organi-sational ego-system awareness），这种意识倾向于以一种过于自私的方式开展业务——而现在，我们的经济事实是由"全球相互依存的生态系统"所塑造的。他们很准确地指出，许多企业领导人将他人的担忧视为了"外部因素"。而这些作者的研究表明，具有远见的公司意识到在一个相互联系的世界中，以自私的方式开展业务不仅是愚蠢的，更是过时的一种商业思维。

要抗击非地方性权力，解决因发展这种不负责任的资本主义而造成的日益加剧的不平等现象，其中的一种方法就是增强地方性权力。这是所有社会都需要强大、健康的地方民主机构的关键原因之一，这些地方民主机构是由关心生活在"他们"地方的当地社区的人来领导的。包容性城市必须成为一个民主的城市。本章的其余部分将讨论地方民主，并探讨如何在世界各地的城市发展和强化政治声音。

二、地方政府的目的是什么？

在任何国家，地方政府的形式和职能都会反映出国家的传统、历史和文化。因此，在试图回答这个问题时，一概而论是不明智的做法。地方政府的目的是什么？我们可以确定一些重要的主题和原则，而这些主题和原则与地方民主的讨论都是相关的。

首先，地方政府是一个政治机构。现代地方政府起源于政治行动主义（political activism）——人们是为了公共目的而建立地方政府的。这种行动主义的性质、发生的背景和发生的时间，因国家不同而不同。然而，在大多数国

迈向包容性城市

地方性创新的故事

家，民选地方民主制度的创建和出现，无论过去还是现在，都是与更广泛的社会运动交织在一起的，这些运动的目的就是为了推动整个民主事业的发展。简单地说，被压迫的人民寻求解放的努力，是现代地方政府存在的原因。

例如在英国 19 世纪不断扩大的工业城市中，那些为生存而挣扎的人们生活条件十分恶劣，引发了广泛的政治抗议和示威。在第 3 章我提到了伯明翰市市长约瑟夫·张伯伦和他的同事们 19 世纪 70 年代在改变城市贫民的生活条件方面所取得的卓越成就。但是，如果没有他们之前的激进活动家们的政治行动和牺牲，张伯伦和其他高效的维多利亚时期的英国城市领导人也不可能取得这样持久的成就。

在此方面，人民宪章主义（chartism）值得特别一提。宪章主义者（chartists）从早期的政治运动中汲取力量，比如，托尔普德尔蒙难者联盟工会①是 19 世纪 30 年代和 40 年代英国有影响力的政治和道德力量。他们的领导人因煽动叛乱而被关进了监狱。这些推动以权利为基础的社会正义的努力，包括建立"城市权"的斗争，在过去的几十年里，已经赢得了发展②。没有这样的政治行动主义，就没有地方政府。而且，正如伊内斯·纽曼（Ines Newman，2014）所论证的那样，没有持续的政治行动主义，地方民主就会枯萎。

除了由加强民主的政治项目所驱动以外，地方政府还有哪些特点呢？我认为有五个特点是比较突出的。第一，地方政府由选举产生。地方民众选择由谁来代表他们的利益。世界各地都有多种地方政府选举制度，比如有些国家采用了"得票最多者当选"的投票制，有些国家则采用各种比例代表制。第二，地方政府具有多种功能。我所说的地方政府，执行不止一种职能，而且职能的范围因国家而异。这使得当选的政治家可以在这些职能中对政策的优先顺序进

---

① 托尔普德尔的蒙难者：6 个多塞特劳工被驱逐到澳大利亚，并在 1830 年组建了托尔普德尔蒙难者联盟工会。——译者注

② 在 1850 年 10 月 20 日的一个著名演讲中，宪章运动领导人欧内斯特·琼斯（Ernest Jones）敦促他的追随者去"组织，组织，组织"。一个世纪以后，有影响力的美国社区活动家索尔·阿林斯基在芝加哥的政治运动方式中使用了非常相似的想法（Alinsky，1969）。而且，近年来，巴拉克·奥巴马在芝加哥南区做社区组织者时，也采用了许多相同的技术。沃尔夫（Wolffe，2009，pp. 60 - 64）认为，阿林斯基启发了芝加哥组织，使未来的美国总统能够找到他的种族身份、形成世界观，并真正了解了社区基础活动的方面。

· 214 ·

第 7 章

民主的城市治理

行选择。第三，地方政府有责任在规定的范围内行使政府职能——地方政府是以地方为单位的。第四，名副其实地，地方政府能在不受上级政府干预的情况下，设置地方税收和筹集自己的财政收入。在不同的国家，地方与中央的关系各不相同。在许多国家，地方政府享有宪法保护，但有些国家的情况并非如此。例如，我在第 1 章指出的，英国历届中央政府都剥夺了民选地方政府的权力，以至于本地居民不能再决定自己可以征收多少税收。第五，地方政府是法人机构。总的来说，地方政府的权力是由议会作为一个整体来行使的，并不属于多数党，也不属于个别政客，更不属于民选政客决定任命的官员。不得不承认，这种对地方政府的权力和职能的描述是相当枯燥的。我更想强调的是地方政府在行使地方性领导力。我认为，地方政府的目的就是为了共同利益而提供地方性领导力[1]。它们的四个基础目的如下：

- 捍卫本地居民的政治自由，抵御潜在的专制性中央国家和其他外部势力。
- 支持以社区为基础的方式进行公共服务创新，挖掘本地的力量和资源。
- 提供卓越的公共服务，以满足所有居民的需要，提高生活质量。
- 营造生态友好型的繁荣社区，以适应不断变化的环境。

在第 3 章，与赫希曼（Hirschman, 1970）一样，我区分了两种理想的赋权理论概念——退出权和话语权。在一个监管良好和公平的市场中，如果消费者觉得为他们提供服务的组织表现不佳，他们就可以利用自己的退出权，将自己的消费行为转移到其他地方去。然而，由于各种原因，这种权力在公共领域的作用是非常有限的。因为公共政策涉及集体利益——它提供的无数服务和利益不能被个人化。因此，话语权的力量——市民通过投票箱和其他方式表达他们的优先权——作为改善公共政策绩效和创造力的一种方式，比市场机制更有前景。可见，地方政府的存在，是建立在话语权的基础之上的。正如我们将看到的那样，地方政府不仅在倾听市民的意见，而且越来越有效地听取市民的意见，并通过将市民声音纳入公共服务创新的核心，共同创造出解决公共挑战的新方案。

---

[1] 我在公开演讲中提出了这些想法——"地方政府的目的是什么？"——2013 年 5 月 15 日，在布里斯托分水岭（Watershed）的思想节日—市长会上的发言。参见 http://urbananswers.co.uk。

三、民主的维度

1863 年 11 月，美国总统亚伯拉罕-林肯发表了一篇非常著名的演讲，为我们讨论民主的不同维度提供了有益的起点。在这个美国历史上最具影响力的演说之一——葛底斯堡演说中，林肯热情洋溢地说道，"自由的新生是……为了民有、民治、民享的政府"。从此以后，他的演说一直激励着所有民主的信徒。但是，正如戴维·赫尔德（David Held，1987）所观察到的，民主的"模式"有很多种。如何实现"民有、民治、民享的政府"仍然是一项正在进行的工作。

值得强调的是，正如阿玛蒂亚·森（Sen，2006）所解释的，民主的概念并不是"西方"的发明。例如，在 7 世纪初的日本，佛教的政治领袖圣德太子（Prince Shotoku）在公元 604 年颁布的"十七条宪法"中就坚持认为："重要事项的决定不应该由一个人单独作出。应该和许多人一起讨论决定。"（Sen，2006，p. 53）。森指出，这比 13 世纪英国签署《大宪章》（*Magna Carta*）还早了 600 年。[1]

为了讨论城市民主治理的目的，对民主的代议制理论和参与式理论作出区分是有帮助的。代议制理论通常被称为古典理论，它认为民主的核心是对领导权的竞争。候选人在自由和公平的选举中竞争职位，一旦当选，被选的代表就应该开始进行符合公共利益的决策。而在参与式理论中，市民的作用远不止于在选举中投票和等待结果。在参与式民主中，市民会更积极地参与影响他们生活的决策。有时候人们会认为，我们必须从二者中选择自己更喜欢的那种制度，这是错误的。正如本书中介绍的创新故事所证明的那样，世界上一些最成功的城市在将代议制和参与式方法结合起来的过程中，取得了很大成功。

在这一点上，对民主理论的演变作一个简短的评论，也许是有帮助的。约瑟夫·熊彼特在其影响深远的《资本主义、社会主义与民主》一书中强调，由潜在的决策者来竞争人民的选票才是民主的主要特征（Schumpeter，1943）。

---

[1] 英国国王约翰于 1215 年 6 月 15 日在米尼兰德签署了《大宪章》，这要求英国国王接受他不能肆意作为、随心所欲的限制。而在英语世界中，《大宪章》被广泛认为是英国及其他地方引入宪法的重要一步。

第 7 章

民主的城市治理

在熊彼特的理论中，市民唯一的参与手段就是对领导人进行投票和讨论。竞选、通过参与式预算等安排直接参与决策，以及社区管理，都不具备这种特征。卡罗尔·帕特曼（Carol Pateman）指出，熊彼特对民主理论提供了一种奇怪的狭义解释，而这种解释掩盖了一个事实，即并非所有古典理论家都认同他的参与观。帕特曼提出了一些支持参与式民主理论发展的论点（Pateman，1970，pp. 22 - 44）。在实践中，代议制模式在 20 世纪 60 年代就遭到社会运动的强烈挑战，从而涌现出大量不同形式的参与式民主。

在此背景下，今天的民主有哪些重要的维度呢？史密斯（Smith，2009，pp. 12 - 26）为我们提供了一个关于各种"民主产品"的有用介绍。我借鉴了他的分析，并加入一个额外的维度——城市领导力（civic leadership）。这种方法提出，民主有五个维度：

- 包容性；
- 民众控制权；
- 深思熟虑的判断；
- 透明度和效率；
- 城市领导力。

在这里，我们对每一个维度的讨论都是短暂的，但在以后的讨论中我们还会重新探讨这些主题。第一个维度，在城市治理体系中，不均衡的参与仍然是一个长期存在的问题。公平的地方民主制度是包容性的——它们包含了所有的声音，这说起来容易，做起来难。首先，谁算作市民？正如第 10 章所探讨的那样，我们许多人生活在越来越多样化的城市，而许多居民由于这样或那样的原因被排除在了政治进程之外。谁来代表尚未出生的孩子们的声音呢？其次，就代议制而言，个人如何被选为参选者？自选可能会复制现有的不平等现象。例如，女权主义者指出，在你能想到的每一个选举大会中，妇女的代表性都是不足的①。

---

① 从个人角度看，1988 年 5 月，我参观了美国参议院，观看了全国性答辩。在 100 名参议员中，只有两名女性——堪萨斯州共和党人南希·卡塞尔鲍姆（Nancy Kasselbaum），以及马里兰州民主党人芭芭拉·米库尔斯基（Barbara Mikulski）。我拜访参议院的那天，这两位女士都缺席了，这里没有批评的意思。在一场重大的政治大会上，男性那种无法抵抗的不舒服的感觉——不是很好的感觉——从来没有离开过我。当时，我就写下了这段话（Hambleton，1988）。

迈向包容性城市
地方性创新的故事

最后，也是最重要的是，城市治理机构在何种程度上提供了平等的发言权？是否提供了资源，确保经验和信心不足的人也能影响到机构的产出？

第二个维度是关于民众的控制权。谁来制定公共政策议程？参与是否只限于安全的议题，以抑制冲突？地方当局的决策在多大程度上回应了市民的意见？对参与"活动"的一个常见批评是，它们对决策几乎没有什么影响。执政者往往忽略市民的意见，或者把市民表达的意见当作是对其他地方决策的认可。我们将在本章后面讨论公民赋权阶梯时，再来讨论这些问题。

第三个重要的维度是深思熟虑的判断。市民的有效参与不仅仅是要发现不同利益相关者的自我利益偏好。高质量的决策过程需要为公众提供充分的讨论机会。在这种情况下，参与者不仅可以至少了解到一些"事实"，而且还可以理解其他背景和经历迥异的市民的观点。正如史密斯（Smith，2009，p. 25；本书作者观点）所指出的，民主制度的设计是否能够"确保市民实现……深思熟虑的判断"，是值得怀疑的。然而，正如我在第 5 章所建议的那样，城市领导者可以鼓励发展深思熟虑的判断力，他们可以创建创新区，让不同的利益相关者在其中交流意见，并相互学习——见图 5.3 及相关讨论。

第四个维度，透明度不仅对建立信任和信心的政治进程，而且对确保效率都是至关重要的。公开的决策过程有几个优点。首先，透明度减少了政治家和/或其官员产生不当行为或腐败行为的机会。其次，透明度使社区活动家、媒体和广大公众能够监督民选代表的活动，并对他们进行问责。许多人对政治并不那么感兴趣，许多人对地方政治过程贡献的时间非常有限。因此，公开性可以帮助实现问责性，而不需要承担大规模、持续的直接参与的高成本。最后，信息和通信技术为提高透明度的效率效益创造了越来越多的可能性，特别是如果地方当局能够随时提供所掌握的数据，就更是如此。例如，2011 年美国旧金山市通过了开放数据立法，使市民和政府能够共同创造一些旨在利用技术解决迫切需求的应用程序（Townsend，2013，pp. 227 – 230）。当我们在第 11 章讨论与智慧城市相关的新理念时，我们将再次讨论信息技术在城市治理中的作用。

第五个维度是城市领导力。正如本书详细讨论的那样，有效的地方民主取决于有效的地方性领导力的存在。事实上，我将地方政府定义为基于地方共同利益的领导。在第 5 章我提出了一个模式，将城市领导力，即地方性领导力分

第 7 章

民主的城市治理

为五个领域：政治领导力、公共管理/专业领导力、社区领导力、企业领导力和工会领导力。这些领域的领导力是重叠的，而且有影响力的城市领导者可以从任何领域中产生。

在这里，我想强调民选的地方政府政治家在行使城市领导力方面的关键作用。各个国家的选举安排各不相同。但是，在许多国家，我们发现有很多政治家是通过"全民选举"，即由一个城市中所有有选举权的人选出来的，例如直选市长；而在英国，这些政治家被称为市议员，他们被选出来代表城市内的地理单位。在一些国家，有不止一级民选的地方政府。例如英国的部分地区实行郡和区两级制。而在许多国家，有民选的邻里委员会（有时称为教区委员会、市镇委员会、社区委员会、地方委员会或类似的地方委员会），为小的区域提供地方责任政府。民主结构中的这些变化会对一个地区的政治活力产生重大影响，对此，有志于改革的人是需要了解的（James and Cox，2007；Kemp，et al.，2009）。

四、地方政府领导力的制度设计

在第 5 章我提到领导力与制度设计（institutional design）之间存在着重要的关系。简单地说，组织或制度设计可以帮助行使或阻碍行使有效的领导力。在这一节，我对一些主题进行简要概述，这些主题可能会让那些正在考虑重新设计地方政府制度，从而加强地方性领导力的人产生兴趣。我在这里介绍的是我与许多城市当局合作的经验，但我想强调的是，以下所有的想法和图解都是建议性的，而不是规定性的。

政治文化之间的差异是很大的，在一个国家或地区被视为很有吸引力的制度，到了另一个国家或地区却可能毫无用处。在我看来，当选的地方政府应该引用查尔斯·卡特爵士（Charles Carter）在英国背景下使用的一句话，即"以不同方式做事的自由"（Carter，1996）。在一些国家，中央政府对地方政府的组织方式几乎没有任何限制；而在另外的一些国家，中央政府（或联邦体制下的州级政府）则要干涉与各城市自身管理有关的所有细节。这里的讨论集中在地方政府代议制的设计上。将公众参与安排添加到现有的所有模型当中，

· 219 ·

迈向包容性城市
地方性创新的故事

是可能的，也是必要的，我们会很快再回到"公民赋权"的主题上来。

从哪里开始讨论代议制的模型呢？首先，明确那些行使政治权力的领导的责任是十分必要的。在许多国家，政治家所扮演的两种基本角色是有区别的——行使行政权和扮演对行政权负责的代理人角色。[①] 这是经典的"分权"模式，许多国家现在都采用了这种模式。在这种模式中，那些行使城市战略领导力的人（我们称他们为行政长官）被确定，他们的责任明确，这样他们就可以为其所作的决定承担相应的责任。在这个分权模式中，其他政治家（我们暂且称之为议会）虽然可能保留了与社区相关的重要决策权，但他们的重点是代表权、政策制定和监督行政机关。图 7.1 提供了一个分权的例子。

图 7.1　行政部门及议会的责任说明

资料来源：汉布尔顿和布洛克（Hambleton and Bullock，1996）。

我想强调两点。首先，这只是一个例子。这个模型中的内容是可以改变的。行政人员和议会之间的权力平衡可以根据当地的政治偏好进行调整——行

---

① 接下来的言论直接借鉴了我和布洛克（Hambleton and Bullock，1996）的说法。在这里，也许有必要把使用的术语解释一下，因为不同国家的地方政府体系用不同的词来描述不同的角色和职责。在一些国家，行政部门——领导城市的高级政治家群体——被称为内阁。正如我们将看到的那样，在某些情况下，行政机关是一个人，例如，直接选举产生的市长。政治家大会通常被称作议会。

第 7 章

民主的城市治理

政人员的权力可大可小。其次，需要特别强调的是，我们这里讨论的是地方政府模式——它不是一个纯粹的议会模式。在中央政府和许多民主国家中，行政部门与议会之间是可以融洽地各司其职的。行政部门对政策、优先事项和预算作出决定，而议会议员对行政人员进行管理。地方政府是不同的，这一点经常被中央政府官员误解。我认为，一个地方当局议会的议员完全有可能对影响他们选区的一系列决定行使行政权，这一点是至关重要的。这可以通过区分执行机构必须作出的战略决策和行政机关可以委派给各种地方议会和/或居委会的地方决策来实现。

在英国，2000 年通过的《地方政府法》（*Local Government Act* 2000）引入了分权制。遗憾的是，在一些地方政府中，没有被任命为行政机关的议员们觉得自己的决策权已经消失。这是对分权模式的误解——行政部门可以酌情地将权力下放给地方议员。我强调这一点，是因为成功的地方性领导力是多层次的——不只是那些"高层"政府需要行使领导力。正如前文所述，地方议员可以发挥重要的社区领导力作用，而这在三权分立的地方政府中是完全可以做到的。

世界各地对地方当局的领导和管理的方法存在很大差异。为了避免陷入混乱的细枝末节中，我们可以通过确定少量的备选模式来简化辩论。这种方法有危险——它往往都是有趣的细节。但是，为了这次讨论的目的，现在只提出三种地方政府组织模式，它们尽管方式不同，但都旨在支持有效的地方性领导力。我承认还有其他模式，包括不涉及三权分立的模式。然而，我在此概述的三种模式只是为了说明目前在世界各地的城市中使用的一些可选择的体制形式。①

首先要强调的一点是，在所有情况下，我们都需要改变组织结构图。因为传统的管理树都是把政治家、首席执行官和高层管理人员放在顶端。而在一个充满包容性的城市里，这是一种错误的做法——处于顶端的应该是人民。在一个民主城市的政府里，每位政治家和官员都是人民选举出来的，他们应该把自己视作人民的公仆。

在第一种模式——内阁＋议会模式中，选民选举议员（见图 7.2）。委员

---

① 每个国家都有自己的立法安排，规定了地方政府的权力，以及当地政府制度设计相关的安排。由此可见，有很大机会对可能的政府改革优劣进行国际交流和学习。以下是对一些模式的有用概述：Svara（2009），Svara 和 Watson（2010）和 UCLG（2008）。

· 221 ·

迈向包容性城市

地方性创新的故事

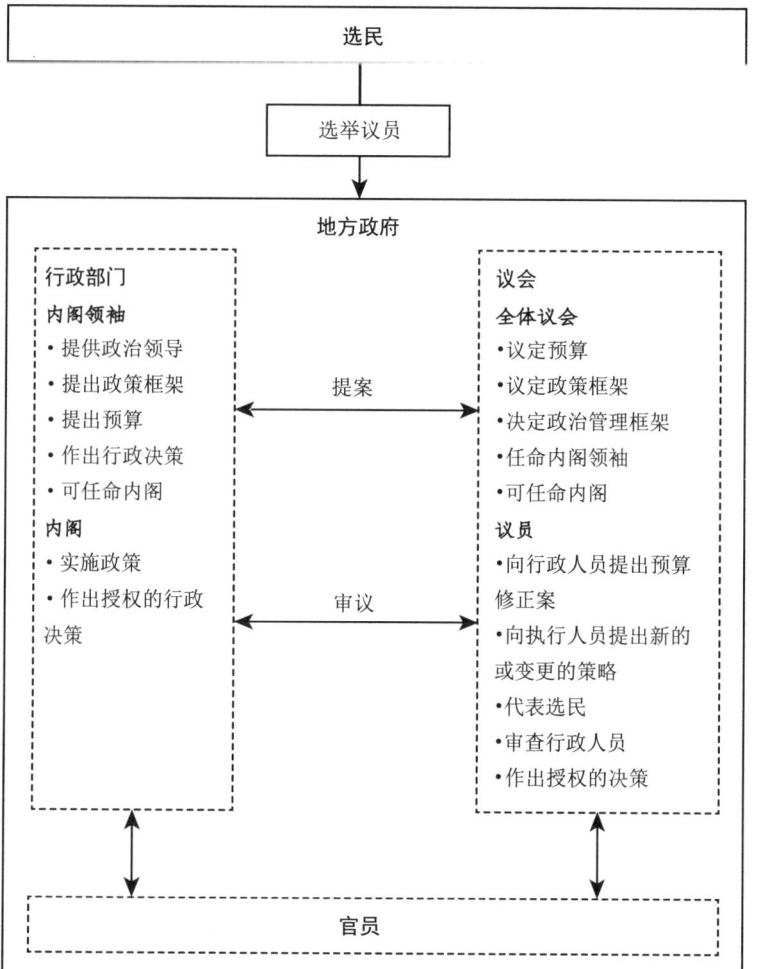

图 7.2 城市政府的内阁 + 议会模式

资料来源：作者自制。

会的议员数量有很大的变化，在一些城市可能有超过 100 个议员，而在另一些城市议员的数量可能屈指可数。① 一旦选举产生，议员任命一名行政人员（或

---

① 国家之间和特定国家的地方之间存在重大差异，政治学家把这称为代表比率，即每个议员所代表的平均公民人数。例如，在一些欧洲大陆国家，德国的这一数字是 250 人左右，而法国的这一数字就低一些。英国希望议员们平均代表的人数更多一些——即每个议员的平均人数超过 2600 人。在美国，每名议员的代表人数可能非常庞大，在一些城市，这一数字超过了 10 万——例如，亚利桑那州的凤凰城。

· 222 ·

第 7 章

民主的城市治理

内阁）——一小群议员负责领导地方政府。在英国，议会的政党政治配置是决定谁被任命为内阁成员的一个主要因素。议会中席位最多的党的领导人通常成为议会的领导人（和内阁领导人）。这种大会在英国被称为"议会"，它对行政机关负责——它具有正式的监督作用——并在商定年度预算方面发挥着关键作用。这张图表显示了提案在行政部门和议会之间是如何流通的。在图表的底部，我们发现了官员——由议员任命的专业管理人员提供建议，并确保提供具有成本效益的公共服务。内阁模式的核心有两个特点。第一，这个城市的上层政治领导人是从一小群人中选举出来的。第二，这些人是间接选举产生的——他们是由选举产生的议员选出的，而不是由选民选出的。

图 7.3 展示了城市政府的市长/内阁＋议会的模式。在这种模式的城市政府中，市民既投票给直接选举的市长，也为当地的议员投票。与前一种模式一样：行政部门与议会之间权力分离，两者之间的提案互相流通；议会审查行政人员的工作；官员们也为行政人员和议会提供支持。这种模式和前一种模式的主要区别是：最高级别的政治家——市长——由市民直接选举产生；市长通常任命内阁成员（这些政治家有时被称为副市长或市长助理）；而权力明显集中在（市长）一个人身上。

图 7.4 说明了我们的第三种选择——市长/城市经理＋议会模式。在这种美国传统的议会—管理者模式中，不存在市长。然而，近年来，许多采用这种模式的城市都认为，强大的政治领导力与委任的管理者一起工作是很重要的（Svara，2009，pp.6-9；Svara and Watson，2010）。在一些较大的采取议会—经理模式的城市中，市长拥有正式的权力，例如辛辛那提和堪萨斯城。我在这里提出的市长/城市经理＋议会的模式在很多方面类似于市长/内阁＋议会的模式。市民既投票选举直选市长，也投票选举他们的地方议员，而且行政和议会之间权力分离，提案在两者之间流通；议会监督行政部门的工作；官员向行政和议会提供支持。它与以前的模式的主要区别是：没有由高级议员组成的内阁与市长一起对城市进行战略领导；市长与任命的官员——城市经理——开展紧密合作。

· 223 ·

迈向包容性城市

地方性创新的故事

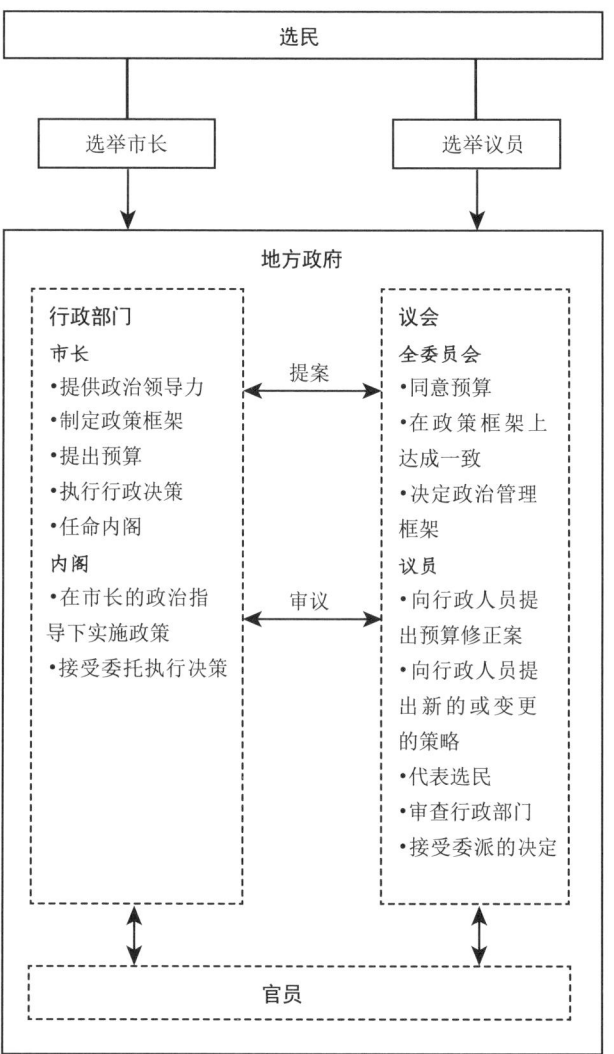

图7.3　城市政府的市长/内阁＋议会模式

资料来源：作者自制。

第 7 章

民主的城市治理

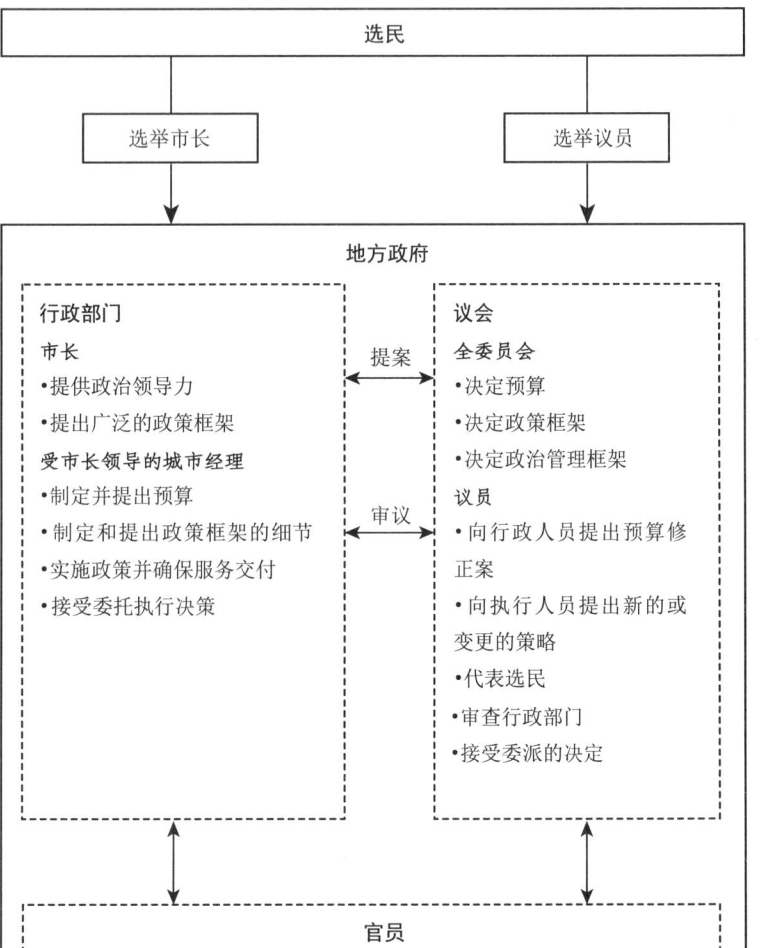

图 7.4　城市政府的市长/城市经理+议会模式

资料来源：作者自制。

五、关于直接选举市长的争论

一个多世纪以来，直选市长一直是美国地方政府的一大特色。有趣的是，从国际的角度来看，在过去 30 年左右的时间里，越来越多的国家和城市引入了直选市长的模式。以下是一些采取这种模式的欧洲国家：斯洛伐克（1990年）、意大利（1993 年）、德国（20 世纪 90 年代，所有没有直选市长的州都

·225·

迈向包容性城市

地方性创新的故事

选择了市长模式)、匈牙利(1994年有一部分城市采取了直选市长模式,1998年,所有地方政府都已经采取了直选市长模式)和波兰(2002年)。德国的经验很有趣,因为不同的州引入了不同的市长治理模式(Wollmann,2014)。其他国家正在考虑引入直选市长——例如澳大利亚。

英国的经验很可能会引起那些思考体制改革的人的兴趣,因为自2000年以来,人们对市长模式进行了广泛的辩论,并进行了不少试验。在第5章我指出,1997年当选的工党政府为2000年伦敦引入直选市长提供了立法支持,并为其他地方当局引入该模式提供了立法支持。此外,创新故事2讨论了2012年布里斯托引入市长治理模式的情况。

关于市长选举一事的争论愈演愈烈。有许多争论和反对意见需要考虑。在这里,我借鉴有关市长选举的文献,并结合我在不同国家与市长一起工作的经验,总结出了其在英国的主要优点和缺点。

——支持直选市长的观点:

• 透明性——市民和其他人知道谁是城市的领导者。

• 合法性和问责性——在直接选举过程中产生。

• 战略重点和当局决定——市长可以为城市作出重大的决定,然后负责到底。

• 稳定的领导——市长任期四年,这可以巩固政府实行的一贯方针。

• 吸引新人进入政界——富有创造力的人或许能够激发市民活动和商业支持的创新。

• 搭档工作——市长被视为该地区的领导人,而不是议会的领导人。这有助于建立联盟。

——反对直选市长的观点:

• 名人故作姿态——这一模式可能会吸引那些对自我推销,而不是制定合理政策更感兴趣的候选人。

• 错误的地区——在英国,许多人认为是需要基于伦敦模式的大都市市长的时候,2011年颁布的《地方政府法》(*Localism Act* 2011),为选举产生统一当局的市长做出了规定(这构成了他们所在的城市的中心部分)。

• 滋生腐败——这个模式可能会将权力集中在一个人身上。

第 7 章

民主的城市治理

- 难以罢免——如果选举一位不称职的市长，这座城市就会遭受四年的困扰。

- 成本——选举出一位市长需要大量经费。

- 我们过度集权的国家会继续存在——如果地方权力不大幅增加，市长将成为中央政府（白厅）控制的傀儡。

对那些提倡直选市长的人来说，另一个担忧是，在国际上，绝大多数当选市长都是男性。当然，也有一些女性直选市长，比如美国休斯顿的安妮丝·帕克（Annise Parker）、奥克兰的简·权（Jean Quan）和罗利的南希·麦克法兰（Nancy McFarlane）。但批评市长模式的人认为直选市长往往具有一种总统式的领导风格，而这对潜在的女性领导人来说可能缺乏吸引力，因为她们可能更倾向于集体式的城市领导（以及各种层次的领导）方式。

我直截了当地列举了市长模式的一些利弊，希望能引起人们新的思考。当然，规定某种特定的治理模式是不合适的——在民主社会中，公民应该决定他们希望如何被治理。另外，正如前面对民主模式的讨论所表明的那样，真正的选择是存在的。在不引入直选市长的情况下，完全可以设计出强有力的城市领导力模式。正如创新故事 12 和创新故事 13 所显示的那样，哥本哈根和墨尔本提供了世界级的城市领导力例子，但它们并没有直选市长。同样，有充分的证据支持直选市长可以利用其职位发挥大胆的、外向的地方性领导力作用这一论点。例如关于布里斯托和芝加哥的创新故事 2、创新故事 3 展示了直选市长如何推出令人震惊的新举措。同样值得注意的是，市长治理有许多不同的形式。决定引入直选市长的城市和国家有很大的余地来设计当选市长和议会之间的适当权力关系—— 一些城市和国家可能选择强势市长模式，而另一些城市和国家则可能倾向于强势议会模式。

六、重新设计新西兰大都市政府

2007 年，由中左翼工党控制的新西兰政府成立了一个奥克兰治理皇家委员会，以回应人们对地方政府在该市的工作能力产生的日益担忧。奥克兰市拥

迈向包容性城市
地方性创新的故事

有 150 万人口，占新西兰总人口的 1/3，该市的成功发展对新西兰国民经济的繁荣至关重要。政府和其他地方对城市治理体系薄弱和支离破碎这一事实表示了关切。人们还对缺乏战略规划、城市低效增长、基础设施受限、社会不平等和城市设计不佳表示担忧。坦率地说，7 个地方当局和奥克兰地区议会都被认为并不胜任这项工作。

由彼得·萨尔蒙（Hon Peter Salmon QC）议员领导的皇家委员会对奥克兰城市和城区所面临的挑战进行了非常彻底的调查，并提出了一套大刀阔斧的改革建议（Royal Commission on Auckland Governance，2009）。令人吃惊的是，皇家委员会建议解散所有现存的地方政府，建立一个名为奥克兰议会①的庞大而新颖的、统一的权威机构。委员会还决定，这个新的"超级城市"（媒体称之为"超级城市"）需要一位能鼓舞人心、能明确表达共同愿景并果断地提出地区优先事项的领袖。委员会建议引进直选市长来领导这个新城市。虽然民选市长在新西兰已经很成熟，但皇家委员会仍提议大幅加强奥克兰市长的权力。②

新西兰政府接受了许多来自皇家委员会的建议，但并非接受全部建议。奥克兰的政府结构发生了转变，在 2010 年 10 月，市民投票选举了兰·布朗（Len Brown）成为第一位直选市长。创新故事 7 报道了皇家委员会的工作，并讨论了布朗市长对这个充满活力的多元文化城市所采用的领导方法。

-------------------- • **创新故事 7** • --------------------

创建超级城市：奥克兰的城市治理改革

目标

在相对较短的时间内，奥克兰的治理就已经发生了转变。2010 年，新西兰政府采取大胆行动，废除了当时管理城市的 8 个地方政府——7 个地区

---

① 我应该声明一下：2008 年，我被皇家委员会任命，向委员会提供与城市领导力有关的战略意见，并撰写了研究论文《奥克兰城市领导力：国际视野》（*Civic Leadership for Auckland*）（Hambleton，2009）。

② 近年来，奥克兰的改革对新西兰其他地方的地方治理也产生了影响。例如，2012 年，政府宣布了旨在增强全国所有直选市长正式权力的立法改革，并于 2013 年 11 月生效（Cheyne，2013）。

第 7 章

民主的城市治理

当局和奥克兰地区议会。取而代之的是被媒体称为"超级城市"的新机构——一个新的、大的、单一的权威机构——奥克兰市议会,它由直选市长领导。这一改革代表了在大都市区范围内改善城市发展领导和管理的大胆举措,引发了国际社会的关注。

2010 年 10 月,与中右翼联合政府的期望相反,选民们选择了兰·布朗作为奥克兰的第一位市长。布朗在担任曼努科市市长时,作为一个以社区为导向的领导人,政绩就十分突出。曼努科市政府是被废除的地方政府之一。作为奥克兰市市长,布朗一直在推行改善公共交通、促进高价值经济发展、建设包容性城市的政策,这是一个包含 180 个民族 150 万人口的城市作出的重要考量。2013 年 10 月,他再次当选,继续第二个三年任期。

这一创新故事旨在概述 2007 年成立的奥克兰治理皇家委员会的工作;总结政府对皇家委员会的回应;并评估自 2010 年以来,市长治理模式对城市的影响。

创新故事概要

2007 年,新西兰的中左翼政府发起了对奥克兰城市治理的审查。政府认为,地方政府现有的支离破碎的体制并没有为战略计划、基础设施和其他规划提供协调一致的方法。为了解决这些问题,政府成立了独立的奥克兰治理皇家委员会,搜集证据并就如何改善地方政府的安排提出报告,以实现该地区和社区的未来福祉。

2009 年发表的《奥克兰治理皇家委员会报告》,无论以什么标准来看,都是一份令人印象深刻的文件。它长达 1800 多页,是世界上最透彻的都市政府研究之一。该报告提出了改进方案,并指出现有的安排在两个方面的表现很差:(1)地区治理薄弱且支离破碎;(2)社区参与程度较差。

委员会审议了一系列办法,并得出结论认为,设立一个区域范围内的单一权力机构——奥克兰市议会——将有助于实现奥克兰强大和有效的管理,并克服目前的分散和协调问题。议会将保留所有议会资产,并继续雇用所有工作人员。委员会强调将会有:"一个长期的议会共同体计划,一个空间计划,一个区域计划,一个评级系统,一个税收法案,一个代表奥克兰的声

迈向包容性城市
地方性创新的故事

音。"（卷 2 第 30 段）在媒体报道中，这种模式被描述为一个超级城市。

至少有一些关于委员会提议的评论忽略了一个事实，即委员会设想的是一个低于奥克兰市议会级别的政府层次："除了选举产生的奥克兰市议会的理事机构之外，地方民主还将通过六个选举产生的地方议会来维持。"（卷 2 第 33 段）皇家委员会建议新奥克兰市议会应该由一位由所有奥克兰人直接选举产生的市长来领导。这一提议引起了公众的高度关注。皇家委员会还就未来城市政府的毛利人代表权提出了重大建议。

在委员会准备报告的同时，新西兰工党领导的社会民主政府被一个中右翼联盟所取代。毫不奇怪，政府对委员会报告的反应是赞同关于政府合并的建议，却放弃了委员会关于加强地方民主的建议。根据 2009 年《地方政府（奥克兰市议会）法》，新的奥克兰市议会成立。2010 年 10 月，奥克兰举行了首任市长选举。

新西兰政府认识到，在新的奥克兰市议会内部，必须安排分权管理，并提议在该地区设立 20 至 30 个"地方委员会"，作为"第二层级的治理"。政府否决了在单一议会中设立毛利人席位的建议，并拒绝了皇家委员会就改善中央政府和新奥克兰市议会之间的合作所提出的大多数想法。

兰·布朗赢得了奥克兰市长选举，并于 2010 年 10 月 9 日宣誓就任市长。布朗是一名律师，他在奥克兰地区拥有良好的公共服务记录，并得到了城市中下层人民的大力支持。奥克兰议会现有三个组成部分：（1）管理机构，由直选市长和 20 名议员组成；（2）21 个地方委员会，成员由当地委员会选举产生，负责当地事务；（3）议会控制的组织（CCOs）（如运输和水务）。

布朗市长把改善公共交通列为优先事项，并制定了建立城市轨道交通的计划。中央政府要求议会制定一个统一的计划，布朗市长制定了一个大胆的奥克兰 30 年计划。这为城市的发展制定了严格的规划和设计规则。它设想了交通节点周围相对高密度的住宅开发。通过改善城市设计和创建一个更紧凑的城市，使奥克兰成为一个更加宜居的城市。布朗市长创建了许多咨询小组来协助奥克兰议会。其中一些小组是关于法律规定的，例如，少数民族咨询小组和太平洋地区人民咨询小组，但也有一些小组是关于地方倡议的——

230

第 7 章
民主的城市治理

例如，残疾人咨询小组、青年人小组和老年人小组。

一些评论家们认为，这座超级城市的内部沟通存在重大问题。他们认为，以前基于地理位置的决策（7个地区当局）已经被基于功能的决策所取代，而这并非是一种进步。另一些人则认为，拥有超级城市是从之前的安排向前迈出的重要一步，而拥有一个强大的直选市长，则加强了对城市的领导。

领导力经验

• 不同国家的中央政府在考虑改善地方治理方式时，可以更多地利用皇家委员会或类似的决策模式。任命一个独立且有经验的团队来搜集证据，审查各种选择，提出富有想象力的建议，可以拓宽决策者对可能解决方案的思考方式。

• 如果有政治意愿，中央政府可以采取措施改变大都市的治理安排。如果认为大都市中的地方既得利益总能阻碍激进的改革，那是一种误解。这个创新故事表明，在新西兰如何能在相对较短的时间内进行彻底的改革。

• 直接选举产生市长的治理形式使领导者的角色高度彰显。无论是在国内还是在国际上，市长兰·布朗都比奥克兰的任何一个前议会的领导人要引人注目得多。这种突出表现，部分原因来自直接选举的过程，而另外一部分原因是市长对市民和利益群体的帮助。

• 布朗市长成功地推进了他的目标，即为奥克兰创造一个更可持续的未来。奥克兰的30年计划将引起那些希望促进城市发展战略，而不是以道路建设和低密度住宅的开发为主的城市的兴趣。

资料来源：

Cheyne, C, 2012, Leading Auckland: Local Political Leadership in Australia and New Zealand's Largest Council, Paper to the International Political Science Conference, Madrid, 12 July.

Hambleton, R, 2009, Civic Leadership for Auckland: An International Perspective, in Royal Commission on Auckland Governance. Vol 4, Part 11. pp 515 – 552, www. royalcommission. govt. nz.

Royal Commission on Auckland Governance, 2009, Auckland Governance Report, Auckland, New Zealand: Royal Commission on Auckland Governance. www. royalcommission. govt. nz.

Auckland Council: http: //www. aucklandcouncil. govt. nz.

七、公民赋权和共创解决方案

在第 3 章我概述了公共服务改革的三种备选策略—— 一是将市场模式引入公共服务当中；二是在公共服务官僚体系中发展客户导向；三是加强公民在民主进程中的声音。图 3.1 展示了这三种备选策略，表明每种策略倾向于以不同的方式对待人。市场模式将人定义为消费者，新管理主义将服务使用者描绘为顾客，而民主创新则将人尊为公民。这些区别在公共服务改革的辩论中常常会被忽视——有时是有意为之——造成了很多混乱。在本节中，我想展开讨论公民赋权。

雪莉·阿恩斯坦（Sherry Arnstein）在她那篇非常有影响力的文章《公民参与阶梯》（*A Ladder of Citizen Participation*）中提出的模式，不仅在美国，而且在国际上都激发了对公众参与地方决策本质的新思考（Arnstein，1969）。她的模式旨在鼓励人们对参与的本质进行更加开明的对话，按照从低到高的顺序列出了从"操纵摆布"到"公民控制"一共八个权力分享的阶段。前者让参与者参与其中，只是为了营造协商的表象，而后者则存在不同程度的共享规划和决策。

丹尼·伯恩斯（Danny Burns）、保罗·霍格特（Paul Hoggett）和我试图以阿恩斯坦的模式为基础，建立一个公民赋权阶梯（Burns et al.，1994，pp. 160 – 179）。我们建立的公民赋权阶梯（如图 7.5 所示）与阿恩斯坦的模式主要有两点不同。一是阶梯上有更多的阶梯——我们希望更清楚地区分不同程度的控制，特别是在阶梯的顶端。二是梯子上的阶梯并不是等距离的。我们注意到，攀爬较低的阶梯要比攀爬较高的阶梯容易得多。阶梯被分为三段——公民不参与、公民参与和公民控制。较低的四级阶梯（公民不参与）都相当接近，只不过相当于伪协商。在更高的阶梯上，我们发现了各种形式的公民参与；在这个阶梯上，我们区分了告知、协商、分权决策、伙伴关系和授权控制。在最上层的两级，我们可以找到公民控制的例子——在这里，公民有权采取行动，而无需上级的事先确认。

· 232 ·

第7章
民主的城市治理

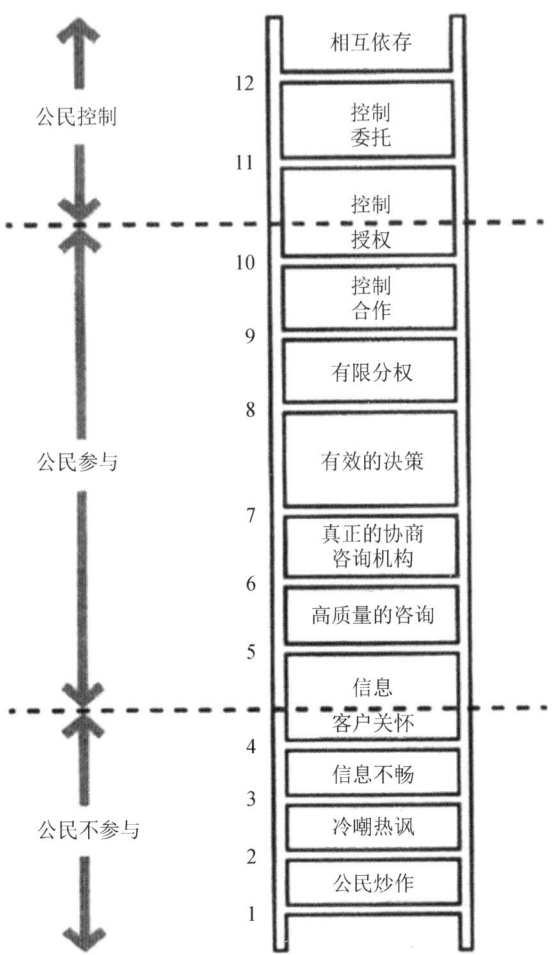

图7.5　公民赋权阶梯

资料来源：伯恩斯等（1994，p. 162）。

比利·奥利佛和鲍勃·皮特（Billie Oliver and Bob Pitt，2013，pp. 14 - 21）讨论了这些和其他一些类似的赋权模式，并指出这些模式可能会因为暗示必须要攀爬阶梯，把上级阶梯视为终极目标而被批评。这是一个合理的观点，但它当然不是我们所预想的。我们提出公民赋权阶梯，"是为了提供一个概念框架，帮助地方当局和其他机构思考他们的赋权战略"（Burns et al.，1994，p. 177）。奥利弗和皮特明白这一点，并对各种参与模式进行了很好的讨论，为我们进一步的参考学习提供了有用的指导。

迈向包容性城市

地方性创新的故事

在第 3 章我讨论了市民社会、市场和国家之间不断变化的关系。图 3.2 表明，将市民社会、市场和国家之间的关系想象成三个相互重叠的影响范围，而不是一个僵硬的三角形，可能会有所帮助。在许多国家，这种关系正在进行重新的商定，部分原因是公共开支正在削减，但也因为共同创造服务为提高公共行动的质量、反应能力和成本效益带来了巨大希望。简而言之，公民正越来越积极地参与行动，满足社区的需要。我在第 6 章指出，随着新的合作模式出现——例如，共同治理、共同管理和共同生产（Brandsen and Pestoff，2006）——图 5.3 中的创新区域似乎会变得越来越重要。

关于公民赋权的文献正在迅速增加，这些努力记录和竭力传播新型民主的做法正在为采取更有雄心的公共服务创新办法创造出广泛的机会（Cornwall，2008；Fung，2004；Fung et al.，2003；Oliver and Pitt，2013；Pearce，2010；Smith，2009）。这里，我想重点预计今后可能会变得越来越重要的两个策略：参与式预算和电子民主。

（一） 参与式预算

参与式预算涉及市民直接决定如何花费公款，现在这一决策已经在越来越多的城市中被使用。1989 年，巴西阿雷格里港创建和实施了第一个全面的参与式预算过程，这一点值得称赞。这一授权战略被认为非常成功。城市的资本支出被重新安排，聚焦于市民确定的优先事项，例如下水道和供水系统以及学校。因此，这种方法被迅速推广到数百个拉丁美洲城市并不奇怪。近年来，欧洲、北美和其他地区的城市都采用了参与式预算（Rocke，2014）。有趣的是，国际上的政策学习轨迹是由南向北，而不是由北向南。希拉里·温赖特（Hilary Wainwright，2003）对阿雷格里港的经验进行详细分析，并说明了参与式预算和类似的大众民主实验是如何构成日常生活中更广泛的民主运动的一个部分的。

现在有许多种参与式预算（Smith，2009）。有必要提醒一下，一些声称已经采用参与式预算的城市，实际上只是进行了一种苍白无力的模仿。例如，将相对较小的公共预算下放到城市中的各个社区，最终对增强市民权力的作用相对较小，这种行动甚至可能会转移公众对更重要事务的注意力。参与式预算的初衷是

第 7 章

民主的城市治理

颠覆性的。它涉及市民在与市政或公共预算的重要部分有关的决策中拥有直接发言权。虽然过程各不相同，但典型的拉丁美洲方法可能包括了以下步骤：

1. 对全市各地区的社区进行预算通报，说明目前支出的分配情况和预算前景的性质。

2. 以地区为基础的社区代表在一个公开对外的进程中确定支出（或削减）的优先事项（或项目）。

3. 各地区的预算代表在专家的协助下制订支出计划。

4. 社区成员对提案进行投票。

5. 城市或机构实施优先事项。

当参与式预算编制涉及公民对重大支出决定有直接的发言权时，它在图7.5 所示的公民赋权阶梯上就处于较高位置。① 即使在参与式预算方面作出的努力不大，也可能处于第 8 级，而大胆的模式则处于公民参与和公民控制之间的界限——第 10 级和第 11 级。

（二）电子民主

信息和通信技术（ICT）的快速变化正在对全球社会产生巨大影响。例如，英国一半以上的成年人现在使用社交网站。从更广泛的角度来看，推特（twitter）和短信等社交媒体的作用在最近的社会骚乱中发挥了重要作用。私营公司，特别是脸书（facebook）和谷歌（google），在从用户那里提取个人信息，然后利用这些信息开发高度针对性的广告方面特别有效。一些评论家认为，在信息和通信技术方面，政府已经跟不上步伐。例如，史密斯（Smith，2009，p. 142）注意到商业世界的惊人变化，他认为："……利用信通技术来增加和深化公民对政治决策的参与，可能有些落伍了。"

短语"电子民主"（e-democracy）是电子和民主两个词的组合，是指利用现代信息和通信技术来加强民主。因此，它涵盖了令人困惑的一系列举措

---

① 一些组织现在为那些有兴趣致力于参与式预算理念的人提供资源。例如，在英国，一个由慈善机构"教会扶贫行动"（church action on poverty）支持的独立机构提供咨询和支持，参见 www. participatorybudgeting. org. uk。在北美，有一个向社区提供建议的非营利组织，参见 www. participatorybudgeting. org。许多城市提供与它们自己的参与式预算方式有关的网络资源。

· 235 ·

迈向包容性城市

地方性创新的故事

（Coleman and Blumler，2009）。互联网信徒和网络怀疑论者之间进行了一场热烈的公开辩论。像克莱·舍基（Clay Shirky，2008）这样的热烈支持者似乎相信，我们正在进入一个由信息和通信技术引发的直接民主的新时代。评论家指出，互联网正在改变我们的思维方式、阅读能力和记忆，这可能使我们变得愚蠢（Carr，2010）。而且，尽管它有光明的前途，但是在那些能够获得信息和通信技术的人和那些由于某种原因被排除在外的人之间，存在着令人担忧的数字鸿沟（Hindman，2009；Mossberger et al.，2008）。我们将在第 11 章讨论如何超越智慧城市时重新来讨论这一争论。

撇开对信息通信技术的更广泛的争论不谈，电子民主对城市民主治理究竟产生了什么样的影响呢？图 7.5 所示的公民赋权阶梯中的三个层次的公民参与，可以帮助我们回答这个问题。首先很明显，在阶梯的低端，电子不参与（e-non-participation）的现象已经大规模扩大。许多城市仍然将信息和通信技术视为一种通过网络传播其成就和活动信息的方式，这是一种单向的城市宣传。我在第 4 章对地方营销的批判与这里是相关的。负责市政府信息和通信技术战略的人员，应该避免掉入因为是城市促进者而疏远市民的陷阱。

其次，更积极的是，如果我们再往上走，我们可以注意到，许多城市正在采取举措，努力利用新技术加强市民的参与。例如，第 6 章的创新故事 3 记录了芝加哥市通过使用 311 非紧急电话和开放 311 在线服务改善市民和公务员之间关系的努力。这类举措利用信息和通信技术使服务更加方便、更加便民、反应更加迅速。一些城市现在正在推动开放数据倡议。这里的基本想法是开放对未发布的公共数据的访问，以便社会企业家和任何人都可以开发应用程序来提高城市生活质量。这种举措为市民提供了新的机会，与国家合作共同创造解决方案。

我们往上移动，向公民控制的方向看，有什么证据表明信息和通信技术可以从根本上改变权力系统呢？我们将在第 11 章再次讨论这个问题。格雷厄姆·史密斯（Graham Smith，2009，p.161）讨论了电子民主，并得出结论认为："……令人震惊的是，信息和通信技术并没有导致新的、有趣的机制出现，以实现民众控制……"在他看来，迄今为止发生的许多创新都是在推进电子政务而不是电子民主事业。信息和通信技术为公民提供了大量信息，但在公民权力方面，似乎并没有太多的信息。

236

第 7 章
民主的城市治理

展望未来，信息和通信技术为地方代议制民主和参与式民主提供了可能，这是令人感兴趣的。就前者而言，简·斯库里恩认为，当选的议员可以在"推文或退缩"（tweeting or retreating）之间作出选择（Jane Scullion, 2013）。她以敏锐的分析，检视了地方当局当选者所面临的选择，并建议早期采用信息和通信技术的政治人物，或许可以为那些考虑如何在新的数字城市政治世界中更有效发挥作用的人们提供经验。在参与式民主方面，主要的挑战是开发真正有效的基于地方的信息通信技术服务——也就是以直接和有益的方式为地方行动者服务的资源。在信息和通信技术术语中，这个技术有时被描述为"情境软件"（situated software）①。在我所在的布里斯托城，诺尔西媒体中心提供了在这种方法上的一个创新范例。在这个例子中，社区工作人员创造了一系列与社区需求相关的信息和通信技术服务。例如，一个方便用户的城市仪表板提供了关于城市内的特定街区与整个城市进行比较的数据。②

八、瑞典城市创新中的多层领导力

20 世纪 90 年代初，马尔默市的经济跌出谷底。这座港口城市是瑞典的第三大城市。在 20 世纪 60 年代，这个成功的工业城市曾拥有巨大的造船厂，可以与世界上任何造船厂相媲美。而现在，码头和相关的传统产业都已经消失了。虽然马尔默经济的衰落反映了许多工业城市的状况，但它可能比许多城市的衰落更为剧烈，更加突然。在 1992—1994 年的三年中，该市就失去了 1/3 的工作岗位。

马尔默负责住房和城市环境的副市长安德斯·鲁宾（Anders Rubin）从 1985 年起就当选议员，对马尔默的工业历史非常了解。他形象地说："在三年内，我们失去了一切。我们从工业城市变成了没有工业的城市。"③ 十几年后，马尔默已经被誉为欧洲最具远见的可持续发展城市之一。在令人惊讶的转折

---

① 情境软件是 2018 年公布的计算机科学技术名词。针对小规模用户短期的、特定应用情境所开发的软件。
② 诺尔西媒体中心（the knowle west media centre）是位于英国布里斯托的一个备受尊重的社区组织。它成立于 1996 年，是一个艺术组织和慈善机构，致力于支持社区从数字技术中获得最大利益。获取更多信息请访问 http://kwmc. org. uk。
③ 2008 年 5 月 28 日的个人访谈。

· 237 ·

迈向包容性城市

地方性创新的故事

中，这座城市把自己重塑成了一个生态友好型的多元文化城市。当时的市长伊马尔·雷帕卢（Ilmar Reepalu）和他的同事们决定重新定义城市的核心目标，并以创新的公共服务管理方法支持他们对现代生态城市建立大胆的愿景，包括引入了一种全新的分权管理地方服务的方式。近年来，马尔默已成为一个更加多元化的城市，并且努力解决了与社会可持续性和环境可持续性有关的问题。马尔默社会可持续委员会就是一个例子，该委员会在 2010 年至 2013 年期间对健康不平等现象进行了地区分析。[①]

创新故事 8 概述了马尔默市的地方领导人为扭转城市面貌所作出的重大变革。对于这个故事的背景，请你们注意，瑞典拥有世界上最强大的地方政府体系之一，这是很重要的。大多数瑞典公民将他们的全部所得税都交给了地方政府。只有收入最高的人——约 20% 的纳税人——才向中央政府缴纳各种收入所得税。瑞典地方政府的收入约 70% 来自地税，他们有很大的自由度，可以采取不同的工作方式。瑞典的中央政府非常小。瑞典人问：既然地方当局可以为自己做大多数事情，为什么要让公民承担一个庞大的中央政府的所有费用？在这种立法背景下，马尔默的地方政治家们发挥了大胆的领导力作用，特别形成了一种通过向市内各地方下放权力来满足该市不同需求的工作方式。

● 创新故事 8 ●

马尔默市：从锈带城市到领先的生态城市

目标

1994 年，马尔默市新当选的政治领导人面临着一个巨大的挑战——实际上，该市长期建立的经济结构已经崩溃。马尔默是瑞典的第三大城市，曾是一个成功的工业城市，拥有庞大的造船业。但在 20 世纪 80 年代，快速地去工业化意味着这座城市的经济基础被摧毁。

当时负责住房和城市环境的副市长安德斯·鲁宾是开创新时代的政治

---

① 2010 年，马尔默市议会任命斯文-奥卢芙·艾萨克森（Sven-Oluf Isacsson）名誉教授担任一个委员会的主席，负责收集与该市健康不平等有关的证据。最后报告提出了一些有益的政策建议（Gavriilidis et al.，2013）。

第7章

民主的城市治理

领导团队的一员，他说："传统产业的消失太快，太彻底，我们甚至没有什么可防备的。我们只需要想出一个新的办法。我们决定，未来的发展方向是创造一个环境顶级优越的现代化城市。"[1]

当时的市长伊尔马·雷帕卢和他的同事所做的政治领导不仅是大胆的而且是具有前瞻性的。除了具有战略性和预期性外，他们的政治领导还建立在创新的管理方法之上，包括将权力下放到城市的辖区和社区。

创新故事概要

马尔默的城市领导力是多层次的。在城市区域一级，建造连接马尔默和哥本哈根的宏伟的厄勒海峡大桥是瑞典和丹麦中央政府作出的一项重大战略决策。但是，地方领导人也应该为推动这项投资而受到赞扬。大桥于2000年建成通车，它作为国家间的铁路和公路连接，对整个厄勒海峡地区的社会经济地理格局的重塑作出了贡献。从20世纪90年代中期开始，马尔默已经从一个衰落的、位于瑞典边缘的前工业城市转变成为充满活力的厄勒海峡知识经济中心。

在这一新的区域背景下，政治领导人策划编制并通过了《2000年马尔默综合规划》（2005年和2012年进行了更新）。这个复杂的城市战略规定了城市内部的综合利用开发。正如城市规划局局长克里斯特·拉松（Christer Larsson）所说，城市的结构对我们应对气候变化的方法至关重要。通过精心规划，确保在火车站附近进行综合利用开发，我们可以大大减少对汽车出行的需求。[2]

1996年，马尔默市被划分为10个地理区域——每个区域由一个市辖区部门管理。这个模式在2013年进行了修改，现在有五个地理部门，其目的有两个：一是发展和加强地方民主；一是提高公共服务的响应能力。分权制度使市政府能够全面了解特定地区人口的需求，并使市民对其所在地区的条件有更大的影响力。目前，市辖区各部门主要负责以下三个方面的工作：（1）卫生和医疗服务；（2）个人和家庭护理；（3）休闲和文化。

---

[1] 本创新故事中的所有引文均来自作者于2008年5月28日对利益相关者的个人访谈。

[2] 关于马尔默城市规划中的正义主题的有益分析，见 Nylund（2014）。

迈向包容性城市

地方性创新的故事

将决策权下放到地区一级，可以使这些决策更加符合当地的关切，并促进公民赋权。在多元文化的城市中，权力下放的管理尤为重要，因为居民区的需求会有很大的不同。马尔默是一个国际化的城市——约有 28% 的居民在国外出生，在该市的一些地区，甚至有一半以上的居民出生于国外。

马尔默的政治家们信任他们的官员会继续与公民合作，解决社区的优先事项。这不仅仅在刚刚提到的组织设计中是显而易见的，也包括一系列项目和举措/倡议。我会举三个事例来说明这个观点。

韦斯特拉港（西部港湾）是一个令人惊叹的开发项目，城市设计师、建筑师、环境学家、结构工程师和城市规划师在这里发挥了巨大的创造力。即使不提令人惊叹的旋转大楼——由圣地亚哥·卡拉特拉瓦（Santiago Calatrava）设计的 54 层多功能摩天大楼，韦斯特拉港也代表了城市环境设计的突破性发展。市长雷帕卢非常积极地说服不情愿的开发商采用新方法，他提出只有接受雄心勃勃的环境目标，开发商才会获得建筑权。在这里，步行和骑行者优先于汽车，墙壁和屋顶都被植物覆盖，很多房产的屋顶上都覆盖着绿色的苔藓。整个社区是碳中和的，区域供暖系统在夏天将热量储存在社区下面的石灰岩中，而到了冬天则利用石灰岩来保暖。

第二个例子是将一个大型、不时尚的住宅区改造成了欧洲最绿色的城市街区之一，这个例子更明确地侧重于促进包容性城市的目标。奥古斯滕堡（奥古斯滕堡生态社区）的故事就说明了社区领导层在社区一级是如何产生重大影响的。

奥古斯滕堡建于 1948—1952 年，人口 3000 人，是战后瑞典最早的住宅区之一。正如该街区近期改造的项目负责人特雷弗·格雷厄姆（Trevor Graham）所解释的那样："当时新的宽敞住宅与现代化设施和高质量的生活环境是新瑞典的基础，奥古斯滕堡成为一个领先的象征。"该地区在长达 20 年的时间里取得了巨大成功。然而，在 20 世纪 60 年代末和 70 年代初，情况开始发生变化。那时，与更现代的开发项目相比，奥古斯滕堡的住房单元显得很小，而且该地区经常发生水灾——位于地下室的自动洗衣店因此无法使用，造成不便和损失。人们开始离开奥古斯滕堡，留下空荡荡的公寓，整个地区呈现出一片被人遗弃的破败景象。

第 7 章

民主的城市治理

1998 年，作为上述新政治战略的部分内容，奥古斯滕堡项目启动，目的是将该地区改造成一个可持续的街区。当地居民被鼓励在提出想法、设计想法和实施想法中发挥主导作用。莫滕·奥维森（Morten Ovesen）就是一个很好的例子，他是当地居民，是一位工匠和水资源创新者，他帮助设计了一个新的开放式雨水系统，现在，这个系统可以保留 70% 的雨水。奥古斯滕堡的公共创新实例包括：

1. 现在有 1 万多平方米的绿色屋顶，是雨水管理过程中的重要组成部分。

2. 可再生能源是一个重要特点。现在有 400 多平方米的太阳能集热器生产热水（多余的生产量输入区域供暖系统）。

3. 大规模的立面改造提高了现有建筑的能源效率，减少了潮湿和通风问题，增强了该地区的吸引力。

4. 开放空间和人行道已重新设计，居民将公共空间改造成了有吸引力的公共花园和游乐场。

5. 约 70% 的垃圾被回收或再利用（其余用于产生能源）。

6. 2000 年建立的社区汽车库使用乙醇混合动力汽车，进一步减少了对环境的影响。

城市大胆创新的第三个例子是"可持续的罗森加德"计划。2010 年 4 月，罗森加德地区发生了城市骚乱。该区有 2 万人口，许多居民认为罗森加德被忽视了，公共资金被转移到了韦斯特拉港等中产阶级地区。罗森加德的民族多样性程度很高——例如，超过 60% 的居民出生于国外——而且该地区比较贫穷。

一个共享权益的住房开发项目 BRF Hilda 的居民作出了诸多努力，以解决与社会可持续性和环境可持续性有关的问题。马尔默市议会采取了许多措施来改善居民的生活质量，例如，兴建火车站，并采取措施加强公交服务，以改善罗森加德和马尔默周边地区之间的联系。通过建立贯穿该区的自行车和步行道，社会的可持续性得到了加强。当地居民大量参与了这些道路建设的规划和实施，以及促进城市园林绿化和各种社会、文化活动。

迈向包容性城市
地方性创新的故事

领导力经验

● 瑞典地方当局是非常强大的机构。它们享有宪法保护，并拥有财政权力和权威，可以采取非常大胆的举措。瑞典的制度为地方领导人提供了充分的政治空间，使他们能够进行创新，显然，地方政府可以在塑造城市发展方面发挥重要作用。马尔默市的领导人一直在很有创见性地重新思考他们城市存在的理由。工业迅速衰落的冲击并没有使地方性领导力失去作用。相反，它激发了新思考，并制定了切实可行的战略，旨在为城市创造一个全新的未来。

● 大胆的政治领导力可以为城市建立愿景，使其能够重塑自我。在这种情况下，领导层决定将马尔默转变为一个国际上受人尊敬的生态城市，而在实现这一目标方面取得的进展是显著的。近年来，城市领导者们已经认识到需要更加重视社会的可持续性。

● 将决策权彻底下放到地区一级，可以提高公众参与度和服务响应度。一个城市的治理体系可以根据城市内不同地区的社区需求和优先事项进行设计。

● 招募有创造力的官员，并赋予他们大胆尝试和提出新的解决方案的权力。专业人员在得到明确的政治指导后，可以在创造新型城市可持续发展和社区参与方面发挥重要的领导作用。

● 在基层，诸如奥古斯滕堡的物理环境和社会环境改造，以及罗森加德最近采取的举措表明，地方一级的社区领导可以发挥重大作用。一座城市的高层人物可以设定欢迎创新的基调。但是，日常的改善工作则需要由地方领导人来完成。

资料来源:

The City of Malmö Provides More Information at http://www. Malmö. se.

Hall, P, 2013, Good Cities, Better Lives. How Europe Discovered the Lost Art of Urbanism, Abingdon: Routledge, pp. 238 – 247.

Nylund, K, 2014, 'Conceptions of Justice in the Planning of the New Urban Landscape—Recent Changes in the Comprehensive Planning Discourse in Malm ö, Sweden,' Planning Theory and Practice, 15, 1, pp. 41 – 61.

Reepalu, I, 2013, Malmö: From Industrial Wasteland to Sustainable City, Climate Leader Paper, http://www. climateactionprogramme. org/climate-leader-papers.

第 7 章

民主的城市治理

九、结论

1947 年 11 月 11 日，英国首相温斯顿·丘吉尔在英国下议院的一次演讲中，发表了他关于民主的著名言论。他说："没有人宣称民主是完美的，或者是万能的。事实上，有人说，在所有过往已经尝试过的糟糕形式中，民主并不是最糟的政府形式。"

在本章，我讨论了地方民主在现代社会中的作用，并且特别关注城市民主。纵观世界各国，你会发现有许多不同形式的城市民主治理。按照丘吉尔提出的论点，我们可以确信，没有一个城市能拿出一个"完美的"模式。但这并不是要让人们灰心丧气。恰恰相反，讨论表明，在过去的 50 多年里，有关民主性质的思想有了很大的进步，本章也表明，城市民主治理的创新层出不穷。我想从已有讨论中强调如下四点看法：

第一，很明显，社会上的一些利益集团并不关心地方社区的情况。许多大型跨国公司和主要金融机构似乎将地方视为商业开发的场所。这些大公司和银行将他人的关切视为外部因素——生活在特定地方的社区的需求不在他们的计算考量范围之内。此外，在太多的公司中，已经形成了狭隘地关注经济目标的商业文化。在这些组织中，极端的自利行为得到了激励，向高级银行家发放巨额奖金只是表明这种趋势的最明显的例子罢了。这种贪婪、剥削文化的逐渐扩张，导致了 2008 年的全球金融崩溃。迈克尔·桑德尔已经表明，市场驱动型社会的缺陷之一是重要的非市场价值，比如团结和公民精神，被粉碎了（Michael Sandel，2012）。那么，我们讨论地方民主的出发点是，地方政府现在必须在为地方社区收回权力方面发挥重要作用。考虑到近年来非地方性权力的增长及其所造成的不平等社会，毫无疑问，早就应该重新主张地方性权力了。

这一逻辑引出了我们的第二个主题。我曾提出，地方政府的目的是为共同利益提供地方性领导。关于地方政府性质变化的讨论确定了民主的五个方面或维度。这五个方面都有其作用：包容性；民众控制；深思熟虑的判断；透明度和效率；以及城市领导力。有人对代议制民主和参与式民主进行了区分，我曾提出，我们必须在两者之间作出选择的想法是错误的。本书介绍的创新故事表

· 243 ·

迈向包容性城市
地方性创新的故事

明，基于地方的成功领导方法几乎总是结合了代议制和参与式方法二者的优点。

第三，不同的地方政府制度设计会产生不同的效果。虽然不能一概而论，但很明显，一个组织或制度设计可以帮助或阻碍行使有效的领导权。作为对制度安排的新思考的提示，我已经说明，今天使用的许多城市政府系统都包含了行政和议会之间的分权制度。这虽然不是组织城市民主唯一的方法，但这种方法具有一些改革者所希望具备的重要优势。为了说明这些可能性，我提出了三种城市政府的模式：内阁＋议会；市长/内阁＋议会；以及市长/城市经理＋议会。我注意到，在过去的 30 多年里，市长直选的政府形式越来越受欢迎，我列出了支持和反对这种模式的论点。为了阐明关于制度设计的争论，并说明直选市长模式如何能够极大地推动地方性领导力，创新故事 7 描述了新西兰奥克兰市对大都市治理的彻底重塑。

第四大主题是地方政府在促进以创新方式增强公民赋权和共同创造社区问题解决方案方面的作用。我们概述了增强公民赋权的阶梯，为思考其他赋权战略提供了一个概念框架（见图 7.5），概述了两条似乎很有希望在不久的将来进行富有成效的民主创新的路径：参与式预算和电子民主。在关于现代城市领导力的讨论中，一个反复出现的主题是：成功的方法是从基层开始培养领导力。如果认为选举或任命一位城市领袖担任"最高职位"本身就是一种有效的城市领导方式，那是完全错误的。正如我在第 5 章所解释的，领导力是分散的、是多层次的。瑞典马尔默市提供了一个多层次城市领导力和社区赋权的杰出范例。创新故事 8 让人们不仅注意到地方性领导人如何将马尔默市从一个工业废地转变为一个突破性的生态城市，而且还注意到城市内部的权力下放，以及邻里之间高度活跃的社区活动。

（苟天来　翻译）

03 >>

经验：管用的地方性领导力

第8章

领先的生态城市

我们是这个世界的负累；从过去到将来，

不停地挖掘与消耗，我们不停地损毁自己的能源；

我们所看到的自然，极少是属于我们的；

我们已经迷失了心窍，为了一点肮脏的蝇头小利！

——威廉·华兹华斯（William Wordsworth），

1807 年，《诗两卷》

引　言

在本章，我将讲述三个创新故事，这三个故事与三个大洲相关，以此说明城市领导者进行大刀阔斧的改革，使城市既在环境上实现可持续发展，又成为更加宜居的地方。我选择的三个城市是：巴西的库里提巴、中国的广州以及德国的弗莱堡。这三个城市依据当地实际情况进行领导，而其社会政治环境迥然不同。但我们可以看出，这三个城市的领导人都采取了创新性政策和实践，使其在改善生态环境的同时又能极大地保证社会公平。

这些城市不是特例。事实上，本书中还有很多创新故事，帮我们理解努力创建一个包容性生态城市具有非常重要的意义。比如说马尔默、哥本哈根和波特兰都为领先的生态城市树立了很好的榜样。生态城市到底是什么意思？在本章我们将致力回答这个问题。幸运的是，很多作者都曾涉足过这一领域，为我

·247·

迈向包容性城市

地方性创新的故事

们提供了很多详尽的细节。他们向我们描述了生态城市很可能是这样的：发展经济与保护环境并重；敢于质疑将经济利益凌驾于其他利益之上的观念；做与城市基础设施相关（特别是运输、能源、水、废物和建筑）的决定时对其给环境带来的影响保持警觉；坚持可持续性规划和城市发展的原则（Beatley，2011；Jackson，2009；Hall，2013；Newton，2014）。

许多生态城市的最终目标都是让居民和企业减少碳排放物，通过可再生能源生产必要的能源。在这一章，我将用生态城市这个词语来指那些坚定致力于减少碳排放，同时又有相关政策去减少社会不公的城市。

为什么在一本有关包容性城市的书里要讲领先的生态城市呢？其实我们在第1章就可以找到答案。在第1章，我讲到，准确定义包容性城市一定要考虑两个方面的因素：一是人们和自然环境相互作用的方式；二是人们对自然环境的重视程度。出台公共政策就意味着意识到了决策对自然环境的影响，但它不应当只被视作"又一个政策考虑"。我们与大自然的关系对生活质量来说是至关重要的，城市公共政策应该包含生态思想。我所提倡的包容性城市是一个包罗万象的概念，它包括了城市中的人口和人们居住的环境。人们对于包容性的理解一般而言不是这样的。过去，人们认为包容性是一个社会经济学和/或政治学概念。正如第1章所解释的那样，在有关人口和生活机会的问题，以及有关自然环境的问题上，想法与行动之间总是存在一条没什么用的界限。

许多创新型城市的城市领导者十分智慧，在几年前就否定了这一界限；本书中的几个创新故事，不仅仅是本章中提及的创新故事，都能很好地说明这一点。多年来，环保人士和理论家为人类中心主义向生态中心主义转变提供了知识支撑（Eckersley，1992；Girardet，2008）。在20世纪60年代和70年代，倡导绿色政策和实践的人们常常被讽刺为"抱树"（treehugger）的嬉皮士，即环境保护狂，他们被批评是脱离了主流的人。大多数社会政策和公共管理论述完全忽略了环境和生态运动。这里就不过多赘述了。

一、统一社会和生态观

全球变暖对人类造成的存亡威胁引发了人们越来越多的关注，许多国家近

第8章

领先的生态城市

几年来以生态为中心的公众意识大大提升，环境保护行动主义以及越来越多的关于气候变化影响的科学证据提高了政党和公众的热情，人们在努力创造一个为地球减轻负担的生活方式（Hopkins，2013）。正如哈里特·伯克利（Harriet Bulkeley，2013）所解释的那样，并不仅仅气候变化发生在城市，引发了城市需要忍受和/或克服的挑战。相反，城市本身在一定程度上也会引起令人讨厌的气候变化。

出于这些原因，一个成功的包容性城市，就像我在第1章解释的一样，其领导者在追求业绩的同时，也会考虑我们赖以生存的自然环境。在本章我们将简要地介绍一些可能被宽泛地描述为城市生态政策制定的重要辩论。本章前期的讨论——关于城市和区域生态学、精明增长（smart growth）、城市韧性和可持续交通等主题，旨在引出下面要讲的创新故事。

虽然现在已经出现了关于可持续发展的新兴著作，但有关领导层的角色和在提供可持续发展政策和实践方面的领导力的作品相对较少。例如，在有关可持续发展管理的非常权威的书籍中，甚至连领导力都没有提及（Adger and Jordan，2009）。规划理论在这个问题上也是相当沉默的——仿佛领导力是一个智慧禁区（Hambleton，2014）。考虑到规划实践者非常清楚领导力对打造规划合理、可持续发展的城市的重要性，还出现这种现象真是令人费解。

虽说很多可持续发展著作中未曾谈及领导力，但也有一些值得尊敬的例外。莎拉·帕金（Sarah Parkin，2010）在她的一本关于可持续性领导力的书中，论证认为低碳和高生活满意度的经济需要无数的杰出领导者，并向实践者和想要成为领导者的人提出了忠告。本杰明·德雷科普（Benjamin Redekop，2010）在一本非常有趣的编辑手册中建议，我们需要受到现代生物学和进化论影响的新领导力理论。在机构或社区推动可持续发展议程的过程中，对那些渴望扮演重要角色的人来说，朱迪·马歇尔和她的同事们撰写的一些文章会起到非常大的帮助作用（Marshall et al.，2011）。还有尼古拉斯·斯特恩，如今已被视为气候变化的权威人士，他在关于拯救地球的书中这样说道："首先，我们需要的不仅是周密的、谨慎的政治领导，还需要勇敢的、鼓舞人心的领导。这种领导必须强调科学和经济的强硬行动。"（Nicholas Stern，2010，p. 209）

这些书集中关注了领导力在促进可持续发展方面发挥的作用，其价值是不

· 249 ·

可估量的，而且它们在突出领导力主题方面也是非同寻常的。我希望在本章能够提出一些在承担既得利益和促进城市更加宜居、更加公平的过程中，对领导力、胆量和创造性领导力重要性方面得出的见解。首先，我们来看一个成功的环境城市领导力的经典案例。

二、"你不能那样做"：在市长的领导下迎难而上

2000 年 5 月，肯·利文斯通（Ken Livingstone）被选为伦敦市长，成为该市历史上第一位民选的政治领袖。我在第 5 章解释过，1997 年英国工党大获全胜，引入了一个领导首都的新型管理模式，即由一位民选市长来直接领导。利文斯通是一位经验非常丰富的左翼政治家，勇于尝试新的举措，享有一定声望。利文斯通竞选伦敦市长反映出他愿意将可能变成现实。在自传《你不能那样说》（*You Can't Say That*）中，他提出了一个在任时具有非凡意义的环境保护倡议——引进了伦敦拥堵费政策（London congestion charge）（Livingstone，2011，pp. 469 – 478）。他在书中写到，这个举措非常具有挑战性——即便他自己的政治顾问也跟他说不要这样做。

推行拥堵费政策，意味着大多数机动车进入市区某一特定区域都需要上缴拥堵费。值得称道的是，在 1998 年，新加坡就成为第一个使用电子道路收费系统征收交通拥堵费的大城市。但由利文斯通引进的伦敦收费系统覆盖范围更广。他的这一改革步伐引起了全世界领导者的兴趣。收取拥堵费的目的在于缓解交通拥堵，提高伦敦市中心的环境质量，为伦敦公共交通系统进行重大改造筹集资金。这里，我要强调的是，在出台这项收费政策之前的一段时间，特别是在 2002 年的时候，关于这项政策还有很多反对的声音。《伦敦晚旗报》（*London Evening Standard*）就针对利文斯通精心策划了一场言辞辛辣的反对战，交通拥堵费是该报重点批判的对象。

反对的声音也有一部分来自保守党、车主、汽油公司、汽车通讯员、影剧迷们，还有各种居民群体以及许多企业，其中就包括史密斯菲尔德肉类食品供应商（Smithfield meat traders）。正如伦敦政经学院的教授托尼·特拉弗斯（Tony Travers，2004，p. 191）所提到的那样，"……媒体在浓墨重彩地报道所

第8章

领先的生态城市

谓的不公平事件、社会矛盾；或者，在某些情况下，报道一些潜在的政客所使用的逃避技巧时，媒体变得越来越积极"。压力席卷而来，利文斯通的智囊团认为，实施收费政策是一个非常愚蠢的举动。他们向利文斯通建议，如果他一意孤行，那么他的政治生涯就即将结束，因为媒体会把他刻画成"一位引入了一项新税政策的市长"。智囊团们请求他先搁置这项政策，等到2004年获得连任之后再实施也不迟。但利文斯通的声望使他选择忽略所有的质疑声。

2003年2月，利文斯通在伦敦开始推行征收拥堵费的政策。政策实施的第一天，征收拥堵费的地区车流量就减少了25%，之后几周一直比原来的车流量少了15%—20%。利文斯通把拥堵费这笔可观的经费投到公共交通的改善上。一条有关征收拥堵费政策的独立评估是这样概括的，"明眼人都看得出来，这个方案圆满地实现了其最初设立的目标，那就是减轻伦敦市中心的拥堵问题，鼓励更多的人乘坐公交"（Richards，2006，p. 216）。

市内增加了新的公交车，在公交车的可靠性方面得到了很大改善。同时，政府也修缮了道路，使其非常适合骑行，这使得骑行的人数显著增加，碳排放量减少了20%。利文斯通对拥堵费政策是这样评价的："征收拥堵费所产生的效果是我职业生涯中唯一一件令人喜出望外的事。"（Livingstone，2011，p. 477）。不到十天，利文斯通的支持率就提高了10%。接下来一年，在2004年5月的大伦敦地区选举中，利文斯通因为在领导过程中富有远见和勇气而得到了回报。2004—2008年间，他连任伦敦市长。这里，还要说明一点，在2004年的这轮选举中，支持利文斯通的人数比上届还多。他虽然强制执行了一项新的税收政策，但比以前更受人欢迎。这是因为他把征收上来的钱用来促进公共事业的发展，选民们对这些福利都非常买账。

关于拥堵费政策的实施过程，以上只是一段非常简短的概述。通过其他资料，我们还可以了解更多的细节，感兴趣的读者可以从马丁·理查兹（Martin Richards，2006）的书开始读起。我们注意到，当时即将就任伦敦市长的保守派人士鲍里斯·约翰逊（Boris Johnson）也没有放弃拥堵费这项政策。事实上，现在没有一个认真负责的政客会支持废除这项政策。伦敦能够跨出这样重要的一步，向一个更加具有可持续性的城市发展，其主要原因是显而易见的，那就是首都强有力的地方性领导力。引进拥堵费政策给城市领导力树立了一个

典型的榜样，这种领导力使一座城市市民的生活质量有了很大的改善。

请允许我再多说一点。2008 年 12 月，大曼彻斯特对拥堵费政策进行公投，尽管政策通过会给城市改善交通运输带来一笔高达 30 亿英镑的经费，但征收拥堵的政策依然没有被通过。缺乏强有力的大都市领导力（metropolitan leadership）正是大曼彻斯特错失良机的主要原因（Sherriff，2013）。我要说的不是大曼彻斯特缺乏有才干的城市领导者。说实在的，我可能是偏向曼彻斯特的，因为我在斯托克波特长大，就在大曼彻斯特的南边。我更倾向认为问题出在地方政府的政策制定上，这也与我第 7 章的观点一致。不幸的是，大曼彻斯特才华横溢的领导者被本身带有缺陷的管理模式所束缚了。

简言之，尽管最近为了改善 10 个郡合作的效果，曼彻斯特郡创建了大曼彻斯特管理局，但大曼彻斯特的管理依然可以说是各自为政。就此而言，无论之前还是现在，曼彻斯特郡都没有一位领导者有权像利文斯通在伦敦那样大胆地领导城市发展。那么，这样说就比较合理了——如果大曼彻斯特有一个像伦敦那样的管理体系，有一位致力于可持续发展的民选领袖，2008 年就一定会实施拥堵费政策，今天曼彻斯特郡的城市就会是绿树成荫，更加宜居。

三、环境保护论、气候变化和城市领导力

在第 1 章，我就建议制定城市政策时应该把自然环境一起考虑在内，用图 1.1 凸显了个人、社会和自然的关系。但直到近期，自然环境依然没有成为城市领导和市政管理最优先考虑的事项。尽管环保人士、城市规划者、景观设计师，还有专门设计公园和空地的专业人士作了不懈努力，自然环境议题还是经常被搁置在城市经济发展、教育、住房、交通和社会关怀的后面。然而，正如本书中各种创新故事显示的那样，有创造力的城市领导者能够意识到自然环境在使城市变得更加宜居方面的重要性。有关纽约高线公园的创新故事就给我们提供了一个良好的范例，让我们知道，当地社区的积极成员可以为城市领导者开阔思路。

如果说环境因素会主导城市领导者们的决定，这可能会使大家产生误解。但是我们可以注意到，城市生态学如今已成为城市实践和城市研究的新兴领域

第8章

领先的生态城市

（Douglas et al., 2011）。与巴伊和珊德尔（Bai and Schandl, 2011）一样，我们可以追溯两个主要阶段，在这两个阶段，人们对城市生态系统的兴趣越发浓厚。一是学者们趋向于将注意力集中在城市内部的生态学——这个研究范畴主要集中在城市的自然组成部分，也就是研究城市内部的动植物群（Sukopp and Werner, 1982）；我们发现景观设计师、植物学家、城市设计师，在更近期，还有些学者开始专门研究城市热岛，或者研究绿色空间对人类健康和幸福的影响。

二是人们对城市本身的生态学也有着越来越浓厚的兴趣。这是一个更加根本的路径，它把城市和城市中的区域视为不同的生态系统，包括对生物地球化学循环和物质及能量流的研究。吉拉德特（Girardet, 2008）在他针对城市发展和气候变化的研究中就用到了这样一个整体研究方法，给我们提供了一个良好的范例。各个领域的城市学者们对我们理解城市和城市各区域管理中的社会政治因素和环境因素的相互作用作出了巨大贡献（Beatley, 2011；Boone and Modarres, 2006；Bulkeley, 2013；Flint and Raco, 2012；Ravetz, 2013）。

这里，有必要提一下食品政策。近几年，食品政策成为地方性领导力的一个重要议题。为了回应一些城市的某些地区对"食品沙漠"①（food deserts）的关注，以及对逐步攀升的儿童肥胖率和大型农业经济导致的环境退化等问题越来越多的关注，越来越多的城镇、城市和地区都在建立食品政策委员会（FPCs）。这些委员会提供信息和建议，支持发展以社区为基础的食品体系（Raja et al., 2008）。

气候变化是如何融合进城市和地区的生态学讨论的呢？当谈到气候变化时，给城市带来的是毒害还是福利呢？其实，两者兼而有之。城市固然会产生大量的污染，这些当然也是问题的一部分。然而，正如威廉·梅耶（William Meyer, 2013）解释的那样，传统观点认为城市的发展会给环境带来危害其实是有失偏颇的。梅耶在书中向我们展示了城市是如何促进城市环境改善的，比如说城市布局的紧密度，这些方面常常会被人们忽视。本章所讲的创新故事就向我们证实了面对气候变化的威胁时，城市可以发挥领导性作用。

---

① "食品沙漠"是指没有新鲜食品或者这种食品价格极贵的地区。——译者注

· 253 ·

迈向包容性城市

地方性创新的故事

缺点就是，越来越多的证据证明，人类（或人为）产生的温室气体（GHC）主要是城市造成的。2011 年联合国人居署关于《城市和气候变化》的全球报告显示，城市温室气体的排放比例在上升（UN-Habitat，2011）。最近，政府间气候变化专门委员会（IPCC）发出的报告也强调了联合国人居署报告中所提到的问题。政府间气候变化专门委员会成立于 1988 年，主旨是对人类活动造成的气候变化风险进行综合评定，同时为适应和缓和当前情况寻找出路。政府间气候变化专门委员会通过成千上万科学家的研究努力，成为国际上有关气候变化议题公认的权威机构。政府间气候变化专门委员会主要分为三个工作组，这些工作组分别负责：

1. 气候变化的自然科学方案。

2. 气候变化的社会经济脆弱性评估和自然体系以及应对方案。

3. 缓和气候变化的方案。

这三个工作组最近已经发布了报告（IPCC，2013；IPCC，2014a；IPCC，2014b），并着手准备气候变化综合报告。第一工作组的报告指出：（1）大气和海洋变暖已成事实；（2）人为影响在气候变化中起着不可忽视的作用；（3）人类活动极有可能是 1950 年以来全球变暖的主要因素（IPCC，2013）。第二工作组列出了一份很长的名单，上面列有最容易受到伤害的人群、行业和生态系统，这些领域都处于极度危险当中（IPCC，2014a）。另外，第三工作组提到，2000 年至 2010 年间的温室气体排放量增速比过去三十年的排放量增速都要大。第三工作组还呼吁大力扩大绿色能源战略的辐射范围（IPCC，2014b）。IPCC 的报告可以说已经非常保守了。IPCC 发布的所有信息都要经过成百上千个学者和审核人员的同意，也就是说，报告中体现的信息都是最具权威性的。

2013 年报告里的内容与 IPCC 在 2007 年发布的评估内容一致，只不过2013 年的报告记载了更多的例子，比如温度上升、冰川融化、浮冰融化、海平面上升，以及天气模式变化无常。专栏作家乔治·蒙特（George Monbiot，2013）声称，按照 IPCC 报告中所披露的信息来看，"气候变化"和"全球变暖"已经不足以形容当下的情形，他说："现在讨论的应该是气候崩溃。"时任联合国秘书长潘基文（Ban Ki-moon）敦促所有的国家认真听取气候变化专

254

第 8 章

领先的生态城市

家的意见，并出台一个减少碳排放的全球性政策。在这里要提一下，近些年来各国政府对所面临的气候变化危机反应迟钝，2009 年召开的哥本哈根气候变化峰会并没有就碳减排的目标达成一致。很多问题还是寄希望于下届全球气候变化峰会，而下届峰会要等到 2015 年 12 月才在法国巴黎召开。

如果用更加积极的眼光来审视，我们可以注意到，城市可以采取也正在采取重大举措来缓解并适应气候变化。各国政府可能在这个问题上踟蹰不前，但是各个城市已经开始行动了。比如说，联合国人居署（2011）的报告中列举了五种城市缓解气候变化的主要手段。

1. 防止城市扩张的城市规划。

2. 富有创造力的设计以及对建筑环境的应用。

3. 提高能源利用率的城市基础设施举措。

4. 交通规划和管理。

通过改善自然碳汇（比如说种树或保护森林）或利用科技手段进行碳捕获和储存来实现碳固定。

城市也可以采取行动来适应现有的城市结构，更有效地应对气候变化。新的研究也为今后的出路提供了可能的方法（Williams et al., 2012）。有很多国际城市网络致力于应对气候变化，促进环境可持续发展，这些努力正取得显著成效。[①]

在第 5 章我谈到了地方性领导力的特点和地方制度的限制。各种各样的力量为当地领导打造了政治空间，无论是从社会文化、经济、法律方面，还是从环境方面。图 5.1 展示的就是各地方政府在这些力量的影响下所形成的构架。我也解释了环境限制为何只包含了构架中毫无商量余地的一面。有关环境可持续性的文献显示，我们不可以继续忽视这样一个事实，那就是，地球的资源是有限的（Berners-Lee and Clark, 2013；Hopkins, 2011；Jackson, 2009）。化石燃料、水资源、食物、土地还有森林等都是地球上有限的资源。我们若

[①] 在这方面应该提到两个国际网络。国际地方环境倡议理事会（ICLEI）成立于 1990 年，是一个完善的城市和地方政府网络，致力于可持续发展，参见 http：//www.iclei.org。2005 年由伦敦市长肯·利文斯通（Ken Livingstone）召集的 C40 城市气候变化领导小组是一个由世界上一些最大城市，包括一些正在采取行动减少温室气体排放的小城市组成的网络，参见 http：//www.c40.org。

迈向包容性城市
地方性创新的故事

忽视这些有限的资源，就只能自食其果。地球上的资源不是取之不尽、用之不竭的。

四、精明增长、城市韧性和可持续交通

在第 4 章我讲到，城市发展战略在帮助地方性领导者实现跨越性的改变过程中扮演着重要角色。我解释过为了政治目标，强有力的城市规划是如何关注、协调和整合不同机构的举措及其扮演的角色。城市规划可以塑造城市发展市场运行的方式。城市规划可以将城市基础设施领域的公共投资和私人投资协调地结合起来。城市规划通过塑造城市形态的发展，从而对居住形态、社会包容，当然还有城市建筑形态的整体可持续性产生重大影响。在第 9 章我们会进一步探讨城市规划和城市设计，还会讨论到如何创建人性化的城市。

这里，我想稍微说一下三个互相关联的概念，这三个概念不仅与巴西库里提巴、中国广州和德国弗莱堡的创新故事有关，同时也与如何规划和塑造城市发展的争辩有关。它们分别是：精明增长（smart growth）、城市韧性和可持续交通。有些人可能认为这些词提供了更多的证据，证明有关可持续发展的辩论滋生了很多没有用的行话。我会尽力解决大家的这些疑惑。

（一）精明增长和城市设计

精明增长这个词源自美国，被用来描述对传统、低密度的城市扩张进行替代的模式。精明增长包括房屋建设，主要就是说，房屋的密度要能足够减少对私家车的需求。从某些方面来讲，精明增长可以被看作美国的建筑师、规划师和景观设计师从传统欧洲的都市生活中汲取到的灵感。比如说，1992 年成立的新城市主义代表大会（CNU）一直非常积极地推崇美国城市更加可持续发展的理念，拥护者们经常使用的标语就是精明增长。[①] 但在这里要说明一点，

---

① 在美国，新城市主义大会（CNU）应该说是对"精明增长"运动作出了重大贡献。"新城市主义宪章"最初发表于 1992 年，已经更新，设定了原则。参见 http：//www. cnu. org/charter。

· 256 ·

第 8 章

领先的生态城市

关于精明增长其实还没有一个明确的概念。

一般说来，精明增长的拥护者通常会鼓励提高城市密度、综合利用土地，使人们更容易抵达公共交通站点（以交通运输为中心的发展），尝试多种住宅类型（包括经济适用房），设计与高速公路分开的人行道和自行车道，以及保护绿色空间（Dittmar and Ohland，2004；Jenks and Jones，2010）。这样的发展，有时也被叫作可持续社区或者生态社区（Barton，2000；Condon，2010）。

托尼·布莱尔（Tony Blair）领导的英国工党政府在执政的早期阶段，就意识到了建筑和城市设计在振兴城市方面的重要性。1998年，英国副首相普雷斯科特（John Prescott）创立英国城市工作组，"负责研究英国城市衰退的原因，并提出实用性的解决方案，帮助城市、城镇和社区重焕生机，使其再次成为人们愿意居住、工作、玩耍的地方"（Urban Task Force，1999，p. 3）。

建筑师理查德·罗杰斯勋爵（Lord Rogers）被任命为英国城市工作组的负责人，城市工作组发布的报告《走向城市复兴》（*Towards an Urban Renaissanc*），如今依旧是一项卓越成果，它的设计思路将城市规划和城市管理紧密结合在一起（Urban Task Force，1999）。虽然报告中没有用到"精明增长"（smart growth）一词，但就其本身而言，报告综合地阐释了紧凑的城市发展模式、高质量的设计，以及将市政开支偏向人行道、自行车道和公共交通领域可以给城市带来的好处。在报告发布后，英国便成立了一个政府机构，即英国建筑与建筑环境委员会（CABE），帮助提高英国城市设计的质量。在很短的时间内，英国建筑与建筑环境委员会确实改善了英国的城市设计，这一点是值得庆祝的。但正如诺曼·穆尔（Rowan Moore）所说的那样，期望中的强有力领导、有能力的规划者和民主参与，始终都没有出现：

> （这）本来意味着花费公款，回归到老工党所推崇的价值观，比如向地方政府投入力量和资源，但现在看来一切都是徒劳。（Moore，2012，p. 235）

英国政府坚定地贯彻英国城市工作组的建议，却以失败收场。穆尔强调的这一点无可厚非。当然，即便这样，也无损报告里那些分析的价值。有趣的是，之后，英国联合政府请英国著名建筑师特里·法瑞尔爵士（Sir Terry Farrell）重

· 257 ·

迈向包容性城市
地方性创新的故事

新分析了英国的城市设计，他在《我们在地方的未来》（*Our Future in Place*）的报告中，重申了许多英国城市工作组报告中提出的论据（Farrell，2014）。

人们在设计更加可持续性的居住方式方面，付出了很多努力，而这些努力所体现的中心思想就是转变人们主要依靠小汽车出行的方式。精明增长的目标就是提供一个健康的、以社区为导向的生活方式，不要把它和精明城市这个概念混淆，尽管二者听上去很相像。关于精明城市，在第 11 章我们还会有详细的解释，它通常指通过广泛地运用信息和通信技术来提高享受公共服务的机会，提高城市的生活质量。精明增长和精明城市这两个概念并不冲突，但很容易在追求一方的过程中忽视了另一方。

（二）城市韧性

城市韧性是一个比精明增长还要复杂一点的概念。平时我们讲韧性都是指回弹到原来的状态，或是在弯曲拉伸之后恢复到原来的形状。城市韧性这个概念在生态系统的研究里已经用了 40 多年，尽管它的意义已经发生了演变，甚至在生态学的讨论中遭到了质疑。在更近的时期，出现了将生态研究与规划韧性的研究结合在一起的尝试（Nelson et al.，2006）。就我们的目的而言，已经可以注意到，"韧性"这个术语经常被用来指城市系统抵御和恢复冲击的能力，例如，这个短语在地方政府环境行动理事会（ICLEI）组织的韧性城市年度会议中的使用方式。ICLEI 是致力于可持续发展的地方政府国际组织①。

城市韧性概念加深了人们对城市在洪水、风暴潮或热浪面前具有脆弱性的认识，这个主题也深受作者们的喜爱（Lewis and Conaty，2012；Monaghan，2012；Newman et al.，2009；Pearson et al.，2014）。凯西·威尔金森（Cathy Wilkinson，2012）对社会生态韧性概念进行了探讨，她提出，规划理论应该更关注生态。在我看来，这是一个非常好的建议。但是我想建议现在对城市韧性感兴趣的学者提出更加深刻的问题，也就是一些关于城市韧性受众人群的问

---

① ICLEI 自 2010 年起主办"韧性城市国际会议"。更多参见 http：//www.iclei.org。此外，我们必须指出，在 2013 年，洛克菲勒基金会启动了 100 个韧性城市挑战赛，鼓励城市更好地重视解决 21 世纪不断出现的冲击和压力。更多参见 http：//100resilientcities.org。

第 8 章

领先的生态城市

题。是为谁创造韧性？这样的问题非常重要，只回答"为了所有人"并不是一个令人满意的答案，因为，我们知道以韧性的名义所采取的行动会对不同的群体产生不同的影响。

比如，像我在第 1 章提到的，提高新奥尔良市抵御洪水风险韧性的措施就对城市中的贫民社区产生了负面影响（Goetz，2013）。提高韧性的环境正义维度似乎正被搁置在科学论述的边缘。同样令人担忧的是，韧性有可能代替可持续性，成为既得利益者试图用来支持现代城市社会政治权力关系现状的下一个热门词汇。在第 1 章，我已经解释过各种各样的利益相关方如何将可持续发展重新定义为一种几乎毫无意义的表达，至少在某些情况下是这样的。城市韧性难道也在重蹈覆辙吗？关于在都市这个背景下使用"韧性"这个词，我们可能需要问一些更为基本的问题。是否因为学术界掀起研究韧性的热潮，致使这个概念被误用了呢？我们真的总是希望城市系统可以反复恢复吗？"韧性"概念是否只是具体化了一些固有的保守主义政治立场呢？这一系列的问题表明，在打造正义城市（just city）这个问题上，城市韧性并不是众望所归的衡量标准。下面的例子可以很清楚地证明这一论点。

南非曾经存在的种族隔离制度很明显就是一个韧性的社会政治系统。南非国民党是 1948 年以来南非的执政党，该党在长达半个世纪里剥夺了大部分黑人居民的权利。这个系统太有韧性了，在长达数十年里，口齿伶俐、主张反对声音的政治家都被捕入狱，包括纳尔逊·曼德拉在内。全世界范围内的独裁统治在合法的政治变革压力面前都显得很有韧性。政府系统内掌控国家的独裁者们在很多情况下都可以感知到潜在的危险，并以一种新的方式将其打压。因此，韧性描述的是一种特定系统，韧性这个状态本身并不是人们对社会系统的期望。韧性指的是一个过程，或者说是适应变化中的环境的能力。政治改革要求推翻压制性的权力系统。说得直白一点，我们不希望这些不公平的系统回弹。

城市韧性领域的一些作者认为，我们不应该停留在概念本身，而是应该进一步思考如何使这些限制社会环境发展机会的系统进行转型（Pelling，2011）。但是文献记载了一些令人疑惑的观点。比如萨特思韦特和多德曼（Satterthwaite and Dodman，2013）在讨论城市变化时提出了一种趋势，也就是既摒弃城市韧性又放弃转型。但是这种讨论方法并没有明确区分"韧性""转型"这

两个词，而二者实际上是有很大差异的。转型意味着要在形式或（及）特点上作出彻底的、巨大的改变，不是说回到过去的样子，而是成为一种新的事物。本书中的创新案例可以表明，有改革意识的地方性领导者可以采取一步一步的措施改变城市系统。这些领导者的目标，自始至终都是政治性的。他们关注的重点从来都是在现代城市的打造过程中谁得谁失，而不是城市韧性这样模糊的概念。

（三）可持续交通

第三个概念——可持续交通（sustainable transport）又是什么呢？英明的领导者意识到，可负担范围内的快速高效的公共交通是建立包容性城市的关键。在讨论精明增长和城市设计的时候，我们已经涉及这个话题。实现这一点对城市规划有重要影响。很多城市仍然建立在对长距离通勤时使用私家车的依赖之上。这种状况是怎么造成的呢？吉拉德特（Girardet，2008，pp. 134 - 136）的解释是，在20世纪20年代的美国，汽车产业疯狂扩张市场份额，导致很多提供优质公共交通的公司关停。就像欧洲的有轨电车系统一样，美国的有轨电车在20世纪20年代提供了相对廉价的公共交通，但是通用汽车公司和标准石油公司将其视作威胁。汽车、石油以及轮胎制造三个行业的公司注资全国城市线路，买断了有轨电车公司并关停它们。在短短几年时间里，美国85个城市里的轨道全部被拆除，出现了20世纪的"汽车城市"。罗伯特·博斯特（Robert Post，2010）在其对美国大规模运输方式演变的研究中指出，汽车行业的掠夺者们只是造成上述现象的部分原因。他指出："'汽车化'的实现是由很多抉择造成的，比如燃油税的下调、扩大对马路和高速公路的投资。"（Post，2010，p. 151）然而在他充满求知的分析之中，却忽略了一个事实，即那些强大的既定利益方直接影响了美国对这些政策的制定。令人诧异的一个区别之处就是，在欧洲大陆，电车的轨道并未遭到破坏，而是得到了扩展，也许是因为欧洲的汽车、石油以及轮胎公司不足以强大到像美国那样扭曲固有的城市交通系统。

很显然，在美国，私人产业公司为了保障个人利益、追逐利润，可以改变

第 8 章

领先的生态城市

一些脆弱的策略。这导致的一个结果就是，美国失去了在欧洲模式的基础上建立可持续交通系统的机会。第二次世界大战后，人口密度低、依赖小汽车的城郊地区成为了城市发展的标志，这种现象不仅仅发生在美国，不得不说，欧洲部分地区以及世界上其他发达国家所在地区也是如此。1956 年美国颁布的联邦资助公路法案将数十亿税收投入到公路建设上，此举保障了美国在城市扩张方面的先驱者地位。而如今，一个令人担忧的景象是，一大波发展中国家雄心勃勃地将大量公共支出用于建设 21 世纪的汽车城市。

就像科林·布坎南爵士（Sir Colin Buchanan）50 年前提出的那样，任何在城镇中成功扩大交通的策略都是基于土地利用规划和交通运输规划的。他指出："……从长远来看，要想在繁华地区控制私人汽车使用的'天花板'，最好的办法可能就是提供优质廉价的公共交通，以及让公众了解公共交通的重要意义。"（Buchanan，1963，p.240）近年来，《布坎南报告》因观点过于"赞成汽车"而受到了英国人的批判。但是布坎南有一种很好的意识，就是认为机动车使用者、环境和财务消费这三者之间要达成某种平衡。交通和土地利用规划之间的协调程度在各个城市和国家间有所差异。在城市规划方面，欧洲和其他地方努力将人和地点联系在一起，彼得·霍尔（Peter Hall，2013，pp.39－55）对此给予很好的评价，他强调了可持续城市交通对 21 世纪大城市的重要意义。

卡蒂·威廉姆斯（Katie Williams，2005）探索了出行方式与城市形态之间的关系。她指出，全世界范围内所有的交通指示数据都表明，城市和城区都在朝着不可持续的方向发展。她思考缩小城市形态是否会达到人们预期的效果，也就是减少汽车使用，人们更多地选择步行、自行车出行以及公共交通。将她的观点简化一下，就是不同观点的人之间有一种辩论，这些人对于如何实现可持续交通有不同的方法。比如，有些人提倡高人口密度，建议缩小城市形态；另一些人则认为"走廊式发展"以及多中心城市更有利于实现可持续交通。这主要取决于你如何定义可持续交通，并且这种辩论还将继续进行（Jenks and Jones，2010）。然而从发展包容性城市的角度来看，显然，增强所有居民的移动性是至关重要的，这其中也包含那些没有私家车的居民。下文中的三个创新故事，用不同的方式展示了地方性领导者是如何在公共交通方面进行创造性投

· 261 ·

资，使城市更具包容性的。

五、库里提巴对公共交通进行大胆创新

位于巴西南部的库里提巴在可持续发展和城市增长方面有很多大胆的尝试。克拉拉·伊拉扎巴尔（Clara Irazabal）对库里提巴、波特兰以及俄勒冈州的城市治理进行了比较，并指出这些城市"为如何进行城市规划提供了典范，它们的规划旨在整体解决主要问题，比如人口增长迅猛，以及由人口增长与土地利用、交通、可持续发展之间的关系，如何才能达到一种相对高效的状态"（Irazabal，2005，p. 2）。之后在第11章的创新故事16中，我们将再次提到波特兰在可持续发展方面提供的示范。这里，我们先集中讨论库里提巴城市领导者取得的杰出成就。

杰米·勒纳（Jaime Lerner）是库里提巴前任市长，其领导的一个团队在1966年准备了一份富有创造力的城市总体规划。当时流行用"预测与供应"方法分析汽车占有趋势，以及进行道路规划。而勒纳等人提出的城市总体规划反对这一方法，并开始将土地利用与交通规划融合考虑，优先选择创建一种大型综合交通系统。勒纳后来连续三次担任该市市长，他率先承认库里提巴还很贫穷，有贫民窟，库里提巴和其他巴西城市面临着同样的问题。事实上，库里提巴没有足够的资源去建立大型高速公路和铁路运输系统。

尽管面对财政和政府力量不足问题，勒纳还是愿意为之努力，并强调新规划就是为实现公民意识、承担对未来的共同责任而作出的努力。他做出了一个令人震惊的举动，带领团队建议库里提巴市创造世界上第一个快速公交系统（BRT）。正如创新故事9提到的，库里提巴在1974年建成了高度集成的公交系统，为城市提供服务。BRT的概念中引入了公交专用道——只有公交车可以走的车道。一些人将BRT比喻成"地上铁"。这是一个很巧妙的比喻——它指出了该系统的核心部分，也就是进站预付款制度、水平通道，以及大型多门巴士。

引入大型交通系统的方法对现存道路空间进行了彻底重置，相比其他公共交通解决方案来看，其成本低了很多，就像赫伯特·吉拉德特（Herbert Girar-

·262·

第 8 章

领先的生态城市

det) 解释的那样：

> 库里提巴对公交服务进行了分级，一些只是服务于一定区域，还有一些在全市专用车道穿梭。通过用所谓的管道式车站取代公交站，公交运行效率大大提高：人们进站的时候就要向驻守在车站的售票员买票，这样，公交车到了之后人们就可以立即上下车。（Girardet，2008，p. 143）

这个大胆的创新吸引了国际关注，很多城市纷纷效仿库里提巴的做法。在接下来的很多年里，该市都以良好的规划而闻名于世（Campbell，2012，pp. 124 – 140）。政治领导者和城市专业研究人员提倡绿色思维与实践，同时也持续对创新型公交系统进行重大改善。库里提巴的城市领导者成功地将社会与生态融合到了一起。值得强调的是，库里提巴的策略采用的是节约成本、技术结构简单的解决办法。它也证明劳动密集型的解决方案可以取代资本密集型的解决办法——还帮助降低了失业率。事实上，库里提巴也已经决定要配合 BRT 系统建立地铁系统。此外，对于人口多的大城市来说，汽车制造业还是很重要的产业。2010 年，该市的汽车占有率为每 1000 居民中有 680 辆，在巴西来说，这已经算是比较高的比例。

-------------------- ● 创新故事 9 ● --------------------

巴西库里提巴建立可持续的公共交通系统

1. 目标

巴西的城市库里提巴[①]因其在环境和社会上都实现可持续发展而备受人们赞誉。1974 年，世界上第一个快速公交系统（BRT）在库里提巴运行，

[①] 库里提巴，巴拉那州首府，巴西第七大城市，人口数量 175 万（2010 年）。伊拉扎巴尔（Irazabal，2005）提供了一份针对库里提巴城市和区域政治发展的整体分析，集中分析了城市规划和设计实践。也可参考坎贝尔的研究（Campbell，2012，pp. 124 – 140）。

迈向包容性城市
地方性创新的故事

此后该系统升级成为综合交通网（德语为 Rede Integrada de Transporte，简称RIT）。

RIT 的目标是为人们提供支付得起的、环境可持续的公共交通。该系统运行的是大容量、频率高、灵活、数量多并且速度快的公共交通。城市采用这个系统，减少人们对于汽车的依赖，取而代之的是一种更优质的方式，不同颜色的交通线将区间车、快速公交、跨区域车、直达车、支线、市区专用车、循环车，以及学校、医院、景点往返专线联系起来，在城市里交叉运行、循环运行。RIT 系统和轨道快速交通有很多相似之处——预付车票、通道分级使得乘客上下车更快（具象的管道式站台），以及能承载大量乘客。但是有一点很关键，RIT 系统比传统的轨道交通或者地铁系统的运营成本要廉价得多。

单一票制使得乘客可以一次付费多次换乘。城市领导者此番大胆实践的结果是，相比巴西的其他城市，库里提巴乘客的交通支出大大减少。[①]库里提巴发明的精巧（sophisticated）交通系统使大众受益，也难怪其他城市会纷纷效仿。

2. 创新故事概要

20 世纪 50 年代和 60 年代，巨大的人口增长加快了库里提巴的城市化步伐，同时也给基础设施带来了压力。城市领导者们发起全国竞赛，修改库里提巴的总体规划。[②]1966 年的规划在当时来说是非常具有创新性的，已经开始将土地利用和交通规划融合起来。对于 20 世纪 60 年代的城市发展来说，该规划中的方法与当时盛行的"汽车主导"方法是相悖的，它提倡优先创造一个大型的综合公共交通系统。库里提巴的总体规划（curitiba master plan），又叫威廉规划，在塑造城市未来发展的过程中起到关键作用，此后一直到 1999 年期间都未曾被修改过。

一家圣保罗的公司赢得了此次竞赛，负责筹备总体规划。在筹备过程中，

---

① 报告称，市民收入的 10% 用于交通支出。参见古德曼等的研究（Goodman et al.，2005）。
② 此处重点说明，巴西在 1985 年之前实行的是独裁制。

第8章

领先的生态城市

库里提巴的规划师和城市发展专家们组成了一个工作小组。该小组就是库里提巴城市规划研究院（IPPUC），这是一个十分具有影响力的半自治的规划实施机构。该机构也为库里提巴市培养了多位领导，其中就包括在国际上享有盛誉的杰米·勒纳（Jaime Lerner）（三次任职市长）和卡西奥·塔尼（Cassio Taniguchi）（两次任职市长）。[①]在1964—1985年，库里提巴城市规划研究院得到了军事独裁制度的很多支持，持续为库里提巴的城市规划作出了重要贡献。

值得称赞的是建筑师杰米·勒纳以及他带领的规划师和工程师团队，他们在20世纪70年代创造了库里提巴的快速公交系统（BRT）。在勒纳的首届任期内，他与政府各方利益人士共事，并且联合总体规划执行期间设立的两大执行机构——IPPUC和URBS（库里提巴城市发展局），对公共汽车交通提出了大胆假设与规划。当时的巴西还是军事独裁制度，那么，这种尝试很大程度上就是技术专家治国，而不仅仅是参与规划方面的一次实践。勒纳的角色从建筑师或者规划师转向了政治家，同时参与的还有市政府、IPPUC和URBS，这是一支由精英成员组成的队伍，他们既对城市有深刻的理解，又有很大的权力和影响力。

勒纳和他的团队迫切想要实施总体规划，但是财政资源有限。于是他们推广了路面BRT系统，而不是规划好的地铁系统，这个系统在较短时间内就可以运行，并且由于路面BRT系统可以很好地利用原有的基础设施，成本大大减少。勒纳对其由建筑师、规划师和工程师组成的团队有充足的信心，他的政治地位足够稳定，同时得到了广泛支持，他在推进规划的过程中收放自如，不用过多考虑后果。对他而言，完成事情、吸取教训，这些远比盲目乐观更有价值。2014年，杰米·勒纳在布里斯托的一次演讲中这样说道：

---

① 首次担任市长之前，杰米·勒纳在1969—1970年间担任IPPUC主席。他于1971—1974年由军队任命为市长，继而于1979—1983年再次担任市长；1989—1992年被直接选举为市长，之后当选巴拉那州州长（1995—1998年，1999—2000年）。

迈向包容性城市
地方性创新的故事

我们不一定要清楚后果。开始去做才是最重要的。我在墨西哥的一个公园牌子上曾读到："不完美的美丽，好过完美的不美丽。"这对大家来说是一个很好的建议。重要的是敢于尝试，也正因为此，示范工程才有意义。①

领导者注重实施过程，规划师和政治家都深刻理解城市和居民，执行人员有高度使命感且注重技术的连续性，此外，城市商业大佬的利益都得到了保障。正是在这些基础上，库里提巴的规划才得以满足交通与土地利用的需求。

库里提巴的 BRT 系统在有效降低成本方面具有创造性。它的一些典型特点包括：预付费上车、单一票制、快速公交线路采用铰接客车，载客量达 250 人、混合动力车与电车合并使用。最近，纯生物燃料的公交车在库里提巴第六车道和新开的车道（绿色通道 Linha Verde）运行。到 2016 年，该市最繁忙的 BRT 线路将被地铁，也就是蓝色通道取代，以实现更多载客量，并且拓展更多通往大都会区的交通连接。②此外要提到的一点是，在 20 世纪 60 年代和 70 年代，巴西的决策制定过程中几乎没有团体参与。因此，公交系统的规划和早期实施的过程中几乎没有公众讨论或参加。到了 20 世纪 80 年代，公民对公交费用提出抗议，导致勒纳在 1983 年的市长选举中失败。自从 1985 年建立民主制度以来，公共政策制定过程中的公民参与程度不断加强。然而，市长和地方政府的主导地位依然很强。今年以来，在库里提巴和其他巴西城市发生过一些有关社会经济问题的公民抗议，包括对公共交通费用的抗议，这些都将预示着公民参与有了新的局面。

3. 领导力经验

库里提巴的城市领导者反对守旧的智慧，以及"汽车主导"的城市规划发展策略。一代代的政治领袖和管理者在城市决策过程中追求的是与人友好而不是与汽车和谐共处的发展方式。

---

① 2014 年 5 月 24 日杰米·勒纳参加布里斯托创意文化节时发表题为"城市的未来"的演讲。
② 库里提巴英文网站，http://curitibainenglish.com.br/government/urban-mobility/curitibas-park-ways/。

第8章

领先的生态城市

- 在对未来有明确的想法之后，勒纳市长就可以很自如地从事 BRT 研发而不用对其未来发展制定一份综合全面的蓝图。自信的领导者会实践想法，并总结经验教训。

- 专业的规划师、建筑师和工程师会为城市变化贡献有价值的看法和切实可行的提案。参与公共交通系统设计的专业人士发挥想象力，并且发扬"绿色思维"，这也孕育了城市发展中的生态友好策略。

- 想象中的计划得以通过，可以将城市几十年的发展轨迹规划出来，即便中途遇到挫折，整体方向还是可以调整或修复的。

- 在城市各方利益的支持下，库里提巴城市策略得以实施。历任市长都成功地使商业领袖参与管理，同时还能保障改善全体市民的生活。

资料来源：

Campbell, T, 2012, Beyond Smart Cities: How Cities Network, Learn and Innovate, London: Earthscan, pp. 124 – 140.

Goodman, J, Laube, M, Schwenk, J, 2005, Curitiba's Bus System is Model for Rapid Transit, Race, Poverty and the Environment 12, 1, pp. 75 – 76.

Irazabal, C, 2005, City Making and Urban Governance in the Americas, Aldershot: Ashgate Publishing.

Moore, S, 2007, Alternative Routes to the Sustainable City: Austin, Curitiba and Frankfurt, Lanham: Lexington Books.

Schwartz, H, 2004, Urban Renewal, Municipal Revitalization: The Case of Curitiba, Brazil, Alexandria: Higher Education Publications.

参考网址：

库里提巴市政府网站（Curitiba municipal government website）：http://www. curitiba. pr. gov. br/idioma/ingles

库里提巴城市规划（Curitiba's urban planning）：http://www. ippuc. org. br/default. php? idioma = 5

库里提巴交通系统：http://urbs. curitiba. pr. gov. br/

库里提巴英文网站-交通版：http://curitibainenglish. com. br/category/government/urban-mobility/

六、亚洲的快速公交先锋

就像第 2 章讨论过的，世界各地的城市化率差别很大。在一些国家，比如，中国就是一个很典型的例子，城市在不断发展。人口密度也以惊人的速度增长。这里，我们了解一下中国南部的城市广州，该市在过去 30 年里快速发展成为大城市。要精准统计该市的人口数量是很困难的，部分原因在于行政区域的重新划分，一些区域加入了广州原有的 6 个市区；此外，还因为该市有大量外来人口流入，他们在该市工作生活已经超过半年，但是仍不能被算作当地居民。

联合国的数据显示，在 2000 年，广州市的户籍人口达到了 730 万。目前，广州户籍人口大约 1270 万，该数字到 2025 年预计会达到 1550 万。然而，如果把外来人口一并纳入统计，广州的人口数量就可能已经超过 1500 万。广州是世界排名前 20 的大城市之一，第 2 章的表 2.1 和 2.3 也已经展示了到 2025 年大城市之间的人口规模比较情况。

快速盘旋增长的城市人口数量会给任何城市带来巨大压力，广州也不例外。姜旭和安东尼·叶（Jiang Xu & Anthony Yeh，2003）曾对城市发展做过分析，记录了广州市市政府已经通过的多项规划和基础设施项目。在此，我想特别介绍一下广州在 2010 年推行的快速公交系统（BRT）。这并不是该市在公共交通方面作出的唯一投资，比如，政府还对传统地铁线路进行了大量投资。但是其推行的 BRT 对其他城市来说，有很特别的吸引力，因为该系统为城市交通政策及其实践提供了新范本。就像之前提到的，BRT 系统有公交专用道。让人吃惊的是，广州的 BRT 系统把快速公交与地铁系统连接起来，而且加入了流行的共享单车系统。

衡量 BRT 的一个关键指标就是单向客流高峰（peak directional passenger flow）——每个小时内某一方向的乘客数量。广州 BRT 在该指标上的数值超过 25000，这样的载客量在世界所有 BRT 系统位列第二，最大的峰值来自哥伦比亚波哥大 BRT 系统。广州 BRT 系统也是世界上容客量最大的系统，基于"直接服务"的运营模式，BRT 车辆可以进出 BRT 车站，乘客也不用更换交通工具。这

第8章
领先的生态城市

种运行方法使广州 BRT 系统内每个工作日的平均客流量达到 850000 人次，容客量大的站台设计也使得单向每小时的客流量达到 30000 人次，超过了全世界大部分的地铁系统。

创新故事 10 展示了广州 BRT 系统的更多细节，并且凸显了城市领导者们在面对各种反对声音时表现出来的韧性。在本章开始的时候，我提到了肯·利文斯通（Ken Livingstone），伦敦第一任市长，他不得不顶着各种反对声音推行"拥堵费"。同样地，广州的城市领导者们也不得不面对大量反对 BRT 系统的人，比如一些有影响力的官员、学者和地铁利益相关方。领导们听取了各方面的意见与担忧，但最终还是坚持推行有强大技术支撑的系统规划，并没有向削弱系统运载能力的对立面屈服。最终，广州实施了后来获得大奖的规划。

•—— 创新故事 10 ——•

广州的公共交通改革

1. 目标

广州户籍人口大约 1270 万，是中国南方人口最多的城市。广州在中国以外被称为"Canton"，是广东省的省会。在过去大约 30 年里，广州的城市发展迅速。结果，广州成为了当今世界人口最多的城市之一。尽管有不同的方案出台，政府努力控制城市扩张，但是广州的交通拥堵状况还是很严重，为此，政府开始大量投资建设地铁快速轨道系统。

本故事重点介绍广州 2010 年引入的快速公交系统（BRT）。在引进 BRT 时，城市领导者们进行大胆尝试，打造了亚洲最大容客量的 BRT 系统，其单向客流量是亚洲其他 BRT 系统的三倍，在世界范围内也仅次于波哥大的 BRT 系统。

广州改革的目标就是更高效地安置道路空间，提供设计优秀、价格低廉的公共交通服务，缩短旅途时间，减少环境污染。作为实现这些目标的一个策略，设计师们将新的公交系统与地铁系统连接起来，并且加入了高质量的

迈向包容性城市
地方性创新的故事

共享单车项目作为 BRT 系统的一部分；也就是说，BRT 公交车可以进出 BRT 车站，这样，乘客就不用更换交通工具了。

2. 创新故事概要

广州是中国南部最古老的城市之一。[①]作为一个繁荣的商业港口，广州在 1840 年的人口数量就已经超过百万。在 1949—1978 年间，广州的发展缓慢——中国的南大门由于经济渠道关闭也逐渐陷入萧条。1949 年，中国共产党解放广州，为这座城市政策的转变奠定了基础。1978 年，中国实施改革开放政策，为广州的城市发展带来了美好前景。广州在很短时间内就发展成人口爆炸性增长的城市。

快速的经济增长往往伴随着人口数量的暴增，1987 年的房地产市场开发也加速了城市的变化。它使得城市中心区再度发展，同时扩充了新的城区。广州成为广东省的商业中心，但是城市增长和再度发展导致了该市严重的交通堵塞，居民们并没有因为城市得以发展而感动。1997 年的民意调查显示，高达 73% 的居民对广州的建设环境并不满意。

广州市政府对这些问题作出回应，重新定义了战略目标，即要更多注重繁荣、高效并且争取成为宜居的生态城市。这个战略涉及很多方面内容，在此，我们仅集中介绍一项——推行亚洲最大的快速公交系统（BRT），这个系统对设计质量、乘客服务和容客量都有很高的要求。

在 2003—2010 年期间担任广州市市长的城市领导者，因有前瞻意识而享有盛誉，其较早意识到应该对城市综合交通系统进行较大的改善。城市领导者们了解到巴西库里提巴 BRT 系统推行后的效果（详见创新故事 9），2004 年底前往波哥大和圣保罗参观了拉丁美洲当地特用的 BRT 系统。[②]他们对所见感到震惊，并决心推行适合广州的 BRT 系统。最初

---

① 此处讨论直接来自姜旭和安东尼·叶的研究（Jiang Xu & Anthony Yeh, 2003）。

② 交通与发展政策研究院（ITDP）在组织本次考察过程中起到了重要作用，且帮助广州市政府完成了适用于广州的 BRT 系统提案。ITDP 成立于 1985 年，总部位于纽约，是一个国际性的非政府非盈利性机构。ITDP 倡导在世界范围内实现可持续的、有利于社会公平的交通方式。

第 8 章

领先的生态城市

的提案完成于 2005 年底，由交通与发展政策研究院（ITDP）和广州市工程设计与研究院（GMEDRI）在广州建设委员会的支持下完成。22.5 公里（14 英里）长的 BRT "廊道"，从广州市中心开始，沿中山大道一路向东。这个系统的设计理念是将新的公交运输系统与地铁系统连接起来，并且每个 BRT 车站提供设计合理的自行车停泊位，大幅地提高乘客在车站内流动的速度和效率。

广州市规划局总体上是反对设计和规划阶段内的实施方案的。2007 年初，该局将 BRT 系统的提案发布在网站上；而同年 4 月，由全国专家组成的团队通过了该提案。2008 年 11 月政府开始建筑施工，但是不可避免地造成交通堵塞恶化，引发了公众强烈不满。各方人士更是对之加以批判，包括"专家"的学术观点、媒体评论，纷纷称该系统必定运行不畅，一个理由就是全世界范围内没有任何范例采用过如此大规模的"直接服务"型 BRT 系统。早些时候，也就是在 2007 年底的时候，这个提案曾因饱受质疑而几近夭折。广州市市长和其他官员认真聆听了公众的声音，尤其是人大代表的意见。

提案招致大量媒体争议的一个设计特点就是它在多个交叉路口禁止车辆左转弯。有些观点认为，这将恶化交通状况。事实上按照提案实施后，交通顺畅了许多。施工过程中当然会对交通造成伤害，公众会持续抱怨。但是 BRT 线路，以及高质量的等候区，建造得非常顺利，并于 2010 年 2 月正式开放使用。在 BRT 开放后，公众给予了积极回应，认为该系统大大减少了耗费在路上的时间。

广州 BRT 系统将中山大道从噩梦般的交通堵塞状态转变成了卓越的公共交通线路。该系统每日平均客流量为 850000 人次，这是一个非常庞大的数字。系统在高峰期的单向运载流量为 25000 人次，这比全世界大部分的地铁系统和所有轻轨线路系统的客流量都要大。

此外，广州 BRT 系统搭乘人数在世界范围内最多，车辆运行频率最高，BRT 站台最长（在市中心长达 240 米）。由于集成了共享单车设计，该系统得到诸多赞誉。共享单车 2010 年 6 月开始使用，在 BRT 车站廊道和附近的

· 271 ·

迈向包容性城市
地方性创新的故事

商业区、居民区都有自行车站，共有 113 个车站 5000 辆自行车。每天大约有 20000 人使用共享单车系统。ITDP 的调查表明，在 BRT 系统发明之前，有三分之二的路程是靠机动车出行的。广州的 BRT 系统获得了数个国内外可持续交通奖项。政府对其也作出了进一步的严密规划，还计划开辟 BRT 系统内的一些新线路。

3. 领导力经验

● 城市间的国际交流可以激发新的思想，帮助城市领导者在面对公共政策挑战时能开辟出创新的解决办法。在本案例中，广州的城市领导者和官员不辞辛苦、花费时间去参观巴西和哥伦比亚的成功案例，在圣保罗和波哥大两地学到了宝贵经验。

● 借鉴其他城市经验虽然有争议，但是最直接有效的、也最重要的方式，使得交通创新思路得以在世界范围内传播。广州 BRT 系统自 2010 年开放运营以来，每年都有成百上千个代表团前往观摩。

● 城市领导者遭遇了各界对 BRT 系统提出的质疑，包括一些学者、媒体、各路"专家"，还有一些政府机构。但是他们并没有放弃推行这一系统，而是认真听取各方声音，坚持有技术支撑的设计改造。公众的决策参与产生了多方面的影响，比如调整站台位置和通道、共享单车站的位置等。

● 当规划出现施工困难时，城市领导者表现出了韧性。他们坚持总体规划，才使得规划如期实现，圆满投入使用。

● 专业规划师、工程师和建筑师都提供了创造性的城市设计方案，比如将公交线路、公交站和自行车站连接起来。充分利用外部的专家力量是一个好方法。

资料来源：

Xu，J，Yeh，AGO，2003，City Profile，Cities 20，5，361 – 374.

Xu，J，Yeh，AGO，2005，City Repositioning and Competitiveness Building in Regional Development：New Development Strategies in Guangzhou，China，International Journal of Urban and Regional Research 29，2，283 – 308.

第8章
领先的生态城市

参考网址：

http：//english. gz. gov. cn

http：//www. lifeofguangzhou. com

The Institute for Transportation and Development Policy（ITDP）Provides Documents and Films of Sustainable Transport，Including Guangzhou：http：//itdp. org

Streetfilms，Founded in 2006，Produces Short Films Showing How Innovative TranSportation Design and Policy can Benefit Cities，Including Film of Guangzhou：http：//streetfilms. org

---

七、绿色发展：德国弗莱堡地方领导力的激进方法

有一个城市，人口数量 220000，汽车占有量却逐渐下降，市民们以此为豪。这个城市就是德国的弗莱堡。从 1970 年没有自行车道，到现在，弗莱堡拥有了超过 300 英里的自行车专用道网络。火车站附近有大约 1000 个管辖区域被用来作为自行车站，周围有修车店、回收服务店、自行车商店、咖啡店，还有旅游公司。该市一些区域的设计理念是实现净零能耗（zero-energy）或者"增能"（energy plus）发展。① 就是这样，在弗莱堡你会看到太阳能电站，而不是一味地耗电。

弗莱堡是德国最南部城市，在应对气候变化方面可以说是国际标杆城市。和其他生态城市，比如丹麦和瑞典的城市一样，弗莱堡已经制定并且实现了规范的环境标准。英国的城市设计师对弗莱堡的成就印象深刻，他们在《弗莱堡宪章：可持续城镇化》（*The Freiburg Charter for Sustainable Urbanism*）中就列出了进行城市规划和设计时应当遵守的指导性原则（Academy of Urbanism，2012）。来自世界各地的参观者们涌入弗莱堡这座城市，学习其闻名于世的绿色创新举措。这些举措涵盖公共交通、太阳能、人们从事的绿色工作，城市设

---

① 所谓净零能耗是指建筑物抵消整个生命周期内建造和运行所需的能源的能力。净零能耗建筑（zero-energy building），是指全年总能耗量近似等于在现场或在其他地方所生产的可再生能源量的建筑。类似地，可以把全年生产的可再生能源量大于全年总能耗量的建筑叫做增能建筑（energy plus building）。——译者注

· 273 ·

迈向包容性城市
地方性创新的故事

计，以及公共森林和绿色区域的创建。

很多人前往弗莱堡城市南部的沃邦区。这里是一个新建的、宜居的绿色环境区，有很多设计优秀的房子。该区域的能源有 95% 来自可再生资源。琼·菲茨杰拉德（Joan Fitzgerald）是美国可持续发展专家，她在参观沃邦区时颇为震惊，说道：

> 沃邦已经超越了美国的规划，比如精明增长、公共交通导向发展，或者新城镇化。（Fitzgerald，2010，p. 2）

在弗莱堡，政治家、城市规划师、居民集中起来，公众高度参与了城市设计，才使得这样现代化的、生态友好型的城市发展得以实现。目前，已有很多文章介绍弗莱堡高效进行城市规划与城市设计的情况。创新故事 11 在这些已有描述的基础上，展示了政治家、专业人士和社区活动家的领导力。启发灵感的地方性领导力是解释弗莱堡这个成功案例的关键因素。

-------- ● 创新故事 11 ● --------

绿色发展：弗莱堡的地方性领导方法

1. 目标

德国城市弗莱堡是世界范围内可持续发展的领先模范。这座城市拥有人口 220000 人，成功倡导了绿色意识和敬畏自然的发展理念。其经济增长背后的重点支持来自可再生能源。比如欧洲最大的太阳能研究机构——弗劳恩霍夫太阳能研究所（ISE）就位于弗莱堡，而太阳能技术在近些年创造了无数工作岗位。弗莱堡目前是德国绿色程度最高的城市之一，有着高质量的公共交通系统，在城市内搭乘电车或者骑自行车或者步行，都是很方便的出行方式。

弗莱堡市绿色城市办公室和其中的官员成员组织了"太阳能游览"（solar

第8章

领先的生态城市

tours）活动，让参观者们可以从很多正在施工和投入运营的太阳能项目中学到实践经验。公共政策的核心特点包括环境政策、太阳能工程、可持续能力和环境保护。该市选举的市长是绿党的成员。市长迪特尔·萨洛蒙博士（Dr Dieter Salomon）和弗莱堡城市议会，都深感推动城市规划绿色进程有重要意义。本案例概括了弗莱堡在可持续城镇化方面的各项举措的主要特点。

2. 创新故事概要

当前的弗莱堡创新举措背后的社会团体行动起源，可以追溯到20世纪70年代。最初的动力来源于人们对弗莱堡附近的维尔小镇建造核电站提出的抗议，由地方和区域发起的运动成功地阻止了该提案。据参加者后来回忆，该运动既富有创新性又有很多人参与——联合了农民、立场保守的商人、学生，还有激进分子，老少都有。那是一个新形式的政治运动、一个"绿色"的运动。一个由各方人士组成的反核联盟诞生，从一些小成功开始，逐渐实现了越来越多的成功举措。早在1986年，切尔诺贝利核事故发生的那一年，弗莱堡城市议会就宣布该市为无核城市。

1992年，弗莱堡因其有诸多杰出举措而当选为德国的"环境首府"，比如采用早期预警系统监控烟雾和臭氧污染、禁止使用杀虫剂、采用循环措施以及高质量的公共交通。绿党在当地有很优越的工作背景。2002年，弗莱堡成为德国第一个选举绿党成员担任市长的大城市。人口众多的城市更应该有环境责任意识，而且经得起时间的考验。很多年轻人搬到弗莱堡，并不仅仅是因为那里有一流的大学，也是因为受到当地推崇的绿色价值观所鼓舞。此外，弗莱堡也吸引了越来越多的老年人前往。

弗莱堡位于德国巴登-符腾堡州，当地有两个政治管辖机构：

1. **城市议会（City Council，德语为 Gemeinderat）**。该委员会由48名成员组成，任期5年。其选举方式为"全体"选举，委员不代表某个区域，而是服务整个城市。城市议会每年开会大约20次，是城市策略的主要制定者——包括城市规划、预算、税收，在完善立法的同时既要保证维护联邦和州政府的立场，又要维护城市自发采取的措施。

· 275 ·

迈向包容性城市
地方性创新的故事

2. **市长**。市长每8年选举一次，任城市议会主席，并作为城市议会第49位成员（可参与投票）。市长也是城市最高代表，是城市管理的首席执行官。在弗莱堡这样的城市，一位市长身边有另一位或几位副市长加以辅佐。弗莱堡有四位副市长，分管四个领域：预算与公共建筑；环境政治事务、学校和青少年群体；社会文化事务；城市规划与发展。

在德国，地方政府的力量相对强大。它们有很大的自治权力。此外，它们有权力"处理影响城市发展的地方性事务"。德国地方政府一般都有一个优势，即不受上级政府的限制。更进一步讲，它们可以支配税收，对合理的项目加以扶持。

权力的分散为地方性领导者提供了以激进方式行事的自由。位于城市南侧的沃邦区占地约40公顷，为我们提供了领导者充分利用其可用政治空间的例子。该地区拥有人口5200人和约600个工作岗位。土地被划分为相对较小的区域，并优先考虑私人建筑商、家庭、社会住房提供者和合作社。禁止大型房屋建筑商。结果造就了一个儿童友好的绿色郊区，具有丰富的小规模创造力。体贴、人性化的设计是核心，建筑标准要求很高。该社区的亮点包括：

- 从发展的早期就开始提供良好的电车服务，为市中心和整个城市提供频繁、快速和可靠的服务；
- 一流的自行车网络，鼓励长短旅途的骑行；
- 家庭以外的环境安全，儿童可以自由漫步；
- 绿色空间广泛，可用于娱乐和社交互动；
- 除了接送体弱者或老人外，禁止在限车的住宅街道停车；
- 在社区边缘的两个车库中建设了多层停车场，为需要的人提供停车空间——但需要付费；
- 街景、公共空间和社区设施设计有创意。

在弗莱堡，来自城市领导力不同领域的领导者们在把激进创新融入地方治理文化中发挥了作用。首先，政治家的角色对促进和实施绿色政策至关重要。与世界各地的城市一样，民选领导人确定地方政策的方向和基调。1982年，

第8章

领先的生态城市

来自社会民主党的罗福博姆博士（Dr Rolf Böhme）当选市长，他鼓励开展了许多现在使弗莱堡闻名在外的创新。2002 年当选的市长迪特尔·萨洛蒙博士（Dieter Salomon）坚持致力于可持续发展的原则，并用这一原则指导了他对城市进行政治领导的整体方法。

专业和管理领导者也发挥了至关重要的作用。例如，武夫·德斯金（Wulf Daseking）在 2012 年退休前担任了很长一段时间弗莱堡的规划和建设总监，他为该市的规划和设计工作提供了富有想象力的专业领导。他的努力得到了国际认可。例如，2010 年 11 月，英国城市规划学院授予弗莱堡"2010 年度欧洲城市奖"，并出版了《弗莱堡可持续城市主义宪章》（*The Freiburg Charter for Sustainable Urbanism*），以促进良好的规划和城市设计。

德斯金认为，专业人士应该在合理的时间内"留在"某个地方，因为这样可以使专业人士产生更大的影响力。他说：

> 使想法成为现实，需要花费数年时间。我必须按照想法进入实施阶段。我们有太多年轻人只是在从事工作——并不在乎是什么——换工作就像换衬衫一样频繁。不，规划者必须努力从根本进行变革。这可能很困难，因为规划时间的周期很长——而且可能与政治时间的周期相冲突，而政治时间的周期往往很短。专业人士在城市领导方面发挥着重要作用——与其他领导者一起——部分原因是他们的眼光更长远些。[1]

最后，在基层开展活动的社区领导人对弗莱堡的治理至关重要。如果没有社区活动家的动力和精力，我们是很难看出改变有多么重大的。

3. 领导力经验

● 弗莱堡的故事说明了拥有强大、独立的地方政府的价值。德国地方当局享有宪法保护。地方领导人不受中央强制执行的绩效指标限制，他们制定并实施前瞻性战略。

---

[1] 个人访谈，2011 年 3 月 2 日。

迈向包容性城市
地方性创新的故事

●弗莱堡社区的社区行动主义（community activism）是城市成功成为环境意识和行动领域世界领导者的一个关键驱动力。对绿色价值和集体目标的承诺得到了高度发展，而这种外部基层压力确保了环境绩效逐年改善。

●由城市指定的官员和专业人员在努力推行良好实践上发挥了至关重要的作用。参与城市规划、交通规划和城市设计的人员与其他为市议会工作的专业人员一起作出了高质量的贡献，理应受到赞赏。

●历届当选市长和当选议员强化了该市雄心勃勃的想法，他们对绿色价值的一贯承诺，加上对尝试新方法的热情，为冒险的城市创新奠定了基调。

资料来源：

Academy of Urbanism and Stadt Freiburg, 2012, The Freiburg Charter for Sustainable Urbanism, 2nd edition, London: Academy of Urbanism.

Hall, P, 2013, Good Cities, Better Lives. How Europe Discovered the Lost Art of Urbanism, Abingdon: Routledge, 248 – 273.

Hambleton, R, 2011, Place-based Leadership in a Global Era, Commonwealth Journal of Local Governance Issue 8/9, May—November.

For More Information on Freiburg's Approach: www. freiburg. de/greencity.

八、结论

在本章我指出，创建包容性城市的有效方法是将社会和生态观点统一结合起来。在第1章我解释了在一个世纪以来最佳的时期，关心"城市"的人和关心"自然"的人之间在思想和行动上出现了无益的分歧。几十年来，这种分歧在许多国家阻碍了城市领导力和城市管理有效方法的实施。遗憾的是，研究城市治理的社会政治动态的人和专注于将城市和城市地区作为生态系统分析的人之间，仍然存在城市研究和环境研究之间的分歧。幸运的是，富有想象力的城市领导者们并没有落入窠臼。相反，正如本章所示，伦敦、库里提巴、广

第 8 章

领先的生态城市

州和弗莱堡的城市领导者们不仅采取行动减少城市的碳排放，而且还采取行动解决社会不平等问题。

在结束本章时，我想强调两个已经出现的重要主题。第一个主题，很明显，地方性领导力能够对城市的生活质量产生影响。不仅如此，我所提供的证据表明，明智的城市领导力不单单可以促进生态友好型政策和实践。本章讨论的城市领导者对社会和环境正义都有政治承诺。他们采取政治行动，重新分配资源，使资源从一些利益群体转向其他利益群体——例如从汽车/汽油/道路建设行业的愿望转向了公共交通。我们已经看到，一个城市领导者如何为公共政策和城市管理奠定基调。我们已经看到，如何倾斜政策和实践以支持进步目标，反对由市场驱动的城市发展形式。

在城市治理中担任高级职位的领导者，如直选市长、其他高级政治家及其指定的主要官员，都无法独立解决当前的社会环境问题。然而，他们所能做的是为城市制定一个清晰的愿景，对公平和环境采取道德立场，并激励其他行动者推进创建包容性城市的事业。很难说本章讨论的城市领导者没有产生重大影响。尽管我们在第 4 章讨论过非地方性力量的压力，但城市领导者们已经为其城市作出了各种不同的、受政治驱动的战略规划，并实施了这些规划。

城市治理的社会政治动态在国际上各不相同，任何特定国家的地方性领导人可利用的当地政治空间也随着时间的推移而演变。然而，即使考虑到巨大的社会文化差异，我们仍然看到了四个非常不同国家（英国、巴西、中国和德国）中四个不同城市的城市领导者是如何行使大胆的城市领导力的。特别是，当跨国公司和既得利益集团试图破坏他们创建更具包容性的城市的努力时，他们并没有退缩。我们讨论过的所有城市的城市领导力都是多层次的。如第 5 章详细讨论的那样，社区、区和市镇的领导者都对创建包容性城市作出了重大贡献。然而，在认识到这一事实的同时，更重要的是要肯定高级领导人的贡献，他们通过个人的精力和承诺，为城市提供了良好服务。在本章我们就遇到了四个突出的例子。

2003 年，伦敦第一任市长肯·利文斯通违背汽车/汽油/道路建设行业的愿望，在首都开始收拥堵费。他必须承受各种人身攻击，但他的勇敢决定得到了回报，2004 年伦敦大选中，他得到了强大的政治支持。同样，杰米·勒纳在

· 279 ·

迈向包容性城市
地方性创新的故事

为库里提巴制定新的可持续发展政策时，建议将公路车道专门用于公交车，因此受到汽车业利益群体的严厉批评。他与既得利益集团较量，引入了世界上第一个快速公交系统（BRT），并三次担任该市市长。

张广宁担任广州市长时，发挥了大胆的城市领导力，在2010年支持引入亚洲第一个高容量快速公交系统。他不得不应对众多反对意见，但他顶住压力，没有放弃，最终成就了这项计划。在弗莱堡，规划与建设总监武夫·德斯金年复一年地展示了20年的城市领导力，面对压力，在不削弱环境标准的前提下，他坚持了高质量的城市发展。由于其卓越成就，他2010年得到了英国城市规划院的认可。现在，伦敦、库里提巴、广州和弗莱堡都是更加宜居的生活和工作城市，因为这些地方性领导人运用道德判断，努力创造了一个更加环保、包容的城市。

第二个相关的主题是，我们发现关于可持续发展的大量文献，以及日益增多的关于城市韧性（urban resilience）的文献，几乎都没有说明城市领导力的重要性，更不用说地方性领导力。我们注意到了一些值得尊敬的例外——例如莎拉·帕金（Parkin，2010），本杰明·雷德科（Redekop，2010）和朱迪·马歇尔及其同事（Marshall et al.，2011）的研究。但是，领导力在创建可持续、公正的城市中的作用没有得到关注，其被忽视程度仍然让人吃惊。

在第1章，我提到，规划理论实际上忽略了领导力。我解释道，尽管规划从业者认识到领导力在实现可持续城市发展中的重要性，但规划理论家似乎将领导力视作知识分子的"禁区"。大多数规划理论书籍甚至没有提到领导力，更不用说对它涉及什么，以及它如何有助于改进规划实践进行详细讨论。规划、可持续发展、城市韧性、公共管理和相关领域的社会科学家，如果不仅有兴趣了解城市系统如何运作，而且有兴趣为如何改变城市表现方式提供新的见解，本章就也许可以为他们提供灵感。

本章和本书其他部分的创新故事并没有自诩对选定城市的改革作出了全面的解释。在第1章我就解释了创新故事不是为了提供现成的答案，而是为了促使人们对地方性领导力和城市创新的可能性进行新的思考。我提到，这种方法是存在风险的。在分析一些城市开创环境和社会正义方面的新方法时，我们不应试图将它们塑造成被崇拜的偶像。相反，我们应该考虑一下丹尼尔·卡内曼

第8章

领先的生态城市

（Kahneman，2012）曾经提出的警告。正如我在第1章提到的那样，他提醒我们注意"叙事谬误"（narrative fallacy）——指那些试图解释事件的人倾向于过分重视人才在事情发生中的作用。在一份发人深省的批评评论中，卡内曼指出，运气往往起着巨大的作用。然而，他的分析主要来自对私营部门决策的研究。在我看来，卡内曼对于有效领导力的前景过于悲观，部分原因是他对公共领导力在社会中的影响缺乏足够的关注。

也许本章中的创新故事可以鼓励学者、政策制定者和其他人，提出为什么在任何特定城市都会发生渐进式变革的问题。这一切变革都归功于卡内曼暗示的好运气吗？或者，我们是否可以挖掘出新的见解，这些见解可能可以解释如何激发改革，表明反对力量是如何被智胜的，揭示如何维持包容性政策和实践的建议？第7章表明，我们设计城市治理体系的方式可能推动或阻碍大胆的城市领导力。在本章我们还发现了一些关于个体领导者如何为当前的城市挑战带来政治技能、专业知识和情感承诺的见解。

（陈思　翻译）

第 9 章

创建人居友好型城市

> 我们需要什么才能幸福？我们需要行走，就像鸟儿需要飞翔。我们需要与人交往，我们需要美丽的事物，我们需要与大自然接触。最重要的是，我们不想被人排斥，我们需要感受到平等。
>
> ——波哥大前市长恩里克·佩纳罗萨（Enrique Penalosa）
> 2006 年 6 月 22 日在温哥华联合国世界城市论坛上的发言

引　言

没有哪个城市的领导人会急于宣称他们的城市对人不友好。"人居友好型城市"这个词的潜在问题就是其本身的定义相对很少。每个人都可以使用。在下面的讨论中，我将努力打破平铺直叙的思维，提出可能在创建人居友好型城市的实际战略中发挥重要作用的主要构成元素。

在第 7 章的开篇，我曾引用威廉·莎士比亚的戏剧《科里奥拉努斯》（Coriolanus）中的话，强调人在有关城市的任何明智讨论中的重要性。在这部剧中，西钦纽斯·维卢图斯（Sicinius Velutus）问道："没了人，城市算什么？"（What is the city but the people?）这句名言拉开了第 7 章的序幕，而第 7 章的核心内容是民主的城市治理的本质，以及加强城市公民权力的其他途径。在本章我们再次重点关注人，我们将再次提及在塑造城市环境和创造地方生活机会的决策过程中，公民发挥中心作用是至关重要的。但是，这次我们的重点

第9章

创建人居友好型城市

不是民主决策过程，而是会更多地关注有效的地方性领导力旨在实现的实质性成果。

我们将呈现的中心主题就是，如果要配得上"人居友好"这个名字，人居友好型城市就必须是包容性城市。我们的出发点是为了人类的幸福。近年来，关于幸福的文献和制定促进幸福的公共政策的理念在逐渐增多（Ben-Shahar，2008；Layard，2011；Montgomery，2013）。这里，我们可以把已有文献分为几类——一些涉及个人成长和发展，一些涉及公共政策，另一些则与两者都有关。

关于公共政策，我们可以看到，越来越有必要重新思考一下"生活水准"（living standards）的改善从本质上意味着什么（Sen，1984）。正如第 2 章所述，公认的衡量繁荣程度的指标——如 GDP 和人均国内生产总值——因为无法全面衡量生活质量而饱受诟病（Jackson，2009；Stiglitz et al.，2009）。此外，证据不断表明，在富裕的西方国家，获取越来越多的物质财产似乎不仅有损人类幸福，而且更会引发各种精神疾病的增多（Montgomery，2013，pp. 8 - 10）。

本章对人居友好型城市的讨论分为四个部分。第一，讨论人居友好型城市中的幸福及其意义。我们从食物、住所、卫生、健康、教育和安全的基本要求出发，探讨人们的需求。除了满足这些基本需求之外，城市还承诺为人们提供更高质量的生活——多姿多彩的生活。要做到这一点，我们需要进一步探讨繁荣、快乐和认同感的概念。第二，我们看看城市经济正在如何变化，思考地方性领导力如何发挥作用，从而进一步改善所有居民——无论是长期定居还是新的移民的就业前景。第三，我们回顾政府发展与市场和市民社会合作的创新方式，从而理解创造和提供公共服务新途径的重要性。许多地方正在重新考虑旧模式，也就是，由国家向被动的用户提供服务。第四个主题涉及城市地方塑造（place shaping）——第 4 章介绍的一个概念。在这部分内容中，我们考察一些先进城市的领导者是如何采取积极主动的城市发展方式的。这些城市领导人并没有坐等私营部门的投资者提出建议，而是非常有意识地发挥影响，积极扩大公共领域。

迈向包容性城市

地方性创新的故事

一、人居友好型城市中的幸福与意义

显而易见，关于满足居民需求的实践，并不是所有的城市都处于同一起跑线上。正如第 2 章所讨论的那样，在发展中国家，非常多的人居无定所、勉强度日。因此，在发展中国家那些快速发展的城市中，消除饥饿和极端贫困仍然是城市领导者面临的最大挑战。这是联合国可持续发展行动网络在向联合国采取行动提出的建议（UN-SDSN，2013）中的第一个，也是最重要的一个讯息。在创新故事 6 中，南非的朗拉格在亲贫居所升级方面的实践就让人们坚定地意识到，在许多城市，对于当地居民来说，水龙头和厕所等基础设施才是最重要的。

设计城市人居友好策略必须考虑到城市需求的多样性。大约在 70 年前，美国心理学家亚伯拉罕·马斯洛提出了一个理解人类需求的框架，这个框架至今仍然有借鉴价值（Abraham Maslow，1943）。我简化了他的理论。人类有五层次需求，最底层是生理需求，例如呼吸、食物、水、性和排泄。之上的一层是安全需求，包括身体、就业、资源、道德、家庭、健康和财产的安全保障。第三层涉及爱与归属的需求——包括友谊、家庭和性亲密。第四层是指自尊、信心，以及对他人的尊重和他人给予的尊重。而顶层需求是说，在个人达到和谐与理解的状态时能实现自我，因为他们充分发挥了潜力。[1]

马斯洛写道，言论自由对于实现基本需求是至关重要的。诚然，我们可以批判马斯洛的需求层次有文化偏见——其中的价值观可能反映了西方的个人实现观。但是，为了讨论如何建立人居友好型城市，他的类型学分析提醒我们，人类的需求差别是非常大的。在一个富裕的西方城市可能被视为限制性的措施，例如住宅区的停车限制措施，到了一个没有满足住房和卫生需求的城市，则会被认为是一个根本不重要的措施。

在本章开篇的引言中，波哥大前任市长恩里克·佩纳罗萨，激昂地表述了

---

① 自从马斯洛发表了他富有影响的分析之后，在发展心理学方面，对个人的"自我"概念已经形成了大量认识。参见 Kegan（1982）。

第 9 章
创建人居友好型城市

人居友好型城市的主要维度。他强调了与大自然和其他人接触的需求，还有美丽的重要性和不受排斥的需求。事实上，佩纳罗萨 2006 年 6 月在温哥华举行的联合国世界城市论坛的演讲，就以其富有想象力的内容和激情洋溢的表述而闻名。例如，他指出："如果以人均收入作为发展的基础，那么发展中世界再过三四百年也赶不上富国。"查尔斯·蒙哥马利（Charles Montgomery，2013）对该演讲发表了充满激情的解读，并提供了相关的背景信息。1998 年至 2001 年期间，佩纳罗萨担任波哥大市长。在很短的时间内，他便重塑了公众的态度，提高了公民的自豪感。通过将恳切的呼吁与全面创新相结合，他改变了人们对自己城市的感受，蒙哥马利写道：

> 他不会让大家更富有。忘记成为像美国人一样富有的梦想……佩纳罗萨抱怨这种变富的梦想，因为它只会让波哥大的市民觉得糟糕……不，这座城市需要一个新的目标。佩纳罗萨既没有承诺让家家都有汽车，也没计划进行一场社会主义革命。他的承诺很简单，就是要让波哥大的市民更快乐。（Montgomery，2013，p. 4）

佩纳罗萨放弃了城市雄心勃勃的高速公路建设计划，而是将预算投入到修建数百英里的自行车道、新公园和公共广场上，并建设了一批新图书馆、学校和托儿所。他从其他城市的创新中吸取经验，特别是库里提巴的卓越的快速公交系统（BRT），参见创新故事 9。2000 年，他在首都启动了新的快速公交系统。这个名为"跨千禧年"（TransMilenio）的公交系统包括公交车专用通道、铰接式公交车、特别设计的车站、智能卡收费系统、独特的形象设计，而且费用低廉，低收入人群也能负担得起。目前，TransMilenio 已成为全球最大的快速公交系统，节省了大量交通时间，提高了乘客满意度，减少了事故和碳排放，并且没有政府补贴。无论采用何种标准进行评价，我们都可以说，这个项目展示了出色的城市领导力（city leadership）。

佩纳罗萨进行了许多大胆的创新，他在波哥大市实施人居友好策略的影响是持久的。特别是他对城市公共空间价值的认识，是非常高深的。他指出，我们从为自己购买的产品中获得的满足，往往会随着时间的推移而下降，最终往

迈向包容性城市
地方性创新的故事

往完全消失。他认为，"好的公共空间是一种神奇的事物。它会源源不断地创造快乐。它本身几乎就是快乐所在"（Montgomery，2013，p. 5）。在之后讨论城市的地方塑造时，我们将再次回到城市设计和创造欢乐的公共空间这个主题上来。但是，下面首先让我们来讨论一下认同感和意义。

本沙哈尔（Ben-Shahar，2008，p. 33）将幸福定义为："对快乐和意义的全面感受。"当然，还有其他的幸福定义，但大多数定义的核心内容都是幸福的人们喜欢积极正面的情绪。关于幸福研究的证据是明确的：重要的是我们的感觉，而不是我们拥有多少东西。但幸福不仅仅关乎积极的情绪，还关乎意义。维克托·弗兰克尔（Viktor Frankl，2004）认为，人生的意义是人的主要动力。幸福并不取决于达到某种轻松的状态，而是取决于努力实现一个有价值的目标。杰出的城市理论家彼得·马里斯（Peter Marris）非常明白这一点，并且清楚地解释了这对城市领导意味着什么。他指出：

> 要实现民主、公平的规划，就要创造一种环境。这种环境所体现的理想和原则能够阐明大多数人对社会的需求，并能启发他们的想象力。社会意义的重构，与其他任何措施一样，是迫切需要的。（Marris，1987，p. 162）

鼓舞人心的城市领导者们和恩里克·佩纳罗萨提供了一个很好的例子，他们认识到，诉诸公民感受是有效城市治理的核心。在第 4 章我解释了我们在全球化世界中以地方为基础的认同是如何比以往更加重要的。在街道、社区和城市/区域层次，有成效的地方性领导者强调了地方在公共政策中的重要性。地方对人们是有意义的，这点应该受到尊重、重视和培养。

二、创造人居友好型城市经济

在第 1 章我提到了迈克尔·桑德尔（Sandel，2012）在他的著作《钱不能买什么》（*What Money Can't Buy*）中的论点。他阐述了我们是如何不知不觉、心甘情愿地偏离市场经济，变成了市场社会。桑德尔虽然将市场经济视为组织

· 286 ·

第 9 章

创建人居友好型城市

生产活动的一个有价值的工具，但他也指出，市场社会是一种不健康的社会形态——在这样的社会里，一切事物都是用来交易的。基于他的分析，我介绍了贯穿本书的一个重要区别——非地方性权力与地方性权力的区别。非地方性领导人是指不关心他们所作的决定会对特定地点和社区产生何种影响的人。我们已经看到，许多跨国公司的远程决策者非常乐于剥削当地人民，而且一有机会就逃避缴纳地方税。与此不同，地方性领导者关心如何推动地方发展，他们会向当地社会作出社会承诺。

这个区别对于城市经济发展战略具有深刻的影响。在日益全球化的今天，成功的城市领导者一直都在与各种私营部门的利益进行谈判，以推动城市的发展。明智的城市领导者并不是对所有形式的经济投资都给予支持。他们需要拒绝一些私营企业，因为一些公司可能是不可靠的，而跨国公司尤其如此。在第4 章我提供了一个具体的例子来说明非地方性权力存在的问题。我注意到，在该案例中，美国大型公司卡夫食品公司（现更名为亿滋国际）误导工人并使布里斯托附近的凯恩舍姆一家生产巧克力的工厂被关闭。这只是众多例子中的一个。非地方性决策者们每天都在作出诸如此类的决定。英国工党领袖埃德·米利班德（Ed Miliband）曾将商业活动分成两类：一种是财富创造者和制造者；另一种是资产剥离者或掠食者（Miliband，2011）。虽然米利班德可能为了强化自己的观点而简化了内容，但他的观点无疑是正确的。明智的城市领导者欢迎那些致力于城市发展的财富创造者，而在与掠食者们打交道时则会非常的谨慎。

在这种情况下，什么样的地方经济发展战略才能与创建人居友好型城市的愿景相辅相成呢？这虽然是一个很大的课题，但仍然可以给文献检索提供一些根据和线索。第一，要强调的是，所有的商业活动都是本地的。跨国公司认识到了这一点，便使用各种荒唐的口号，煞费苦心地制造出它们在创造"真正的地方价值"的假象（Quelch and Jocz，2012，p. 8）。当然，它们失败了，因为它们根本就不是本地的。它们真实的存在是依靠剥削利用地方之间的差异，而不是支持基于地方的举措和活动。在第4 章我对非地方性权力提出了批评。我解释说，跨国公司的远程决策者是如何经常错失良机的。他们缺乏对当地经济的了解，而这为地方项目提供了政治空间。如果所有的商业活动确实是本地

迈向包容性城市

地方性创新的故事

的，那么特定地方的社会就可能拥有超出经济教科书所允许范围的权力。

例如我所在的城市有当地货币——布里斯托镑。这种货币在 2012 年就开始发行，目的并不是为了取代英镑，而是与之并驾齐驱。目前，这种新货币的使用范围正在扩大，正是由于它所代表的价值观——与当地企业建立更好的社区联系，构建更短的环保供应链，防止当地的财富向远离本地的股东和海外的避税港流失。数百家布里斯托企业已经开始接受这种货币。布里斯托的企业现在可以用布里斯托镑支付商业税，市政府还有很多大型机构允许用这种货币支付员工部分工资。正如创新故事 2 所说，布里斯托市市长乔治·弗格森的全部薪水都是用布里斯托镑来支付的①。一个城市发行一种当地货币，这看起来可能是个微不足道的举措。但是，正如罗伯特·霍普金斯（Rob Hopkins，2013）所说的那样，布里斯托镑并不是一次性的。他在书中提到了大量的地方社会采取行动去循环利用当地财富的创新实例。

第二，致力于建设包容性城市的城市领导者们，可以通过推动各种绿色倡议项目来增加本地的就业机会。正如关于弗莱堡城市领导力的创新故事 11 所阐释的，将可持续发展与绿色经济发展相结合是完全可能的。在弗莱堡案例中，仅仅在太阳能技术领域就创造了数百个工作岗位。琼·菲茨杰拉德（Joan Fitzgerald，2010）为如何把可持续发展战略与经济发展相结合提供了有益的指导。她在书中写了很多关于如何在可再生能源、绿色建筑、回收利用（她的书中有一章题目为"我们的垃圾中有宝藏吗？"）和交通运输领域创造就业机会的见解。蒂姆·杰克逊从更宏观的角度提供了一个挑战传统经济学的出色分析（Tim Jackson，2009）。他展示了如何才能向可持续经济转型。

第三，我将在第 10 章更详细地讨论这个问题，城市领导者及其官员可以制定应对城市多元化的创新策略。制定股权驱动的城市政策有几个组成部分，但在讨论当地经济发展的背景下应该先提到其中的两个。首先，市政当局是主要的雇主，它们招聘人员的方式是当地经济的重要因素。公平、公开的程序可以增强城市管理机构的民族和文化的多样性。其次，市政当局是商品和服务的主要购买者。市政当局可以检查他们的供应链，思考与他们签订合同的组织机

---

① 有关布里斯托尔镑的更多信息，参见 http：//www. bristolpound. org。

·288·

第 9 章

创建人居友好型城市

构是否正在扩大创建包容性城市的益处。

简单地说，城市领导者可以提出这样的问题：这些公司是制造者还是掠食者？协助地方抵制掠食者而设立的立法框架因国家不同而不同。那么很明显，各国政府在制定游戏规则，促进当地社会利益方面发挥了重要作用。例如，在英国，《2012 年公共服务（社会价值）法》〔*Public Services（Social Value）Act 2012*〕就规定了英格兰和威尔士的所有地方当局和公共机构在购买商品和委托服务时应该考虑如何改善当地的社会、经济和环境发展，也就是"社会价值"。这个想法是通过增加对社会的思考来改变公共服务市场中衡量价值的方式（Leighton and Wood，2010）。在英国，通过这项措施，外包公共服务的机构可以提出社会要求。它们不必与报价最低的竞标者签订合同。例如，它们可能要求服务提供者向所雇用人员支付的工资不得低于最低生活工资，以及（或）雇用该地区的年轻失业人员。那么，当地的社会企业或志愿机构就有机会成功签订合同，通过更合理地支配公共资金来减少不平等现象。[1]

第四，城市领导者可以努力创造一种新型的城市经济——一种超越新自由主义经济学的经济。一家位于伦敦的公司，其主旨是促进地方可持续发展，已经与合作伙伴进行了 25 项城市企业的案例研究（Ahrensbach et al.，2012）。这个事例说明，走向更加可持续发展的道路、共享繁荣是有可能的。当然，城市经济不是一个新的想法。在 19 世纪，合作运动（co-operative movement）[2]就为这种做法提供了思想和实践的基础，并产生了重大影响。可能真正新颖的是将选举产生的城市领导者的努力和价值驱动的私营企业相结合，能创造出新的可能性。

城市一直是发明和创造的中心。近来，越来越多的人认识到了这一点，很多学者已经注意到，以人为本的城市经济发展方式是一种方向。例如理查德·佛罗里达（Richard Florida，2002）认为，将经济行业划分为第一产业、

---

[1] 欲了解更多信息，请访问 http：//www. socialenterprise. org. uk。

[2] 合作运动是依照合作制的设想所实行的社会实践。合作运动的开始，是以英国杰出的空想社会主义者欧文进行合作公社的大胆试验为标志的。在欧文合作公社思想的影响下，英国成为合作社运动最集中的地区，先后兴起了大约 300 多个合作团体，广泛开展合作社运动。随后，合作运动蔓延到欧洲其他地区，成为 19 世纪四十年代一种很普遍的社会实践。——译者注

迈向包容性城市
地方性创新的故事

第二产业和第三产业的传统做法已经过时。他认为，需要增加第四产业——创意产业。《创意阶层的兴起》（*The Rise of the Creative Class*）是他写的一本具有影响力的书。在书中，他指出，越来越多的企业开始向聚集有才华有创意人才的地方汇集。

因此，城市需要考虑创造正确的人才环境，而不是正确的商业环境。其他研究还表明，软基础设施，也就是各种生活质量因素，在发展蓬勃的城市经济过程中，与硬基础设施是同等重要的（Landry，2006）。那么，支持当地的创意产业，在建设包容型城市方面发挥重要作用，但是需要注意，正如佩克（Peck，2005）所说，迎合所谓的"创意阶层"的要求，可能会加剧城市的社会分化。卡塞里纳·索温（Catharina Thörn）曾经基于瑞典的环境对这一主题进行过探讨。经过深刻的分析，她指出，瑞典各种得到高度赞扬的生态项目在公平考虑方面做得并不是很好。这些项目似乎对所谓的创意中产阶层人士十分有吸引力，但她指出：

> ……这种政治选择的主要风险在于，这些领域的投资主要是为新经济中已经"获胜"的人提供服务。而与此同时，城市其他地区的资金正在耗尽，被资本项目所遗弃。（Thörn，2008，p.54）

虽然创意产业对各个城市都有很大的贡献，但城市领导者需要持续重视包容性。

三、与人民合作

本书多次强调了国家与人民合作（with people）而不是为人民工作（for people）的观念。在这里，我将简要回顾一下。在第 3 章我讨论了市民社会、市场与国家之间不断变化的关系。图 3.2 中列出了三个重叠的影响区域，我建议卓有成效的地方性领导人跨越这些边界。我也强调了培养公民认同和地方忠诚的重要性。在第 6 章我讨论了公民与国家之间的关系在许多国家正在进行重新商定，我还解释了如何试验新的共同创造服务的方式。第 7 章详细解释了包

第9章

创建人居友好型城市

容性城市必须成为民主城市的原因。我指出，地方政府的宗旨是为共同利益提供地方性领导力。图7.5提供了公民赋权阶梯，当城市决策者考虑与城市中的人们进行合作的其他方法时，我希望，这可以帮助他们。

所有这些章节都强调了一个重要的主题——城市领导者与当地人民和各种感兴趣的合伙人的合作方式是至关重要的。本书中呈现的创新故事阐述了公众及/或服务用户参与决策的多种方法，但聆听与合作是所有这些方法的基本特征。这些想法同以资产为本的社区发展模式（asset-based community development，简称ABCD模式）概念产生了共鸣，后者是一种侧重于社区资产而不是需求的方法①。艾里森·吉尔克里斯特和玛丽莲·泰勒讲过：

> 每个人都有才能、能力和天赋。生活是否美好取决于能否使用才能，展现能力和赋予天赋。如果是这样的人，那么他就会受到重视，感觉充满力量，并且与周围的人关系融洽。而由于此类人的贡献，他们所处的社区将会更加强大。（Gilchrist and Taylor，2011，p. 22）

对ABCD模式进行批评的人认为，它没有回答好社区需求如此之大的政治原因。但批评者同样没有意识到，ABCD模式没有理由阻止政治活动。在这个方面，吉尔克里斯特和泰勒（Gilchrist and Taylor，2011）对社区发展作出的区别是有益的。这两位经验丰富的学者认为，社区发展有三种不同的模式。第一种是激进模式，寻求社会运作方式的根本变革。第二种是多元模式，寻求重新平衡政府制度，使其更加公正和民主。第三种是共同体方式，寻求使现有的结构运行更加顺利。有时，ABCD模式是与第三种方法相关联的，但事实上，它可以适应并作用于这三种模式中的任意一种。例如，创新故事6讲述的南非朗拉格亲贫居住区的升级，可以称为一种经典的ABCD方法。但这并不意味着相关人员没有在积极地改变导致南非城市内部或周边非正式居住地增多的局势。

---

① ABCD缩写有两种含义，会引起混淆。在这里，我们讨论的是基于资产的社区发展，不要与一种叫做"实现更好的社区发展"的评估社区发展努力的模式混淆。吉尔克里斯特和泰勒的书中（Gilchrist and Taylor，2011）对这两种模式提供了更多细节。

· 291 ·

四、城市地方塑造

亨利·沙夫托（Henry Shaftoe, 2008）撰写了一本精美的书《欢乐的都市空间》。在一定层面上，它为如何在城市中设计人性化的公共空间提供了非常实际的指导。但它不仅仅是一本关于城市设计的书籍，它还涉及了公共空间的社会学和心理学维度，并注重其管理和维护。作者的出发点是，城市空间应该是舒适的、友好的、欢快的——总而言之，就是要"欢乐"：

> 没有这样的欢乐空间，城市、乡村和村庄就仅仅是堆积的建筑物，缺乏与朋友和陌生人偶遇和互动的机会。问题是，太多的城市发展不包括这样的欢乐空间，或者试图设计这样的空间，却以失败而告终。（Shaftoe, 2008, p. 5）

在第 4 章我讨论了地方在公共政策中的作用，并对地方营造、地方营销和地方塑造这三种方法进行了区分。我对地方营销理念提出了批评。我提出了几个理由来解释为什么地方营销或品牌化理念是一种误导甚至是冒犯的想法。因此，下面的讨论集中在地方营造和地方塑造上。简单来说，沙夫托的书是一本优秀的地方营造著作，也就是我所指的人居友好型城市环境的规划和设计。本章后面出现的详细的城市设计事宜和关于墨尔本的创新故事 13 都很好地说明了这个论点。

地方塑造，在这本书中是一个比地方营造更加广泛的概念（Lyons Inquiry, 2007）。我把它定义为：当选的地方当局领导者采取战略角色来塑造他们所管辖的地方，以促进居住在那里的所有人的福祉。如第 4 章所述，地方塑造包括地方营造，但也涉及地方政府的整体作用，包括不影响物理环境的活动。例如在芝加哥、斯温顿和恩斯赫德的创新故事 3、4、5 中地方政府促进了居民福祉，但完全没有考虑城市设计。

正如本章前面所讨论的，恩里克·佩纳罗萨在担任波哥大市长时，开始了大胆而深远的地方塑造工作。他聘请交通工程师、城市规划师和城市设计师重

第9章

创建人居友好型城市

塑物理环境，但也采取措施确保快速公交系统的财政可行性。此外，他保持巴士低票价，使交通改善可以推动城市的平等事业。这本书中的其他几个创新故事说明了这种外向型的地方性领导力。例如，关于库里提巴的创新故事 9 提供了来自拉丁美洲城市的另一个范例，这个城市的领导者愿意采取有力的行动来改变公共领域，从而改变了城市。关于马尔默的创新故事 8 提供了欧洲的一个富有想象力的地方塑造的例子，关于弗莱堡的创新故事 11 也是如此。

在接下来的两个创新故事中，我想强调物理上的公共领域在推进包容性城市事业方面的重要性。正如我在第 4 章所解释的，世界各地的封闭式社区（后文统称为"门禁社区"）都在崛起。我所说的"封闭"是指访问受限的住宅或商业区域。这些领域涉及公共空间的私有化，限制访问者，以及通过物理障碍来阻止未经授权者进入。根据定义，门禁社区或商业区域是具有排他性的。它们将人们拒之门外，根本没有提升城市安全，却在滋生一种荒诞的"衍生恐惧"（Bauman，2006）。第 4 章还讨论了我所说的"公共空间被盗"（theft of public space）。我同意安娜·米顿（Anna Minton，2009）的分析，她提出的证据表明，英国许多城市正在出售公共领域。哥本哈根和墨尔本可以说都是世界上最宜居的城市，其创新故事则和英国的情况完全相反。在这两座城市中，地方性领导人一直在扩大公共领域——兼顾了商业、居民和游客的利益。

五、邀请人们进入城市：哥本哈根的经验

哥本哈根的地方性领导人在数十年间重新塑造了城市的街道和公共空间。如今，丹麦的首都已经成为一座非常有吸引力的城市，可以说是世界上最人性化的城市之一。但它并不是一直如此。在 20 世纪 50 年代末和 60 年代初，哥本哈根与其他欧洲城市一样，到处都是汽车。哥本哈根的著名建筑师/规划师扬·盖尔对 60 年代他接触到的汽车导向的规划进行了强烈的批评：

将城市视为一台机器，将其各部分按功能进行划分，这种现代主义变

迈向包容性城市

地方性创新的故事

得非常有影响力。另外，还出现了一个新群体——交通规划师，他们的想法和理论都是关于如何确保创造出对汽车交通最有利的条件。然而，城市规划者和交通规划师都不重视城市空间和城市生活，多年来，他们对物理结构如何影响人类的行为几乎没有任何认知。(Gehl, 2010, p. x)

盖尔的书《人性化的城市》(*Cities for People*) 通过细致的细节展示了如何重新设计城市，欢度城市生活。盖尔在哥本哈根为城市规划和城市设计作出了积极贡献，他的书广泛地介绍了他在这座城市所开展的工作。盖尔指出：

> 在 1962 年至 2005 年期间，供行人和城市生活使用的面积增长了 7 倍：从大约 15000 平方米增加到 10 万平方米……城市公共空间为人们提供了漫步、驻足、闲坐的便利，形成了一种显著的新城市模式：许多人在城市中漫步、驻留……哥本哈根的结论是明确的：如果是吸引人们而不是汽车到城市中，那么行人的交通和城市生活也会相应得到改善。(Gehl, 2010, p. 13)

彼得·霍尔 (Peter Hall, 2013, pp. 232-236) 赞扬了哥本哈根的城市规划成就。他指出，自 1980 年以来，哥本哈根市重点强调了靠近市中心的旧港区和工业区的可持续再生。霍尔还解释了哥本哈根是如何成为世界气候变化领域的领导者的。哥本哈根在 2009 年 12 月主办了联合国气候变化大会，在能源效率方面拥有非常好的记录。约 98% 的哥本哈根居民是热电联产 (CHP) 系统的用户。许多热电联产工厂属于合作社，这在丹麦是一种普遍的模式。

创新故事 12 侧重于讲述哥本哈根城市领导者长期以来一直致力于拓展公共领域的方式。这种长期致力于让骑行和步行更有吸引力的努力，已经获得了回报。

第 9 章

创建人居友好型城市

-------------------- ● 创新故事 12 ● --------------------

扩大公共领域：哥本哈根的人居友好型城市政策

1. 目标

哥本哈根是世界公认的最宜居城市之一。本创新故事讲的就是这座汽车拥堵的城市是如何从 20 世纪 60 年代开始起逐渐转变成一个活泼生动的、以人为本的城市的。我们将重点讨论城市领导者对社会期望作出回应的方式，以及扩大公共领域的方式，如消减为车辆提供的公共空间，并将其提供给行人、骑行者和有趣的活动。

城市规划师和学者在影响市政府的战略方向和制定这座城市所追求的雄心勃勃的目标方面发挥了关键作用，例如，他们提出哥本哈根到 2015 年成为世界最佳骑行城市，到 2025 年成为世界上第一个实现碳中和的首都。2012 年，为表彰哥本哈根可持续发展的成就，该市被授予"2014 欧洲绿色之都奖"（award of european green capital）。这一转型的推动，是丹麦深度致力于集体公共目的的政治文化表现，而且哥本哈根的政治领导人认识到，城市规划和城市设计可以在创建包容性城市中发挥关键作用。

哥本哈根的城市规划是以人居友好型城市应该是一座包容性城市这一原则为核心的。优秀的城市设计是宝贵的，不仅仅是因为它增强了城市的视觉体验，还因为它可以不分年龄、背景、种族等，将人们聚集在一起。正如这个创新故事所展示的，创造一个有吸引力的城市环境，从而鼓励人们在公共户外空间中漫步、骑行、消遣时间，而不是依赖汽车，这是哥本哈根建立可持续发展和包容性城市的关键原则。

2. 创新故事概要

像 20 世纪 60 年代的许多其他城市一样，交通拥堵是哥本哈根城市中心的主要特征，它也使行人的出行条件恶化。1962 年，哥本哈根市议会响应城市进步运动的倡议，成为世界上第一个在主要购物街上禁止车辆通行的城市——斯托罗里耶步行街（Strøget）诞生。这项起初只是一个实验的举措，

迈向包容性城市

地方性创新的故事

开启了政治领导人为鼓励步行和骑行而不是汽车依赖所采取的一系列积极措施，并且这一方法目前仍在发挥作用。

斯托罗里耶步行街禁止车辆通行，店主和公众对此都表示质疑。前者担心生意减少，后者质疑街景生活是否可以推广——许多人认为，丹麦的气候，以及缺乏使用户外空间进行聚会和放松的传统，将会导致这种尝试失败。但是，这些一开始的担忧后来都被证明是错误的，使用街道的人数也有所增加。丹麦城市设计师扬·盖尔为哥本哈根公共领域的重塑作出了巨大贡献，他说过：

> 过去几十年里，哥本哈根市一直在重建街道网络，有条不紊地削减机动车道及停车场，为自行车交通创造了更好更安全的条件……整个城市现在使用一个有效方便的自行车道系统，自行车道通过路障与人行道和机动车道分开……1995 年至 2005 年间，哥本哈根的自行车交通量翻了一番。2008 年数据显示，哥本哈根上下班及上下学的人中有 37% 是骑自行车出行的。[1]

停车场数量减少后，行人之间更亲近了。1962 年到 1988 年间，每年汽车空间都减少 2—3 个百分点，而公共空间则增加 3—4 倍。到 1992 年，无车空间是 1962 年的 6 倍，到 1995 年，哥本哈根市中心的交通活动有 80% 是行人。这些重大的变化不仅改变了交通模式，还创造了一种新的人居友好型文化。现在，人们在市中心度过的时间比以前多得多。随着长椅和咖啡座取代了城市广场的停车位，人们选择在城市中度过更多的时间，享受各种户外商业活动、娱乐活动和社交活动。

城市领导力和管理的一个关键特征是采用雄心勃勃的地方目标，加上严格的业绩监测。例如，在自行车骑行方面，市议会在 1996 年推出了一年两度的指标体系（称为"自行车骑行账户"）。[2]这个过程不仅为交通部门提

---

[1] Gehl（2010, 11）.

[2] 这一关于哥本哈根自行车政策的讨论借鉴了尼尔森等人的研究（Nielson et al., 2013）。

第9章

创建人居友好型城市

供了城市自行车使用的丰富数据，还提供了哥本哈根人对自行车骑行条件的看法。"自行车骑行账户"的数据和信息为定期审查定量目标和投资计划提供了依据。

规划方法的参与度很高——它需要广泛咨询用户群体和利益相关者。例如关于自行车骑行条件，市政府邀请骑行者和其他人以电子方式提供改善城市设计的建议。这些咨询过程产生的变化包括：拓宽自行车道，并提供更好的维护（除雪和清扫）；改变交叉路口的设计以提高安全性；在重要的自行车主路上减少机动车道空间；为骑行者及行人修建桥梁；设计穿越公园和绿地的自行车路线系统；配备 2500 辆免费城市自行车（支付可退还押金即可租用）；并为骑行者建立"绿色波浪"（green waves）（指在高峰时段通过对交通灯的控制，能让大波骑行者一路绿灯，快速同行）。

这些由咨询引发的变化效果是最积极的。在 20 世纪 70 年代，约 10% 的上班族和学生的出行方式是自行车——而现在，这个数字上升到了 37%，计划在 2015 年达到 50%。自行车在哥本哈根的城市文化中根深蒂固，大多数孩子从上学起就开始骑自行车。许多人一生都在骑自行车，所以 68% 的哥本哈根人每周至少骑行一次。这些变化也引发了一些矛盾。例如一些骑行者不顾及别人的骑行方式而引发了人们的担忧。为此，市政当局开展了各种教育活动，例如"善报"（good karma）活动就旨在确保骑行者对其他骑行者和公共空间的其他使用者有充分的关切。

骑行和行人习惯相结合，创造了一个高度宜居的城市，同时减少了车辆拥堵，有利于改善空气质量、碳排放和噪声污染。规划专业人士和学者的贡献是重大的。1968 年，城市规划师和建筑师扬·盖尔和城市设计学者拉尔斯·吉姆索埃（Lars Gemzøe）主持了一项新的研究，旨在记录如何使用城市中心。这项研究后来在 1986 年至 1995 年间又进行了一次，提供了丰富的纵向数据源，显示了哥本哈根的城市结构变化与人们如何利用空间之间的关系。[①] 这项研究是对行人行为的第一次系统研究，与之相似的是之前的关于

---

① Gehl and Gemzøe (1996)。

车辆交通的研究。研究表明，以步行和骑行为重点的举措产生了令人开心的表现，如街头活动增加、安全感增强。这项研究有助于支持政治家继续实施逐步改善城市环境的战略，而且这种有证据支持的方法也有助于获得广大公众的认同。

3. 领导力经验

• 如果城市领导者采取渐进但持续的改革方式，可以取得重大变革。从20世纪60年代开始，哥本哈根市政府就开始对市中心汽车交通进行逐步控制，并不断创造有品质的公共空间。这种循序渐进的方法让人们有充分的时间去习惯，并逐渐适应改变。

• 对公共空间的实际使用情况进行严谨持续的研究，可以为政策的制定、实施和审查奠定有价值的基础。哥本哈根引入了"自行车账户"和"绿色账户"来系统监测进程。

• 包容的方法强调公开的沟通，包括通过各种方式从城市不同利益群体获取信息。这种方法意味着政策可以修改，以响应观念发生的改变。

• 城市领导者可以大胆尝试新方法，然后从中学习经验。当哥本哈根的政治领导人决定将城市的主要购物街改造成步行街时，他们不知道也不确定这一决定是否会取得成功。哥本哈根是第一批采用公开实验方法来进行城市创新的城市，而这种理念在近些年已经取得了回报。

• （工作在国内和国外的）城市设计规划专业人员提出的观点和可操作性的建议，帮助哥本哈根建设成为包容性城市的世界领导者。

资料来源：

Copenhagen City Council-numerous Strategies：http：//subsite. kk. dk/sitecore/content/. Subsites/CityOfCopenhagen/SubsiteFrontpage/LivingInCopenhagen/CityAndTraffic. aspx.

Gehl, J, Gemzøe, L, 1999, Public Spaces—public Life：Copenhagen 1996, Copenhagen：The Danish Architectural Press.

Gehl, J, 2010, Cities for People, Washington DC：Island Press.

Nielsen TAS, Skov-Petersen, H, Carstensen, TA, 2013, Urban Planning Practices for Bikeable Cities—the Case of Copenhagen, Urban Research and Practice Vol 6, 1, 110 – 115.

第9章
创建人居友好型城市

六、墨尔本改造：城市中心的改造

在 20 世纪 80 年代初期，墨尔本的市中心还是一个垃圾场。私人利益集团只关心城市发展带来的利润，忙于利用无力的政治领导和糟糕的规划政策来制造出一个无聊的、"毫无特色"的市中心。1978 年 6 月，墨尔本当地的报纸《时代》曾将市中心描述为"空空荡荡的、无用的市中心"，并刊载了照片以证明这一点。从地方塑造的角度来看，墨尔本市中心就是一个灾难地带——在夜晚毫无生机，甚至在白天也很沉闷。然而 30 年后，我们发现，《经济学人》(Economist)杂志都在称赞墨尔本是世界上"最宜居的城市"。事实上，在如何在大都市中心建立人性化的公共领域方面，墨尔本已经成为了全球领导者。

一些评论人士将这一变化归因于吸引了媒体关注和游客的几个大型城市项目的建设——例如联邦广场、新维多利亚博物馆和墨尔本展览中心。墨尔本的城市设计总监罗布·亚当斯 (Rob Adams) 更清楚发生这一转变的缘由。他在城市中心的转变中发挥了关键的领导作用，而且很明显，单单只是大型城市项目是无法解释这一显著变化的：

> 这一变化更加微妙：城市绿化变多了，市中心的人也多了，人行道变得更宽了，都铺着石子，路边还有咖啡馆、花亭和水果摊。这里的步行空间变得更大，还增设了更多的自行车道，汽车和其他出行方式之间有了更好的平衡。(Adams，2005，p. 50)

在最近的一次交流中，亚当斯指出，市中心的住宅公寓已经从 1985 年的650 处增加到了 2013 年的 28000 处，在过去的 30 年里，墨尔本的地方塑造一直都是通过设计引导的，对于一座大城市而言，这是不同寻常的。[①] 亚当斯指出，有设计背景和热爱墨尔本的积极人士参加了竞选，并赢得了州和地方政府的职位。然后，他们培育了一种组织文化，旨在进行高质量的城市设计，创建

---

① 个人访谈，2014 年 2 月 5 日。

迈向包容性城市
地方性创新的故事

一座人居友好型城市。创新故事 13 就展示了如何通过强有力的政治领导，再加上坚持进行富有想象力的城市设计，从而使城市更加繁荣，创造出一个人人都可以享用的公共领域。

············ ● 创新故事 13 ● ············

地方塑造：墨尔本的经验

1. 目标

1851 年，人们在距离墨尔本 16 英里的雅拉河中发现了黄金。在这一发现之前，维多利亚州的总人口仅为 77000 人；7 年后，人口就达到了 50 万。一场大规模的淘金热使得墨尔本成为了澳大利亚最大的城市。到 19 世纪 90 年代，这座城市被称为"了不起的墨尔本"，是维多利亚富有的黄金矿业之都，也是世界上最大、最具活力的城市之一。

到 20 世纪 80 年代初，墨尔本的前景越来越黯淡。一个死气沉沉的中央商务区在夜间几乎空无一人，许多富人都搬到了郊区。这个创新故事勾勒出了在 20 年左右的时间里，大胆的城市领导力将墨尔本这一大都市的中心变成了一个具有吸引力的人性化的公共区域。[1]

2. 创新故事概要

首先，我们来总结一下这些成就。2004 年，墨尔本市与扬·盖尔联合发布了一份名为《为人们而建》（*Places for People*）的卓越报告，详尽分析了城市中心区域的改变。

报告显示，在 20 世纪 80 年代，城市中心几乎没有住宅，但从 1994 年至 2004 年间，住宅数量从 738 套增加到 9895 套。酒吧、咖啡馆和餐馆从 1998 年的 580 家增加到 2004 年的 1200 多家。如今，在城市中心纵横交错的街道和人行道上，新建的广场和其他的公共空间都成了富有想象力的雕塑

---

[1] 墨尔本当地的管理体系比较特别。墨尔本市中心的人口约为 10 万，而该市总人口为 410 万。尽管其他大都市在管理上也取得了显著成就，但这一创新故事主要讲述的是墨尔本。

第 9 章

创建人居友好型城市

和艺术活动的大本营。例如，墨尔本中部的巷道——相互交错的狭窄街巷，曾经被用于汽车行驶和交通运输。作为"人居友好战略"的一部分，这里禁止机动车通行，并改成了步行街。现在，许多给商店和居民送货的快递员都不再用卡车而改为骑自行车。

是的，有很多头条新闻都在报道墨尔本的大型项目。例如著名的新联邦广场，位于斯旺斯顿街和弗林斯德街的拐角处，入驻了国家设计中心、澳大利亚移动图像中心、澳大利亚艺术画廊和众多咖啡馆。这个广场吸引了来自四面八方的游客，引人注目的现代建筑也赢得了国际赞誉。

但墨尔本有关地方塑造的重要成就，也表现在其他方面。当地领导人已经把整个市中心变成了一个令人身心愉悦的、宜居的、有吸引力的地方，以供居民、工人和游客参观，这真让人感到惊奇。正如墨尔本城市设计总监罗布·亚当斯向我解释的那样，首先要做的是放弃 CBD——中央商务区这个概念，然后再开始谈论中心活动区。①

因此，1985 年墨尔本的第一个战略计划提出的一个关键目标，是将整个地区从 12 小时的活动模式转变为充满活力的 24 小时中心。该计划制定了强有力的城市设计原则，并明确了土地用途、建筑形式、增加中心城市居住人口、社区服务和街道景观等优先事项。

他们摒弃了从前的"自由放任"的方法，通过设计严格要求的城市政策来进行城市发展——例如坚持要求建筑临街而建，并要求街面的气氛活跃——以及对历史建筑和场所实施保护措施。

他们怎么做到的呢？有三点是引人注目的。首先，强有力的领导——政治家和他们的官员在计划制定和实施方面密切合作——这一点是至关重要的。因此，墨尔本市中心的转变能够受到赞扬，要归功于 20 世纪 80 年代初维多利亚州政府和墨尔本市议会富有远见的政治家们。他们对自己的城市中心提出了设想，并且开始高效地实现这个设想。

一个新的城市设计小组委员会成立。该小组委员会的主席由一名议员担

---

① 作者在 2007 年 11 月 2 日的个人访谈。

迈向包容性城市

地方性创新的故事

任，他是城市设计议程的有力倡导者，该小组委员会在改变地方市政府的工程主导文化方面起到了至关重要的作用。正如罗布·亚当斯所说："小组委员会监督了设计方案的引入，这些解决方案是基于对一个人居友好型城市的整体要求而设计的，而不是任何单一的要求，比如交通流（traffic movement）。"[①] 小组委员会还监督所有的总规意见，并坚持认为应优先考虑规划的街道质量。

城市规划师和城市设计师可以对城市规划作出宝贵的贡献，但城市议会的制度设计需要赋予城市设计议程政治影响力。

其次，大胆的政治领导，与市政部门内部明确承诺要致力于强大的设计文化是紧密相连在一起的。在1985年通过规划后，墨尔本市议会成立了一个高级城市设计小组。这个小组的任务是修改市政厅常用的传统工程方法和部门决策。以往，地方政府通常会将设计工作外包给私人规划顾问和建筑师，但是这次市议会没有这样做，而是成立了一个一流的设计和施工部门。

小组从刚开始的5人发展到现在的由近60名专业人士组成的部门——规划师、建筑师、城市设计师、景观设计师等——他们通过与其他市政部门密切合作，具备了一种能够在公共利益中塑造和控制开发的能力。开发控制（development control）有时不被地方政府看好，而在这里，却毫无疑问是墨尔本在市中心地区开辟出高质量公共场所的关键方法。

然而，对开发控制的直接方法只是设计方案的一个部分。1993年，墨尔本市邀请了扬·盖尔，一位哥本哈根非常有名的建筑师和城市设计师，与他们一起致力于"为人们而建"的方案。这使墨尔本能够系统地学习其他国家的高质量城市设计。墨尔本引进了行动计划、街道景观计划、技术说明（包括设计和铺路的细节），对公共事业、市政部门及相关行业的行为进行指导。

墨尔本市区重建的方法在经济上是可行的。它创造了一个真正有吸引力的城市环境，开发商会排队投资。这反过来又会产生来自物业税收入的资金流。这些资金可以用来聘请顶级的城市规划师和建筑师，他们可以坚持高质

---

① Adams, 2005, p. 50.

第 9 章

创建人居友好型城市

量的城市设计。这种局面与紧缩管理（cutback management）是完全相反的。

第三点经验与公私部门合作关系有关。墨尔本的议员们创建了一个城市项目部门，它可以进行谈判、设计和通过项目来管理公私部门合作关系的施行。

该部门已经找到了这种发展模式的关键点，并且有了许多成功的案例，例如，维多利亚女王遗址的改造。在这个案例中，市政府购买了该房产，然后将该地块的附加部分打包，吸引私营部门来投资。这形成了一个大型综合利用开发项目，将 4.5 万平方米的零售区域和停车场、儿童看护设施和其他用途设施结合在一起。这个地方大约 20% 的面积是 24 小时开放的公共空间，而这一发展显然积极扩充了城市的公共领域。

这项策略中最成功的一个项目是"邮编 3000"（Postcode 3000）。根据 1985 年的战略规划，到 2000 年，中心城区将新建 8000 套住宅。"邮编 3000"项目始于 1992 年，由市政府与私人业主合作，将多余的办公大楼和后来的新建筑改造成住宅。这个项目取得了巨大的成功，住宅数量已经从 1985 年的 650 套增加到 2013 年的 2.8 万套。随之而来的还有酒吧、咖啡馆、餐馆、艺术画廊、超市和便利店的大量涌现。

在很多城市中，过时的工程文化依然存在，城市设计的重要性常常被低估。墨尔本的实践让人们看到了强大的政治领导力，加上大胆的城市设计方法，可以促进城市的繁荣，同时，也会改变公共领域的质量。

3. 领导力经验

●议员和官员协作所产生的强大领导力可以改变整个组织文化。墨尔本的案例证明，是有可能让所有政府部门都致力于人居友好型城市设计的。

●与城市发展相伴而来的公共领域质量，应该推动所有的规划决策，而不是仅仅针对单个建筑的吸引力或其他方面。这就要求高素质的专业人士在与私营部门打交道时要善于表达公共的目的。

●公私部门合作关系可以带来创造性的城市发展，但前提是决策是由公共目的推动的。在墨尔本，项目如果想要获得批准，那些想要开发地产的人必须证明项目的社区利益。

· 303 ·

迈向包容性城市
地方性创新的故事

- 对细节的高度关注和对公众参与的大力投入，是墨尔本市与居民和城市其他利益相关者进行合作的突出特征。
- 墨尔本的领导者们向其他国家进行了系统学习。尤其是从哥本哈根聘请了扬·盖尔建筑师工作室来担任城市设计顾问，这意味着墨尔本能够向欧洲高质量城市规划的实例学习。

资料来源：

Adams, R, 2005, "Melbourne: Back from the Edge," in E Charlesworth E, *City Edge: Case Studies in Contemporary Urbanism*, Oxford: Elsevier, pp. 50 – 64.

City of Melbourne, 2013, *Postcode 3000. A City Transformed?* An Exhibition, Curated by Rob Adams, at the Melbourne City Galley, 22 August 2013 – 18 January 2014, http: //melbourne. vic. gov. au/citygallery.

City of Melbourne and Gehl Architects, 2004, *Places for People*, Melbourne: City of Melbourne.

七、结论

在这一章我们探究了人居友好型城市的概念，从全球最为人居友好的城市中收集了证据。从概念层面上来说，我认为，一个人居友好型城市本身需要关注的是不仅要满足居民的基本需求，还要努力鼓舞城市里每个人的精神。我们已经注意到，一旦人民的基本需求得到满足，包容性城市的领导者就会把注意力集中在人们对城市的感觉上。城市安全吗？环境舒适吗？我在这儿感到快乐吗？这是一个有趣的地方吗？我的孩子会喜欢这个城市吗？

当然，这些都是简·雅各布斯50多年前在她那富有远见的著作《美国大城市的死与生》（*The Death and Life of Great American Cities*）中提出的各种问题。她无数次强调采取以人为本的方式的重要性，特别是倡导城市规划要集中

· 304 ·

第9章

创建人居友好型城市

关注城市的活力：

> 有活力的规划（planning for vitality）必须促进和催化大城市各个地区内的各种功能和各种人之间的最大可能范围和数量的多样性；这是城市的经济实力、社会活力与吸引力的根基。（Jacobs，1961，p. 421）

雅各布斯是从社会经济学角度对城市进行分析的。她主张社会活力和经济活力是相辅相成的。当然，她是在强大的非地方性企业出现之前进行的分析，而现在，这些企业已经称雄世界。我们已经看到，这些企业作决策时完全不考虑特定群体的感情或愿望。因此，雅各布斯的分析需要重新考虑私营部门力量的重组。我说过，希望建立包容性城市的城市领导者能够明智地开拓与当地经济发展有关的新思维。

作为其中的一部分，他们很可能发现，区分非地方性公司和地方性公司这两类私营部门的利益是有必要的。前者可能并没有把当地工人和居民的利益放在思考的中心位置。事实上，非地方性决策者可能不会注意到他们的行为对特定社区所造成的损害。地方性公司，众多的小型本地企业，从表面上看，更可能为当地和居住在那里的人作出贡献。事实上，它们的成功是与当地的财富交织在一起的，而非地方性公司却并非如此。此外，我们预计在未来几年，新型的城市企业、社会和环境保护组织将会增加。

在本章中提出的证据表明，地方性领导人不仅可以在制定有利于建立人居友好、包容性城市的基调上发挥关键作用，而且还能推动突破性的创新。我们已经领略了三个卓越城市的经验：波哥大、哥本哈根和墨尔本。在每一个城市里，政治领袖们都采取了大胆的行动来改变现行的通行规则，以此回馈社区寻求更好生活质量的呼声。

波哥大前市长恩里克·佩纳洛萨和他的同事们改变了城市的整个轨迹——他们摒弃了城市公路计划，采用了更加人性化的方法。类似的还有，哥本哈根的城市领导者也提出了高质量公共领域的丰富设想，然后着手去实现。同样，墨尔本的地方性领导人将一个半荒废的城市中心变成了一个充满活力的中心区域。这些城市没有因偶然而改变自己。显然，在这些城市中，地方倡议的政治

迈向包容性城市

地方性创新的故事

空间是各不相同的，而且这三个国家的城市政治性质差别很大。但是，显而易见的是，地方性领导力——当地领导人大胆、勇敢的领导力，是这些城市现在为居民、工人和游客提供的服务如此之好的关键所在。

（滕飞　翻译）

第 10 章

多样性的优势

现代社会面临最重要的挑战之一，同时也是我们最重要的机会之一，是几乎所有发达国家中的民族和社会的差异性都在不断增加。

罗伯特·帕特南，《二十一世纪的多样性和社区》
(*Diversity and Community in the 21st Century*)，2007 年

引　言

虽说不是贯穿整个人类历史，但城市至少几个世纪以来已经因为移民而不断发展变化。这使得所有城市，在某种程度上，都是多元文化的或多民族的。[1] 在第 2 章我已经指出，近几十年，人们涌入城市的态势明显加速。我还指出，人们的国际间流动是如何推动城市发展的。在某种意义上，这并不是什么新鲜事——城市对包括国际移民在内的移民们总是有吸引力的。正如彼得·霍尔（Peter Hall）在对历史上的创新性城市所作的评论中指出的，文化多样性一直是城市动态产生和发展的关键条件。从古典城市雅典到工业城市曼彻斯特，再到梦工厂洛杉矶和社会民主城市斯德哥尔摩，霍尔的主要研究从许多创

---

[1]　在定义上做一个注释可能会有所帮助。笔者按以下方式使用术语："多元文化"和"多民族"是指包括来自多种文化和/或族裔群体（包括归属于多个群体的个人）的群体；"多样性"（在社会、文化和人口方面）是指由不同民族、种族或民族背景的人组成的社会；"平等"一词，是指不存在由国籍、种族和/或原属种族、宗教、性别、体能或年龄引发的歧视。

· 307 ·

迈向包容性城市

地方性创新的故事

新性城市中获得了深刻见解。他的分析表明:"创新性城市几乎都是国际化都市;他们从世界各地引进人才。从一开始,这些地域的范围就出奇地广泛。"(Hall,1998,p. 285)

第2章概述了全球化与城市化之间的相互作用是如何滋生出日益多元化的城市的。如今一些人口接收城市或移民门户城市——正如吉尔·格罗斯(Jill Gross)和我所描述的那样——展现出了动态多样性(dynamic diversity)。这是指大量移民者从不同国家迅速来到一个特定的城市(Hambleton and Gross,2007,pp. 218 - 220)。动态多样性①并不仅仅指变化的速度和移民数量,还指新来者(new arrivals)的来源多元化。我们用"动态多样性"来表明地方层面的细微差别可能比以前的情况更为复杂。移民带来其独有的文化传统,影响他们的期望和行为;可以说,一些城市的人口流动数量正在发生显著变化。例如在多伦多——我们将在本章后面看到——现在大多数居民都出生在外国。

在伦敦、纽约这样的主要国际大都市,居民们现在每天要使用数百种不同的语言。例如,一项对伦敦小学生语言使用情况的研究发现,首都居民使用的语言种类超过了300种(Baker and Eversley,2000)。城市多样性增加,使城市领导者、公共管理者和城市治理机构面临重大挑战。本章将探讨这些挑战,并且重点讨论领导和管理多元文化城市。虽然核心内容是文化和民族多样性,但其目的是概述与广义的差异化治理(governance of difference)相关的理念和经验。②

第1章解释了包容性城市如何接纳多样性,力争公平公正。这意味着要积极考虑如何推动针对社会所有群体的"城市权"(right to the city),包括努力消除由种族、民族、性别、性取向、宗教信仰、残疾或年龄等方面引发的歧视。本章谈到了某些城市的治理经验,这些城市正在尝试"多样性管理"(diversity management)的新方法。本章旨在聚焦多样性的优势。我不会忽视围绕

---

① 与动态多样性类似的概念是超级多样性(super diversity),它是维托维克在2007年使用的一个表述。维托维克用这个表述来描述过去20多年来,由于越来越多的人从一些地方流动到其他地方,一些城市出现全新且日益复杂的社会形态(Vertovec,2007)。动态多样性和超级多样性的概念同时出现,而在本质上,两者描述的是同一现象。

② 地方差异化治理是一个重大课题,我们不可能只用一章就作出完整论述。其他学者论述过这一主题,例如,Amin(2002);Beebeejaun(2010);Crowder(2013);Fincher and Iveson(2008);Hoggett(2009);Reeves(2005);Sandercock(2003);Watson(2006);Wood and Landry(2008)。

第 10 章

多样性的优势

多元文化城市治理产生的紧张局势，但我认为只关注问题和冲突，会限制了人们的思维。总是关注困境和担忧，不仅会使我们错失机会，也会低估全球创新城市所取得的显著成就。[①]

一、理解机会平等和多样性

尽管有些麻烦，但首先，很重要的是弄清一些术语的意义。本章关注的是现代城市中的机会平等和多样性。[②] 但这些术语是什么意思呢？在实践中，这些词语不仅在不同的国家和文化中以不同的方式使用，同时也备受争议。此外，人们对术语概念的认识和理解会随着时间而改变。因此，当我们探索这个领域时，我们需要保持谨慎和敏感。

芭芭拉·巴基海尔（Barbara Bagilhole，2009）从英国的角度为我们提供了一个很好的出发点。[③] 她指出，"机会平等"在20世纪60年代首次引入英国公共政策，是为了防止由种族和性别引发的公然歧视。其原义表明，有效的"机会平等"政策会公平地对待来自不同背景的人。多年来，这种政策逐渐延伸，涵盖了包括种族和年龄引发的各类歧视在内，例如年龄、残疾和性取向歧视。许多国家已经或正在推行类似的政策。

然而，这项实现机会平等的策略——也就是旨在平等对待每个人——遭到了质疑。不但不公平对待会受到惩罚，旨在推动机会平等的不同对待也会受到惩罚。巴基海尔（Bagilhole，2009，p.49）指出，不同的不利经历可能会发生

[①] 关注多样性优势而不关注其劣势的理念与伍德和兰德里所认为的（Wood & Landry，2008，p.11）一致。他们解释道，你对挑战的看法决定了你如何处理它，并且概括出为什么要增加叙述多样性优势的两个原因："第一，能够从异质性和不和谐的创造力中获得的、大量未开发的资源，是我们社会几乎不能放弃的。第二个信念是，积极推动跨文化交流对于促进由创新激增的互利互惠关系至关重要。魏茨曼等人（Whitzman et al.，2013，p.11）在讨论城市中妇女和女孩的生活方面也主张侧重于积极的可能性："谈论挑战是很常见的，但却不常考虑城市和城市生活所提供的机会……在围绕城市未来的决策中，我们正在将妇女和女孩作为积极和重要的参与者，这样不仅专注于挑战，还专注于机会。"

[②] 在本书中，"diversity"一般译为"多样性"，是一个名词概念；"being diverse"是个动作概念，统一译为"多元化"，但在类似动作或过程性的场合，把"diversity"也译为"多元化"。——译者注

[③] 我在此引用巴基海尔的研究成果（Bagilhole，2009，pp.27-55）。

迈向包容性城市
地方性创新的故事

在社会群体之间，甚至发生在社会群体内部：

> 例如，种族主义和种族歧视的经历和后果在黑人女性和黑人男性的各个重要方面均有所不同，性别歧视的经历和后果在白人女性和黑人女性的各个重要方面也有所不同。

因此，"以同样的方式对待每个人"（treating everyone in the same way）可能不是最有效的策略。反而公共政策和实践需要作出调整，以满足不同社会和个人的多种需求。

到20世纪90年代末期，"多样性"的思想进入英国和欧洲，成为公共政策词汇。巴基海尔讨论了欧盟当时的一次关于"与差异共存"（living together with difference）的公开辩论——她注意到人们越来越多地使用"多元文化主义"（multiculturalism）一词。在此背景下，"多样性"不仅仅是"不同"——它关注的是被歧视的经历。欧盟政策下的多样性与解决歧视行为有着明确的联系。因此，2003年，欧盟发起了"追求多样性——反歧视宣传运动"（for diversity—against discrimination），通过欧盟立法反对歧视，告知欧洲人民他们的权利和责任。由欧盟当时的27个成员国组织的这次运动凸显了多样性的好处，并使人们了解到欧盟的反歧视立法。

让我们再向前追溯一下。多样性政策和实践并不是欧盟的首创。正如里夫斯（Reeves，2005）在解释20世纪70年代起源于美国的"多样性"（diversity）概念时说道——这个国家与大多数国家相比，具有更多的多元文化传统。我想在这里强调的一点是，在美国和欧洲，关于多样性的争论都存在一定程度的混乱和困惑。一般情况下，多样性（diversity）是指"多元化"（being diverse）。出现混乱是因为对"不同"的某些方面理解引发了歧视和弊端，而有些方面则不会引发这样的问题。

里夫斯阐述了多样性与平等之间的重要关系，他说：

> 机会平等和多样性不是相互排斥的。平等应该是支持多样性的规范价值，赋予它智慧和意义。平等意味着要确保拥有不同需求的人有平等的机

第 10 章

多样性的优势

会和结果。不平等的多样性只能解决差异问题。具有平等性的多元化也强调权力问题。(Reeves, 2005, p. 9)

里夫斯强调，当组织者认为他们已经成功地解决了平等机会的问题，从而可以"继续向前"使用"多元化"的方法时，可能会出现问题。这是一种误导性的策略，因为社会中的偏见和歧视问题很难消除。里夫斯正确地强调，不仅要珍视多样性，而且要一直应对不平等问题，这一点至关重要。

巴基海尔强调了另一个重要的概念，且这一概念在机会平等政策制定中更受关注，即交错性（intersectionality）。这个由女性主义理论家提出的概念引起了人们对多层次身份和因素交叉的关注。一些弱势群体在同一时间会遭受多种形式的压迫。安妮·塔莱西（Anita Lacey）及其同事认为：

> 交错性使人们了解到，我们的生活阅历取决于许多不同方面（包括性别、种族、阶级、年龄和能力），在分析、规划中需要对此加以考虑。(Lacey et al., 2013, p. 144)

这里的理念是认识到，简单地加入几种类型的压迫并不能充分说明遭受多重不利的人的生活经验——而交错性概念则试图对此提供一个更加一体化的理解。

巴基海尔指出，机会平等和多样性政策的核心目标是实现平等社会，以此完善对定义的论述。她指出，英国的《平等审查》报告将平等社会定义为"保护和促进人民平等，使人民获得真正的自由，并有实质性的机会按他们珍视和选择的方式去生活，这样，每个人都能蓬勃发展"（Equalities Review, 2007, p. 16）。

在关于机会平等和多样性之间的关系辩论中，有一个重要主题涉及重要群体的不可见性（invisibility）。正如里夫斯（Reeves, 2005）所解释的那样，在现代社会中，种族特点和性别往往是把人加以分类的最重要的途径。在许多国家，种族和性别歧视被列为机会平等立法的第一种歧视类型。不过，她指出，即使在社会上可能不太容易被察觉的其他一些群体，也是备受偏见的受害

· 311 ·

迈向包容性城市

地方性创新的故事

者——例如男性同性恋者、女性同性恋者、残疾人、跨性别者等。她在"发展文化能力"（developing cultural competence）一章中概述了有助于解决各种形式歧视的理念。

关于机会平等与多样性政策之间关系的简要论述表明，这个问题是复杂而且有争议的。对阶级和种族的固执偏见等依然存在。同时，又出现了新的偏执形式——例如，自 2001 年 9 月 11 日美国遭到恐怖袭击开始，出现了伊斯兰恐惧症（slamophobia），这令人深感不安。像联合国和欧盟这样的国际组织，在推动人权发展和解决歧视问题方面发挥了重要作用。各国政府也通过了反歧视立法和资助项目，推动对多元文化和跨文化的理解。

但是，已经为此作出重要贡献的地方性领导力，常常在这些辩论中被忽视。根据国家宪法，相比国家政府，一个城市的政治领导力可能会以更快的速度推进平等事业。例如，2009 年墨西哥城决定将同性婚姻合法化。2010 年，该市成为拉丁美洲第一个将同性婚姻合法化的管辖区；到 2013 年在最近通过的立法下，有超过 2500 对同性伴侣结婚。

同样，本土因素也非常重要——例如在工作场所、托儿所、学校、体育俱乐部、社区中心等场合的跨文化生活体验。艾什·阿明（Ash Amin）对英国多元文化城市的种族做过深刻研究，正如他所明确指出的，日常相遇的地点是打开相互理解的途径。他对英国的政策发表评论并指出，虽然大部分关于英国种族和民族关系的辩论都是在国家层面上进行的，而真正重要的差异性协商却是在城市居住区展开的："其政治意义在于，互动的成果需要在日常相遇的当地产生。"（Amin，2002，p. 969）更近期的一些社会性研究，例如关于多元文化领域的小学操场等方面的研究也支持这一结论（Wilson，2013）。

这让我们迅即想到了地方性领导力，并认为当选的地方当局在推动平等和社会包容事业方面已经发挥了关键作用（De Groot and Mason，2008）。成功的多元文化城市领导者在基层和城市一级工作，并在发展跨文化理解中起到关键作用。我们将会回到城市间性文化主义（interculturalism）的主题①，及其近

---

① 间性文化主义（interculturalism）主张通过对话与交流推动社会包容，在关注利益的同时，也将主要文化群体利益放在同等重要的地位。——译者注

· 312 ·

亲——跨文化主义（transculturalism）（Hou，2013）上来。下面，我们先转向考虑城市移民对城市的影响。

二、新国际化大都市

城市移民会为城市带来不同的经验和新活力。在第2章我提到了全球化并解释了将其定义为"世界变得更加相互依存和一体化"的好处（Moynagh and Worsley，2008，p. 1）。全球化导致的一个结果是，现在有越来越多的国家接收了比以往更多的移民。很显然，在绝大多数城市，确切地说是那些充满活力的城市，越来越国际化。英文中"国际化的"（cosmopolitan）这个词主要有两个含义。第一，当用来描述一个人时，暗指这个人没有国家局限和偏见——这是一个吸引人的暗示。第二，当用来描述一个城市或城市居民区时，它指的是一个包含世界各地人的地区。这是对一个复杂论述的简化，一些学者认为，"世界大同主义"（cosmopolitanism）是一个有局限性的概念，因为它忽视了"阶级文化"。例如，海勒特（Haylett，2006，p. 188）将世界大同主义视为"一种不能充分描述工人阶级的城市生活情况或者无法将承诺视为工人阶级群体的政治项目的论述"。这些观点是有立足点的，海勒特提醒我们，如果想解决不平等问题，确保社会团结，很重要的是建立强大的福利国家。

在本章的介绍中，我认为动态性、创新性的城市总是国际化大都市。理查德·佛罗里达（Richard Florida）在对创意阶层（creative class）的研究中——通过他的著作和对美国城市领导者的建议——也支持这一观点（Florida，2002）。他指出，创新性城市是：

> ……人才使用场所和那些为艺术家、同性恋者和种族融合所开放的场所，可以让人们做自己并认可他们不同的身份，调动并激发各行各业自然而然产生的原创力。（Florida，2005，p. 7）

在第2章我认为把移民者视为全球和政治力量的无助受害者，是有误导性的。反而，移民者常常是相对爱冒险的人，即使在非常困难的情况下，他们也

· 313 ·

迈向包容性城市

地方性创新的故事

愿意接受新的挑战。除此之外，我们可以注意到，在现代化城市感受到的活力与兴奋，往往是城市多元化带来的直接结果。佛罗里达和一些学者都认为，各种各样的人彼此邻近、共同生活和工作，可以激发创造力。而且，正确恰当的地方性领导力，会让城市具有多样性优势（Wood and Landry，2008；Zachary，2000）。

然而，多元文化城市的治理过程并不是一帆风顺的。如今我们已经有历经一个多世纪的社会科学研究，对"新来者"在城市的经历进行了记录。① 许多研究表明，"新来者"的经历往往并不美好——他们常常与本地居民发生冲突，有时还有暴力冲突（Bollens，2003）。这种不和有时来自于城市服务和就业带来的竞争，有时则是由当地社会和"新来者"之间存在巨大的理解差距所造成的。

在此环境下，态度和看法显然是至关重要的，正如罗伯特·帕特南（Robert Putnam）对美国多民族社区的一次重大调查表明的那样。该研究表明，在多民族社区，各种族的居民起初都往往持"沉潜②待发"（hunker down）的态度：

> 多元化不会造成"不良种族关系"或种族间敌对……但是，多元化社区的居民往往会脱离集体生活，不信任他们的邻居，无论他们是什么种族的，甚至脱离亲密朋友，对社区及其领导层不抱希望，很少做义工……（Putnam，2007，pp. 150–151；作者本人的观点）

帕特南因为强调多样性的弊端而受到了不公正批评。然而他的研究表明，从长远看，成功型美国移民社区已通过创造新型的横向社会团结形式和更具包容性的身份认同，摆脱了最初的"沉潜待发"阶段。

关于多民族城市的学术研究，包括扩展跨文化研究领域的工作，都有一个

---

① 移民者有时会移民到国家的农村地区——这可能是为了确保在农业方面获得就业（如收割农作物）。然而，绝大多数移民者打算在外国城市开始新的生活。这部分是出于经济原因，部分是因为在城市他们更有可能找到类似种族背景的人。第 2 章就论述了"链式迁移"的概念。

② "沉潜"本指在水里潜伏沉没，后喻为集中精神，潜心于某件事情、某项事业，思想感情深沉、不外露。沉潜几乎是每个成功者都要经历的一个阶段。——译者注

· 314 ·

第 10 章

多样性的优势

统一的主题思想，即认为种族关系是复杂的、动态的、社会建构的（Ben-Tovim et al.，1986；Landis et al.，2004）。这个论述尤为重要的一点是，越来越多的文献表明，如果真的发生跨文化理解的协商，那么，它首先会出现在地方这个层级。城市很可能是发生种族冲突的场所，有时甚至是暴力冲突，但同样，城市居民区也为跨文化交往和参与提供了机会。迈克尔·梅利（Michael Maly）对美国多元文化社区——包括芝加哥的上城区在内的社区——进行过详尽的而具有启发性的评估。他的研究结果表明，许多美国社区已经实现了稳定的种族融合。有趣的是，他指出，地方性领导力对于成功而言是至关重要的：

> 社区领导者通过组建家长教师协会、宗教团体、宗教间组织、商会、青年娱乐联盟、政党和街道居民组织等方式，努力维持群体间的积极关系和网络，以提高社区质量。这些团体创造了一个良好的环境，推动个人和社区之间形成更积极的联系，尤其是各种族间的联系。（Maly，2005，p. 24）

这里，我们应该提一下"跨文化地方塑造"（transcultural placemaking）的概念。侯志仁（Jeffrey Hou，2013）和他的同事们发表了一些有用的文章，旨在增进我们对跨文化主义的了解。侯志仁认为，跨文化地方塑造下的文化不是彼此孤立的，而是会受到城市地方塑造过程的影响和转变。这种理念是基于斯图亚特·霍尔（Stuart Hall，2003）提出的观点。霍尔认为，文化认同是关乎"转变"（becoming）和"成为"（being）的问题——文化和认同是不固定的。如果人们接受这个观点，我们就能表明，地方性领导力可以促进这一过程，因而社区就能发现新的、积极的认同感。

三、关于城市多样性的观点

许多作者提供了一些概念，帮助我们了解世界性的进城运动的相关动态和随之而来的问题（Castles and Miller，2009；Saunders，2010；Spencer，2011）。阿玛蒂亚·森的精辟分析表明，在许多社会里，人们关于宗教和文化方面的分

迈向包容性城市
地方性创新的故事

歧愈演愈烈（Sen，2006）。他指出，世界上的许多冲突和野蛮行径都忽略了人们看待自己的其他方式——例如阶级、职业、道德和政治。他充满激情地指出，我们需要更加清楚地认识到，我们是"千差万别"的：

> 在当今世界，我们对和谐的夙愿，很大程度上，在于更清楚地理解人类身份的多重性，在于赞赏这种多重性互相交融，并携手反对沿着一条生硬的、无法超载的分界线将彼此截然地分开。（Sen，2006，p. xiv）

许多国际组织及各个城市都提供了如何制定和检测旨在适应多样性的政策和做法的有用思路。在这方面，我想强调一下由欧洲70多个主要城市组成的欧洲城市组织（EUROCITIES）的努力。该组织正在与欧盟委员会合作，推动在欧洲日益多元化的城市地区进行更好的移民管理，我很快就会提到这些贡献。然而，这里，我想先介绍两位学者哈姆·迪伯利（Harm de Blij）和巴里·切克维（Barry Checkoway）提出的想法，因为他们为思考和应对城市多样性提供了有用的框架。

（一）本地人、全球者和移民者

首先，德高望重的地理学家迪伯利（Blij，2009）根据对现代世界的地方权力所作的分析提出了建议。他认为，想要理解全球化对社会和地方的影响，就有必要区分三种人：（1）本地人（locals）——通常是最贫穷的人，他们基本不会流动并且最容易受到地方的影响；（2）全球者（globals）——指富有的、有优势的阶级，对他们而言，世界似乎是没有限制的；（3）移民者（mobals）——已经成为跨国移民者的当地人，他们根据对机会的感知和现实的需求而辗转于各地。

他承认，还有第四类人——难民。绝望的移民者在战争时期离开家园，跨越国家边界寻求庇护。难民是由于冲突而被赶出家园的，但他们希望能够重返家园。例如，近年来，许多叙利亚人由于国内的暴力冲突，被迫逃离祖国。根据迪伯利的论述，他们不是移民者，因为动机有所不同。他们受尽苦难，而难

第 10 章

多样性的优势

民政策却远不能充分保护他们。在向寻求庇护者提供援助方面，地方当局发挥着领导作用，特别是在移民门户城市，并且在未来几年里，这可能会成为其日益重要的挑战。

迪伯利认为，移民者将是 21 世纪主要的国际化者。他认为，如果他们的需求没有得到满足，世界秩序就可能会受到威胁，因为：

> 必须有足够的移民者的希望转化为现实，地方价值得到考虑，努力得到回报，这样，他们才能够为世界秩序和稳定作出个人贡献，而这也是全球者的目标，他们将会继续掌控世界。（De Blij, 2009, p. 7）

值得注意的是，移民者对他们的居住国和在祖国的家人都有重大贡献。世界银行公布的数据显示，移民寄给家里的"汇款"流量已经达到近几年来的最高纪录水平。在过去十年中，这一数额翻了 3 倍，2012 年超过 5300 亿美元，现在这个数值"是全球援助预算总额的 3 倍以上"（Provast, 2013, p. 14）。[①]另外，我们可以看到，政治移民对他们移居国的外交政策起到了重要作用。例如美国的中东移民在塑造美国对其祖国的政策方面就产生了一定影响。

（二）单一文化、多元主义和多元文化变革

美国社区发展学者切克维关注到了多样性对改变民主观念的影响。他认为，"如果民主是人民的参与，如果人民变得越来越多元化，那么民主的未来与其多样性是分不开的"（Checkoway, 2007, p. 5）。

切克维将社会变革分为三个大方向：（1）单一文化变革（monocultural change）；（2）多元主义变革（pluralist change）；（3）多元文化变革（multicultural change）。由于篇幅原因，我在这里简化了他的分析。单一文化变革是基于一种社区的概念，这里的人们比较相似，并致力于共同的目标。例如，美

---

① 比尔斯鲍洛（Bilsborrow, 2011, p. 80）指出："在全球范围内，移民者每年给他们在发展中国家的家人的汇款总额现在远远超过了所有来自多边和双边的海外发展援助总额，确实与发展中国家获得的私人海外资本投资总额不相上下。"

迈向包容性城市

地方性创新的故事

国给移民者提供了有关政府、政党等机构的信息，促进他们的融合。根据这一理论，他们能够融入"大熔炉"（melting pot）——这是一个美国社会历史中影响巨大的概念或者说是有点偏于虚构的概念。

多元主义变革是基于由不同群体组成的社区理念，这些群体具有其自身的社会特征和利益。没有单一的秩序规则和单一的熔炉。相反，多元性的实践从集体成员如何看待自己、如何看待其他群体和如何看待其他群体对自己的看法开始。相比于单一文化变革，多元主义变革强调"多"而不是"一"。在切克维的陈述中，第三类多元文化变革虽然意识到多元化社会和文化群体之间的差异，但却增加了跨群体边界的合作。它既不是单一文化也不是多元主义的，而是将差异和统一结合起来共同努力。一些人可能认为将这个概念描述为跨文化变革，而不是多元文化变革会更好，可以肯定的是，这种争论将会继续下去。[1]

然而，针对术语概念进行争论，可能会让人分心。切克维提出了一系列有关如何开展社区变革的有用建议。有人将这些方法称为多元文化变革，有人将其称为文化间变革，还有人称之为跨文化变革，这都没有太大问题。这些策略包括：支持日常互动、发展社会和文化能力、寻求共识、建立组织能力等等。其中一些策略在城市运行中发挥重要作用，我们马上会提到。但是，在这里，我想请大家注意切克维的简单概念化，以及他的论述即社区变革的三种方法，在某一个特定地方往往是同时存在的。

还需要强调一点。阿马蒂亚·森（Sen，2006）恰当地指出，需要重点区分多元文化主义（multiculturalism）与所谓的"多元单一文化主义"（plural monoculturalism）（Sen，2006，pp.156-160）。对此，森解释了多元单一文化

---

[1] 在欧洲的背景下，一些平等机会的从业人士认为，切克维描述的是跨文化变革而不是多元文化变革。英国与少数民族移民有关的政策始于同化——即将差异融入主导文化。正如本章前面所提到的那样，这种做法在20世纪90年代转向了多元文化主义——这一新观念强调了对不同少数民族文化的理解和接纳。然而，正因为多元文化主义的局限性已经暴露出来，所以已经到了第三阶段。正如巴基海尔（Bagilhole，2009，p.220）所解释的那样，多元文化主义与普遍人权相冲突："在英国，尤其会在多元文化主义和妇女权利的问题上产生争论，主要与2003年的'生殖器残割法案'、'强迫'婚姻 vs 包办婚姻和所谓的'名誉'杀戮有关。"第三阶段涉及跨文化审议——是一种尊重少数观点的方法，它让少数民族参与到决策制定中，但是不允许违反国际人权标准所体现的价值观。

第 10 章

多样性的优势

主义不好的原因，他写道：

> 对于还没有太多思考和选择机会的孩子而言，将其推入由一个特定的分类标准所塑造的毫无弹性的盒子里，还告诉他们："那就是你的身份，而这就是你会得到的全部"，这是不公平的。(Sen, 2006, p. 118)

森强烈反对"以信仰为基础"的学派。而他提出的战略性论点是"联盟式"（federational）的方法——认为英国的各种群体是一个联盟（federation）的想法——是完全误导性的。英国并不是一个各种群体的联盟，而是居住着各种人类的群体。这个深刻的见解应该植入公共政策辩论的核心中去。

四、应对城市多样性——来自欧洲城市的见解

欧盟一直在努力加强移民对欧洲经济、社会和文化所带来的有益之处。[①]正如前面提到的那样，在制定成功的应对移民方法方面，欧洲主要的城市已经走在了前面，欧洲城市组织（EUROCITIES）的成员国已经为决策者和从业人员们提供了一系列有用的材料。这方面的一个重要里程碑是欧洲城市组织的《城市融合宪章》（*Charter on Integrating Citie*）和关于欧洲城市多样性与公平的同行评审项目相关的调查结果（Maloney and Kirchberger, 2010）。多年来，城市政府已经采取措施，应对生活在其辖区内的不同人口群体不断变化的需求。这可能是一个相当大的挑战，因为正如本章引言中所提到的，动态多样性，涉及大量新移民的快速涌入，使得一些城市的当地公共服务已接近饱和状态。欧洲城市组织的融合宪章开始着手制定适应多元化的新战略：

> 我们面临的最大挑战是当融合失败时，新来者和居民之间的两极分化

---

① 欧盟的移民政策有多个组成部分。一个关键要素是因为人口变化，欧洲的劳动力在减少，如果移民面临就业障碍的话，欧盟就将不能实现它的经济和就业目标。欧盟有一个欧洲整合议程，不仅针对那些拥有欧盟成员国公民资格的移民，也服务于那些来自欧盟以外国家的移民（European Commission 2011）。

· 319 ·

迈向包容性城市
地方性创新的故事

和冲突……我们的融合愿景是希望所有城市居民都可以发挥其全部的潜
力，并在安全和尊严方面拥有平等的生活机会……这个《城市融合宪章》
利用了我们作为决策者、服务提供者、雇主和商品服务购买者的责任和义
务，为所有居民提供平等的机会，融合移民，并接纳我们城市的人口多元
化。（EUROCITIES，2010）

为支持《城市融合宪章》而作的研究，记录了先进城市正在实施的促进
多元化和公平的三个主要战略，分别是：（1）城市作为决策者和服务提供者；
（2）城市作为雇主；（3）城市作为商品和服务的购买者（Moloney & Kirch-
berger，2010）。这些策略之间虽然有重叠之处，但这三项可以提供一个有效的
方法来衡量与多样性有关的绩效，并且可以激发与欧洲城市所称的"地方整
合战略"（local integration strategies）（指他们为接纳多样性，创造平等机会，
并利用人口多样性的好处而付出的努力）相关的新思维。

（一）城市作为决策者和服务提供者

首先要强调的是，城市需要致力于接纳多样性和推进公平。然而，即使政
策已经承诺到位，在民间，承诺与日常做法之间也可能会存在差距。欧洲城市
组织的报告对如何应对"执行差距"（implementation gap）提出了许多建议，
包括：强大的领导力和管理系统，以确保地方主管部门的一致性；要求各部
门负责人将承诺转化为每个工作人员明确的岗位工作指导；咨询有移民背景
的市民；记录具有移民背景的服务用户的体验；调整各项服务，包括教育、
住房和就业支持服务，来满足移民背景人群的需求；引入平等权益影响评估
（EIAs），以确定遵守反歧视政策的承诺。

欧洲城市组织的报告对城市官僚制度为应对多样性议程所作的准备提出了
一些担忧：

在一些城市，另一个挑战是缺乏一个一致的系统来登记处理歧视投
诉……城市并不能时刻掌握其提供的服务是否能被市民享受…… 这反过

第 10 章

多样性的优势

来意味着，服务的发展无法基于对实际需求的可靠分析来进行。（Maloney and Kirchberger，2010，p. 10）

然而，该报告的主要目的是找出有前景的创新范例。例如，它指出阿姆斯特丹市每两年发布一次"城市状况"（state of the city）报告。那些为报告而收集的数据使城市能够了解具有移民背景的市民是否有着与他人相似的经历。欧洲城市，确切地说，全世界的城市都正在为如何推进与城市多样性相关的政策和做法开辟新的天地。例如，桑切斯·马达里亚加和罗伯茨（Sanchez de Madariaga and Roberts，2013）对一些正在为城市规划和管理制定性别敏感方法的城市做了有益分析。

用来概念化和说明这些城市举措的语言本身就是多元化的。一些美国城市有"废除种族主义"（dismantling racism）倡议（例如佛罗里达州的盖恩斯维尔）；柏林有一个"社区妈妈"（stadtteilmutter）计划，在流动人口多的社区，协助有移民背景的妇女了解教育制度；"性别包容性城市计划"（GICP）（包括阿根廷的罗萨里奥、印度的新德里、坦桑尼亚的达累斯萨拉姆、俄罗斯的彼得罗瓦夫斯克等城市）侧重于"妇女安全与性别包容"（Viswanath，2013）；意大利罗马在移民背景比例高的地区学校里设置"跨文化调解员"（intercultural mediators）。有证据表明，为城市政策和服务的供给寻求"自上而下"的解决方案是不明智的。必须要进行当地社会调查和社区参与，这也是当地民主和地方性领导力如此重要的原因之一。

（二）城市作为雇主

除了制定健全的政策和响应性服务外，城市还可以通过利用自己作为雇主的权力来应对多元文化挑战。这类策略包含多种要素。在许多多元文化城市中，一个重要的要素是尝试雇用反映人口多样性的劳动力。从社会正义的角度来看，这不仅是可取的，而且也提高了公共服务的有效性，因为服务提供者可以更好地建立对服务用户需求的良好理解。欧洲城市组织的报告清楚地表明，国家立法在这一领域至关重要。一些国家积极鼓励城市取得公务人员和服务对

象之间的"镜像效应"(mirror effect)①。而有的国家的立法实际上可能会阻止这种情况——例如,一些欧洲国家不允许公共机构雇用非欧盟成员国公民。为了促进就业政策在应对多样化方面的作用,城市当局采取了创新性的招聘办法——例如,在少数民族阅读的媒介上刊登职位信息,同时也登记员工的民族情况。

第二个与城市作为雇主相关的要素是需要提高城市管理人员的跨文化意识。一些大学正在努力开发有关"跨文化能力"的课程,许多市政厅都有自己的内部培训计划(Benavides and Hernandez,2007;Landis et al.,2004)。同样,从商业界总结出的对跨文化交流的见解也是有价值的(Maude,2011)。然而,跨文化技能的确切性质似乎有着很大的不确定性,这妨碍了制定可用来招聘和晋升工作人员的指标。显然,让具有移民背景的专家进行跨文化培训和发展是有意义的。也可以采取其他措施——例如,城市可以记录具有移民背景的工作人员的待遇经验,将多样性和公平原则纳入工作规范,审查面试小组的组成情况,鼓励和支持多元化榜样。

(三)城市作为商品和服务的购买者

欧洲城市组织报告确定的第三条改革途径是在公共采购过程中使用多样性和机会公平原则。这个政策领域没有很好的发展,在某些国家,这种做法还可能在法律方面存在障碍。推行这一策略的城市收集了与它们可能签约或已经签约的公司的"多样性信息"。支持这种做法的人认为,一个城市如果能够确保移民拥有的企业享有与公共机构签约的平等机会,就可以实现经济增长,增强社会凝聚力。例如,英国利兹市议会在2009年审议了政府供应链及其员工队伍,调查结果为该市评估其采购行为的公开和透明度提供了帮助。该市还制定了一项指南,为潜在的承包商提供帮助,使他们遵守法律规定的平等职责和市议会在这一领域的政策。在美国和加拿大,通过采购政策来推动社会包容的策略,得到了更好的发展——我们很快就会探讨来自多伦多的经验。

---

① 在自我意识心理学中,人们把由于别人对自己的态度犹如一面镜子能照出自己的形象,并由此而形成自我概念的印象,称为镜像效应。——译者注

第 10 章

多样性的优势

五、多元文化城市中的地方性领导力

在概述了欧洲城市的先进做法之后，我现在介绍一下两个创新故事的背景，这两个故事概述了另外两个大洲的创新政策和实践。本章的讨论清楚表明，不同国家在寻求解决未来城市的多元文化挑战时，它们的起点并不是一样的。一些国家——比如美国——就是经典的例子——它几个世纪以来就一直在利用移民的力量。多年来，对美国城市文化多样性价值的认识已经相对较好。① 而在其他国家，历史造就了一个相对同质的社会，因此，城市领导者对移民所带来的挑战可能缺乏经验。

在本章的后面部分内容中，我将介绍两个创新故事，从两个非常不同的城市中获取见解：日本的滨松市和加拿大的多伦多市。与本书中提出的所有创新故事一样，目标是概述在那些为创建包容性城市方面努力开创新局面的城市中，地方性领导力所发挥的作用。我特意选择拥有非常不同文化环境的城市，因为这样获取的经验更有影响力，我希望这能引起众多城市的关注。

日本仍是一个种族和文化上同质型的社会。然而，像滨松这样的城市，领导者们在领导城市的过程中可能会给国家带来政策创新。日本人口正处于加速下滑的状态，可以说，如果想要繁荣，国家需要欢迎新移民的到来。但是，这一论点却违背了日本的国家政治话语。

正如山中（Yamanaka，2008）女士所认为的，日本中央政府似乎对那些希望永久移居日本的外国人有抵触情绪。不过，她指出，自 20 世纪 80 年代以来，日本已经有大量移民工人涌入，到 2006 年，来自不同民族的 200 多万外国人已经把日本当成了自己的家园。② 她总结说，日本有机会将自己从"同质排斥的国家转变为异质包容的国家，而在当今的全球竞争世界中，这种转变可能是有益的"（Yamanaka，2008，p. 194）。在这种情况下，通过创新故事 14，

---

① 我借鉴了自己 2002—2007 年从英国移民到美国的个人经历。在此期间，我担任伊利诺伊大学芝加哥分校城市规划与公共事务学院院长，该校拥有 28000 名学生，是美国最多元化的学生群体之一。

② 这占了日本全国人口，约为 1.28 亿的 1.6%。

迈向包容性城市
地方性创新的故事

我们可以在地方领导人如何推动有关多元文化主义的想法上形成初步认识，即使在中央政府对移民严格限制的国家，也是如此。

·················· ● 创新故事 14 ● ··················

增强跨文化认知：日本滨松市的方法

1. 目标

自 20 世纪 90 年代以来，滨松市不断采取一系列政策和做法，使外国居民融入该市的生活。日本政府实行非常严格的移民管制，即使是在今天，日本仍旧是世界上种族和文化最同质的社会之一。不过，地方政府的领导者们带头推动多元文化共存，滨松市就一直在非常积极地推进这一议题。

尽管日本的生育率和人口老龄化率相对较低，但与移民有关的国家政策仍旧非常严格。从历史上看，日本立法就禁止在非熟练工中使用外国劳工。然而，1990 年的"移民法"有所变化——基于日本种族的渊源，它允许来自巴西、秘鲁和其他地方的第三代日裔移居日本并在此工作。滨松市的目标不仅仅是制定与城市新移民有关的有效政策和做法，同时，也对与外国居民有关的国家政策产生影响。通过与日本其他地方的合作，滨松市旨在促进国家移民融合政策的改变，使国家能适应文化日益多元化的现实。

2. 创新故事概要

滨松市是日本中部的工业城市，以制造乐器、摩托车和纺织品而闻名。该市拥有 82.1 万人口，多家公司的总部设立于此，例如雅马哈公司和铃木汽车公司。城市中的企业逐渐增加，有较高的劳动需求，这也是滨松市成为首批欢迎外国居民的城市的原因之一。

2010 年，日本有 210 万注册外国人，占总人口的 1.7%。在滨松市，2012 年注册的外国人人数为 25138 人，占城市人口的 3.1%。与其他国家的移民门户城市相比，该市的外国居民比例并不高，但在日本，这已经是一个相当大的少数群体。例如，滨松拥有日本最多的巴西人，秘鲁人口也比较庞大。

在日本，自 20 世纪 70 年代以来，地方当局参与国际交流的活动不断增加，起初只是关注文化交流的项目，后来逐渐转变；到了 90 年代，"国际

第 10 章

多样性的优势

政策"（international policy）成为日本地方政府的一个重要特征。日本宪法保障地方自治，从而为地方性创新提供了空间。

靖国北崎（Yasuyuki Kitawaki）先生在 1999 年至 2007 年间曾担任滨松市直选市长，他认为，外国居民不应该被视为临时客工。相反，他意识到，与其他新来者快速增长的城市一样，很多外国居民想留下并安居下来。这意味着需要修改现行的政策和做法，适应不断变化的情况。

2000 年，滨松市通过推动建立大型移民人口市议会，发挥了它的领导作用。2001 年，该议会聚集了东海和北关东地区共 13 个城市的代表，所有这些城市都遇到了外国新来者突然大量涌入而引发的问题。该议会通过了《滨松宣言》，希望建立一个由本土居民和新来者组成的新社会，这个社会坚定地致力于不同文化间的理解和尊重。靖国北琦市长及其同事制定了一系列用于评估多样性的政策和做法。

其中的一个地方性政策例子是建立了新的市级咨询机构。日本地方政府面临的一个问题是，外国居民虽然享有公共服务（如教育和社会服务）相关的权利，但没有任何政治权利。国家立法中没有给予外国居民在地方选举中进行投票的权利。显然，地方当局不能违反国家选举法，但滨松市进行了创新。像其他城市一样，例如川崎，滨松市成立了外国居民理事会。这提供了从外国居民那里收集城市治理想法的途径，日本的其他城市也沿着此路线进行了创新。

2007 年，铃木康友（Yasutomo Suzuki）当选滨松市长，他继续采用了一系列多样性举措。例如 2010 年，滨松外国留学生支援中心开放，（为日本学校教师和有意支持巴西家庭的日本人）提供日语和葡萄牙语语言课程。

铃木市长以各种方式促进国际对话，例如成立国际组织"城市和地方政府联合会"（UCLG）。2010 年该组织在亚太地区滨松区域会议上的成果就是一项促进多元文化和多样性的宣言。

2012 年，铃木市长主持了亚欧跨文化城市峰会，这推动该市正式采纳了滨松跨文化城市愿景。该愿景以 3 个 C 为指导——协作（collaboration）、创造（creation）和舒适（comfort）——寻求"共同建立一个以相互理解和

· 325 ·

迈向包容性城市
地方性创新的故事

相互尊重为基础，持续创新与发展的跨文化城市"。这一愿景的进展要向滨松市跨文化融合促进会、外国居民理事会和公众汇报。

3. 领导力经验

● 选举产生的地方当局直接参与处理多元文化城市的经历，而且应当抒发见解。当地领导人可以清晰地阐明创建包容性城市的价值，并为中央政府提供宝贵的见解。如果有志同道合的地方政府可以携手实施共同议题，则会特别有效。

● 日本宪法保障当选的地方当局的自主权，这意味着当地选举产生的领导人可以尝试新办法，开辟新局面。

● 在日本，所有市政府都实行了直选市长，任期四年。这一选举方式为市长提供了政治合法性，使他们能够推行一开始可能不会在全体选民中受欢迎的政策。这种模式可以承担一定的风险，并使当选市长能够挑战既定的思维模式。

● 除了非营利组织（NPOs）实施对外国居民的支持之外，如日语教学，该市的外国居民也自主建立组织，为相同国籍的外国人提供支持。而且，滨松文化中心和滨松外国居民学习支持中心也对这些非营利组织进行授权并与其开展合作。

● 涉及多样性管理的国际交流，对所有参与者来说，都是非常有成效的。

资料来源：

Aiden H, S, 2011, "Creating the 'Multicultural Coexistence' Society: Central and Local Government Policies Towards Foreign Residents in Japan," *Social Science Japan Journal* 14, 2, pp. 213 – 231.

Kitawaki, Y, 2010, "A Japanese Approach to Municipal Diversity Management: The Case of Hamamatsu City," http://www.coe.int/t/dg4/cultureheritage/culture/Cities/Publication/BookCoE12-Kitawaki.pdf.

第 10 章

多样性的优势

Sharpe, MO, 2010, When Ethnic Returnees are De Facto Guest-workers: What Does the Introduction of Latin American Japanese Nikkeijin (Japanese Descendants) Suggest for Japan's Definition of Nationality, Citizenship, and Immigration Policy? *Policy and Society* 29, 357 - 69.

Yamanaka, K, 2008, Japan as a Country of Immigration: Two Decades After an Influx of Immigrant Workers, in S Yamashita, M Minami, DW Haines, JS Eades (eds) *Transnational Migration in East Asia. Senri Ethnological Reports* 77, 187 - 196.

参考网址：

Hamamatsu Intercultural City Vision 2013 - 2017: http://www.city.hamamatsu.shizuoka.jp/admin/policy/kokusai/icc_vision/iccvision_en.pdf

Hamamatsu City Information Website for Foreign Residents Including Some Information about the Foreign Residents Council: http://www.city.hamamatsu.shizuoka.jp/hamaEng/index.html

Hamamastu Foreign Resident Support Centre: http://www.hi-hice.jp/u-toc/en/Hamamatsu Foundation for International Communications and Exchange: http://www.hi-hice.jp/HICEeng/aboutus/business.html#1

在本章引言中，我提到多伦多大多数居民都出生在外国。正如第 2 章对于动态多样性的讨论中所述，多伦多是世界上文化最为多元的城市之一。卢西亚·卢把多伦多称为"加拿大的首位移民门户城市"（Lucia Lo, 2008, p. 97）。她指出，2001 年多伦多人口普查显示，大都会区（CMA）拥有 465 万人口，其中包括来自 169 个国家的 200 多万移民。① 她的分析显示了多伦多的移民人口如何集中在大都市的中心地带，但如预期的那样，其分布并不均匀。

卢表示，在过去三四十年间，迁移到多伦多的人口构成已经发生了重大变化，她提供的地图显示出了移民的定居模式。卢（Lucia Lo, 2008, p. 103）用一个漂亮的措辞描述这些区域，她称之为"大门户城市中的小门户"。在这些民族聚集的社区中，某一群体的移民往往会聚焦并创建自己的文化和宗教机构、企业和服务。根据空间同化模型（spatial assimilation model）来预测，随

① 我们应该注意到，现在可以获得更新的数据。2011 年加拿大的全国家庭调查显示，多伦多大都会区的人口为 552 万，移民人口为 253 万（占大都会区总数的 46%）。

迈向包容性城市
地方性创新的故事

着时间的推移和日益繁荣，这些群体将迁移到郊区，并与长期居住的居民在空间上进行融合。卢勾勒了一幅更为复杂的情境。自20世纪70年代以来，富裕的移民往往定居在远郊区，而较贫困的移民则迁入了近郊区。她得出结论：尽管在多伦多，按种族划分的居民隔离并不像美国许多城市那么明显，但其移民定居的整体模式在空间分隔上日益明显。

多伦多的城市领导者赞扬城市多样性，早在1997年就采用了"多样性就是我们的力量"的口号。该市在解决与公平和人权有关的多样性引发的问题上有着很好的表现。在过去20多年的时间里，该市在进步的政策制定和城市管理方面已经赢得良好声誉。克里斯汀·古德（Kristin Good，2009）对这些发展进行了很好的分析，并强调了市政官员、民间协会领导人和其他人对移民融合所做的重要而基本上未被承认的工作。创新故事15强调了城市向创建包容性城市迈进时，城市领导者所作出的一些成就。罗伯·福特（Rob Ford）是右翼政治家，于2010年当选为多伦多市长。近年来，他试图废除前任市长戴维·米勒（David Miller）所贯彻的许多先进政策。委婉地说，福特是一个有争议的人物。法院发现他违反了《安大略利益冲突法》，而且他因被拍到吸食可卡因而受到指控，此后，该市的政治领导层由于各种错误的理由而颇受国内外公众的关注。接下来介绍的创新故事讲述的内容发生在自福特当选市长之前的时期。

● 创新故事 15 ●

多元文化城市的地方性领导力：多伦多的经验

1. 目标

20世纪70年代，多伦多教育委员会注意到学生和家长愈加多元化，随即开始解决"新"加拿大人所面临的阻碍。教育委员会成立了一个学校社区关系部门，任命学校社区顾问，向第一语言不是英语的家长开放教育系统。大约十年后，多伦多市政府在应对日益多元化和快速增长的移民人口的需求方面发挥了积极作用；自那以后，政府推出了很多大胆的创新。

第 10 章

多样性的优势

根据 2011 年加拿大的全国家庭调查，多伦多市人口 260 万。超过一半（51%）居住在多伦多的人出生在加拿大以外的国家或地区，城市居民分别来自 230 个不同的种族。城市领导者认为，人口多元化是一项重要资产，这就反映在多伦多市的座右铭"多样性就是我们的力量"上。然而，抵达该市的移民数量和多样性也带来了就业、社会包容和沟通方面的挑战。这个创新故事显示，多伦多市已经开创性采取一系列富有想象力的社会、经济、文化和政治举措，而这些举措支持了加拿大在多元文化主义上的官方政策。本创新故事所覆盖的时期截至 2010 年。在那一年，右翼政治家罗伯·福特当选为多伦多市长，他选择了采取具有分水岭意义的方式来领导城市——这种做法有可能损害前届城市领导者们在公平和多样性方面所取得的成就。

2. 创新故事概要

在加拿大，联邦政府与各省一起负责移民政策，但对多元文化政策的责任划分并不是太明确。市政府，像多伦多市，负责提供符合省级政策的服务。多伦多不是唯一一座拥有大量移民的城市，加拿大还有一些城市也已经制定了与多样性管理相关的积极政策。然而，和其他城市相比，多伦多对多元文化主义采取了特别积极和全面的方法，远远超出了与服务供给相关问题的范畴。

例如，2001 年多伦多率先采用移民和定居点政策框架，使新移民能够在日常的城市生活中充分参与经济、文化、社会和政治活动。2003 年 4 月，多伦多市议会制定了一份大胆的《关于获取、公平和多样性的愿景声明》。这个声明承诺城市："……实施劳动力和社区的积极变革，实现所有居民对结果的获取是可及和公平的，创造一个没有歧视、骚扰和仇恨的和谐环境。"

旨在实现以上愿景的《消除种族主义和歧视行动计划》有七个方面的内容，包括：政治领导；宣传；经济参与；公众教育意识；服务提供；建立强大的社区和问责制。这个计划包含了如何推进多样性管理和社区参与事业方面的明智建议和实用建议。此外，2007 年，该市游说省厅通过了《多伦多市法案》。这表明，该市积极扩大自身自主权，制定和实施适合多伦多不

迈向包容性城市
地方性创新的故事

同人口需求的政策。

商业界和私人基金会在支持代表移民和民族文化少数群体的组织方面发挥了重要作用。例如多伦多的著名商人和慈善家艾伦·布兰德本（Alan Broadbent）在 1982 年成立了五月树基金会（maytree foundation）。该基金会通过向社区组织提供捐款，并向社区组织的员工提供管理培训，通过约克大学的"改革领袖"计划与社区组织合作培养社区领袖，从而影响了多伦多的改变。

市政府回应了这些来自民间社会的压力，努力创造一个更具包容性的城市。市长的角色特别有趣。虽然加拿大地方政府的市长模式在传统上被描述为一种"无力"的领导形式（使用传统的政治方式来描述市长和议会之间的权力平衡），但在多伦多，我们可以找到一批行使过强大领导力的市长。例如在 6 个邻近的市政府合并为多伦多都会区（Metropolitan Toronto）之后，新的市议会在市长梅尔·拉斯特曼（Mel Lastman，1998—2003 年）的领导下，成立了一个获取可及和公平工作组（task force on access and equity）。

这个工作组的职责是协调现有政府的政策和结构，而这项工作衍生出了 5 个社区咨询委员会，它们咨询的范畴包括：原住民事务；残疾问题；妇女地位；种族和种族关系；以及同性恋、双性恋和跨性别者问题。很多创新都源于这些咨询委员会所做的创新性工作。例如，建立了一个社区伙伴关系和投资计划，提供宣传、研究、公众参与活动等资源，以及解决与种族关系有关的问题。

市长戴维·米勒（David Miller）在任职期间（2003—2010 年）的工作亮点包括扩大对职业移民的就业辅导计划，以及强化提供多语言的城市服务。今天，该市的网页提供超过 51 种的浏览语言，城市的 311 项信息服务提供 180 种服务语言。十多年来，该市每年都依据获取可及性、公平和多样性等相关绩效指标，提供一份年度性的多样性报告卡。

回溯到 20 世纪 70 年代后期，当时，多伦多市议会就与社区领导人合作，采取开创性措施，系统解决各种社区公平、获取可及性、种族主义和歧视问题。今天，在市议会中，领导实施这些措施的机构是公平、多样性和人权部门（EDHR），而以前是多样性管理和社区参与小组（DMCEU）。公平、

第 10 章

多样性的优势

多样性和人权部门位于多伦多市中心的城市管理办公室里面,负责确保城市的服务、计划和政策能够满足多伦多不同社区的需求。

直到 2010 年,多样性管理和社区参与小组的负责人希塔·拉姆克哈拉维星(Ceta Ramkhalawansingh)注意到,多伦多方法有四个特点:全面、综合、协作并具有倡导作用。[1]多伦多方法的一个显著特点是始终坚持年度性的监测和审计。这一过程涉及各种利益相关者,有助于在广泛的服务领域中融入反种族主义、无歧视性、公平和可及性政策与方案。最近(2009 年),在一次关于获取可及和公平(access and equity)的多部门圆桌会议上,多伦多采用公平视角对政策与实践进行评估。市议会在政策制定和实施方面采用公平视角〔包含平等权益影响评估(equity impact assessment)〕,以确定并消除障碍,强化市政服务的良好做法。

市议会一直积极主动地开展研究,推动政策制定。上文中提到的"2003年行动计划"就是市议会委托该市一所学术机构进行的研究。此外,多伦多还有幸设立了移民及安居研究中心(CERIS)。这是大都会项目的一个部分,由联邦政府资助,旨在促进学术界和非营利机构之间的合作。移民及安居研究中心的工作为制定政策提供了广泛的依据。此外,该中心在促进和维持社区利益相关者之间的强大网络方面发挥了重要作用。

3. 领导力经验

● 一个城市的学校董事会或教育委员会可以在应对不同社区的需求方面发挥至关重要的作用。在多伦多,正是学校董事会首先表明市政项目要如何适应需求。

● 商业领袖和私人基金会,如五月树基金会,可以通过支持社区组织和发展社区领导的知识和技能,作出重大贡献。

● 多伦多市利用上级政府对移民安置和融合问题缺乏指导这个现实,制定了自己的方法,通过多样性来实现其包容性城市的愿景。城市领导者可以

---

[1] 在 2010 年 7 月 1 日至 3 日于德国腓特烈港的齐柏林大学举行的"成为代议制官僚"(towards a representative bureaucracy)会议上,希塔·拉姆克哈拉维星(Ceta Ramkhalawansingh)发表了题为"人力规划和工作场所多样性"的演讲。

为进步的政策制定呼吁提出政治空间。

- 通过与市议会和其他机构合作，直选市长可以设定一个大胆积极的基调来描述城市多样性的价值。
- 通过工作组和各种协商机制，将社区领导人纳入决策过程，有助于建立一个多部门联盟，努力推进该市的公平事业（包括地方活动家和学术机构）。
- 将公平、多样性和人权部门定位在市政组织的核心，为其提供足够的资源，使得多样性议程的可见性和显著性得以实现。
- 定期每年监测实现多样性目标和标准方面的进展情况，是利益相关方承担责任的一种极好方式。

资料来源：

The City of Toronto Office of Equity, Diversity and Human Rights: http: //www. toronto. ca/diversity.

Tossutti, L, 2012, Municipal Roles in Immigrant Settlement, Integration and Cultural Diversity, Canadian Journal of Political Science 45, 3, 607 – 633.

Good, K, 2009, *Municipalities and Multiculturalism. The Politics of Immigration in Toronto and Vancouver*, Toronto: University of Toronto Press.

Ramkhalawansingh, C, 2012, Multiculturalism by Other Names: Sketching Four Decades of Evolving Practice in Toronto, *Canadian Journal for Social Research/Revue Canadienne de Recherche Sociale* 2, 1, 77 – 83.

六、结论

在本章我概述了目前关于现代社会机会平等和多样性的讨论。显然，特别是联合国等国际机构和民族国家在推动机会平等事业方面发挥了关键作用——1948 年的《世界人权宣言》为世界各地的公共政策提供了重要基础。但是，本章的重点不在于反对歧视和推进平等事业的国际法和国内法。虽然我提到了

第 10 章

多样性的优势

这一更广泛的背景，但我的主要目的是想表明，城市或地方性领导力在促进城市的社会公正和公平方面发挥着关键作用。

这是因为当地生活经历的影响会加强和阻碍具有不同背景和信仰的人之间的跨文化关系。通常在城市里，每天相遇的地方真的很重要。在第 1 章我解释了中央政府是如何从"国家视角"行事的 ——这产生了"筒仓思维"知识，旨在帮助自上而下的政府。在许多国家，这种方法导致关于移民及机会平等方面的国家性话语不够成熟。公开辩论往往不能汲取地方政府管理者和地方政治活动积极分子的经验，因此忽视了地方性领导力所作出的贡献。幸运的是，城市本身并没有"守株待兔"，坐在那里等待国家指导如何推进平等和促进繁荣。包括人们在国家间迅速流动在内的社会变革，都意味着城市，特别是移民门户城市，在多样性管理和建立正义城市方面处于前列。而我试图在本章中传达一些与此相关的内容。

一些读者可能对多样性各个方面的报道都感到失望。有关残疾人生活经历的详细讨论在哪里？为什么同性恋群体只被简单提及？关于伊斯兰恐惧症，以及城市对安全和监控方面日益增长的困扰又如何呢？关于妇女和女孩、旅行者、本地居民的问题怎么没有得到更多的关注呢？这些都是合理的批评。在本章的引言部分，我也暗示了这个意思，我之所以选择把重点放在文化多样性和种族多样性上有两点原因。第一，正如我在第 2 章描述的那样，由于受到全球化和城市移民激增的影响，现如今的多元文化城市治理是一个非常重要的公共政策挑战——很明显，许多城市将此视为重要优先事务。第二，我希望本章对平等机会和多样性的讨论，激发我们对差异化治理面临的更广泛挑战提出新思想。本章的重点一直是城市迁移和文化多样性，但是，当我们拥有"城市视角"，显然创造性办法能够满足新来者的需求，并在如何接触受社会排斥的群体方面激发出创新来。①

在本章最后，我提出三点看法。第一，这次讨论中浮现出的一个关键性主

---

① 最近几十年来，值得庆祝的是，在现代社会公平问题上，学术分析和政策进展都得到了显著的扩展。在社会运动、批判学者、政治活动家和其他人士的推动下，现在有大量关于社会、经济和生态正义的文献——我试图在本书的各个方面提供部分这些文献的引文。

迈向包容性城市

地方性创新的故事

题就是地方性领导力很重要——可以推动社区能力建设并促进平等机会事业的发展。我的意思是说，提升当地人民的能力来解决问题，产生提高活力与责任感的新资源，从而实现社区的真正变革。本章所介绍的关于滨松市和多伦多市两个地方的创新故事都是鼓舞人心的。在这里，我们发现了地方性领导人，不仅有当选的政治家，还有公务员、社会积极分子和活动家，他们为创建包容性城市开辟了新的天地。他们的努力是值得钦佩的。但更重要的是，他们并不孤单。世界各地的城市都在引领跨文化城市的建设。

第二，当城市领导者致力于促进机会平等和包容事业时，城市学者所提出的概念是有用的。在本章我强调了哈姆·迪伯利和巴里·切克维提出的观点。迪伯利（De Blij, 2009）区分了"本地人、全球者和移民者"，并提醒我们，他们为建设包容性城市发挥了作用。切克维（Barry Checkoway, 2007）就如何在现代城市实现多元文化变革提出了一些非常实用的建议——他的关于如何塑造挑战的想法是有益的，同样，他强调发展跨文化能力的重要性也是有益的。他指出，民主社会既需要承认分歧差异的存在，又要搭建跨越文化界限的桥梁。另外，我想把注意力放在杰克·莱文（Jack Levin）和戈尔丹娜·拉贝连诺维奇（Gordana Rabrenovic）对"我们为何会憎恨"这一有趣的分析上，这两位在许多国家研究过仇恨和偏见的美国社会学家认为，领导力在塑造容忍和理解的文化中发挥着关键作用（Levin and Rabrenovic，2004，pp. 205 - 212）。

第三，关于机会平等和多样性的大量讨论受到了感知的影响，因此我们关注艺术评论家约翰·伯格在他的革命性书籍《观看之道》（*Ways of Seeing*）中给出的有见解性的分析也是有所裨益的（Berger, 1972）。在 1972 年由英国广播公司播出的短篇电视连续剧以及他的配书中，伯格指出，我们所见和所经历的事物总是受到我们所了解或相信的事物的影响[1]。他的分析与绘画和艺术批判有关。但是他针对我们如何看待世界而提出的令人耳目一新且容易理解的办法，却与关于平等和多样性的讨论是相关的。我们会把多样性看作一种对我们

---

[1] 《观看之道》由艺术批评家约翰·伯格主讲，对隐藏在视觉、图像和观看行为背后的意识形态提出质疑，批评西方文化中的美学传统。——译者注

第 10 章

多样性的优势

身份认同的不利威胁吗？或者多样性会作为新潜力的来源而受到大众的欢迎吗？伯格先生是在请我们以批判性眼光来对待我们所见以及所经历的事物，并鼓励我们深入思考所要面对的问题。

（滕飞　翻译）

04 >>

经验汲取：洞见和国际借鉴

第 11 章

从精明城市到智慧城市

我们今天迫切需要一个更全面的观点，即成为学者的意义是什么——也就是对通过研究、综合、实践和教学获取知识的认可。

——欧内斯特·L.博耶，《学术研究再探》，1990 年

引　言

数码爱好者认为精明城市（smart cities）是灵丹妙药。① 他们声称，当前的通信技术革命将会在 21 世纪像电力最终改变人们的生产生活方式一样，改变城市。对于持怀疑态度的人来说，这些说法只是泡沫炒作而已。许多人会认为，在这两种极端观点之间，正在形成一种新的共识。这种共识声称，信息与通信技术（ICT）的进步正在迎来一个新的时代，泛在的电子连接正在使城市更加宜居、更加民主。在这一章我将对这个共识提出质疑。我这样做，并不是

---

① 在国内城市建设和城市治理领域，"智慧城市"是近期才提出和流行的词汇。在已有的很多中文论著、译著和文献中，"智慧城市"对应的英文词汇不止一个，既有"smart city"，也有"wise city"，两个词都有被译为"智慧城市"的情况存在。而实际上，smart city 和 wise city 是有区别的，不能混为同一层次。从限定词"smart"到"wise"，就意味着聪明程度的不同，wise 某种程度对应着"smarter"，比"smart"更高一个层次。如果我们把"smart"翻译为"聪明"或"精明"，那么，"wise"则可以翻译为"智慧"，也就是"更聪明的"。为此，结合国内城市治理的具体实践，参考一些专家的建议，本书统一把"smart city"译为"精明城市"，把"wise city"译为"智慧城市"。——译者注

迈向包容性城市
地方性创新的故事

为了反对这个观点，而是因为没有足够的证据能证明精明城市就是在建设更具包容性的城市。

这里，我不反对信息与通信技术在现代城市管理中的创新使用。事实上，我已经表明，新技术在配备训练有素的人才时是可以提高公共服务质量的。第6章的创新故事3就提供了一个很好的实例来支持我的观点。它解释了新技术不仅可以被用来增加服务获取的途径，而且可以大大改善市政厅部门的内部管理。在这种情况下，我们可以看到芝加哥311市民服务系统和开放311服务在提供令人惊讶的市民服务上的响应能力是如何展现的。与许多其他美国城市一样，芝加哥的任何居民都可以随时拨打311并立即获得援助。在没有信息与通信技术的情况下，这种反应能力是不可能的；有了信息与通信技术，就可以向前线工作人员提供最新信息，并以电子方式向有关部门发送请求。

然而，拥有超快响应能力的服务并不足以建立一个包容性城市。精明科技（smart technology），包括社交媒体在近期的发展，可以提升公共服务的业绩，但仍然存在一个令人困扰的问题：这些技术是否加强了当地的民主，并且表达了穷人们的心声？

本章的讨论分为五个步骤。首先，我试图分析一个"精明"城市可能意味着什么。因为现在人们使用"精明"（smart）一词的方式相当随意，所以这个任务可能比起初来讲更加困难。我认为事实上，在正进行的精明城市讨论中，至少有三类想法竞相吸引了人们的注意力，我将它们罗列如下：（1）数字城市；（2）绿色城市；（3）学习型城市。在一个特定城市，围绕一个共同的政策议程，我们可以把这些观点统一起来。但是这可能是有挑战性的，因为支撑不同方法的核心价值观之间似乎存在矛盾。

在下一节我将提出数码爱好者要考虑的五个数字危险区域或者说是问题。可能，这五个问题可以通过超级先进的信息和通信技术战略得以解决，但我仍存有疑虑。因此，在第三节我将概述一种新的方式。这里提出的论点是，我们应该试图超越精明城市（smart city）讨论的局限，以便更深入地了解现代城市中的公共学习和民主创新的本质。虽然世界上一些最成功的城市可能不会使用这种语言表达方式，但我相信，它们已经接受了我所谓的**"智慧城市"**（**wise city**）的想法。我所说的"智慧城市"指的是在这样的城市中，与正义、民主

第 11 章

从精明城市到智慧城市

和保护自然环境有关的价值观在指导着包容性城市的创建。智慧城市的领导者认识到了新技术作为公仆的工具价值，但它的价值也仅此而已。他们知道倡导"精明"是毫无意义的。

在第四节我将转而研究大学在城市中的作用。在某种程度上，大学是地方性领导力方面的沉睡巨人。然而，随着现代学术研究的性质得到重新定义，我们可以看到，越来越多的大学现在认识到了积极参与地方政治具有巨大的双向效益。城市可以利用大学的学术和其他资源，帮助当地人民提高生活质量，而大学与城市密切的联系可以提高学术水平。为了说明"参与型学术研究"的价值，我介绍了两个创新故事。创新故事 16 解释了波特兰州立大学如何与市议会以及其他合作伙伴密切合作，使波特兰成为一个更可持续和更具包容性的城市。创新故事 17 讨论了印度环境规划和技术中心大学在与艾哈迈达巴德市政公司的合作中，对规划和设计艾哈迈达巴德快速公交系统所起的作用。

一、分析精明城市的修辞学

关于精明城市（smart cities）的文献近年来不断涌现，"精明"这一形容词现在被广泛用于有关市政府、城市发展和现代建筑的公开讨论中。数码发烧友声称，如果我们生活在精明城市，拥有精明建筑，能在精明场所中闲逛，使用免费的无线网络，那么我们的生活将会更好。但我们可以生活在这样的地方吗？这个日益流行的词语实际上意味着什么？"精明"是否代表着对如何理解和改善城市的一个突破？还是只是另一个已经被滥用了的术语，现在都没有意义了？更具体地说，从本书的写作目的来看，精明思维和实践能否推动创建包容性城市的事业呢？

必须要说的是，"精明"一词是十分吸引人的。可惜的是它本身可能是有问题的。它暗示怀疑者必须赞成无知，这就产生了令人忧虑的影响。那么，值得你花一点时间思考一下精明到底意味着什么。实际上，在英文中这个词有几个不同的意思，并不是全部的意思都具有恭维奉承的含义。一方面，一个精明的人可能是有智慧的和衣着得体的，甚至是时尚的。但他也可能被视为能说会道的、肤浅的，甚至可能是令人讨厌的。例如，词组"精明的亚力克"（smart

· 341 ·

迈向包容性城市
地方性创新的故事

alec）和"精明的驴"（smart ass）就是指自作聪明的人。今天，精明城市这个词语也许是因为它几乎没有被明确地定义，所以人们可能还是存在分歧。有人认为，这可以为城市管理提供真知灼见。其他人则认为，这是一个肤浅的营销理念，旨在提高那些大的信息和通信技术公司的利益，这些公司从出售自己的产品和获取关于公民的个人资料中谋取利益。当这个词被翻译成其他语言时，这个争论将会变得更加复杂。

莉娜·海兹霍夫及其同事介绍了精明城市在实践中的概念（Hatzelhoffer et al., 2012）。他们的分析表明，精明城市这一词语在 20 世纪 90 年代被普遍使用。当时，人们对于利用信息和通信技术改善城市规划和城市管理的潜力感到相当兴奋。一个城市如果积极利用信息和通信技术来改善居住在城市和城镇地区的人们的生活和工作条件，那么它就可以被认为是精明的。随着新的电子设备如个人电脑和平板电脑、普通手机和高性能智能手机的发展，以及高速固定电话和移动连接的扩展，信息和通信技术服务几乎无处不在。这种技术服务的普及，加上数字经济的更广泛的发展，使许多城市领导者相信改进信息和通讯技术的使用对于提升城市的经济竞争地位是至关重要的。

然而，多年来这种对技术能力的关注已经遭到人们的质疑。许多作者认为，专注于信息和通信技术的可得性和质量是错误的，一个城市只有在城市社会学会适应和进行创新的情况下，才能被视为精明城市。马克·迪肯和胡萨姆·阿尔瓦尔（Mark Deakin and Husam Al Waer, 2012）收集了一系列关于讨论这种思维转变的论文。他们的书集中关注了信息和通信技术的作用，但与其他作者，例如汤森德（Townsend, 2013）一样，这些作者都认为将数字技术融入日常社会生活中是最有意义的发展。这种断言声称，将技术和社会两者连接起来，可以为政府和政府在城市中作出更聪明的决策创造机会。克莱·舍基（Clay Shirky, 2008, p. 196）认为，网络空间是一个过时的概念，他曾预言了这种方法：

> 互联网增强了现实世界的社会生活，而不是提供了另一种选择。我们的电子网络不是一个独立的网络空间，而是深深嵌入现实生活中。

第 11 章

从精明城市到智慧城市

在面临过度简化的风险情况下，我们可以认为，精明城市以信息和通信技术为导向的方法演变分为三个主要阶段：（1）通过城市网站提供在线信息（20世纪90年代）；（2）城市门户网站在线信息服务和越来越多的业务（21世纪）；（3）开放数据和社交媒体倡议共同创造一个由政府和市民共同使用信息和通信技术，以满足社区需求的新机遇（21世纪初）。最近阶段的一部分内容涉及使用"大数据"这一术语，意味着获取、分析、测绘和解释真正关于人们及其行为的海量数据。积极利用大数据的举措正在蓬勃发展。例如在2013年，英国政府就实施了一个叫"未来城市孵化器"（future cities catapult）的计划，按照这个计划，一个资金充足的组织将帮助英国的城市变得更加精明、更具有前瞻性。[1]

到目前为止，一切顺利。然而，这无疑引起了混乱，在精明城市的思考中，至少还有其他两种论述在争夺市场。首先，一些评论家和从业者使用精明城市来描述许多人喜欢称之为可持续发展的城市。例如"精明增长"[2]运动近年来在北美得到了支持。正如第8章所述，精明增长涉及更加紧密和完整的城市发展。它鼓励城市增加密度，综合利用开发，推出多种住房类型，以公交为导向的开发，保护开放空间等。当然，完全可以追求一个精明增长战略，而不用被信息和通信技术所困扰。事实上，一些激进的环保活动家更倾向于远离电网，他们认为支持数字城市所需的硬件、电缆、铜线、电讯天线塔和所有其他技术设备不可能被看作环保产品。然而，一些城市正试图使数字化和环保计划融为一体。在这些城市，"精明"这个词的使用意味着将环保方式与城市发展融为一体，致力于智能化利用信息和通信技术。[3]

另一个主要议题与我们称为学习型城市的内容有关。蒂姆·坎贝尔（Tim Campbell，2012）为此作出了有益的讨论。他的书从副标题就显示了其兴趣焦点所在："城市如何建立网络、学习和创新。"他对所谓的传统精明城市的思

---

[1] 欲了解更多关于"未来城市孵化器"计划的信息，请访问 http：//futurecities. catapult. org. u。

[2] 国内的一些文献将"smart growth"译为"聪明增长"，本书统一为"精明增长"。——译者注

[3] 例如，生态与数字议程之间的联系是布里斯托城市政策制定的一个特征。乔·霍华德和我在其他地方也研究过这个数字＋环保的计划（Hambleton and Howard，2013）。

· 343 ·

迈向包容性城市

地方性创新的故事

维是持批评态度的：

> 建立拥有高素质人才、高新技术产业和普及电子连接的知识经济，只是"精明"（smartness）的陷阱，不能保证决策者所希望的成果实现。虽然全球人才和无缝电子连接十分重要，但也就相当于一个乞丐穿着王子的衣服。（Campbell，2012，p. 5）

坎贝尔认为，当人们关心并通过采取行动影响他们的城市时，才会出现有益的学习。我们在第 12 章讨论国际经验时，还将回顾他的这一论点。这里，我们可以看出，坎贝尔的分析与扎卡里·尼尔（Zachary Neal，2013）讨论网络连接的城市时提出的观点是一致的。尼尔借鉴了大量的文献，对网络在各种地理尺度上的作用进行了深刻分析。他强调了城市之间及其内部网络的交流作用。

这些讨论表明，"精明城市"一词令人费解并且很有争议。图 11.1 是一个简单的图表，突出了三个重叠的观点对当前精明城市话语的贡献。一些城市领导者希望他们的城市成为数字城市，还有的则将精明增长放在首位，将他们的城市描绘成环保先驱，然而其他领导者则倾向于重点建设丰富的网络以促进学习与创新。该图表显示了一个特定城市如何推进两项甚至三项议程的。我希望这种尝试能够区分有助于城市领导者确定战略选择的不同方法。

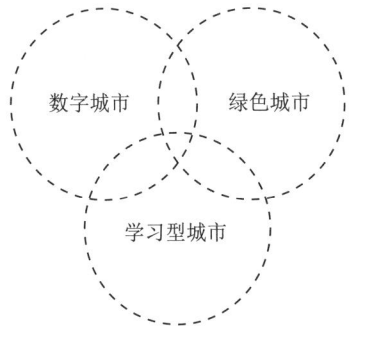

图 11.1　精明城市视角

资料来源：作者自制。

第 11 章

从精明城市到智慧城市

二、数字危险区域

在概述了关于精明城市的话语轮廓之后，我想在本节中对精明城市的信息和通信技术驱动方法提出一些疑问。图 11.1 可能被看作在暗示三个关于精明城市的观点同等重要。这不是设计好的，情况当然也不是这样。精明城市话语中的主要话语权来自数字爱好者——有明确的既得利益的大型信息和通信公司，同时也有汤森得（Townsend，2013）讨论过的城市黑客。这里没有足够的篇幅来写一篇完整的评论文章了，但是由于绝大多数关于数字城市的著述是以沾沾自喜的基调进行创作的，因此我提出一些担忧也是有益的。我的目的是鼓励那些参与以信息和通信技术为基础的精明城市的人，考虑一下他们的活动是否有助于创建更具包容性的城市。数字的力量能否减少城市的不平等？已经被排除在外的声音现在能否以之前从未有过的方式被倾听到？如果这些问题的答案是"否"，那么信息和通信技术能否用来解决社会排斥以及加强市民权力？对此，我提出五点思考和发现。

第一，有理由问一问：信息和通信技术正在加强城市民主，证据在哪里呢？我们在第 7 章已经讨论了电子民主，并指出虽然有证据表明，电子政务正在提供便利——例如改善公众获得服务的机会——但是与电子民主正在加强市民权力方式有关的可靠发现相比，却还是少得可怜。信息和通信技术的进步是值得庆祝的，就像在西班牙萨拉戈萨和希洪等城市推出的电子市民卡。在这些城市，虽然细节上有一些不同，但市民都可以使用电子市民卡支付公共交通工具费用、解锁共享单车、从图书馆借书、接入无线局域网、支付如游泳池入场费和停车费等费用。这是获得认可的优质电子政务（或服务供给）。但是，这些电子卡是否能增强市民对其城市的管理权力呢？在第 7 章我列出了公民赋权阶梯（见图 7.5）。参与制定城市信息和通信技术战略发展的人员可能需要重新思考如何发展创新，使公民权力在阶梯上的位置更高。

第二，我们有严重的数字鸿沟问题。总的来说，贫困的家庭和社区在遭受双重数字化的劣势。它们往往无法上网，此外，它们往往不具备使用在线资源所需的技能（Mossberger et al.，2008）。前几章指出，包容性城市需要成为

·345·

迈向包容性城市

地方性创新的故事

一个民主城市，所有居民都能够充分参与社会。因此，一项对"精明"进行的有用测试与任何特定创新推动民主的程度是有关的。信息和通信技术的创造性发展提高了全市居民的生活质量，这是充满了可能的。但不幸的是，有证据表明在线服务和流程正在加剧不平等。因此，精明城市辩论的核心问题是："对谁来说是精明的？"如果回答"每个人"，这是不能让人信服的，因为我们知道许多精明城市的建设并不能解决社会排斥问题。

第三个问题是现在有大量证据表明，数字赋权是一个虚构的东西（Hindman，2009）。这是因为，毫无疑问，强大的等级制度塑造了一种继续以其开放性而著称的媒介：

> 这种等级制度是结构化的，编织成组成网络的超链接；在谷歌、雅虎和微软等公司的主导权中，这种等级制度是有经济效益的；在一小群受过高等教育的白人男性专业人士中，这种等级制度有社交作用，而这群人在网络舆论中被过度代表。（Hindman，2009，pp. 18 – 19）

在一项深入的分析中，欣德曼（Hindman）展示了互联网如何使现有的一些政治不平等现象发生改变，但也创造了新的政治不平等。根据我在第7章提出的论据，他指出，真正的参与需要市民与其他市民进行直接的讨论。但信息和通信技术在这方面的表现并不是很好。他的研究表明，虽然与以往相比，有更多的市民通过互联网发表看法，但是，如果几乎没有人读过这些网民的倾诉，那么，这样做也就并不足以促进民主：

> 从大众政治的角度来看，我们最关心的不是限制谁发帖子，而是什么被人们看到——而且有很多正式和不正式的障碍限制了普通公民触达受众的能力。大多数在线内容没有任何链接，不会吸引人们的眼球，并且具有的政治意义极小。（Hindman，2009，p. 18）

第四个问题是许多人对信息和通信技术的好处持怀疑态度，这一点也得到了海兹霍夫等人（Hatzelhoffer et al.，2012，pp. 204 – 205）的确认。在他们对

第11章

从精明城市到智慧城市

德国腓特烈港精明城市政策的研究中，受访者指出了信息和通信技术的弊端，包括：（1）它导致人们的体育锻炼减少；（2）与面对面进行的社会和文化活动相竞争；（3）它所提供的信息通常被认为是虚假的；（4）使用互联网可能会上瘾；（5）互联网和手机使用成本非常高；（6）广告和垃圾邮件太多。这些投诉有可能不是很有根据，但相信这些投诉可以被草草忽略则是非常愚蠢的。

第五个问题涉及侵犯隐私。对人们的相关数据进行大规模检测引发了对民众自由的深切担忧。在城市管理中，大数据的到来只是放大了这一担忧。热衷于使用大数据的人士声称，先进的数据收集工具可以提供有助于政府推动公共利益的信息（Williams，2013）。一些支持者进一步声称："大数据将会重塑我们的生活、工作和思考方式……我们脚下的地面正在移动……很快，大数据将能够判断我们是否坠入爱河。"（Mayer Schonberger and Cukier，2013，pp. 192－194）这些作者暴露出，他们对"大数据"潜在的缺陷缺乏基本认识。由于有可能操纵大量有关我们真实的信息，这些大数据的爱好者们感到非常激动，因而他们不能对保护我们的隐私权所需的保障措施作出法律分析。公平地讲，这些作者只是提到了与大数据相关的风险，并注意到了"大数据的黑暗面"（Mayer-Schonberger and Cukier，2013，p. 170）。但是，他们没有能够对如何阻止"黑暗面"强占上风提出明确而可行的建议。让数据使用者负责的模糊性建议，与我们所面临的危险是不相符的。

什么能阻止政府滥用精明城市信息系统提供的丰富资源呢？在第4章我提到，一种军事都市主义正悄然增长。史蒂芬·格雷厄姆（Stephen Graham，2010）记录了近年来许多城市增加对闭路电视和电子监控的使用，并注意到对公民自由的侵蚀。过去对美国、英国等国家秘密建设电子警察的担忧常常被视为危言耸听。而现在，这种担忧已经不再是危言耸听。

美国国家安全局（NSA）的前承包商爱德华·斯诺登（Edward Snowden）表示，这些担忧是有根据的。在他决定于2013年6月向有关报纸发布国家安全局大规模监视计划的细节之后，我们现在知道了"棱镜"计划（PRISM）的存在。这是一个美国秘密数据收集系统，自2007年以来一直在收集大量有关美国平民的数据。这一可怕的揭露让美国公民感到震惊，并引起了司法机关的注意。2013年12月16日，理查德·莱昂（Richard Leon）法官宣布，大量

迈向包容性城市
地方性创新的故事

收集所谓的元数据可能违反美国宪法的第四修正案，该法案禁止不合理的搜查和扣押。莱昂指出，完全没有证据表明恐怖袭击事件因为搜索国家安全局的数据库比其他调查手段要快而被阻止。

在一份严酷的判决中，莱昂将国家安全局数据收集技术描述为"奥威尔式的行为"，并向原告拉里·克莱尔曼（Larry Klayman）和查尔斯·斯特兰奇（Charles Strange）发出预先禁令，因为他认为对宪法的挑战很可能是成功的。① 随着对加强管理国家安全局使用大规模监视的公众压力越来越大，奥巴马总统被迫采取行动。2014 年 1 月 17 日，他宣布了重要改革，尽管公民自由活动家认为他的发言只是恢复隐私的第一步。斯诺登的揭露令美国人感到震惊，但是与国家安全局分享了信息的国家的公民同样会感到震惊。从这个关于隐私担忧的讨论中，浮现出一个关于以信息和通信技术为驱动的精明城市举措的关键问题：精明城市的爱好者如何保证政府不会滥用他们创造的创新数据系统？

三、超越精明城市

上述讨论并不是要贬低精明城市这一想法的价值，也不是阻止进行精明城市的试验。相反，我希望鼓励对精明城市采取更为关键的方法，特别是要对这一问题有更深入的考虑：谁会从中受益？精明城市政策的分配效应没有得到应有的重视。遗憾的是，许多关于精明城市的文献主要是案例研究，几乎都是"看，我们多好"（Look how good we are）一类的地方营销文献。更糟糕的是，一些学术研究过于强调技术性，却没有研究精明城市政策如何与有关城市的权力政治相挂钩。目前有一个实例——"未来的精明城市"（smart cities of the future）项目，是欧盟资助的一项重大研究项目。这个国际团队的八名成员进行了大量的国际研究，最后得出结论认为：

> 精明城市是平等的城市……我们相信，这种精明城市特色的基础设

---

① 2013 年 12 月 27 日，美国联邦地区法官威廉·波利（William Pauley）的判决与法官理查德·莱昂（Richard Leon）相矛盾，其裁定国家安全局的大众监视计划是合法的。地方法院作出的两项不同判决可能会导致这个有争议的案件将上诉法院最终直至美国最高法院。

第 11 章

从精明城市到智慧城市

施、专业技能和数据将会轻松建立社会公平，并且能够提高城市生活的质量。（Batty et al.，2012，p. 516）

这种说法是非常令人困扰的。精明城市是平等的城市，这种观点当然是纯粹的主观臆断，而认为在精明城市中可以"轻松建立"公平，则反映出了政治上的天真。诚然，可以想象，在未来，信息和通信技术是有可能促进包容性民主城市的发展的。但是，我要提醒一下，要想实现这一愿望，以信息和通信技术为重点的城市创新就面临一些重大挑战。我概述的五个危险区域可能会产生一定价值的发现，但有关数字城市的学术研究并没有正视这五个区域。

在本章的其余部分，我想就现代城市对公共学习和民主创新的本质进行深入了解。我认为，我们需要跨越有限的精明城市话语的范围。信息和通信技术，包括社交媒体革命和众包模式惊人的发展进步，都不能拯救我们的城市。重要的是准确的判断能力，而不是技术进步。信息和通信技术的创新有可能促使城市更具包容性，但这些发展都是由公共目的驱动的。在民主社会，这种公共目的必须由民主协商产生，我在第 7 章评论了各种加强城市民主的途径。

在前几章我强调地方性领导人在民主城市的高效执行管理中发挥着核心作用，他们可以推动包容性城市的发展。这类领导人明确表达出公共目的，并在决策过程中作出消息灵通的、基于价值的判断，以推动公共目的的达成。这种推理方式让我觉得，说起城市领导力，我们关注的焦点应该在智慧（wisdom）上，而不是在精明（smartness）上。坦白地说，精明并不能成事。只是精明、敏捷、机灵还不够，即使大数据被更大的数据所取代也不会有所帮助。即使获得城市中多个泽字节（zettabytes）或者甚至尧字节（yottabytes）的有关人力和技术互动的数据，如果领导人不具备正确的判断能力，那也无法提高城市的生活质量。[1]

---

[1] 泽字节，计算机存储容量单位，英文 ZettaByte，简称 ZB，是 EB 的 1024 倍。人类最初进入"泽字节时代"是在 2010 年，全球线上和线下的数据量在那一年首次超过 1 泽字节，达到 1.2 泽字节。尧字节，计算机存储容量单位，英文 YottaByte，简称 YB，等于 1024 泽字节（ZB）。它是一种资讯计量单位，这个单位特别巨大，因此极少被用到。截止到 2015 年，没有任何人类制造的存储设备容量达到 1YB。——译者注

迈向包容性城市

地方性创新的故事

在第5章我谈到了现代社会的领导力性质，特别强调领导力需要的远不止超群的智力。在那一章我与基奥恩（Keohane，2010）一样，也认为领导层需要拓宽思路，考虑受到你的判断影响的其他人的意见。领导层需要建立情感联系——我在本章中概述的新城市领导力（new civic leadership）当然是基于价值观的。我现在要说的是，"智慧"（wisdom）是这个新城市领导力的核心。什么是"智慧"？简单来说，就是可以将知识运用得恰到好处。这里的关键词是"恰到好处"。知识渊博不是最重要的，重要的是最后能作出关键性的判断。杰弗里·维克斯爵士（Sir Geoffrey Vickers）是判断艺术的最佳作者之一，他写的很多书都是关于知识在决策中的运用（Vickers，1965）。他提出了自己深刻的见解，并屡屡重提决策过程中的价值观的本质：

> 学习自己想要学习的知识，是最根本、最痛苦也是最有创意的生活艺术。（Vickers，1970，p.76）

杰弗里爵士为现代城市领导者传递了一个重要信息。先暂时不去管数据，这里提出一个问题：我们想要创建什么样的城市？城市是有可能成为先进的学习系统的。这样一个城市是从一系列各种形式的知识中吸取经验，而不是仅仅将电子监控中的数据呈现在计算机屏幕上。关于人们如何"感受"城市生活的信息，是至关重要的。这个更加全面的社会知识存在于人们的大脑中。

在第1章我建议区分"显性"知识（有时被称为正式的、科学的或专业的知识）和"隐性"知识（是指源于个人和社会经验的知识）。隐性知识在制定公共政策中经常被忽略，这显然是错误的。隐性知识体现了对城市生活的理解，它包含了情感——如第3章提到的对忠诚度和市民身份的认可（appreciation）。成功的城市领导力重视人们对城市的感受。有智慧的城市领导者会借鉴这两种知识来构建自己的理解。隐性知识的可疑证据与显性知识的确凿证据融合在了一起。

· 350 ·

第 11 章
从精明城市到智慧城市

四、重新定义学术研究

作为本节介绍的一部分，我想说大学是许多城市被忽视的资源。说起大学的起源，许多优秀的大学都坐落在城市中央，光是它们的存在，就对城市和区域发展，以及当地的市民文化产生了重大影响（Goddard and Vallance，2013）。然而，许多大学并不认为自己是提高当地生活质量的关键角色。相反，传统的大学仍然将校园视为一个不同于周围环境的空间——一个专门用来反思学习和研究的地方。我们还会渐渐回到这一主题，很多大学开始认识到，将学术从社会中脱离出来，不仅制造了市民与大学师生之间的紧张关系，而且使学生错失了学习、开展实践性研究和进行理论建设创新的重要机会。大学应与世隔绝、不问世事，这种关于现代大学角色的传统观点已经过时了。

在第 1 章我介绍了参与型学术研究的想法，这一表达曾经是指学术和城市文化以创新方式进行互动。我将参与型学术研究定义为：在共享的探索发现过程中，学者和实务从业者共同创造新的知识。从这个定义的目的可以看到，从业者并不是学者，二者是不同的。图 1.2 说明了在参与型学术研究中，实践和学术是如何结合在一起的。在一些世界上最具创新力的城市中，大学将自己视为地方性领导者，在城市发展中发挥了积极作用（Perry and Wiewel，2005；Wiewel and Perry，2008）。在本章后面部分，我会介绍两个创新故事来说明这一观点。但首先，我们需要思考一下现代社会中的学术研究不断变化的本质。

1862 年，亚伯拉罕·林肯（Abraham Lincoln）签订了著名的《莫里尔法案》（Morrill Act）。这不仅是美国高等教育取得的惊人发展，也是对大学目的的重构。该法案后来被称为"赠地学院法案"，因为，它为各州建立公立大学和学院提供了联邦土地资助。这些"赠地"的大学将土地出让所得收益用来支持"工业阶级的自由实践教育事业"。这是一种激动人心的创新，它让美国的每个州都建立了一所独特的美式大学，而这些大学努力将学术启发与实际应用结合了起来。大约 150 年后，众议院议员贾斯汀·史密斯·莫里尔（Justin Smith Morrill）及其同事的深谋远虑，使美国继续受益，因为莫里尔所表达的

· 351 ·

迈向包容性城市

地方性创新的故事

愿景就是一所"参与式大学",而不是一座象牙塔。

相较于现在很多大学中盛行的对学术研究的看法而言,欧内斯特·博耶在他的杰作《学术研究再探》(*Scholarship Reconsidered*)(Ernest Boyer,1990)中,基于土地出让传统,提出了更加全面的观点。他觉得是时候:

> ……去超越陈旧的"教学与研究"的讨论,并给予这个熟悉且有荣誉感的术语"学术研究"一个更宽泛的意义,使整个学术工作具有合法性。(Boyer,1990,p.16)

博耶将四种有重叠领域的学术研究进行了区分:

1. **"发现式学术研究"**(scholarship of discovery) 的所指最为接近学者们所说的研究。它不仅有助于人类知识的储存,而且有助于形成学院或大学的知识氛围。

2. **"综合式学术研究"**(scholarship of integration) 正确看待孤立的事实,并赋予其意义。它将研究发现放入更大的科学、社会及政治背景中。这是一项严肃且纪律严明的工作,旨在诠释、汇总并带来新见解,以影响原初研究。

3. **"应用式学术研究"**(scholarship of application) 将知识应用到相应的问题上。博耶认为,这并不是一个知识首先被"发现",然后被"应用"的单向过程。他强调,将知识运用到实际中,可以产生新的认知理解。

4. **"教学式学术研究"**(scholarship of teaching) 不仅可以通过在报告厅或研讨室与学生分享知识,还可以通过在公共领域宣传见解和研究发现,保持学术研究的活力。

博耶强调,我们今天迫切需要的是一个更具包容性的观点,他认为,成为一名学者意味着:"……认识到知识是通过研究、综合、实践和教学来获取的。"(Boyer,1990,p.24)图11.2是欧内斯特·博耶对学术研究的分类。由图可知,四种学术研究都是相互交叉重叠的。

博耶认为,不同类型的学术研究之间相互作用,增强了整体的表现。事实上,博耶陈述了反对非参与式大学的强烈理由。的确如此,正如马修·弗林德

斯（Mathew Flinders，2013，p. 629）所写，博耶对"学术界逐渐脱离公共领域提出了深刻的批判"。博耶的观点对美国高等教育产生了重大影响。许多大学重视他的分析，修订了学术推广和评估标准，考虑了他对学术研究给出的更广泛的定义。①

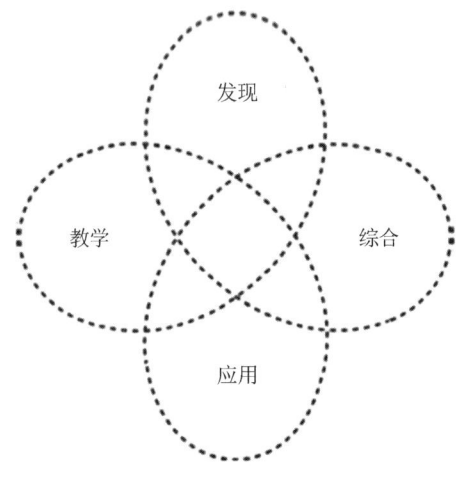

图11. 2　拓展学术研究的定义

资料来源：概念来自博耶（Boyer，1990，pp. 15 – 25），图由作者自制。

五、参与型学术研究的三角结构

通过对博耶的分析和我自己在英美大学的工作经验，我已经确定了"学术研究的三角结构"（Hambleton，2007b）。在这个模型中，人们所熟知的两大核心——在欧洲传统中根深蒂固的研究与教育，与第三大核心——政策与实践相关联，如图11.3 所示。我认为，正是三角形结构为智力和实践的进步提供了很大可能性。这个三角形表明，一所大学的人才和资源可以创造性地与政策和实践结合起来，造福所有的利益相关者。本书中介绍的创新故事提供了三角

---

① 传统大学根据两大主要标准来评估学者：研究和教学。一所致力于参与型学术研究的大学增加了一些标准来评估学术研究的社会相关性（Elan and Marx Smock，1985）。学术研究的这一方面在美国大学中通常被称为专业服务，但也有其他名称——例如，社会影响和/或政策实践影响。

迈向包容性城市
地方性创新的故事

结构左侧一边所展示的互动实例。在该案例中，这个过程涉及对研究人员和从业者共同创造的城市创新作出合理的说明。转向三角形的右侧一边，管理良好的学生项目有利于城市的政策和实践，并增加学生的学习经验。创新故事6就是一个关于这种方法的例子。在这个案例中，南非朗拉格的住房改造项目得到了多个学生项目的协助。这种方法在美国城市规划方案中日渐成熟——例如参见罗利恩·霍伊特（Lorlene Hoyt，2013）的资料汇编。[①] 而沿着三角形的底边，学者们将从研究中得到的见解融入课程内容中，并与学生共同创造新的见解。

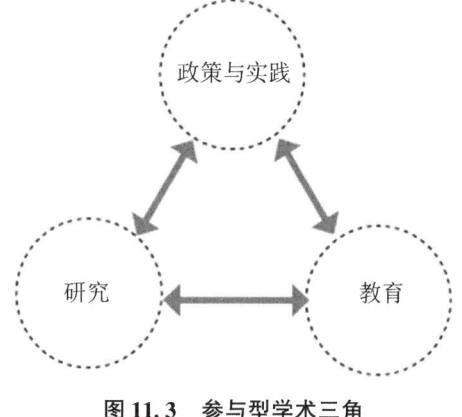

图11.3　参与型学术三角

资料来源：汉布尔顿（Hambleton，2007b，p.551）。

欧内斯特·博耶是一位有远见的思想家，现在，他拥有了越来越多的追随者。当然，近年来"参与型学术研究"的概念也在蓬勃发展。许多国家努力推动"知识交流"和大学"公众参与"，由此可见，人们对于加强大学的社会相关性的兴趣是盎然的。世界各地的许多学者正在为改变大学与城市之间的关系开辟新天地。并不是所有人都会使用"参与型学术研究"这一术语，但他们为高等教育发展所作的努力是意义非凡的。

[①] 这种方法与有时被称为社区或服务学习的教育实践，是相互重叠的。但需要注意，丹妮·温克勒（Tanja Winkler，2013b）从南非的角度指出，社区—大学这种参与可能并不总能为有关社区带来充足的利益。

第 11 章

从精明城市到智慧城市

由于土地出让传统，许多美国公立大学的城市参与文化得到了很好发展。① 但即使在美国，也仍有改进的空间。来自皮尤伙伴关系（Pew Partnership）的研究指出：

许多学院和大学都承诺致力于公共利益，但是在知识、结构、制度或行为上，常常都不能兑现这一承诺。（Pew Partnership，2004，p. 2）

可以说几乎所有国家的高等院校都是如此。皮尤伙伴关系的报告提供了美国大学城市参与创新的证据，并得出结论：高等教育在帮助解决国家和社区问题，以及帮助学生成为有责任感的市民方面，发挥着重要作用。

令人欣慰的是，近年来，对市民或公众参与的学术兴趣有所增加。例如英国社会科学院（Academy of Social Sciences）就学术社会如何在知识交流和公众参与方面表现得更加积极提出了建议（Benyon and David，2008）。另外，2008 年英国还创建了全国公共参与协调中心（NCCPE），鼓励和支持大学参与到公众中去。② 此外，塔卢瓦尔网络（talloires network）正在努力建立致力于公众和市民参与的国际大学网络。③

对学术研究不断变化的本质的讨论，可以在更广泛的对话中找到，这些对话涉及大学在现代的作用和目的。罗纳德·巴内特（Ronald Barnett，2011）在一项富有想象力的研究中问道："大学是什么？"他研究了大学的性质是如何随着时间的推移而变化的——简单来说，就是从形而上的大学到研究型大学，再

---

① 有大量关于美国高等教育参与到公共政策实践的文献资料。大学的两大协会也提供了宝贵的在线资源。城市服务大学联盟（USU）是一个由四十多所大型城市研究型公立大学组成的网络系统，参见 www. usucoalition. org。城市与都市大学联盟（CUMU）包含了一些较小的城市大学，出版季刊——《都市大学学报》。了解更多信息，请访问 www. cumuonline. org。政策链接协会是一家小型但有影响力的研究与行动机构，关注如何利用分析来推进公平与社会正义，参见 www. policylink. org。

② 全国公共参与协调中心（NCCPE）将参与定义为一个以实现互利为目标，涉及互动与倾听的双向过程。NCCPE 的网站很出色，提供了有用的资源和有关大学公众参与的链接，参见 www. publicen-gagement. ac. uk。

③ 2005 年创建的塔卢瓦尔网络（talloires network）是一个国际机构协会，致力于加强高等教育的市民角色和社会责任，参见 http：// talloiresnetwork. tufts. edu。

到现在的创业型大学。但他对后者提出了强烈的批判，将其描述为一种"以自我为本"的竞争机构，这种机构是由新自由主义思维模式所驱动的，在它们之中，集体的学术界逐渐衰败。之后，巴内特概述了各种"可行的乌托邦"（feasible utopias），暗示着未来大学相对可能出现的样子。他支持的模式是"生态型大学"（ecological university），是一所既可靠又负责的大学。这个概念可以平衡大学内外使命的紧张关系，也与我在此介绍的参与型学术研究是相符的：

> 这样的大学重视世界间的相互联系，以及世界与大学的相互联系。（Barnett，2011，p. 451）

约翰·布鲁尔（John Brewer，2013）认为，社会科学可以在创建这样一种面向公众的大学中发挥关键作用。他认为，除其他威胁以外，社会科学还受到外部力量的威胁，这些外部力量试图将高等教育市场化，以及使社会科学界内部的思想狭隘化。他主张发展"新型公共社会科学"（new public social science），并指出：

> ……社会科学的教与学除了拥有新型公共社会科学可能具有的任何用途和价值之外，还具有文明、人性化和文化效用。（Brewer，2013，p. 169）

他指出，大学的市民参与不仅仅是将研究成果传播给不同的受众。正如我在这里所说的那样，大学需要重新制定研究和教学活动，使不同的公众参与到发现和应用新知识的过程中来。

六、大学作为地方性领导者

在本章我已经指出城市领导者及其顾问可能会发现超越精明城市的概念，

第 11 章

从精明城市到智慧城市

考虑创建智慧城市的方式是有所帮助的。在我看来，大学可以对这一过程作出重要贡献。"参与式大学"植根于当地，其作为地方性领导者，作出了重大贡献。大学将时间和资源投入到培养当地市民文化之中，使其接纳研究、分析和公众的学习。它支持城市研究，重视社区发展，促进行动导向的学生学习。越来越多的城市大学以这种方式看待自己。它们重新思考了现代学术研究的本质，考虑到了例如欧内斯特·博耶（Boyer，1990）提出的那些想法，支持在招聘新人和晋升程序中采用"参与型学术研究"的理念。我很幸运，曾在一所这类大学——伊利诺伊大学芝加哥分校工作过一段时间。[1] 整所大学都深深致力于"参与型学术研究"，通过一项名为"大城市承诺"的倡议来推动参与型学术研究。这项由伊利诺伊大学芝加哥分校在 1993 年提出的倡议旨在促进城市研究，提高芝加哥和世界其他城市的生活质量。

在本章的余下部分，我将介绍两个创新故事，对两所非常不同的城市大学的运作进行阐述：美国俄勒冈州的波特兰州立大学和印度艾哈迈达巴德 CEPT 大学。我选择这两所大学是因为它们阐明了在截然不同的环境中，参与型学术研究可以做什么。此外，它们都坚定地致力于创建我在第 1 章概述的那种包容性城市。一所大学在高度发达的国家——美国——而另一所大学正在为发展中国家——印度，作出重要贡献。我将这两所创新型大学的经验相提并论是有意义的，特别是因为这些故事展现了"参与型学术研究"的概念对于所有现代大学的意义。

本章前面的讨论展示了自 1862 年《莫里尔法案》以来，美国大学是如何成为"参与型学术研究"方面的世界领导者的。波特兰州立大学就提供了一个令人赞赏的例子，展示了城市大学以创造性方式与校园之外的利益互相作用的情况。创新故事 16 描绘了波特兰州立大学正在为建立一个更公平和更可持续的波特兰城市和城市地区而作出的努力。

---

[1] 伊利诺伊大学芝加哥分校是一所重要的公立研究型大学。学校拥有 28000 名学生，是芝加哥地区最大的大学。我有幸在 2002—2007 年间担任该校城市规划与公共事务学院院长，从学生、社区伙伴、教职员工和行政员工那里学到了很多有关参与型学术研究价值的知识。

迈向包容性城市

地方性创新的故事

● 创新故事 16 ●

大学的城市参与：波特兰州立大学的经验

1. 目标

位于俄勒冈州的波特兰拥有美国最宜居和最进步的城市地区之一的美誉。波特兰的市区人口为 58.8 万，而波特兰大都会区的人口为 180 万，波特兰致力于城市的可持续发展由来已久。美国城市规划学者称赞这个城市的决策制定和城市治理质量优秀，尤其是因为长期以来，政治领导层对土地利用和运输规划采取了综合方法。这使得州、大都市和地方政府能够在一个统一过程中开展综合协作。[1]这种互锁关系（interlocking relationship）促成了卓越的政策发展，成功地约束了城市的过乱扩张，促进了环保城市设计，建立起广泛的公园网络。[2]

例如通过一个社区协会系统，公民能够参与决策制定，再加上对自然环境的强烈认识，可以说，波特兰现在被认为是美国最环保的城市。又如，波特兰是全美骑自行车上下班人数最多的城市，也是第一个在气候变化问题上采取坚定立场的美国城市——它在 1993 年就制定了减少温室气体排放的雄心目标。

2012 年，市议会采纳了一项城市新计划——波特兰计划。这个计划具有创新性，把推进公平作为其战略核心。波特兰市努力在可持续发展这一成功方法的基础上，对 2035 年之前的社会正义作出了更强有力的承诺。在不断进步的城市领导背景下，这个创新故事强调该市的大学——波特兰州立大学——在与波特兰市、其他公共机构、社区团体和私营部门合作中所扮演的角色，使波特兰成为了更具可持续性和包容性的城市。

---

[1] 参见 Irazabal（2005）与 Ozawa（2004）。

[2] 互锁是电器控制或机械操作机构用语。比如电器控制中同一个电机的"开"和"关"两个点动按钮应实现互锁控制，即按下其中一个按钮时，另一个按钮必须自动断开电路，这样可以有效防止两个按钮同时通电而造成机械故障或人身伤害事故。——译者注

第11章

从精明城市到智慧城市

2. 创新故事概要

波特兰州立大学是俄勒冈州最大的城市波特兰唯一一所综合性公立大学。它拥有3万名学生，坐落在波特兰商业区中心。这所大学致力于解决城市问题，以提高波特兰市和其他城市居民的生活质量，正如其座右铭"让知识服务城市"（let knowledge serve the city）所反映的一样。实现这一承诺的核心是其对参与型学术研究和创新型学术研究的愿景，致力于为波特兰地区及以外地区的经济活力、环境可持续性和生活质量作出贡献。[①]为了实现这一愿景，自2001年以来，波特兰州立大学努力把可持续性嵌入了所有的教学和研究项目中，并融入校园管理和发展之中。波特兰州立大学的一个目标是"无论学生学习的领域是什么，在他们毕业的时候，都应该拥有相关学位并对可持续性及其应用有基本的了解"。

波特兰州立大学推崇对可持续发展的三重理解，将社会、环境和经济三个方面结合起来。该校结合这三个方面开展了活动。除了研究可持续性，波特兰州立大学还寻求机会让学生通过参与这一领域的活动来提高对可持续性的理解。在2012至2013学年，该校学生为社区提供了共计102万小时的服务。[②]在这个方面，波特兰的参与式文化是一项有利的因素。

波特兰州立大学校长威姆·韦维尔（Wim Wiewel）带领波特兰州立大学，致力于通过应用型学术研究，实现可持续发展。后来的校长，特别是朱迪思·拉马利（Judith Ramaley），基于前任校长的做法，也坚定地致力于参与式大学的理念。他认为，波特兰州立大学应该被视为社区资产，大学对市区及以外地区有关可持续性和公平的公共政策和实践作出了重大贡献。

20多年来，大学教职工在城市和城市地区扮演着重要的城市领导力作用。由于篇幅限制，这里只提及两项当前的举措，以说明波特兰州立大学是如何积极地与城市和当地合作伙伴进行合作，为公共政策挑战找到创新的解

---

① http://www.pdx.edu/portland-state-university-mission.
② 波特兰州立大学关于服务时长的官方统计数据。

迈向包容性城市

地方性创新的故事

决方案的——一项举措侧重于环境可持续方面，一项举措侧重于公平方面。

电气大道于 2011 年启动，是波特兰州立大学、波特兰市和波特兰通用电气等多家合作伙伴的联合研发项目。该项目的目的是了解电动汽车充电站的性能，以及与充电旅行模式有关的驾驶人员偏好。该行动/研究项目非常实用——它在波特兰州立大学校园的一条公共街道上一共设置了 7 个电动汽车充电站，并监测使用情况。这项研究旨在让人们更多了解为车辆提供充电服务的实际情况，与促进该地区绿色技术创新出口的想法息息相关。例如，大波特兰出口计划就推出了一项营销活动——"我们打造绿色城市"（We Build Green Cities），以推广清洁技术公司和它们的产品。①

2009 年，波特兰州立大学基于辛辛那提市最早提出的想法，是努力制定一个全面综合的方法，支持每个孩子成功地从"摇篮到职场"——即从学前到大学毕业。许多合作伙伴参与了这一倡议——领导人圆桌会议、市长与城市、马特诺马县、社会服务提供者、社区组织等。该战略涉及制定一套商定的教育和社会绩效指标，覆盖了从幼儿园到高中阶段的教育，以及职业生涯。其目的是确定儿童需要支持的阶段，然后协调各方面力量来提供支持。

这一倡议创建了一种被称为"众志成城"（all hands raised）的新的横向合作关系。这种方法协调了合作过程，分享协作努力所产生的进展和早期成果。其潜在的思想是，如果社区领导放弃个人改变议程，并采取集体办法来提升学生成就，那么就可以取得较高的集体影响。②借助集体影响的概念，波特兰州立大学联合围绕一系列共同目标和共同衡量标准的不同举措、资金来源和组织，协同努力提升教育系统。"众志成城"旨在减少不同社会群体之间的教育成就差距，改善波特兰市和大都会区的经济健康。校长威塞尔明确表示，这一举措可以为建设一个更具包容性的城市作出贡献："这一举措始终围绕公平主题。目前普遍认为有必要针对性地为服务不足的团体和表现欠佳的学校提供资源。我们非常赞成此项公平议程。"③

---

① Katz and Bradley, 2012, pp. 156 – 159.

② Kania and Kramer (2011).

③ 作者 2012 年 4 月 26 日的个人访谈。

第 11 章

从精明城市到智慧城市

这些例子表明，波特兰州立大学通过联合学者、学生、政界人士、商界人士、社会积极分子和市民，在整个城市、城市地区及俄勒冈州的地方性领导力中发挥着重要的作用。

3. 领导力经验

● 大学可以在所在地区发挥重要的领导作用。在全球范围内，越来越多的城市大学认识到，他们可以为地方性领导力作出重大贡献，而波特兰州立大学则为这种友好方法提供了很好的例子。

● 历届校长和全体教职员对这一议程的坚定承诺，加上波特兰市高度参与的文化，已经实现了广泛的战略举措。这种参与精神贯穿于教师的工作和学生看待教育的方式之中。这在学术上改进了大学的表现，同时也为当地社区带来了巨大利益。

● 波特兰规划在 2012 年公布，是一项先进的城市规划。它整合了三项战略，推进城市公平事业的发展：（1）充满活力的知识青年；（2）经济繁荣和负担能力强；（3）健康的网络城市。波特兰州立大学积极参与了规划的准备工作，正在积极致力于实施这一规划。

● 与当地的合作伙伴合作，促使波特兰州立大学以创新方式推动知识的发展。该校正在寻求对具有全球相关意义的学术作出贡献，而实现这一目标的方法是将重点放在了解和学习当地的环境上：波特兰市、大都会区和俄勒冈州。

资料来源：

Kania, J, Kramer, M, 2011, Collective Impact, Stanford Social Innovation Review Winter, 36 – 41.

Katz, B, Bradley, J, 2012 *The Metropolitan Revolution*, Washington DC：Brookings Institution Press.

Irazabal, C, 2005, City Making and Urban Governance in the Americas：Curitiba and Portland, Aldershot：Ashgate.

Ozawa, C, P, (ed), 2004, *The Portland Edge：Challenges and Successes in Growing Communities*, Washington DC：Island Press.

迈向包容性城市

地方性创新的故事

Portland State University, 2011, Opportunity and Competitiveness for the Region: Portland State University Strategic Plan 2011 - 2014, http://www.pdx.edu/president/sites/www.pdx.edu.president/files/Portland%20State%20University%20Strategic%20Plan%202011 - 2014_1.pdf

参考网址：

Portland State University：http://www.pdx.edu/

Electric Avenue：http://www.pdx.edu/electricavenue/

All Hands Raised：http://allhandsraised.org/

在第 2 章我以全球化视角，概述了世界城市人口惊人的增长态势。我指出，全球城市人口将从 2011 年的约 36 亿增加到 2030 年的约 50 亿——在不到 20 年的时间里，增长了近 40%。证据表明，非凡的城市增长态势大部分将发生在发展中国家。发展中国家的大学是否能够帮助城市领导者塑造城市策略呢？答案是"可以的"——只要学者同参与制定公共政策议程的广泛利益相关者建立起直接的密切关系。

这里，我引入一个和印度相关的例子。印度古吉拉特邦最大的城市艾哈迈达巴德的实践，不仅阐述了一个城市因快速发展而产生的紧张局势，也说明了使新兴大都市比其他地区更宜居而可能推行的策略。在 20 世纪初，艾哈迈达巴德成为了纺织业发展之城，并被誉为"东方曼彻斯特"。1921 年，圣雄甘地移居至此，当时该城市人口只有 27.4 万人，而到 2014 年人口已经增长至 630 多万人，预计 2030 年人口数量将猛增到 1250 万人。

霍华德·斯波德克（Howard Spodek，2011）在对艾哈迈达巴德的历史所作的详细论述中，把这座城市描述为 20 世纪印度的"令人震惊"（shock）之城。他认为这种震惊来自几个方面。例如积极的一面是 20 世纪 80 年代，在城市纺织业崩溃后，该市的经济复苏令人吃惊。消极的一面是由于印度教徒和穆斯林之间的公共冲突，以及 2002 年爆发的骇人听闻的暴力冲突，这个城市长期背负着来自全世界的骂名（Spodek，2011，pp. 248 - 270）。环境规划与技术中心大学（CEPT）成立于 1962 年，不仅积极对那些将要在艾哈迈达巴德工作的学生进行教育，还积极参与了城市公共政策的制定。创新故事

第 11 章
从精明城市到智慧城市

17 就概述了该校在已获奖的艾哈迈达巴德快速公交系统的规划和设计中所发挥的作用。

● 创新故事 17 ●

大学的城市参与：印度艾哈迈达巴德环境规划
与技术中心大学的经验

1. 目标

艾哈迈达巴德，曾是印度古吉拉特邦的首府，是古吉拉特邦最大的城市，也是发展迅速的大都市。2011 年，该市的人口已经达到 560 万，而大艾哈迈达巴德地区的人口则已超过 630 万。人口预测显示，到 2030 年，大艾哈迈达巴德地区的人口数量预计将增长到 1250 万。这表明城市人口的增长速度十分惊人，必定会对城市领导者带来重大挑战。

本创新故事的目的是说明专业人员和环境规划与技术中心大学的学者在促进和批判城市发展中所扮演的角色。大学以各种方式支持都市的城市规划和城市管理活动。例如环境规划与技术中心大学的学者为城市工作岗位和就业机会政策的制定作出了重要贡献。[1]对于城市发展项目，学术界已作出全面的评论，并指出了像萨巴玛蒂河畔开发项目等城市大型项目存在的缺陷。[2]此外，环境规划与技术中心大学培养了大批建筑、规划、设计和管理专业的学生，其中有许多人是在城市工作。这里，我们重点关注该校活动的一个例子——2009 年该市引入快速公交系统（BRT）时，学术人员在其规划和设计方面所扮演的角色。这一政策创新获得了公共交通领域的国家和国际奖项，为我们提供了一个有趣的例子，展示了印度在一个快速发展的城市里推动可持续流动性和公平目标方面所作出的认真努力。

2. 创新故事概要

第一，故事背景。在历史上，艾哈迈达巴德被称为"印度的曼彻斯特"，主要因为像英国的曼彻斯特一样，19 世纪艾哈迈达巴德的工业发展很

---

[1] Mahadevia（2012）.
[2] Desai（2012）.

迈向包容性城市

地方性创新的故事

大程度上是基于纺织业和服装业的大规模扩张。圣雄甘地在 1915 年和 1917 年先后在这里建立了两个印度教徒修行处，印度独立运动在该市打下了强大的根基。可悲的是，1947 年印度独立之后，该市历经了印度教徒和穆斯林之间激烈的暴力冲突。艾哈迈达巴德市自治体（AMC）作为当地政府机构，在 1950 年才成立，而当时该市的人口只有大约 77 万人。

在一本受人推崇的关于艾哈迈达巴德市历史的书中，霍华德·斯波德克（Howard Spodek）将该市描述为"20 世纪印度的令人震惊之城"[1]。在斯波德克的陈述中，"令人震惊"的影响表现在许多方面，但其中两个方面尤为突出。第一，随着企业、工业和城市的蓬勃发展，该市的物质和经济发展也令人吃惊。第二，令人深感困扰的是，由于宗教群体暴力冲突事件，该市频繁见诸国际新闻之中。例如 1969 年，该市印度教徒和穆斯林之间发生过暴力冲突事件，2002 年再次发生类似事件，造成 1000 多人（大部分为穆斯林）死亡。环境规划与技术中心大学在 1962 年成立之初便创建了建筑学院，1972 年创建规划学院。如今该校拥有五个学院——包括建筑学院、规划学院、技术学院、设计学院和管理学院。学校的教学项目注重培养学生的专业能力，以"工作室"或"实验室"为中心。这里的学生们会遇到真实的问题和挑战。从业的专业人士参与了授课，大学以学者和从业人员合作的方式在运行。

该校专业人员参与制定了快速公交系统（BRT）第一阶段（2006—2007 年）和第二阶段（2008 年）的具体规划。该校的两个中心参与了此项工作。其中，城市公平中心从一开始就参与了该项目，而城市卓越交通中心现在是艾哈迈达巴德市自治体（AMC）的主要顾问，负责规划和设计快速公交系统路线和车站。在印度城市发展部（MoUD）和艾哈迈达巴德市自治体的支持下，城市卓越交通中心一直为快速公交运营公司捷马格（Janmarg，意思是"人们的道路"）提供建议。最近对印度快速公交所做的一项研究表明，艾哈迈达巴德是杰出独特的，因为它现在已经建成约 60 公里的快速公交网络，

---

[1] Spodek H. (2011).

第11章

从精明城市到智慧城市

而迄今为止，其他城市似乎仍无法拓展最初"试点"的快速公交通道。[1]

对印度快速公交系统的评估研究表明，它们的造价比轨道交通系统低很多。[2]例如德里地铁通道的每公里造价为2950万美元，而快速公交的成本仅为每公里193万美元。关于艾哈迈达巴德快速公交系统影响的研究表明，与轨道交通系统相比，该系统确实成本效益很高。在运行的前三个月，该系统免费使用，这得到了公众和媒体高水平的正面反馈。快速公交车站整洁干净，发车频率保持不变，后勤人员始终能满足公众需求。调查研究表明，有12%的快速公交乘客已经不再使用私家车出行。

然而同一项研究表明，艾哈迈达巴德的快速公交系统目前仍然存在一些局限性。第一，最初制定的与快速公交车站对接的、精心设计的步行和自行车设施计划尚未实行。公共汽车在中间车道上行驶，并没有充分连接到城市街区。第二，对于低收入家庭来说，票价太高，结果会导致城市贫困人口，特别是女性，不会像预期那样从中获益。

3. 领导力经验

• 中央政府可以通过补助和奖励来激发城市与高校的合作。印度城市发展部，通过名为贾瓦哈拉尔·尼赫鲁全国城市更新任务（JNNURM）的国家级项目来促进当地创新。

• 高校可以在其所在的城市为城市规划和政策制定提供知识和专业技能。环境规划与技术中心大学的教职人员正在为公共政策制定作出重要贡献，其中包括两个方面内容：（1）向市领导和公共管理人员提供专业意见和指导；（2）对公共政策执行效果进行独立评估。

• 高校在与城市领导和城市利益相关者的关系中可以扮演"关键朋友"这一角色。通过对政策和实践提供独立分析，项目学者们可以激发对政策与实践受益者和受害者的新思考。

• 关于可持续交通规划，人们似乎很清楚，需要进行战略性"网络式"

---

[1] Mahadevia et al.（2012）.

[2] 此项结论与下面的讨论均借鉴玛哈戴维亚等人的研究（Mahadevia et al., 2013）。

365

的思考，而不是"通道式"的思考。虽然目前规划远不够完整，但艾哈迈达巴德已经成功地开发了快速公交网络，而不是一个通道，环境规划与技术中心大学显然在艾哈迈达巴德市的城市交通规划中发挥了建设性作用。

资料来源：

Desai，R，2012，Governing the Urban Poor：Riverfront Development，Slum Resettlement and the Politics of Inclusion in Ahmedabad，*Economic and Political Weekly* Vol XLVII，2，14 January，pp. 49 – 56.

Mahadevia，D，2012，*Decent Work in Ahmedabad：An Integrated Approach.* Report of the International Labour Organisation（ILO）Regional Office for Asia and the Pacific. June.

Bangkok：InternationalLabour Organisation.

Mahadevia，D，Joshi，R，Datey，A，2012，*Low-carbon Mobility in India and the Challenges of Social Inclusion：Bus Rapid Transit（BRT）Case Studies in India. Policy Summary.*

Roskilde：UNEP（United Nations Environment Programme）and Technical University of Denmark Mahadevia，D，Joshi，R，Datey，A，2013，Ahmedabad's BRT System. A Sustainable Urban Transport Panacea？*Economic and Political Weekly* Vol XLVIII，48，November，pp. 56 – 64.

One World Foundation India，2012，*Efficient Solution for Urban Mobility. Documentation of Best Practice.* January.

Spodek，H，2011，*Ahmedabad：Shock City of Twentieth-Century India*，Bloomington：Indiana University Press.

参考网址：

CEPT University，Ahmedabad：http：//www. cept. ac. in

Official website of Ahmedabad Janmarg Ltd：http：//www. ahmedabadbrts. com/web/index. html

七、结论

在《浅薄：互联网如何毒化了我们的大脑》（*The Shallows：What the Internet is Doing to Our Brains*）一书中，尼古拉斯·卡尔已经展示了互联网是如何

第 11 章

从精明城市到智慧城市

改变我们思考、理解和记忆方式的。他的书不是勒德分子（Luddites，不喜欢一切技术性事物的人）式的宣言。相反，他让我们注意到，研究表明："相比阅读链接文字的人，阅读线性文字的人领会得更多，记住得更多，学到得更多。"（Nicholas Carr，2010，p. 127）

卡尔收集了大量的科学研究文献，都是关于互联网对我们如何发现新信息，如何将其从短期记忆转化成长期记忆，又如何将其融入我们的概念架构中的影响。卡尔认为，略读资料来源，提出新的想法是没有错的。相反，他指出眼睛跟踪实验已经揭示了互联网如何对注意力和认知产生重要影响。基本上可以说，他担心，认知过载会使更深层次的思维过程短路，并且许多研究证实了这一点。这带来的结果就是：虽然互联网提供了大量信息，但它实际上削弱了我们深入了解某一主题的能力。实际上，这可能会使我们变得愚蠢。

在本章我已经提出了一个可能可以被看作与卡尔的论述一致的论点。卡尔在书中剖析了心理过程，而本章的讨论则涉及社会过程。我已经指出，信息和通信技术的发展给社会带来了好处，但收益可能比最初看起来的要更表面一些。从积极方面讲，信息和通信技术的创新显然可以增加获得公共服务的机会，提高公务员响应市民要求的能力。此外，开放数据和社交媒体举措可以为社会企业家提供创造新应用程序（app）以满足社会需求的机会。预计在未来几年，精明城市的举措会将数字专家与非技术人员结合在一起，大大提高公共服务响应的能力。

不过，我也已指出，说到深化民主、提升市民参与度，能够证明信息和通信技术可以发挥重大作用的证据却寥寥无几。人们对电子民主的响应一直都不热烈。它肯定没有激发有效的公民赋权创新的浪潮。本章的讨论强化了第 7 章提出的论点。在第 7 章我认为，尽管信息和通信技术正在为公民提供海量信息，但它似乎没有为推动建立民主包容性城市而作出太多贡献。

本章已经归纳出信息和通信技术驱动方法在建设精明城市上的五个弱点。我称这些弱点为危险区域，而不是根本缺陷。信息和通信技术专家与他人合作，有可能通过这些危险区域找到运行安全和富有成效的途径。然而，目前穿越这一危险区域的路线图尚未建立。显而易见，技术驱动的城市治理方法存在严重的局限性。这就是为什么我认为，我们需要更深入地了解现代城市中的公

迈向包容性城市

地方性创新的故事

共学习和民主创新的本质。我的主要建议是城市决策应该由准确的判断力而不是技术进步来引导。从公共政策的角度来看，不以服务公众为目的的信息和通信技术创新是在分散注意力。因此，我的首要观点是未来对城市的思考重点不在于发展精明城市，而是要创建智慧城市。

我们如何做到这一点？有很多方法，但有一种可能性是利用当地高校的资源。在许多城市，高校是地方性领导和社会创新方面的沉睡巨人。不过，巨人正在苏醒。世界各地的高等教育在经历重大变革，作为重新思考高校在现代社会中的作用的一部分，学术研究的本质也正在被重新考虑。

在本章我认为"参与型学术研究"的概念值得赞许。我已经概述了其含义，并介绍了两个创新故事，以显示大学如何为创建包容性城市作出重要贡献。创新故事 16 概述了波特兰州立大学积极参与波特兰市和更广泛城市地区的治理工作。创新故事 17 概述了环境规划与技术中心大学为艾哈迈达巴德大都会区公共政策的制定作出的贡献。这两所大学并不是唯一展现出对"参与型学术研究"有坚定承诺的两所大学。令人鼓舞的是，越来越多的各个学科的学者，现在都把积极与城市联系看作一种极好的推动知识和理解，并为公共事业作出贡献的方式。

（滕飞　翻译）

第 12 章

国际经验借鉴

我们不需要无人推荐的无名小卒。

——芝加哥选区委员，阿布纳·J.
米克瓦（Abner J. Mikva），1948 年

引　言

2002 年，身为英国人的我，被任命为伊利诺伊大学芝加哥分校城市规划与公共事务学院的院长，对我来说，这是一条陡峭的跨文化学习道路。幸运的是，我的同事们都很棒——我们的教职员工和学生——他们让我对美国高等教育总体有了些许了解，尤其是对芝加哥政治的了解，当然，这还远远不够。很早以前，我就对阿布纳·米克瓦（Abner Mikva）那段著名的叙述感到迷惑，那段叙述是他在学生时期尝试志愿参与芝加哥当地的政治活动时所收到的反馈。当时，他被人告知："我们不需要无人推荐的无名小卒。"一开始，我并不明白这是什么意思。

我需要学习一下伊利诺伊的历史，而同事们很慷慨地帮助了我。阿布纳·米克瓦，20 世纪 40 年代末曾在芝加哥法学院学习，后来成为奥巴马总统的高级顾问。1948 年，他已经是民主党派的狂热支持者。一天晚上，在回家的路上，他来到民主党选区的总部毛遂自荐："我想志愿为阿德莱·史蒂文森（Adlai Stevenson）和保罗·道格拉斯（Paul Douglas）工作。"一位有很典型做

迈向包容性城市
地方性创新的故事

派的选区委员把雪茄从嘴里拿出来，不屑地问道："谁派你来的?"米克瓦说："没人派我来。"那位委员悠悠地把雪茄放回嘴里，说："我们不需要无人推荐的无名小卒。"

这是机器时代试图参与芝加哥民主党政治的新手所遭遇的典型结局。在那个年代，你关心什么或者你能提供什么并不重要，重要的是你的人脉。真希望这种虚幻的偏见早就消失了。但是这个故事有力地说明了部落主义和狭隘思想的存在。由此我们看到，你是个局外人，你不属于这里，我们不需要你，这种观点是十分盛行的。有趣的是，那位委员并没有让这位活跃的法律系学生对政治失去兴趣。后来，在当选美国国会议员并成为民主党内有全国影响力的人物之前，米克瓦在伊利诺伊州众议院就任过职。我用这个有启发性的故事来作为本章的引子，是因为在我们迅速发展的全球化世界里，我们确实应当做到"英雄不问出处"。

现代进步城市的领导者们深谙此道。他们热衷于向其他城市学习，尤其是从其他国家使用了不同方法的城市中获得真知灼见。他们热衷于交换政策和实践上的想法，建立新的关系，在国际基础上，以创新城市为基准来衡量自己的表现，制定长期的城市发展战略。在这章我们将讨论关于城市间互相学习的想法，以及如何提高国际政策交流的有效性。

首先，我们要指出，国际城市间的交流并不是什么新鲜事。国际间对话的迅速扩大和加强才是新事物。研究比较政府和政治的学者将注意力放在了不同层次的分析上，而我们将在第二节中考虑其中三种层次分析之间的关系。接下来是关于国际经验借鉴的讨论。许多关于国际政策转移的论述都提到了"最佳实践"（best practice）的思想。我用一节的内容对这一观点进行了反驳，我认为，并不存在这样的事情。"最佳实践"是一个完全无益的概念，它阻碍了公共服务的创新。接下来，本章将对知识交流进行更详细的探讨，并提出一个理解国际经验借鉴的框架。这一章的结尾讨论了我们可能希望看到的、在新兴的地方性领导力基本原则中发展出的元素。

· 370 ·

第 12 章

国际经验借鉴

一、国际学习与交流

与市政府有关的国际学习不是什么新鲜事物：

> 亚里士多德派他的助手去收集了 100 多个城邦的宪法，他随后对这些宪法进行比较，从中得出了普遍政治原则。（Heidenheimer et al.，1990，p. 7）

这种做法在城市规划和建筑方面的应用同样由来已久。如果你参观位于意大利托斯卡纳的美丽山城皮恩扎市中心令人惊叹的城市空间，你就会发现一个跨国政策转移的早期例子。1459 年，教皇派厄斯二世（Pope Pius II）决定重新发展皮恩扎的中心区域，创造一个建筑和空间的集合，以体现文艺复兴的完美。虽然派厄斯邀请了罗塞利诺（Rossellino），一位与莱昂·巴蒂斯塔·阿尔伯蒂（Leon Battista Alberti）密切合作的佛罗伦萨著名建筑师，来领导设计工作，但很显然，派厄斯才是这个规划的主要推动者。

在 1458 年被选为教皇之前，派厄斯在欧洲游历过很多地方，很明显，他把自己的国际经验带到了皮恩扎的规划设计上。例如新大教堂的过道和教堂正厅的高度是一样的。这种建筑设计参照了派厄斯在欧洲北部的海伦基兴见到的模式，而当时的意大利尚不存在此类模式。最后建成的托斯卡纳大教堂，内部装饰异常明亮轻快。在大教堂外，由这座新建筑所创造的空间和容量和谐辉映，令人叹为观止。不出意外，世界各地的规划师和建筑师源源不断地到皮恩扎朝圣，从这一经典案例中学习如何创造出符合现代城市结构的人性化城市空间。

正如我稍后将解释的，15 世纪皮恩扎的规划和设计得益于我称之为非正式的国际政策转移（informal, international policy transfer）——后来又有了更多这样的案例。我想强调的一点是，在整个城市历史中，城市都在开展城市间的相互学习。不过，近些年这种国际交流得到了火箭式的推动。正如第 2 章所讨论的，在过去大约 30 年间，全球化已经推动生活各个方面的国际交流在强度

迈向包容性城市

地方性创新的故事

和速度上大幅增长——包括艺术、文学、电影、音乐、芭蕾和文化、贸易、商业和犯罪，以及公共政策和城市管理。

现在的情况是，正如蒂姆·坎贝尔（Tim Campbell，2012）所解释的那样，具有前瞻性的城市领导者热衷于从其他国家的城市获取新知。思想的国际间传播和思想背后的价值观是有效的城市创新不可分割的部分。当然，互联网的迅速发展也使城市能够在世界范围内分享有关实践和倡议的信息，而这在几年前还是不可能实现的。

我们应该暂且后退一步，把有关城市政策和实践的国际经验借鉴的讨论放在更广泛的背景下来进行。第一步，我们首先应该对强制性政策转移和自愿性政策转移进行区分（Dolowitz et al.，2000；Evans，2004）。一些政策转移是由于具体的协调机制引发的，如在多边谈判中按计划达成的国际或多国协议。这种在国际谈判之后达成的协议在已同意参与的国家中是强制或胁迫实行、改变的。例如欧洲的政策转移受到欧盟的强烈影响长达60多年，因此，现在我们可以研究和讨论"公共政策的欧洲化"（Saurugger and Radaelli，2008）。另一种形式是自愿性转移，源于政党（国家、州、城市、地方当局等）的自愿加入。它并没有需要策略性修改的更高级别的协议。在本书中，包括本章的讨论中，我们的重点是自愿性政策交流。

琳达·汉垂斯（Hantrais，2009）为国际比较研究提供了一个很好的介绍。她讨论了"国际"或"跨国"研究的本质，解释了这些不同的词汇，以及其他类似"多国"的词汇是如何意味着不同的学术方法的。在某种程度上，大多数社会科学家同意，国际比较研究涉及两个或更多国家、社会或文化中的具体问题或现象的比较。然而，对于应该比较什么，各国是否为比较提供了一个合理的单位，以及情境变量在分析中的重要程度等问题，各国之间依然没有形成多少共识。

汉垂斯区分了宏观层次和微观层次的两种分析：

> 宏观层面的研究集中在个体群、系统、结构和过程等集合上，而微观层面的分析则侧重于个体的活动或行为。这种二分法与不同的方法和观点相关联。（Hantrais，2009，pp. 54–55）

第 12 章

国际经验借鉴

她利用米歇尔·莱勒门特（Michel Lallement）的研究，提出了一个关于连接分析层次的重要观点，指出：

> ……选择的实际分析层次，并不如研究者通过阐释不同层次之间尤其是在多学科研究中的互动关系来弄清调查结果的能力重要。（Hantrais，2009，p. 55）

这种分析层次的连接对我们的目的很重要。在第 5 章我讨论了地方性领导力的本质，并解释了各种力量是如何制约地方权力的。图 5.1 显示了地方性治理如何只能在各种力量的环境内得到理解，这些力量构成了地方行动者的政治空间。我再举一个简单的例子来说明这一点。在创新故事 11 中，如果缺乏对地方当局享有的宪法保护的了解，就无法恰当地理解德国弗莱堡市地方性领导人取得的显著成就。因为在德国，弗莱堡拥有可以用不同方式来做事的宪法权利，城市领导者利用地方自治进行了大胆创新。相比之下，英国地方当局则是穿着由中央政府强加的铁甲紧身衣在运行。在这里，富有想象力的地方性领导力被一种"我们最了解情况"的集中主义的强迫文化所包围。因此，在考虑城市政策转移的可能性时，理解上级政府对当地政府的态度和做法是十分重要的。

二、国际交流：分析的三个层次

2009 年，克莉丝汀·切恩和我研究了英国和新西兰在过去大约 20 年中有关地方治理的跨国交流的本质（Cheyne and Hambleton，2011）。为了弄清楚国际交流过程中会发生的事情，我们认为考虑三个重叠的层次或范围的影响是有帮助的：（1）意识形态和政治力量；（2）获得认可的想法；（3）学者在跨国交流中的角色。在下面的讨论中，我采纳了这一方法，但暂时不考虑学者的角色，我认为国际经验借鉴可以从区别以下三个层次的分析中获益：

1. 意识形态和政治力量；
2. 获得认可的想法；

· 373 ·

迈向包容性城市

地方性创新的故事

3. 由地方性领导者运行的机构。

（一）意识形态和政治力量

首先，有一个意识形态的层面。在着手进行广泛回顾之前，我们可以指出，意识形态的参照框架（frames of reference）塑造了思维模式①，并产生了一种往往是不容置疑的流行观点。在第1章我讨论了权力在现代社会中的作用，并且我和卢克斯（Luckes, 2005）一样，开始关注强大的利益是如何操纵群体价值观和来自公众话语的边缘替代性观点的。所谓的"华盛顿共识"就是这种参照框架的一个范例。这种新自由主义观点断言，通过放松管制和私有化，以及弱化政府的作用，将推动世界发展。正如威尔·赫顿（Will Hutton, 2006）提醒我们的那样，这只是一个观点。赫顿概述了所谓的"北京共识"——一种包括技术创新，强调公平和可持续性，并促进以价值为导向的实验的发展方式（Hutton, 2006, pp. 206 – 207）。许多国际政策交流，以及国际管理顾问和地方品牌公司在这种情况下可能受到批评，因为它们没有批判经常作为政策转移过程的一个部分而被一同传递出去的新自由主义意识形态。

这种意识形态参照框架通常深深植根于政治和专业实践中，其结果是，有缺陷的"看法和做法"以几乎不被注意的方式流过了边界。以城市规划为例。在第2章我解释了在未来一段时期，发展中国家的城市增长将会大规模扩张。在许多受人口巨变影响的国家，城市规划系统并不能适应这个挑战。凡妮莎·沃森（Vanessa Watson）从全球南方经验中得出的分析，就阐述了这一点：

> ……现有的规划系统要么是从以前的殖民政府延续而来的，要么是采用了北方环境中的系统，以适应当地特定的政治和意识形态目的。因此，人们对规划系统有利于穷人和包容性的必要性一直是缺乏关注的。（Wat-

---

① 1935年，社会心理学家谢利夫（M. Sherif, 1935）提出了参照框架理论。他假定个体的判断和认知不仅受到认知或心理因素的影响，而且是发生在一个恰当的参照框架下。这里的参照框架指的是一套控制性认识、逻辑评价或社会行为的标准，信仰或假设。——译者注

son，2009，p. 2260）

她解释了现在的治理逻辑和生存逻辑之间存在着根本性的紧张关系。她敦促城市规划和发展研究领域的学者去揭示"合理性冲突"（conflict of rationalities），现在，政府当局的管理和市场化体系与主要在非正式条件下生存的边缘化和贫困人口之间已经产生了这种冲突。

很明显，意识形态很重要。但是，如果认为国际政策转移注定要成为意识形态统治的仆人，那就错了。本书呈现的创新故事往往表明，进步的城市领导者有一种创新能力，他们能够摆脱，或者说至少是挑战现有意识形态思维的局限。

（二）获得认可的想法

我们可以从意识形态层面下沉到获得认可的想法层面。这是唐纳德·施恩（Donald Schon，1971）提出和设计的概念。他解释了政府如何学习和适应不断变化的事件，特别关注思想的作用。我们刚才讨论的意识形态影响着哪些思想受到关注、哪些论述被忽视。而获得认可的想法不断兴衰起伏。从希望看到创建更具包容性的城市的观点来看，这些想法中的一些将来是会受到人们欢迎的。例如，已经展示的证据表明，投资公共交通的想法可以明显推进包容性城市的事业。关于库里提巴、广州和弗莱堡的创新故事9、10和11，就给我们展示了创新的公共交通方式是如何改变市民的生活方式和生活机会的。

然而，一些吸引国际关注的想法实际上可能是彻头彻尾的坏主意。例如在第3章我解释了新公共管理如何在20世纪90年代成为许多国家认可的想法。这种源于私营部门思想的信仰体系对公共服务精神造成了巨大破坏。这是因为这些想法已经帮助市场或准市场思维模式和思维方式渗透到它们不存在的生活领域中（Sandel，2012）。不过，幸运的是，新公共管理现在受到了广泛质疑。相反，有关国家如何与民间协会的行动者共同创造解决方案的新见解正在兴起。但是，在对这些相对较新的想法过于热衷之前，我们应该避免再次追逐时髦潮流。也许，共同创造是有缺点的。

迈向包容性城市
地方性创新的故事

在此，我想强调的是，意识形态和获得认可的想法只是思维方式。它们可能有证据支持，但也可能没有。它们当然不是固定不变的。因此，采用批判性方法进行城市研究和城市治理的学者，可以在帮助我们理解这些思想的本质方面发挥宝贵作用，更具体地说，他们可以突出强调其安排与谁的利益相符（Brenner et al.，2012；Imbroscio.，2010）。开明的城市领导者会留意批判性的学者，即使他们提出的论点非常具有挑战性。

在第 3 章我解释了约瑟夫·张伯伦在 19 世纪 70 年代担任英国伯明翰市市长时，如何摒弃人们对于政府角色的普遍看法，开创了一种领导城市和满足人类需求的全新方式——诞生了民主的市政信念。同样，本书创新故事中的许多地方性领导者都拒绝接受"华盛顿共识"，选择了完全不同的方向。例如哥本哈根、马尔默和库里提巴的城市领导者们几乎没有时间采用新自由主义的思维方式。实际上，正如第 1 章所讨论的那样，2008 年和 2009 年的全球金融危机引发了有关市场驱动的想法和方法的重大问题。结果，越来越多的城市领导者推行不依赖于信仰所谓的自由市场意识形态的策略。他们知道，不存在"自由市场"这种东西；他们正在重申基于社区的价值观，抵抗非地方性权力的侵犯。

（三） 由地方性领导者运行的机构

如果我们再向下移动一层，我们就会到达个人、小团体、社会运动、地方活动家、艺术家、激进分子和企业家这一层面。在这里，我们发现了自由的灵魂，他们采取行动，认为无论主导思维模式如何，他们的行为都是正确的。环境运动提供了许多活跃的活动家的例子，他们自己思考并有勇气采取行动——这些是萨拉·帕金（Parkin，2010）所称赞的积极反常者。越来越多的证据表明，这些活动家在特定的地方以不同的方式开展活动和做事，正在更广泛地改变他们的态度（Hopkins，2013；Jackson，2009；Parkin，2010）。将独立的、见多识广的思想（socially informed thinking）推到台面上或许是进步的地方性领导者最重要的职能之一。当然，本书中的创新故事说明了创新型城市领导者如何拒绝所谓的"最佳实践"，并在如何改善城市和地方的生活质量方面开辟了新天地。

· 376 ·

第 12 章

国际经验借鉴

我们已经看到，在某些情况下，地方性领导者作决策时全然不顾强大利益的阻碍，表现出了极大的勇气。2003 年，市长肯·利文斯通批准了对进入伦敦市中心的车辆收取拥堵费的政策，就是一个典型的例子——详见第 8 章。从墨尔本到波特兰，我们已经看到，在当地人民的支持下，进步的地方性领导者拒绝了新自由主义的思维方式。尽管如此，这些领导人已经将政策和实践转向了创建包容性城市。有趣的是，这些以地方为基础的努力毫不令人吃惊地发展成了获得认可的新思想。例如，共同创造新解决方案、强调环境友好行为，以及承诺解决社会不平等，在全球的拥护者越来越多，特别是年轻群体。有可能，在未来，这些已经获得认可的新思想将会逐出流行的新自由主义意识形态，并以更开明的思想取而代之。希望如此。

三、国际政策和实践经验借鉴

在考虑了不同层次分析之间的相互作用之后，现在，我们来探究一下国际政策和实践经验总结的本质。城市为什么要在乎别的国家的发展呢？那么，国际经验借鉴到底是什么？

理查德·罗斯（Richard Rose，2005）对如何向其他国家进行他称之为工具性的学习提供了一些有用建议。在罗斯的论述基础上，我延展后确定了有超前眼光的城市领导者认识到参与国际交流非常重要的五个主要原因。

第一，正如罗斯（Rose，2005）所评论的那样，学习可以专注于另一种环境中的实际成就。他认为，与只是制订想法和推测如果被采纳可能会发生什么相比较，这样做可以为政策创新提供更好的基础。

第二，在快速全球化的世界中，市民希望专业人士能够及时了解最新的发展动态 —— 无论这些动态发生在何处。在科学、商业、艺术和文化领域，信息、人员和金钱现在都可以几乎毫不费力地跨越国界。那么，为什么要把公共政策锁定在国界之内呢？

第三，如第 10 章所述，城市领导者、公共服务管理者和非政府组织是在一个日益多元文化的世界中运作的。考察其他国家的经验，可以让个人接触不同的做事方式，提高政治家和专业人士的文化能力。

迈向包容性城市

地方性创新的故事

第四，要学习其他国家经验的原因之一是共同的问题不会引发完全相同的反应。政府对共同问题的反应是存在差异的，这些共同的问题可以为理论和实践提供强大而有说服力的见解。

第五，通过国际交流，城市可以与其他城市建立联系，从而带来各种关系利益。这种关系可以是二元配对（如姐妹城市），或是关注特定主题的群体（例如，致力于应对气候变化的 C40 城市集团），或更广泛的关系网络（例如，世界城市和地方政府联合组织——全球城市、地方和地区政府网络）。

罗斯（Richard Rose，2005）的研究表明，政策制定者不会为了自己的利益而寻求其他国家的新思想，而是为了提高政治满意度。这为学术界提出了重大挑战。公共政策的比较研究，包括城市治理和城市规划的比较研究，是一个不断扩大的领域（Carroll and Common，2013；Dolowitz et al.，2000；Evans，2004）。但是，如果这项工作仅限于提高理解——这是传统的学术焦点——那么，它就不是工具性学习。跨国经验的总结需要调查人员不单单进行描述和分析，还要为决策者提供基于证据的建议。我们可以与参与型学术研究的概念联系起来分析。在第 1 章我将其定义为学者和从业人士在共同的探索发现过程中共同创造新知，可以说，参与型学术研究可以在国际经验借鉴中发挥重要作用。我在第 11 章详细讨论了参与型学术研究的概念，书中的创新故事还提供了实践案例。

1991 年，玛丽莲·泰勒（Marilyn Taylor）和我一起参与了英国哈克尼斯学术奖金（Harkness Fellowships）计划，试图共同改善跨大西洋区域的城市政策转移。彼时，哈克尼斯计划为来自英国、澳大利亚和新西兰的杰出公共政策专业人士提供学术奖金，资助他们到美国进行短期访问和学习。我们制定了一份研究员在访问期间使用的要素清单（checklist of factors），然后在他们回归之际召开会议进行讨论，并鼓励他们写下自己的经历。这个过程最终产出了一本编著《城市中的人们：跨大西洋的政策交流》（*People in Cities. A Transatlantic Policy Exchange*）（Hambleton and Taylor，1993）。

这项相对早期的跨国政策转移研究得出了一个重要发现，就是思考政策环境的重要性，这项发现也得到了近来研究的支持。我们的结论是，寻求来自另一个国家的新见解的访问者不仅要关注政策（或实践），以及它是否成功（从

第 12 章
国际经验借鉴

不同的观点来看），而且要研究政策环境的哪些方面对政策的成功或失败起到至关重要的作用，这一点是很重要的（Hambleton and Taylor，1993，pp. 240 - 243）。研究员们对进行国际学习是非常积极的，或许有点令人惊讶的是，他们欣然接受了把学到的经验写成书这样的要求。

确实，在跨国学习中需要避免陷阱，罗斯（Rose，2005）再次对主要危险区域进行了有益概述。第一，盲目复制创新是一个典型的错误 —— 当地文化和背景各不相同。因此，如果不经过调整就进行跨国政策移植，那么在别的地方表现良好的策略也可能变成一场灾难。对当地历史、传统和权力结构的敏感性至关重要 —— 对地方要有敏感性，如果你愿意的话。第二，寻找所谓的"最佳实践"是一件彻头彻尾的蠢事—— 我们需要能够找到相关实践的过程。我们会转过头来研究为什么"最佳实践"概念在某个时刻起到了误导作用。第三，所谓的"成功"政策可能实际上并不"成功"。现在大多数城市正在进行某种形式的地方营销，如果不是彻头彻尾的城市促进主义，那么在政策被放入"出口"购物车之前，位于转移考虑之列的政策需要接受某种评估，这一点是至关重要的。第四，这是罗斯没有充分考虑的一点，政策交流是存在意识形态层面因素的，忽视了这一点，我们就会自讨苦吃。如前所述，意识形态背景影响着关于国际政策转移的任何对话，参与国际交流的人需要警惕这一方面的因素。

四、回避"最佳实践"之类的懒惰说法

管理顾问、政策顾问和专业专家，很不幸，还有一些学术研究人员都经常表示，他们在报告所审查的政策和实践时，已经发现了"最佳实践"。政府部长们在演讲和媒体的访问中有时候也会坚称，他们已经发现"最佳实践"，所有人都应当试图效仿之。事实上，一些私营咨询公司专门从事"最佳实践"，并声称能够提供现成的模板来安排程序、检测方法等。我想指出，"最佳实践"在现实中是不存在的。在我看来，"最佳实践"的说法几乎可以肯定在任何政策制定领域中都是无益的。在城市、城市治理和社区发展的跨国政策转移的明智方法中，"最佳实践"也不存在。

· 379 ·

迈向包容性城市

地方性创新的故事

这些都是强大的词汇。当然，在特定的行业或专业有可能制定出指南，而这些指南用以指导特定技术领域中被称为"良好实践"（good practice），甚至是"必要实践"（required practice）的行动。例如，关于合格桥梁建设方面的工程指导可能算是行业能够在国际基础上达成"良好实践"共识的一个领域。但是，即使在这里，我也认为使用"最佳实践"这种说法是不明智的。这是因为它加剧了趋同思维——就是认为只有一个单一的"最佳"解决方案的想法。① 如果工程师过去坚持复制过去的"最佳实践"，那么，吊桥就永远不会出现。②

"最佳实践"之所以应该从公共政策国际经验借鉴的词汇中剔除，有五个主要原因。第一，斯诺登和布恩（Snowden and Boone，2007）解释说，"最佳实践"从定义来看是指过去的做法。这本书的一个关键主题是，世界正在迅速变化，这也是为什么公共创新如此重要的主要原因之一。在这样一个世界中，后见之明不会再引发先见之明，所以效仿过去奏效的做法可能并不精明。

第二，声称某种做法可以被称为适用所有情况的"最佳"做法，是对现代生活的丰富性和多样性的否定。回想一下，"最好"是"好"的最高级，它意味着无敌、无与伦比、不可超越。正如这本书所详细解释的，特别是在第4章和第11章，各地不尽相同，文化也各不相同。因此，对实践的任何判断都必须与空间和社会文化背景相关联。不考虑背景就说某一特定的行为是"最好的"，这严重缺乏文化意识。例如，没有理由相信"最佳"的英国做法，如果存在这样的事物的话，在巴西或中国也将视为是"最佳"的。

第三，这个原因是第二点原因的发展，即公共政策的决策已经产生了分配

---

① 趋同思维使用推理来汇集"正确"的答案。发散思维使用推理来流畅思考和发散思考。这种区别在人类智力的心理学研究中得到了很好的证实（Hudson，1967）。德·波诺（De Bono，1971）进行了这种分析，并将垂直思维与横向思维区分开来。两种形式的推理——趋同和发散——对于实现社会进步至关重要。然而，在快速变化和充满不确定的时代中，使用发散（或横向）思维的能力变得绝对至关重要。这种心理上的区别与第1章关注改进（实现特定目标）和创新（发明新解决方案）的组织方法之间的区别产生了共鸣。"最佳实践"阻碍了想象力，因为它让人觉得有现成的"最佳答案"，而实际上有许多可能的答案。

② 人们普遍认为，西藏圣人唐东杰布（Thangtong Gyalpo）于15世纪就发明了吊桥，并在西藏和不丹建造了许多这样的桥梁。然而，直到19世纪，西方工程师才意识到用悬挂缆绳来悬挂桥面的想法，为桥梁设计开辟了全新的可能性。

第 12 章
国际经验借鉴

后果。例如，我在第 1 章所阐述的包容性城市的乌托邦愿景，并且基于价值观，我陈述了城市应该努力成为何种模式的看法。我的看法强调地方民主、正义和关心我们赖以生存的自然环境的重要性。持有其他价值观念的人们不会同意这一观点。例如，他们可能更想看到由不受控制的市场力量来塑造城市生活质量。这类人认为，对城市来说的"最佳"与我对"最佳"的看法不同。在公共政策制定中，不同的人将会而且应该对最理想的前进方式有不同的看法。合理的政治分歧意味着，不可能存在管理城市的"最佳"方式。那些鼓吹"最佳实践"的人需要回答"对谁来说是最佳?"这里有一个更广泛的观点。有时候，"最佳实践"的说法可能意味着企图实现政治经理人化（managerial-isation of politics），试图掩盖社会中的冲突。"最佳实践"常常被强大的既得利益集团用来作为一种微妙的控制手段。

主张不使用"最佳实践"说法的第四个原因，也是根本的一条，即在一个复杂、不可预测、不断变化的世界中，认为"最佳"做法可以被识别和效仿是不明智的。

> 组织中的大多数情况和决定都是复杂的……因此，领导者必须要耐心等待前进的道路显现，而不是强加一种做法。他们需要先探查，然后感知，然后再回应。（Snowden and Boone，2007，p. 5）

第 6 章深入讨论了领导力在创造一个重视和鼓励大胆创新的环境条件中的作用。通过从爵士乐中汲取到的真知灼见，我们讨论强调了公共政策中进行"即兴创作"（improvisation）的价值。该章的讨论揭示了创新是当地的社会探索过程，而不是寻找某种并不存在的"最佳实践"。

我对使用"最佳实践"一词的第五个担忧在于它将智力劳动推向了错误的方向。这种说法产生了一种错误的印象，让人以为"最佳"答案就在那里——有人已经为我们找到了。这种说法让人联想到勤劳的公务员常常是一接到通知，便拼命扫视世界，搜寻其他国家的实践案例，这样，部长、市长和其他高级人员就可以用来指导他们的决定，或者更糟糕的是，这些案例被用来支持他们早已设想好的应该做什么的想法。本书中所有的创新故事都表明，从国

· 381 ·

外学习可以激发新思维，但成功的创新来源于基于地方的社会发明。

五、知识利用观

在本章迄今为止，我们已经讨论了比较政策分析和国际经验借鉴的各种方法。现在是深入挖掘的时候了。国际交流过程的本质到底是什么？交流的内容是什么？

简单地说，国际经验借鉴是一种知识交流的形式。这本身就不难理解。这些知识是如何获取和使用的呢？理奇（Rich，1997）对三种知识利用进行了区别：信息获取、信息处理和信息应用。这些知识利用形式在国际经验借鉴的过程中都很重要。

1. 信息获取

指用户如何接收信息。接收途径包括浏览互联网、搜索数据库、联系有关当局、举办网络研讨会、电话联系当地的大学、组织实地考察其他国家和城市交流等。

2. 信息处理

可以描述为解释或意义建构。需要对新发现的知识进行有效性及其与现有知识和价值观的兼容性的测试。这个阶段是学习过程的核心。这总是一个集体过程，因而回顾和考虑知识的组织环境变得至关重要。第6章提出的论据与此有关。如果领导者愿意接受新的想法和实验，他们会培养一种创新文化。这将意味着来自另一个国家的新想法可以得到公平的聆听，并且能很好地刺激创造新的解决方案。但是如果组织文化是谨慎和防御性的，信息处理阶段就将被用来削弱或扼杀具有挑战性的见解。

3. 信息应用

指在决策制定中使用信息。理奇（Rich，1997）对信息应用的四要素进行了区分：使用、利用、影响和巨大影响。"使用"（use）仅指接收和阅读信息——本身并不重要。"利用"（utility）更重要——它涉及用户对信息的相关性进行判断并制定行动建议。当知识有助于决策和相应的结果时，会产生

第 12 章
国际经验借鉴

"影响"（influence）和"巨大影响"（impact）。

艾泰尔特等（Ettelt et al., 2012）将这些概念应用于英国中央政府与卫生政策制定相关的国际政策学习分析。他们得出的结论认为，至少对中央政府部门来说，该过程的难度比最初看起来的要更大一些。部分原因是因为在白厅部门（中央部门）影响行为的管理形式是官僚体制。一般来说，国际学习是"委托给初级政策同事或分析师"（Ettelt et al., 2012, p. 497）来开展的。那么，大量国际政策学术分析的一个基本问题是——它侧重于中央政府，而不是地方政府。正如我们即将看到的那样，城市知识交流网络比笨拙的国家交流更有实际意义，更有活力，也更有效。通常是市长，而不是某位初级官员，在国际交流活动中发挥带头作用。这给创新型城市带来了重大优势，特别是当认识到现代公共政策的一个关键挑战是快速学习、创新、尝试新方法并借鉴经验，更是如此。

六、国际经验借鉴框架

在图 12.1 中，我为怎样理解公共政策方面的国际经验借鉴提供了一个框架。① 这个框架区分了两种政策转移：非正式的政策转移和正式的政策转移。② 当个人在另一个国家注意到某种经验并利用所获得的见解来影响实践时，就会发生非正式的政策转移（informal policy transfer）。之前我提到过 1459 年派厄斯二世计划重建托斯卡纳区的皮恩扎时，是如何采用一种非正式的从国外学习的过程的。有关河畔或码头城市的改造方法也为我们提供了一个现代城市进行非正式政策转移的案例。在 20 世纪 60 年代和 70 年代，城市规划者往往忽视了位于许多城市中心地带的日益衰落的港口和运河。这些"碍眼的东西"（eyesores）被看作过去时代的遗物。然而如今，令人惊讶的是，新的城市发展往往逆潮而动。

---

① 图 12.1 依据的是我在过去 30 年左右汲取的与城市政策和实践有关的经验，包括在我的公司"城市回应"的工作。咨询更多信息请登录 http: //urbananswers. co. uk。

② 这种非正式和正式跨国政策转移的区别是我（Hambleton, 2007c）首先提出的。

· 383 ·

迈向包容性城市

地方性创新的故事

	技术措施	政策和实践	治理变革
非正式政策转移	1.国际交流促使技术进步 例如关于消防技术的国际交流	3.国际交流促使政策和实践变革 例如创新故事 10 广州	5.国际交流促使治理方式变革 例如创新故事2 布里斯托
正式政策转移	2.促使技术进步的系统性证据 例如世界卫生组织	4.收集系统性证据促使政策和实践变革 例如创新故事13 墨尔本	6.收集系统性证据促使治理方式变革 例如创新故事7 奥克兰

图 12.1 理解国际经验借鉴的框架

资料来源：作者自制。

唐纳德·舍费尔（Donald Schaefer）在 1971 年到 1986 年间担任美国巴尔的摩市市长，他在这些衰落的码头上看到了一些隐藏其中的潜质，并把它们视作城市重建的重点，这很值得被人们称赞。巴尔的摩在舍弗尔市长和随后的库尔特·施莫克（Kurt Schmoke）市长的领导下，成功改造了内港。作为一个美国主要的休闲和旅游目的地，巴尔的摩内港现在可以说是城市规划的传奇。当然，巴尔的摩的经验不仅对美国其他城市的规划实践产生了重大影响，而且对英国也产生了影响。事实上，水域改造成为了一个获得认可的国际理念。举例来说，英国布里斯托浮动港和卡迪夫湾的重建是富有创意的，同时也是成功的，这很大程度上就得益于从巴尔的摩那里通过非正式方式汲取了经验。高质量的城市设计，注重公共场所的塑造，确保能够进入滨水区，混合使用建筑，将公共和私人利益相关者联合起来，以创新方式来修复重要的古老建筑——这些都是巴尔的摩所采用的方法的所有特征——这些概念已经传播到了其他国家的许多城市。

正式政策转移（formal policy transfer）比非正式政策转移更具系统性。它涉及一个实体，其明确目的是为了检验一个或多个国家的经验，旨在形成组织可以奉行的具体经验。该实体可以是政府（国家级、州级或地方级）、国际组织、非政府组织（NGO）、大学（或几所大学）、私营企业等。在某些情况下，

第 12 章

国际经验借鉴

不同类型的实体可能共同协作。例如在欧洲，欧盟委员会定期为比较研究项目提供资金支持，这些项目是关于成员国特别感兴趣的公共政策方面的题目，通常由大学、研究机构和咨询机构来实施。那么，如图 12.1 所示，非正式和正式是政策转移的两个层面。当然，它们之间有重叠部分，这就是为什么用虚线来划分单元格的原因。这些类别在某种程度上是有漏洞的。在图 12.1 的顶部，我区分了三类转移：技术措施、政策和实践以及治理变革。[①] 而且虚线表明具有可渗透性。

（一）国际技术交流

如果我们查看图 12.1 的第 1 列，可以发现，借鉴国际经验最简单的一种形式可能就是把精力集中在技术措施方面。对这类本质问题的交流不可能成为头条新闻，但它可以促使政府效能得到显著的提升。图 12.1 中的 1 号单元格指的是与技术问题相关的非正式政策转移。人们一直在进行大量的国际技术交流。商业公司通过举办国际贸易展览和会议来展示公共部门可能想要购买的新技术，促进这一过程。此外，在公共服务领域工作的专业人士不断地寻找可能提高他们绩效的新技术，而且有许多关于促进国际技术学习的专业协会。这里有一个很好的例子是国际消防服务培训协会（IFSTA），该协会分享了关于消防技术的想法。

图 12.1 中的 2 号单元格涉及收集系统性证据，发展和新技术有关的国际知识。同样，商业公司也发挥了宝贵的作用，地方当局和高校的网络也是如此。此外，现在有许多国际组织试图从科学发展中汲取见解，并将研究成果转化为用于实践的技术指导。世界卫生组织（WHO）成立于 1948 年，作为联合国的一个专门机构，它提供了一个众所周知的范例。世界卫生组织的存在是为了尽可能地推动公共卫生水平达到最高级别，并且，作为其工作的

---

① 我应该说明，在这张图中，我用两种不同的方式使用了"策略"这个词。在左边的垂直轴上，我用通用的方式使用这个词来涵盖技术措施、策略、实践和治理变化这些内容。我把它作为一个核心的术语，来描述政府都做了什么。在横轴上，我试图更具体地说明政策的含义。在这里，它和措施是有区别的，它比策略更为具体，可能涉及的都是和技术问题治理变化相关的问题，这是一个比策略更广泛的概念。

迈向包容性城市

地方性创新的故事

一部分，它在诸如营养、根除小儿麻痹和广泛的健康议题等方面提供国际指导。[1]

本书中的创新故事并没有把重点放在技术措施上。这是因为，正如我已经详细解释的那样，成功地创建包容性城市所采取的行动需要产生巨大的变化，仅靠技术变化是无法带来这些变化的。因此，图 12.1 中的后两列关注政策、实践和治理变革，这些比技术措施更重要。然而，这些管理创新技术是否可以帮助领导者实现其政治目标，是存有疑问的。创新故事 3 讲述的芝加哥 311 服务，就为我们提供了一个案例。在这个案例中，我们看到了计算机技术的进步是如何和一支训练有素的市政厅工作团队一起，让城市里的每个人都能更便捷地享受到服务。

（二）国际的政策实践交流

图 12.1 中第 2 列中的转移与政策和实践有关的想法，要比技术措施交流困难得多，因为关于什么才是合适的根深蒂固的核心价值观更容易遭到质疑。因此，在有效利用知识的道路上，会存在更多的障碍。尽管如此，我们已经看到，这本书的各个方面都已经证明，城市间有关政策和实践的国际交流是可以起到鼓舞人心的作用的。3 号单元格中涉及了非正式政策转移。创新故事 10 讲的广州建立快速公交系统（BRT），为这类国际学习提供了一个很好的范例。在这个案例中，张广宁市长和他的同事们访问了波哥大市，当地的 "跨千禧年" 快速公交系统（TransMilenio）所取得的成就使他们受到了极大的鼓舞。现在，这种城市之间的政策交流飞速增长，坎贝尔（Campbell，2012）曾谈论了各种交流的方法，并制定了一些模式。

图 12.1 中的 4 号单元格指的是汇集系统性证据，推动政策和实践变革。就像在 3 号单元格中的措施一样，这类活动正在迅速增加。城市可以通过引入外部帮助，以一种系统性的方式来从其他国家搜集证据。创新故事 13 是关于

---

[1] 世界卫生组织（WHO）所做的不仅仅是促进技术措施向国际转移这么简单。实际上，它的大部分工作都集中在与政策和实践有关的国际交流上。然而，它的优势之一是为全球公共卫生挑战带来技术应对方法。

第 12 章

国际经验借鉴

墨尔本的地方塑造，就为我们提供了一个范例。在这个案例中，城市领导者想了解一些其他国家在城市设计领域富有想象力的方法。为了确保能够重建出最先进的市中心，他们向哥本哈根建筑师和城市设计师扬·盖尔寻求建议和支持。盖尔的团队汲取广泛的国际经验，为墨尔本市提供了出色的指导。

（三）关于治理的国际交流

图 12.1 的右边是要求最高的政策转移——关于治理变革。政策制定者们会问，他们所拥有的用来治理社会的制度安排设计是否需要重新考虑。所以，举例来说，领导者可能会问："其他国家的城市和大都市区是如何规划和治理的？我们能否通过考察外国的经验，为我们自己国家的城市和地区政府的制度设计吸取经验呢？"

英国地方政府引入直选市长制度是有关治理（5 号单元格）的非正式政策转移的范例。[①] 第 7 章讨论了有关地方治理制度设计的辩论，包括支持和反对直选市长的观点。在 1999—2011 年间，英国政府颁布了各种法令，规定如果地方政府愿意的话，允许其采用市长管理方式。创新故事 2 记录了布里斯托市民是如何选择在 2012 年将市长治理方式引入城市的，并对这种新模式所产生的影响进行了初步评估。如果中央政府没有从其他国家吸取教训，并决定通过立法允许在英国采用市长模式的话，布里斯托在城市治理方面的创新就不可能实现。

最后，在图 12.1 的右下角，是与治理变革相关的正式政策转移。奥克兰皇家治理委员会（The Royal Commission on Auckland Governance, 2009）为这一方法提供了一个范例。正如在创新故事 7 中所讲述的那样，奥克兰皇家治理委员会受新西兰政府委托对其他国家的城市治理模式进行分析，并将之作为其研究的一个部分。委员会利用这些分析为新西兰政府提供了相关建议。

（四）对国际经验借鉴框架的反思

图 12.1 所有六个单元格中的国际对话和交流的势头都在上升。也许这并

---

① 本书作者曾是英国社区和地方政府部（1997—2002 年）部长的学术顾问，并且协助过部长们调查其他国家城市治理的市长模式。

迈向包容性城市

地方性创新的故事

不足为奇，因为我们现在生活在一个高速全球化的世界。从地方性领导人的角度来看，他们在创建更具包容性的城市方面，可以有几种策略和途径。首先，很显然，想要改善业绩的城市正越来越积极地创造新的、侧重于具体政策主题的城市间网络。这些网络通常被称为"实践共同体"（communities of practice），它们很大程度上借助互联网来进行思想、政策和实践的交流。附录提供了有关这些国际城市网络的更多细节内容。其次，认识到全球力量的影响，资助政策研究的机构视野更加国际化，并且正在以一种和20年前不同的方式积极资助跨国城市研究项目。许多例子表明了这种资助在向比较研究转移，包括国家政府、国家级研究基金会和研究委员会的资助，都是这样。如欧盟委员会、经济合作与发展组织、联合国和世界银行这样的国际组织，都提供了许多系统的收集跨国证据的例子。最后，许多大学本身也更热衷于跨国比较研究，部分原因是这可以提高学术研究质量，部分原因是第11章提到的渴望更多地参与到社会中去。

上文对城市汲取国际经验的备选方案的陈述，旨在提供一种简单的蓝图绘制方法。① 如前所说，这些类别之间有一些重叠的部分。但是，我希望，图12.1为我们理解复杂领域提供一种方法——我们预期，这一复杂领域在未来几年内将会更加复杂。也许，城市领导者可能会发现，这个理解框架对他们学习国际城市策略的思考方式是有用的。

关于这次讨论，我想强调三点。第一，如图12.1所示，所有关于国际经验借鉴的方法都是合法的，并且可以同时为管理者和被管理者带来显著的利益。第二，随着方向从技术措施（相对无争议）到政策和实践（更具挑战性），再向治理变革（非常具有挑战性）转变，要想进行成功的政策转移，就会面临更加严峻的挑战。这是因为政策和实践上的变化可能只需要在行为上作出重大改变，而治理的变革却必然会涉及地方权力的重组。

第三，很显然，就参与到任何一种政策国际转移而言，城市都比各国政府处在一个更加有利的位置上。本杰明·巴伯（Benjamin Barber, 2013）在其关于市长领导力的书中，通过聚焦对比"功能失调国家"与崛起的城市来支持

---

① 还有一些更为详细的可用框架——例如，Dolowitz et al.（2000, p. 10）。

第 12 章
国际经验借鉴

这一论点。当然，我为写这本书所进行的研究也表明，正如前几章中的许多创新故事所展示的，地方性领导人是接地气的，他们了解社区，并且可以使事务快速得到落实。与中央政府缓慢的决策步伐相比，地方性领导者能够行动的地方在决策速度上通常是令人惊叹的。因此，拥有强大地方政府的国家将继续拥有创新优势。这对学术、比较研究的影响是深远的。在未来的一段时间里，那些想要了解政策国际交流的主要驱动力的学者们，需要将他们的注意力从各个国家转移到城市上。有关比较公共政策的学术期刊才刚刚开始应对这一挑战。

七、城市未来和包容性城市

2004 年，我作为团队一员，代表欧洲城市研究协会（EURA）和城市事务协会（UAA）组织了一次关于城市未来的国际学术会议。[1] 会议在芝加哥举行，由伊利诺伊大学芝加哥分校承办，旨在探索城市的可能前景。[2] 2003 年，为了引发人们对于未来可能性进行崭新的学术思考，我们在论文征集中提出了两个可能的城市设想：

1. 令人担忧的设想

在这种设想中，全球化威胁当地就业机会，加大社会分歧，导致社会瓦解。城市成为一个分裂割据的世界，消费者在分割的安保环境里过着与世隔绝的生活。由于政府用力管理"难以治理的"城市，政治紧张的局势使公民的自由受到侵蚀。

2. 令人振奋的设想

在这种设想中，我们看到全球意识在飞跃式发展。跨国移民将继续焕发日

---

① 这次关于城市未来（futures）的国际会议吸引了来自 36 个国家的 250 名参与者。由于会议举办成功，欧洲城市研究协会（EURA）和城市空气协会（UAA）在此次会议之后，每五年举行一次城市未来大会。第二届城市未来大会于 2009 年在马德里举行，第三届于 2014 年 6 月在巴黎举行。欲了解更多信息，请访问欧洲城市研究协会网站 http：//www.eura.org。

② 组织会议的核心学术团队包括纽约城市大学的吉尔·S. 格罗斯（Jill S. Gross），伊利诺伊大学芝加哥分校的珍妮特·L. 史密斯（Janet L. Smith）和作者本人。会议的管理由伊利诺伊大学芝加哥分校的朱迪·怀特·琼斯（Jodi White Jones）组织。这里介绍的设想来自 2003 年发布的会议论文征集。

· 389 ·

迈向包容性城市
地方性创新的故事

益活跃的城市地区中的文化、经济活力和政治。在许多城市，随着不同群体间开始相互理解并努力和睦共处，不同民族宗教群体之间的包容也得到了改善。地方民主振兴，公共领域扩大，城市被重建为文化和文明生活的中心。

确定首选的设想并不难。我在本书的结尾部分重新审视了这些设想，以提醒我们所面临的风险。

就不足之处而言，在某些方面，城市的前景现在比 2004 年差得多——有证据表明，令人担忧的设想正占上风。例如城市内部的社会不平等现象有所增加，旨在排斥人口的门禁社区正在激增；而且有太多新城市发展的例子显示，这些新城如果不是很贫穷，也是平常无奇的。此外，各国政府在气候变化和环境司法问题上取得的进展不足。可以说，往这个城市困境的列表上添加项目并不是难事。

但是，正如本书开头所解释的那样，我的目标不仅仅是对城市趋势和新出现的问题进行国际考察。恰恰相反，本书的核心目的是让人们关注不同国家和大陆的地方性领导人在推动包容性城市建设的政策和实践方面所取得的巨大成就。虽然了解现代城市问题的复杂性是十分必要的，但同时也要关注以创造性和富有想象力的方式应对这些挑战的城市领导者所作出的努力。应该赞扬这些地方性领导人，因为尽管要承受非地方性权力的压力，他们仍迈出了积极的步伐，创造出了更宜居、更儿童友好、更包容的城市。

本书中的 17 个创新故事为我们提供强有力的证据，支持了三种说法：（1）地方性领导力能够推动产生重大变化；（2）市场主导的思维方式可能会受到挑战；（3）地方行动者可以塑造城市财富。此外，"创新故事"中的 17 个城市并不是唯一一批开创新局面的城市。世界数千个城市的进步领导人正在努力使城市沿着上文确定的令人振奋的设想方向前进，并且已经取得了许多非凡成就。从这个角度来说，自 2004 年的城市未来大会召开以来，我们确定已经有了许多进展。

八、结论：地方性领导力原则

在序言中，我指出这本书并不是试图为城市提供解决方案。相反，借助戴

·390·

第 12 章

国际经验借鉴

维·库珀（David Cooper，1976）的工作，本着为共同创造新的可能性作出贡献的精神，本书试图提示读者，可以根据自己的经验来修改和制定一种原则。本书的开篇部分就确定了这种原则或者说确定了潜在原则的五个组成部分，我在这里再提一下。

第一，地方（place）很重要。这并不是说身份和意义的其他来源不重要。全球化，特别是互联网的到来和扩展，使我们能够与居住在很远的地方的人们进行交流，并与他们建立关系。这种超越巨大差异的实时沟通能力充满了发展潜力，如果得到明智的使用，它是可以成为解放力量的。但是，在探索这些新的可能性时，我们不应该忘记，我们大多数人都生活在一个特定的地方——由于各种原因，这个地方对我们来说可能会一直很重要。这是社区赋权的一个来源，从我们的本体性安全（ontological security）角度来讲，地方甚至可能比以往任何时候都更重要。[①]

第二，城市领导者需要建立包容且可持续的城市，而不是二者其中的一个。我们在叙述的各个方面都注意到，社会和环境改革者之间经常是存在差距的。我在第1章提出包容性城市的定义时就试图把两个有时互相忽视的改革话语整合起来：

> 包容性城市由强大的地方民主机构来管理。所有的居民都能够充分参与社会和经济活动，城市领导者在关注我们所依赖的自然环境的同时，力求取得公正的成果。

第三，城市领导力应该维护居住在特定地区的群体的权力。本书表明，在过去的30年左右，非地方性权力已经大大拓展了其影响力。非地方性机构，指无视其决策对生活在特定地方的群体产生的后果的组织，没有很好地服务社会。它们的权力需要减弱，而地方性权力，即地方民主权力，需要加强。

第四，我们发现世界各地的城市领导、城市规划和城市治理方法存在很大

---

① "本体性安全"是吉登斯（Anthony Giddens）在20世纪90年代提出的一个概念，它是相对于"物质性安全"来说的"认同性安全"，指个人经验的秩序感和连续性。这种感觉来源于人们赋予生活意义的能力。——译者注

迈向包容性城市
地方性创新的故事

差异。在国际上分享关于创建包容性城市的努力的故事，可以为其他地方的社区提供启发。希望本书中介绍的 17 个创新故事能为那些可能从未听说过这些故事的地方性领导者提供实用的经验或建议。

第五，很显然，学者可以为城市政策制定和公共管理作出有益的贡献。然而，要想真正作出有效贡献，学者们就需要接受参与型学术研究的想法——这是一种让学术界和实务从业者共同创造新知和新见解的方法。

最后，我想谈谈一位成为总统的诗人的智慧。瓦茨拉夫·哈维尔（Vaclev Havel）出生于布拉格，是一位剧作家、诗人、异见人士和政治家。他是捷克斯洛伐克的最后一任总统（1989—1992 年）和捷克共和国的第一任总统（1993—2003 年）。他在终结《华沙条约》方面发挥了重要作用。华沙条约组织是冷战时期连接中欧和东欧八个共产主义国家的政治军事同盟。哈维尔从来不想当政治领袖，这使得他对民主领导的见解更加引人注目：

> 我相信，如果我们不同时建立一个人道、道德、智慧、高尚、具有文化气息的国家——无论这让政治科学家听起来是多么不科学，那么，我们就将永远无法建立一个以法治为基础的民主国家。如果没有某种人文和社会价值观的支撑，最好的法律和最好的民主机制本身是不能保证合法性、自由或人权的——简而言之，不能保证任何其意欲保证的事务。

根据哈维尔的建议，本书所描述和分析的地方性领导力，旨在推进公共政策和实践中的道德判断事业。可以说，正是我们所有人的判断力才能创造出包容性城市。

（丁博岩　翻译）

附　录

国际城市网络与资源

这个附录列出了国际城市网络和网站，为关注城市、区域治理和城—城相互学习的读者们提供有用的资源。这个列表按照字母顺序排列，而不是综合考量的结果。希望它能给有兴趣的作者提供参考。

（一）100 个韧性城市

2013 年，洛克菲勒基金会发起了 100 个韧性城市的挑战赛，帮助 100 个城市更好地解决 21 世纪面临的越来越多的震动和压力。每个成功的申请者都必须承诺提出全城的韧性规划。更多内容参见 http：//100resilientcities. rockefellerfoundation. org。

（二）C40 城市气候领导力团体

伦敦市长肯・利文斯通（Ken Livingstone）在 2005 年首创了 "C40 城市气候领导力团体"（C40 cities climate leadership group），这是一个由那些采取行动减少温室气体排放的大城市组成的网络。更多内容参见 http：//www. c40. org。

（三）城市联盟：没有贫民窟的城市

城市联盟创建于 1999 年，它是一个全球合作网络，旨在减少城市贫困、改善城市在可持续发展上的作用。更多内容参见 http：//citiesalliance. org。

· 393 ·

（四） 城市景象全球新闻

城市景象（citiscope）在 2013 年启动，为所有对城市领导力和城市管理感兴趣的人提供全球新闻资源。它发挥专业杂志的力量，吸引读者们关心世界各城市的大量创新实践。更多内容参见 http：//www. citiscope. org。

（五） 城市市长基金会：经营世界城市

城市市长基金会（city mayors foundation）成立于 2003 年，它是一个国际性智库（think tank），旨在推动城市更强、更繁荣的发展，成为一个好的地方政府。更多内容参见 http：//www. citymayors. com。

（六） 城市网络

城市网络（CITYNET）创建于 1987 年，它旨在推动合作伙伴关系（cooperative partnerships），加强亚太地区城市间的联系，改善城市的可持续性。更多内容参见 http：//citynet-ap. org。

（七） 地方当局国际关系理事会

地方当局国际关系理事会（CLAIR）成立于 1988 年，它是一个日本城市和区域的网络，把日本的城市和区域政府组织起来共同推动全球学习和合作，特别是推动地方复兴和解决低碳、老龄社会问题。更多内容参见 http：//www. clair. or. jp／e。

（八） 英联邦地方政府论坛

英联邦地方政府论坛（CLGF）的主旨是推动和加强英联邦的地方政府。这个论坛有来自 40 个英联邦国家的 160 多个成员单位。更多内容参见 http：//www. clgf. org. uk。

附 录
国际城市网络与资源

（九） DELGOSEA

DELGOSEA 成立于 2010 年，它是一个由南亚的城市和自治市组成的网络，旨在推动创新方法的信息交流，实现民主化地方治理。更多内容参见 http：//www. delgosea. eu。

（十） 欧洲城市联盟

欧洲城市联盟（EUROCITIES）成立于 1986 年，它是来自欧洲的 130 多个城市组成的网络。这个网络旨在影响欧盟的城市政策，推动城市政策制定方面的国际交流，增强地方政府在欧洲多层级治理中的重要作用。更多内容参见 http：//www. eurocities. eu。

（十一） 欧洲城市研究协会

欧洲城市研究协会（EURA）于 1997 年在布鲁塞尔成立。它是一个国际性学者网络，旨在鼓励城市研究方面的学者进行国际交流与合作，为城市政策讨论提供支持。更多内容参见 http：//www. eura. org。

（十二） 全球安全城市网络

全球安全城市网络成立于 2012 年，它是一个联合国人居署的项目，目标是帮助地方当局和城市利益相关者们提供城市安全。更多内容参见 http：//unhabitat. org/urban-initiatives-2/global-network-on-safer-cities/。

（十三） 国际地方环境倡议理事会

国际地方环境倡议理事会（International Council for Local Environmental Initiatives，ICLEI）成立于 1990 年，它是一个由推动可持续发展的城市和地方政府组成的完善网络。更多内容参见 http：//www. iclei. org。

迈向包容性城市

地方性创新的故事

（十四）国际大都会

国际大都会是一个由人口超过 100 万的主要大都市、重要城市和大都市区域组成的世界性协会。它创办于 1985 年，协会现在有 130 多个成员单位，管理着世界城市和地方政府联盟（UCLG，United Cities and Local Governments）的大都市分部（参见单独的词条）。更多内容参见 http：//www. metropolis. org。

（十五）国际棚屋/贫民窟居民组织

1996 年发起，它是一个社区性组织的网络，由来自非洲、亚洲和拉丁美洲的 33 个国家的城市贫民组成。更多内容参见 http：//www. sdinet. org。

（十六）国际姐妹城市协会

美国总统艾森豪威尔在 1956 年成立了国际姐妹城市协会，旨在通过相互尊重、理解与合作，促进和平。这个网络通过在 140 个国家里的各种项目，联结了成千上万个公民外交人士和志愿者。更多内容参见 http：//www. sister-cities. org。

（十七）全球城市主义者

全球城市主义者是一个由伦敦政治经济学院从事城市政策和国际发展工作的校友发起的项目，它是一个在线杂志，对全世界的城市事务和城市发展问题进行评论。更多内容参见 http：//globalurbanist. com。

（十八）世界城市和地方政府联盟

世界城市和地方政府联盟（UCLG）代表和捍卫着世界城市和政府的利益，无论这些城市和政府的规模大小。这个组织的总部在巴塞罗那，组织使命是为全世界的地方自治政府发声和呼吁。更多内容参见 http：//www. uclg. org。

附 录
国际城市网络与资源

（十九）城市事务协会

城市事务协会的总部在北美，它是由城市方向的学者、研究者和公务专业人士组成的跨学科专业性组织。协会积极推动关于城市生活、城市规划和城市管理方面的国际交流。更多内容参见 http：//urbanaffairsassociation. org。

（二十）世界城市文化论坛

世界城市文化论坛成立于 2012 年，它是一个由 20 多个世界城市组成的合作网络，共同坚信文化对创造繁荣城市是重要的。网络将高级政策制定者和思想意见领袖聚集在一起。更多内容参见 http：//www. worldcitiescultureforum. com。

（二十一）世界城市网络

世界城市网络是 2012 年成立的独立机构，旨在改进城市的韧性。它推动人们分享不动产、技术、设计和城市基础设施产业方面的思想和经验。更多内容参见 http：//www. worldcitiesnetwork. org。

（二十二）世界城市论坛

世界城市论坛由联合国人居署（UN-Habitat）发起，每两年在不同的城市举办。论坛吸引了大批政策制定者、实践者、活动家和学者，大家共同对世界人居环境面临的最突出问题进行考察。更多内容参见 http：//wuf7. unhabitat. org。

（丁博岩　翻译）

· 397 ·

致　谢

写作本书的想法萌生于 2008 年，当时，我在为奥克兰皇家治理委员会开展城市领导力研究。皇家治理委员会的委员们热心于从其他国家的城市治理实践中获取洞见。这段经历告诉我，将我对地方性领导力的研究拓展成一本国际比较的著作，是很有价值的。我要感谢皇家治理委员会邀请我参加了他们的研究。

完成这本书写作的项目是由一项英国—荷兰的公共服务创新比较研究提供的。这个行动/研究项目在 2011 年到 2012 年间实施，包括完成三个创新故事，对三个城市的地方性领导力作出清晰的案例研究。我想感谢朗特里基金会（Joseph Rowntree Foundation）对这项英国—荷兰研究的资助，感谢所有参与这项研究的人。我从三个城市的创新型领导那里学到了很多——英国的布里斯托、荷兰的恩斯赫德，英国的斯温顿。我特别要感谢让·奥蒙德罗伊德，加文·琼斯和汉斯·威格曼斯对本项研究的支持。

特别感谢乔·霍华德，他和我一起领导了此项研究，感谢我们的荷兰同事：来自特文特大学的巴斯·丹特斯，彼得–让·克洛克和米尔建·欧德·弗莱林克，他们对本项目作出了主要的贡献。

当这本书初稿完成后，我与许多国家的学者进行了振奋人心的交流。特别地，我想感谢两个国际网络的成员——欧洲城市研究协会（EURA）和城市事务协会（UAA）。这两个跨学科的协会都积极鼓励推动参与型学术活动，我发现在两个协会举办的会议上汇报自己新的思想是极其有用的，可以收到它们的评论和批判。

致　谢

卡米尔·科内弗雷是我在西英格兰大学的博士生，特别需要感谢她。在2012 年到2013 年间，朗特里基金会提供了一小笔资金给她，帮助我研究了本书中的许多创新故事。她对我们在英国—荷兰项目中首次提出的一个创新故事带来了全新的视角，她是一个非常棒的同事。

我一直很幸运地得到了布里斯托工作时的朋友和同事的学术支持与鼓励。我想感谢乔·霍华德和戴维·斯威廷。近年来，我们在一起非常亲密地共事，完成了许多活动/研究项目，对城市领导力和地方民主的内容进行了研究，与他们的合作很愉快。在2012 年启动的布里斯托城市领导力项目，就是一个例子。这项研究旨在考察用直接选举方式产生市长的治理形式有何影响，我也想感谢布里斯托大学政策研究学院的院长阿历克斯·马尔什（Alex Marsh），他也是我们研究团队的一员。

特别感谢西英格兰大学可持续规划和环境研究中心主任凯迪·威廉姆斯（Katie Williams）。她以最创新的方式领导了我们的研究中心，对跨学科研究给予了很大的支持。我想感谢我在西英格兰大学的同事，他们给我提供了思想、建议和评论：罗布·阿特金森，迈克尔·布塞尔，马尔库斯·格兰特，斯蒂芬·霍尔，保罗·霍奇特，戴维·拉德洛，凯蒂·麦克利蒙，格雷厄姆·帕克赫斯特，丹尼·辛尼特和安德鲁·塔利翁。

有很多实践者和学者参与了本书中的17 个创新故事的构建。我在本书中的每个创新故事的后面都附上了信息资料来源。但是还有很多没有提到的人，无偿地提供了他们的时间和建议，我对他们都很感谢。

来自许多国家的同事通过非正规的对话，以及对本书草稿提出意见，对本书的研究作出了贡献。特别地，我想感谢罗布·亚当斯，西·艾德勒，奈文·布朗，克里丝汀·切恩，伍尔夫·达辛格，巴斯·登特斯，拉斯·恩伯格，卡尔·福杰尔斯特罗姆，阿图罗·弗洛雷斯，克里斯汀·古德，A. V. 古德塞尔，特里弗·格雷厄姆，卡罗琳·哈桑，休伯特·海因特，克拉拉·伊拉扎巴尔，鲁图·乔希，凯西·肯克尔，乔伊·肯纳德，艾娜克，柯莱恩，彼特-简·克洛，阿迪亚·库马，雅各布·诺维格·拉森，苏·马多克，菲利普·麦克德莫特，皮特·麦金利，达施尼·马哈德维，阿里·穆达雷西，亨里克·诺尔马克，布里特·奥洛夫斯多特，约翰鲁·罗宾，安德斯·鲁宾，安德

迈向包容性城市

地方性创新的故事

鲁·斯蒂芬斯，理查德·斯特恩，誉市泷源，阿扎姆·特德罗斯，罗恩·沃格尔，米简·欧德·维林，苏·沃德，凡妮莎·沃森，鲍勃·惠兰，威姆·韦维尔，坦贾·温克勒，山胁敬藏，林叶（音译）和赵旭铎（音译）等。我也从如下朋友那里获得了思想启发：贾耶·查克拉巴蒂，戴夫·克拉克，乔治·弗格森，斯蒂芬·希尔顿，海伦·霍兰德，芭芭拉·杨克，麦克·莉，保罗·泰勒。

我很幸运，我工作的大学有很棒的研究支持团队。这本书的研究底子受益于简·牛顿，卡洛琳·韦布和朱莉·特里格尔的贡献。我的平面设计师克里斯·韦德对本书作出了很大贡献，她将我粗糙的框架变成了你们在这本书中看到的样子。

我想感谢匿名审稿人，为政策出版社（Policy Press）评审了本书书稿，特别是在现代大学性质变化部分的内容上提出了完善建议。

政策出版社给我提供了友好的、有意的和创造性的建议。我特别想感谢编辑艾米丽·瓦特，谢谢她的鼓励和富有思想的建议，我也想感谢苏珊娜·艾默里，劳拉·格里夫斯，杰西卡·迈尔斯，詹妮弗·里夫斯·莫汉，艾利森·肖，劳拉·威克斯和戴夫·沃思，感谢他们提出了许多专业的建议。

没有我的家庭的支持，这本书是无法完成的。我想感谢杰克和贝丝，他们提出了很多洞见，我想感谢帕姆，她给出了许多评论、鼓舞人心的想法和持续的鼓励。

参考文献

Academy of Urbanism, Stadt Freiburg, 2012, *The Freiburg Charter for Sustainable Urbanism*, 2nd edn, London: Academy of Urbanism

Adair, J, 2002, *Inspiring Leadership*, London: Thorogood Publishing

Adams, D, Tiesdell, S, 2013, *Shaping Places: Urban Planning, Design and Development*, Abingdon: Routledge

Adams, R, 2005, Melbourne: Back from the Edge, in E Charlesworth (ed) *City Edge: Case Studies in Contemporary Urbanism*, 50 – 64, Oxford: Elsevier

Adebowale, M, 2008, Understanding Environmental Justice: Making the Connection between Sustainable Development and Social Justice, in G Craig, T Burchardt, D Gordon (eds) *Social Justice and Public Policy: Seeking Fairness in Diverse Societies*, 251 – 75, Bristol: Policy Press

Adger, W N, Jordan, A (eds), 2009, *Governing Sustainability*, Cambridge: Cambridge University Press

Adner, R, 2012, *The Wide Lens. A New Strategy for Innovation*, London: Portfolio Penguin

Agranoff, R, 2012, *Collaborating to Manage: A Primer for the Public Sector*, Washington, DC: Georgetown University Press

Agranoff, R, McGuire, M, 2003, *Collaborative Public Management: New Strategies for Local Governments*, Washington, DC: Georgetown University Press

Ahrensbach, T, Beunderman, J, Fung, A, Johar, I, Steiner, J, 2012, *Com-

pendium for the Civic Economy, Produced by 00：／, 2nd edn, The Netherlands：Transcity／Valiz

Alinsky, S, 1969, *Reveille for Radicals*, New York：Vintage Books（First published in 1946）

Allmendinger, P, 2009, *Planning Theory*, 2nd edn, Basingstoke：Palgrave

Amin, A, 2002, *Ethnicity and the Multicultural City：Living with Diversity*, Environment and Planning A, 34, 6, 959 – 80

Anguelovski, I, 2013, New Directions in Urban Environmental Justice：Rebuilding Community, Addressing Trauma, and Remaking Place, *Journal of Planning Education and Research*, 33, 2, 160 – 75

Anholt, S, 2010, *Places：Identity, Image and Reputation*, Basingstoke：Palgrave

Argyris, C, Schon, DA, 1978, Organisational Learning：A Theory of Action Perspective, *Reading*, MA：Addison-Wesley

Arnstein, S, 1969, ALadder of Citizen Participation, *Journal of the American Institute of Planners*, 35, 4, 216 – 24

Askonas, P, Stewart, A（eds）, 2000, *Social Inclusion：Possibilities and Tensions*, Basingstoke：Palgrave

Atkinson, R, Blandy, S（eds）, 2006, *Gated Communities：International Perspectives*, Abingdon：Routledge

Bachrach, P, Baratz, M S, 1970, *Power and Poverty：Theory and Practice, Oxford*：Oxford University Press

Bacon, N, 2013, *The Social Flow*, Journal of the Royal Society of Arts, 3, 27 – 9, 353

Bagaeen, S, Uduku, O（eds）, 2010, *Gated Communities：Social Sustainability in Contemporary and Historical Gated Developments*, London：Earthscan

Baghai, M, Quigley, J, 2011, *As one：Individual Action, Collective Power*, London：Penguin

Bagilhole, B, 2009, *Understanding Equal Opportunities and Diversity：The So-*

cial Differentiations and Intersections of Inequality, Bristol: Policy Press

Bai, X, Schandl, H, 2011, Urban Ecology and Industrial Ecology, in I Douglas, D Goode, MC Houck, R Wang (eds), *The Routledge Handbook of Urban Ecology*, 26 – 37, Abingdon: Routledge

Baker, P, Eversley, J (eds), 2000, *Multilingual Capital: The Languages of London's Schoolchildren and Their Relevance to Economic, Social and Educational Policies*, London: Battlebridge

Balducci, A, Mantysalo, R (eds), 2013, *Urban Planning as a Trading Zone*, New York: Springer

Banner, G, 1996, The Next Steps: Future Options for Local Government, in P McDermott, V Forgie, R Howell (eds), *An Agenda for Local Government: Proceedings from the New Local Government Conference*, 23 – 8, Local Government Studies Occasional Paper, 2, Palmerston North, New Zealand: Massey University

Barber, B, 2013, *If Mayors Ruled the World: Why They should and Why They Already Do*, New Haven, CT: Yale University Press

Barber, B R, 1984, *Strong Democracy: Participatory Politics for a New Age*, Berkeley, CA: University of California Press

Barnett, R, 2011, The Coming of the Ecological University, *Oxford Review of Education*, 37, 4, 439 – 55

Barrett, F J, 2012, *Yes to the Mess: Surprising Leadership Lessons from Jazz*, Boston, MA: Harvard Business Review Press

Barton, H (ed), 2000, *Sustainable Communities: The Potential for Eco-neighbourhoods*, London: Earthscan

Barton, H, Grant, M, Guise, R, 2010, *Shaping Neighbourhoods*, 2nd edn, Abingdon: Routledge

Bason, C, 2010, *Leading Public Sector Innovation: Co-creating for a Better Society*, Bristol: Policy Press

Batty, M, Axhausen, K W, Giannotti, F, Pozdnoukhov, A, Bazzani, A, Wachowicz, M, Ouzounis, G, Portugali, Y, 2012, *Smart Cities of the Future*, *The Eu-*

迈向包容性城市
地方性创新的故事

ropean Physical Journal Special Topics, 214, 1, 481 –518

Bauman, Z, 2006, *Liquid Fear*, Cambridge: Polity Press

Beatley, T, 2011, *Biophilic Cities: Integrating Nature into Urban Design and Planning*, Washington, DC: Island Press

Beebeejaun, Y, 2010, Do Multicultural Cities Help Equality? in JS Davies, DL Imbroscio (eds), *Critical Urban Studies: New Directions*, 121 – 34, Albany, NY: State University of New York Press

Bell, DA, de-Shalit, A, 2011, *The Spirit of Cities: Why the Identity of a City Matters in a Global Age*, Princeton, NJ: University of Princeton Press

Benavides, A D, Hernandez, JCT, 2007, Serving Diverse Communities: Cultural Competency, *Public Management*, July, 14 – 18

Benington, J, Moore, MH (eds), 2011, *Public Value: Theory and Practice*, Basingstoke: Palgrave

Bennett, L, Smith, JL, Wright, PA, 2006, *Where are Poor People to Live? Transforming Public Housing Communities*, Armonk, NY: ME Sharpe

Ben-Shahar, T, 2008, *Happier: Can You Learn to be Happy*? New York: McGraw-Hill

Benton-Short, L, Short, R, 2013, Cities and Nature, 2nd edn, London: Routledge

Ben-Tovim, G, Gabriel, J, Law, I, Stredder, K, 1986, *The Local Politics of Race*, Basingstoke and New York: Palgrave

Benyon, J, David, M, 2008, Developing Dialogue. *Learned Societies in the Social Sciences: Developing Knowledge Transfer and Public Engagement*, London: Academy of Social Sciences

Berg, R, Rao, N (eds), 2005, *Transforming Local Political Leadership*, Basingstoke: Palgrave

Berger, J, 1972, *Ways of Seeing*, London: Penguin

Bernard, E, Osmonbekov, T, McKee, D, 2011, Customer Learning Orientation in Public Sector Organisations, *Journal of Nonprofit and Public Sector Marketing*,

23, 2, 158 – 80

Bernays, E, 1928, *Propaganda*, Brooklyn, NY: Ig Publishing

Berners-Lee, M, Clark, D, 2013, The Burning Question. *We can't Burn Half the World's Oil, Coal and Gas: So How Do We Quit?*, London: Profile Books

Bew, P, Gibbon, P, Patterson, H, 2002, *Northern Ireland* 1921 – 2001: *Political Forces and Social Classes*, London: Serif

Bilsborrow, RE, 2011, Global Patterns of Migration, Sources of Data, and the New Policy Consensus, in TN Maloney, K Korinek (eds), *Migration in the* 21*st Century: Rights, Outcomes and Policy*, 79 – 97, Abingdon: Routledge

Binney, G, Williams, C, Wilke, G, 2012 (3rd edition), *Living Leadership: A Practical Guide for Ordinary Heroes*, Harlow: Pearson Education Limited

Birch, E L, Wachter, SM (eds), 2011, *Global Urbanisation*, Philadelphia, PA: University of Pennsylvania Press

Bissinger, B, 1997, *Prayer for the City*, New York: Vintage Books

Blair, T, 1998, *Leading the Way: A New Vision for Local Government*, London: Institute for Public Policy Research

Blakely, E, 2007, *Gated Communities for a Frayed and Afraid World*, Housing Policy Debate, 18, 3, 475 – 80

Blakely, E, Snyder, MG, 1997, *Fortress America: Gated Communities in the United States*, Washington, DC: Brookings Institution and Lincoln Institute for Land Policy

Bollens, S A, 2003, Managing Urban Ethnic Conflict, in R Hambleton, HV Savitch, M Stewart (eds), *Globalism and Local Democracy*, 108 – 24, Basingstoke and New York: Palgrave

Boone, C G, Modarres, A, 2006, *City and Environment*, Philadelphia, PA: Temple University Press

Boyer, E L, 1990, *Scholarship Reconsidered: Priorities of the Professoriate*, Princeton, NJ: Carnegie Foundation for the Advancement of Teaching

Boyer, E L, 1996, The Scholarship of Engagement, *Journal of Public Service*

迈向包容性城市

地方性创新的故事

and Outreach, 1, 1, 11 – 20

Brandsen, T, Pestoff, V, 2006, Co-production, the Third Sector and the Delivery of Public Service, *Public Management Review*, 8, 4, 493 – 501

Brenner, N, Marcuse, P, Mayer, M (eds), 2012, Cities for People, *Not for Profit: Critical Urban Theory and the Right to the City*, Abingdon: Routledge

Brewer, JD, 2013, *The Public Value of the Social Sciences*, London: Bloomsbury

Bridge, G, Watson, S (eds), 2011, *The New Blackwell Companion to the City*, Chichester: Wiley-Blackwell

Brookes, S, Grint, K (eds), 2010, *The New Public Leadership Challenge*, Basingstoke: Palgrave

Brown, A, Kristiansen, A, 2009, *Urban Policies and the Right to the City*, Nairobi and Paris: UN-Habitat and UNESCO

Brown, K, 2009, Human Development and Environmental Governance: A Reality Check, in WN Adger, A Jordan (eds), *Governing Sustainability*, 32 – 51, Cambridge: Cambridge University Press

Brugmann, J, 2009, *Welcome to the Urban Revolution: How Cities are Changing the World*, Noida, India: HarperCollins

Buchanan, C, 1963, *Traffic in Towns: The Specially Shortened Edition of the Buchanan Report*, Harmondsworth: Penguin

Bulkeley, H, 2013, *Cities andClimate Change*, Abingdon: Routledge

Bungay, S, 2011, *The Art of Action: How Leaders Close the Gaps between Plans, Actions and Results*, London: Nicholas Brealey

Burdett, R, Sudjic, D (eds), 2011, *Living in the Endless City*, London: Phaidon

Burns, D, 2007, *Systemic Action Research: A Strategy for Whole System Change*, Bristol: Policy Press

Burns, D, Hambleton, R, Hoggett, P, 1994, *The Politics of Decentralisation: Revitalising Local Democracy*, Basingstoke: Palgrave

Burns, J M, 1978, *Leadership*, New York: Harper and Row

参考文献

Byrne, D, 1999, *Social Exclusion*, Buckingham: Open University Press

Byrne, J (ed), 2012, *The Occupy Handbook*, New York: Hachette Book Group

Campbell, T, 2012, *Beyond Smart Cities: How Cities Network, Learn and Innovate*, London: Earthscan

Canter, D, 1977, *The Psychology of Place*, London: Architectural Press

Caro, R, 1975, *The Power Broker: Robert Moses and the Fall of New York*, New York: Vintage

Carr, N, 2010, *The Shallows: How the Internet is Changing the Way We Think, Read and Remember*, New York: WW Norton

Carroll, P, Common, R (eds), 2013, *Policy Transfer and Learning in Public Policy and Management*, Abingdon: Routledge

Carter, C, 1996, *Members One of Another: The Problems of Local Corporate Action*, York: Joseph Rowntree Foundation

Castello, L, 2010, *Rethinking the Meaning of Place: Conceiving Place in Architecture-urbanism*, Farnham: Ashgate

Castells, M, 1989, *TheInformational City: Information Technology, Economic Restructuring and the Urban-regional Process*, Oxford: Blackwell

Castles, S, Miller, MJ, 2009, *The Age of Migration: International Population Movements in the Modern World*, 4th Edn, Basingstoke: Palgrave

Chang, H, 2010, 23, *Things They Don't Tell You about Capitalism*, London: Penguin

Checkoway, B, 2007, Community Change for Diverse Democracy, *Community Development Journal*, 44, 1, 5 – 21

Cheyne, C, 2013, The Auckland Effect, '*Disaster Capitalism' and the Future of Local Governance in New Zealand*, Paper to the Urban Affairs Association Annual Conference, San Francisco, 3 – 6, April

Cheyne, C, Hambleton, R, 2011, The Kiwi Connection: Reflections on Local Governance Policy Transfer between the UK and New Zealand, *Journal of Comparative Policy Analysis*, 13, 2, 215 – 31

迈向包容性城市
地方性创新的故事

Clark, G, Clark, G, 2014, *Nations and the Wealth of Cities: A New Phase in Public Policy*, London: Centre for London

Clement, M, 2012, *Rage Against the Market: Bristol's Tesco Riot, Race and Class*, 53, 3, 81–90

Cochrane, A, 2007, *Understanding Urban Policy: A Critical Approach*, Oxford: Blackwell

Cochrane, A, 2012, Making up A Region: The Rise and Fall of the South East of England as A Political Territory, Environment and Space C: *Government and Policy*, 30, 1, 95–108

Cohen, A, Taylor, E, 2000, *American Pharaoh*, Boston, MA: Little Brown

Coleman, S, Blumler, JG, 2009, *The Internet and Democratic Citizenship*, Cambridge: Cambridge University Press

Collinge, C, Gibney, J, Mabey, C (eds), 2011, *Leadership and Place*, Abingdon: Routledge

Colomb, C, 2012, *Staging the New Berlin: Place Marketing and the Politics of Urban Reinvention Post-1989*, Abingdon: Routledge

Condon, PM, 2010, *Seven Rules for Sustainable Communities: Design Strategies for the Post-carbon World*, Washington, DC: Island Press

Cooper, D, 1976, *The Grammar of Living: An Examination of Political Acts*, Harmondsworth: Penguin

Cooper, S, 2011 (2nd ed), Brilliant Leader. *What the Best Leaders Know, Do and Say*, Harlow: Pearson Education Limited

Copus, C, 2006, *Leading the Localities: Executive Mayors in English Local Governance*, Manchester: Manchester University Press

Cornwall, A, 2008, *Democratising Engagement: What the UK can Learn from International Experience*, London: Demos

Cox, K, 1998, Spaces of Dependence, Spaces of Engagement and the Politics of Scale, *Political Geography*, 17, 1, 1–23

Cox, KR, 2013, Territory, Scale, and Why Capitalism Matters, *Territory, Pol-*

icy, *Governance*, 1, 1, 46 – 61

Craig, G, Burchardt, T, Gordon, D (eds), 2008, *Social Justice and Public Policy*: *Seeking Fairness in Diverse Societies*, Bristol: Policy Press

Craig, G, Mayo, M, Popple, K, Shaw, M, Taylor, M (eds), 2011, *The Community Development Reader*: *History*, *Themes and Issues*, Bristol: Policy Press

Cresswell, T, 2004, *Place*: *A Short Introduction*, Oxford: Blackwell

Crowder, G, 2013, *Theories of Multiculturalism*: *An Introduction*, Cambridge: Polity Press

Cullen, G, 1961, *Townscape*, London: Architectural Press

Dahl, RA, 1961, *Who Governs? Democracy and Power in an American City*, New Haven, CT: Yale University Press

Dannenberg, AL, Frumkin, H, Jackson, R J (eds), 2011, *Making Healthy Places*, Washington, DC: Island Press

Davies, B, 1968, *Social Needs and Resources in Local Services*: *A Study of Variations in Provision of Social Services between Local Authority Areas*, York: Joseph Rowntree Foundation

Davies, JS, 2007, Against 'Partnership': Toward a Local Challenge to Global Neoliberalism, in R Hambleton, JS Gross (eds), Governing Cities in a Global Era: Urban Innovation, *Competition and Democratic Reform*, 199 – 210, Basingstoke: Palgrave

Davies, JS, 2011, *Challenging Governance Theory. From Networks to Hegemony*, Bristol: Policy Press

Davies, JS, Imbroscio, DL (eds), 2010, *Critical Urban Studies*: *New Directions*, Albany, NY: State University of New York Press

Davis, M, 1990, *City of Quartz*: *Excavating the Future of Los Angeles*, London: Verso

Davis, M, 2006, *Planet of Slums*, London: Verso

DCLG (Department for Communities and Local Government), 2013, *Government Response to the Riots*, *Communities and Victims Panel's*: *Final Report*, July,

迈向包容性城市
地方性创新的故事

London: Department of Communities and Local Government

De Blij, H, 2009, *The Power of Place: Geography, Destiny and Globalisations rough Landscape*, Oxford: Oxford University Press

De Bono, E, 1971, *Mechanism of Mind*, Harmondsworth: Penguin

De Groot, L, Mason, A (eds), 2008, *How Equality Shapes Place: Diversity and Localism*, London: SOLACE Foundation Imprint

Deakin, M, Al Waer, H (eds), 2012, *From Intelligent to Smart Cities*, Abingdon: Routledge

Dearlove, J, 1979, The Reorganisation of British Local Government: Old Orthodoxies and A Political Perspective, Cambridge: Cambridge University Press

Denhardt, J V, Denhardt, R B, 2003, *The New Public Service: Serving, Not Steering*, Armonk, NY: MESharpe

Denters, B, Rose, L E (eds), 2005, *Comparing Local Governance: Trends and Developments*, Basingstoke: Palgrave

Detroit City Council, 2012, *Detroit Future City: Detroit Framework Plan, December*, Detroit: Detroit City Council

Dijk, M P van, 2006, *Managing Cities in Developing Countries*, Cheltenham: Edward Elgar

Dinnie, K, 2011, *City Branding: Theory and Cases*, Basingstoke: Palgrave

Dittmar, H, Ohland, G (eds), 2004, *The New Transit Town: Best Practices in Transit Oriented Development*, Washington, DC: Island Press

DOE (Department of the Environment), 1991, *The Internal Management of Local Authorities in England*, London: The Stationary Office

Dolan, P, Hallsworth, M, Halpern, D, King, D, Vlaev, I, 2010, *Mindspace: Influencing Behaviour through Public Policy*, January, London: Cabinet Office and Institute for Government

Dolowitz, D P, with Hulme, R, Nellis, M, O'Neill, F, 2000, *Policy Transfer and British Social Policy: Learning from the USA*? Buckingham: Open University Press

参考文献

Donaghue, B, Jones, GW, 1973, *Herbert Morrison: Portrait of A Politician*, London: Weidenfeld and Nicholson

Doran, T, Drever, F, Whitehead, M, 2004, Is There a North-south Divide in Social Inequalities in Health in Great Britain?, *British Medical Journal*, 328, 7447, 1043 – 45

Dorling, D, 2011, *Injustice: Why Social Inequality Persists*, Bristol: Policy Press

Dorling, D, 2013, *Population 10 Billion*, London: Constable and Robinson

Douglas, I, Goode, D, Houck, M C, Wang, R (eds), 2011, *The Routledge Handbook of Urban Ecology*, Abingdon: Routledge

Doward, J, 2014, Lords Challenge No 10 to Prove Value of 'Nudge' Unit, *The Observer*, 27, July p. 20

Dowding, K, John, P, 2009, The Value of Choice in Public Policy, *Public Administration*, 87, 2, 219 – 33

Drath, WH, McCauley, CD, Palus, CJ, Van Velsor E, O'Connor, PMG, McGuire, JB, 2008, Direction, Alignment, Commitment: Toward a More Integrative Ontology of Leadership, *The Leadership Quarterly*, 19, 635 – 53

Droege, P, 2006, *The Renewable City*, Chichester: Wiley

Drucker, PF, 1954, *The Practice of Management*, New York: Harper and Row

Drucker, PF, 1989, *The New Realities*, New York: Harper and Row

Duany, A, Plater-Zyberk, E, Alminana, R, 2003, *The New Civic Art: Elements of Town Planning*, New York: Rizzoli International Publications

Eckersley, R, 1992, *Environmentalism and Political Theory: Toward an Ecocentric Approach*, London: UCL Press

Edwards, M, 2009, *Civil Society*, 2nd edn, Cambridge: Polity Press

Egan, J, 2004, *Skills for Sustainable Communities: The Egan Review*, April, London: Office of the Deputy Prime Minister

Elkington, J, 1997, *Cannibals with Forks: The Triple Bottom Line of 21st Century Business*, Oxford: Capstone Publishing Limited

迈向包容性城市
地方性创新的故事

Elman, S E, Marx Smock, S, 1985, *Professional Service and Faculty Rewards*: *Toward an Integrated Structure*, Washington, DC: National Association of State Universities and Lan-Grant Colleges

Equalities Review, 2007, *Fairness and Freedom*: *The Final Report of the Equalities Review*, London: Justice

Esteva, G, Babones, S, Babcicky, P, 2013, *The Future of Development*: *A Radical Manifesto*, Bristol: Policy Press

Ettelt, S, Mays, N, Nolte, E, 2012, Policy Learning from Abroad: Why It is More Difficult than It Seems, *Policy and Politics*, 40, 4, 491 – 504

Etzioni, A, 1995, *Spirit of Community*: *Rights*, *Responsibilities and the Communitarian Agenda*, London: Fontana

EUROCITIES, 2010, *Charter onIntegrating cities*, Brussels: EUROCITIES, www. integratingcities. eu

European Commission, 2011, *European Agenda for the Integration of Third-country Nationals*, COM, 2011, 455 final, July, Brussels: European Commission

Evans, M (ed), 2004, *Policy Transfer in Global Perspective*, Aldershot: Ashgate Evers, A, Laville, J L, 2004, Social Services as Social Enterprises: On the Possible Contributions of Hybrid Organisations and a Civil Society, in A Evers, J L Laville (eds) *The Third Sector in Europe*, Cheltenham: Edward Elgar

Eversole, R, 2012, Remaking Participation: Challenges for Community Development Practice, *Community Development Journal*, 47, 1, 29 –41

Eyoh, D, Stren, R (eds), 2007, *Decentralisation and the Politics of Urban Development in West Africa*, Washington, DC: Woodrow Wilson Centre

Fainstein, SS, 2010, *The Just City*, Ithaca, NY: Cornell University Press

Farrell, T, 2014, *Our Future in Place*: *The Farrell Review of Architecture and the Built Environment*, London: Farrells

Feldman, MS, Khademian, AM, 2007, *The Role of the Public Manager in Inclusion*: *Creating Communities of Participation*, *Governance*: *An International Journal of Policy*, Administration and Institutions, 20, 2, pp. 305 – 24

· 412 ·

参考文献

Ferguson, G, 2013, *State of the City Address*, First Annual Lecture by the Mayor of Bristol, Presented at the Wills Memorial Building, University of Bristol on 18 November

Ferman, B, 1985, *Governing the Ungovernable City: Political Skill, Leadership and the Modern Mayor*, Philadelphia, PA: Temple University Press

Fincher, R, Iveson, K, 2008, Planning and Diversity in the City, Basingstoke: Palgrave

Fitzgerald, J, 2010, *Emerald Cities: Urban Sustainability and Economic Development*, Oxford: Oxford University Press

Flanagan, R M, 2004, *Mayors and the Challenges of Urban Leadership*, Lanham, MD: University Press of America

Fleisher, D, Zames, F, 2001, *The Disability Rights Movement: From Charity to Confrontation*, Philadelphia, PA: Temple University Press

Flinders, M, 2013, The Politics of Engaged Scholarship: Impact, Relevance and Imagination, *Policy and Politics*, 41, 4, 621–42

Flint, J, Raco, M (eds) 2012, *The Future of Sustainable Cities: Critical Reflections*, Bristol: Policy Press

Florida, R, 2002, *The Rise of the Creative Class*, New York: Basic Books

Florida, R, 2005, *Cities and the Creative Class*, Abingdon: Routledge

Flyvbjerg, B, 1998, *Rationality and Power: Democracy in Practice*, Chicago, IL: University of Chicago Press

Flyvbjerg, B, 2001, *Making Social Science Matter: Why Social Inquiry Fails and How It can Succeed Again*, Cambridge: Cambridge University Press

Ford, A, 2013, *Mindfulness and the Art of Urban Living: Discovering the Good Life in the City*, Lewes: Leaping Hare Press

Forester, J (ed), 2013, *Planning in the Face of Conflict: The Surprising Possibilities of Facilitative Leadership*, Chicago, IL: American Planning Association

Foucault, M, 1979, *Discipline and Punish*, New York: Vintage Books

Frankl, V E, 2004, *Mans Search for Meaning*, London: Random House

迈向包容性城市
地方性创新的故事

Fraser, N, 2004, Institutionalising Democratic Justice: Redistribution, Recognition and Participation, in S Benhabib, N Fraser (eds) *Pragmatism*, *Critique*, *Judgement*: *Essays for Richard J Bernstein*, 125 – 48, Cambridge, MA: The MIT Press

Frederickson, HG, 2005, Transcending the Community: Local Leadership in a World of Shared Power, *Public Management*, 87, 10

Friedman, TL, 2005, *The World is Flat*, New York: Farrar, Straus and Giroux

Friedmann, J, 2000, The Good City: In Defence of Utopian Thinking, *International Journal of Urban and Regional Research*, 24, 2, 460 – 72

Friedmann, J, 2002, *The Prospect of Cities*, Minneapolis, MN: University of Minnesota Press

Fung, A, 2004, *Empowered Participation*: *Reinventing Urban Democracy*, Princeton, NJ: Princeton University Press

Fung, A, Wright, EO, Abers, RN, 2003, *Deepening Democracy*: *Institutional Innovations in Empowered Participatory Governance*, London: Verso

Gardner, JW, 1990, *On Leadership*, New York: The Free Press

Gavriilidis, G, Natarajan, N, Ostergren, P, 2013, *Empowerment Evaluation of Policies towards A Socially Sustainable Malmö*, Malmö: Malmö City Council

Gehl, J, 2010, *Cities for People*, Washington, DC: Island Press

Gehl, J, Gemzøe, L, 2000, *New City Spaces*, Copenhagen: Danish Architectural Press

Gibney, J, Copeland, S, Murie, A, 2009, Toward a 'New' Strategic Leadership of Place for the Knowledge-based Economy, *Leadership*, 5, 1, 5 – 23

Giddens, A, 2009, *The Politics of Climate Change*, Cambridge: Polity Press

Gilchrist, A, Taylor, M, 2011, *The Short Guide to Community Development*, Bristol: Policy Press

Gillinson, S, Horne, M, Baeck, P, 2010, *Radical Efficiency*: *Different*, *Better*, *Lower Cost Public Services*, Research Paper, London: NESTA

Girardet, H, 2008, *Cities*, *People*, *Planet*: *Urban Development and Climate*

Change, 2nd edn, Chichester: John Wiley

Girouard, M, 1985, *Cities and People: A Social and Architectural History*, New Haven, CT: Yale University Press

Glaeser, E, 2011, *Triumph of the City*, New York: PenguinGlaser, E, 2013, The West's Hidden Propaganda Machine, *Guardian*, 17 May

Glasze, G, Webster, C, Frantz, K (eds), 2006, *Private Cities*, London: Routledge

Go, FM, Govers, R (eds), 2013, *International Place Branding Yearbook 2012*, Basingstoke: Palgrave

Goddard, J, Vallance, J, 2013, *The University and the City*, Abingdon: Routledge

Goetz, EG, 2013, *New Deal Ruins: Race, Economic Justice and Public Housing Policy*, Ithaca, NY: Cornell University Press

Goleman, D, Boyatzis, R, McKee, A, 2002, *The New Leaders: Transforming the Art of Leadership into the Science of Results*, London: Time Warner

Good, K R, 2009, *Municipalities and Multiculturalism: The Politics of Immigration in Toronto and Vancouver*, Toronto: University of Toronto Press

Goss, S, 2001, *Making Local Governance Work: Networks, Relationships and the Management of Change*, Basingstoke: Palgrave

Goss, S, Tarplett, P, 2010, Partnerships: Rhetoric or Reality?, in S Brookes, K Grint (eds) *The New Public Leadership Challenge*, 263 – 79, Basingstoke: Palgrave

Graeber, D, 2013, *The Democracy Project: A History. A Crisis. A Movement*, London: Allen Lane

Graham, S, 2010, *Cities under Siege: The New Military Urbanism*, London: Verso

Graham, S, 2011, The New Military Urbanism, in G Bridge, S Watson (eds) *The City*, 121 – 33, Oxford: Blackwell

Gramsci, A, 1971, *Selections from the Prison Notebooks of Antonio Gramsci*,

New York: International Publishers

Gratz, RB, Mintz, N, 1998, *Cities Back from the Edge: New Life for Downtown*, New York: Wiley

Grint, K (ed), 1997, *Leadership: Classical, Contemporary and Critical Approaches*, Oxford: Oxford University Press

Grint, K, 2005, *Leadership: Limits and Possibilities*, Basingstoke: Palgrave

Grint, K, 2010, Wicked Problems and Clumsy Solutions: The Role of Leadership, in S Brookes, K Grint (eds) *The New Public Leadership Challenge*, 169 – 86, Basingstoke: Palgrave

Grogan, PS, Proscio, T, 2000, *Comeback Cities: A Blueprint for Urban Neighborhood Renewal*, Boulder, CO: Westview Press

Gross, JS, 2007, Diversity and the Democratic Challenge: Governing World Cities, in R Hambleton, JS Gross (eds) *Governing Cities in a Global Era: Urban Innovation, Competition and Democratic Reform*, 73 – 91, Basingstoke: Palgrave

Gross, JS, 2012, *Diversity, Democracy and Space: The Governance of Migration in the Metropolis*, Paper Presented to the Governing the Metropolis: New Directions for Research Conference, Paris, November

Gyford, J, 1991, *Does Place Matter? Locality and Local Democracy*, London: Local Government Management Board

HM Treasury, 2010, *Total Place: A Whole Area Approach to Public Services*, March, London: HM Treasury

Hall, P, 1988, *Cities of Tomorrow: An Intellectual History of Urban Planning and Design*, Oxford: Blackwell

Hall, P, 1998, *Cities in Civilisation*, London: Weidenfeld and Nicholson

Hall, P, 2013, *Good Cities, Better Lives: How Europe Discovered the Lost Art of Urbanism*, Abingdon: Routledge

Hall, S, 2003, CulturalIdentity and Diaspora, in JE Braziel, A Mannur (eds), *Theorising Diaspora: A Reader*, 233 – 46, Malden, MA: Blackwell

Hambleton, R, 1978, *Policy Planning and Local Government*, London: Hutchin-

参考文献

son

Hambleton, R, 1988, *The American Gender Gap*, *Times Higher Education Supplement*, 12 August, 13

Hambleton, R, 1998, *Strengthening Political Leadership in UK Local Government*, Public Money and Management, January-March, 41 – 58

Hambleton, R, 2004, Leading Localities in a Partnership Era, *Local Governance*, 30, 1, 4 – 13

Hambleton, R, 2007a, New Leadership for Democratic Urban Space, in R Hambleton, JS Gross (eds), *Governing Cities in a Global Era: Urban Innovation, Competition and Democratic Reform*, 163 – 76, Basingstoke: Palgrave

Hambleton, R, 2007b, The Triangle of Engaged Scholarship, *Planning Theory and Practice*, 8, 4, 549 – 53

Hambleton, R, 2007c, *Cross-national Lesson Drawing for Planning: Taking Advantage of Globalisation*, Paper to the Association of European Schools of Planning (AESOP), Naples, 11 – 14 July

Hambleton, R, 2009, Civic Leadership for Auckland: An International Perspective, in *Royal Commission on Auckland Governance*, 4, Part 11, 515 – 52

Hambleton, R, 2010, New Wine in Old Bottles?, *Municipal Journal*, 18 February, p. 16

Hambleton, R, 2013, Elected Mayors: An International Rising Tide?, *Policy and Politics*, 41, 1, 125 – 8

Hambleton, R, 2014, Place-basedLeadership: A New Agenda for Spatial Planning and Local Governance, Borderlands: *The Journal of Spatial Planning in Ireland*, 4, April, 11 – 32

Hambleton, R, Bullock, S, 1996, *Revitalising Local Democracy: The Leadership Options*, London: Association of District Councils/Local Government Management Board

Hambleton, R, Gross, JS (eds), 2007, *Governing Cities in a Global Era: Urban Innovation, Competition and Democratic Reform*, Basingstoke: Palgrave

Hambleton, R, Howard, J, 2012, *Public Sector Innovation and Local Leadership in the UK and the Netherlands*, York: Joseph Rowntree Foundation

Hambleton, R, Howard, J, 2013, Place-based Leadership and Public Service Innovation, *Local Government Studies*, 39, 1, 47 – 70

Hambleton, R, Sweeting, D, 2004, US-style Leadership for English Local Government?, *Public Administration Review*, 64, 4, 474 – 88

Hambleton, R, Sweeting, D, 2014, Innovation in Urban Political Leadership: Reflections on the Introduction of a Directly Elected Mayor in Bristol, UK, *Public Money and Management*, 34, September, 315 – 22

Hambleton, R, Taylor, M (eds), 1993, *People in Cities: A Transatlantic Policy Exchange*, Bristol: Policy Press

Hambleton, R, Taylor, M, 1994, Transatlantic Urban Policy Transfer, *Policy Studies*, 15, 2, 4 – 18

Hambleton, R, Howard, J, Buser, M, Taylor, M, 2009, *InternationalInsights on Civic Leadership and Public Service Innovation*, Report for the Local Authority Research Council Initiative (*LARCI*), Swindon: LARCI

Hambleton, R, Howard, J, Marsh, A, Sweeting, D, 2013, The Prospects for Mayoral Governance in Bristol, The Bristol Civic Leadership Project, March, University of the West of England, Bristol: Bristol, http://bristolcivicleadership.net

Hamnett, C, 2003, *Unequal City: London in the Global Arena*, London: Routledge

Hantrais, L, 2009, *International Comparative Research: Theory, Methods and Practice*, Basingstoke: Palgrave

Harrison, P, 1983, *Inside the Inner City: Life under the Cutting Edge*, Harmonsdworth: Penguin

Harte, P, 2013, Investing in Peace: Reflections on the Work of the International Fund for Ireland from 1986 – 2011, *Borderlands: The Journal of Spatial Planning in Ireland* 3, January, 9 – 26

Hartley, J, 2011, PublicValue through Innovation and Improvement, in J Ben-

参考文献

ington, MH Moore (eds) *Public Value: Theory and Practice*, 171 – 84, Basingstoke: Palgrave

Harvey, D, 1973, *Social Justice and the City*, London: Edward Arnold

Harvey, D, 2012, *Rebel Cities: From the Right to the City to the Urban Revolution*, London: Verso

Haslam, SA, Reicher, SD, Platow, *MJ*, 2011, *The New Psychology of Leadership: Identity, Influence and Power*, Hove: Psychology Press

Hatzelhoffer, L, Humboldt, K, Lobeck, M, Wiegandt, CC, 2012, *Smart City in Practice: Converting Innovative Cities into Reality*, Berlin: Jovis Verlag GmbH

Haughton, G, Allmendinger, P, Counsell, D, Vigar, G, 2010, *The New Spatial Planning: Territorial Management with Soft Spaces and Fuzzy Boundaries*, Abingdon: Routledge

Haus, M, Heinelt, H, Stewart, M (eds), 2005, *Urban Governance and Democracy: Leadership and Community Involvement*, Abingdon: Routledge

Havel, V, 1992, *Summer Meditations on Politics, Morality and Civility in a Time of Transition*, London: Faber and Faber

Haylett, C, 2006, Working-class Subjects in the Cosmopolitan City, in J Binnie, J Holloway, S Millington, C Young (eds) *Cosmopolitan Urbanism*, pp. 187 – 203, Abingdon: Routledge

Hayward, CR, Swanstrom, T (eds), 2011, *Justice and the American Metropolis*, Minneapolis, MN; University of Minnesota Press

Healey, P, 2010, *Making Better Places: The Planning Project in the 21st Century*, Basingstoke: Palgrave

Heidenheimer, AJ, Heclo, H, Adams, CT, 1990, *Comparative Public Policy*, 3rd edn, New York: St Martin's Press

Heifetz, RA, Linsky, M, 2002, *Leadership on the Line*, Boston, MA: Harvard Business Press

Heifetz, R, Grashow, A, Linsky, M, 2009, *The Practice of Adaptive Leadership*, Boston, MA: Harvard Business Press

Heinelt, H, Sweeting, D, Getimis, P (eds), 2006, *Legitimacy and Urban Governance: A Cross-national Comparative Study*, Abingdon: Routledge

Held, D, 1987, *Models of Democracy*, Oxford: The Polity Press

Hennock, EP, 1973, *Fit and Proper Persons: Ideal and Reality in Nineteenth-century Urban Government*, London: Edward Arnold

Hersey, P, 1984, *The Situational Leader*, New York: Warner Books

Heseltine, M, 2012, *No Stone Unturned in Pursuit of Growth*, London: Department of Business, Innovation and Skills

Heynen, N, Kaika, M, Swyngedouw, E (eds), 2006, *In the Nature of Cities. Urban Political Ecology and the Politics of Urban Metabolism*, Abingdon: Routledge

HEFCE (Higher Education Funding Council for England), 2009, *Research Excellence Framework: Second Consultation on the Assessment of Funding of Research*, September 2009/38, Bristol: HEFCE

Hindman, M, 2009, *The Myth of Digital Democracy*, Princeton, NJ: Princeton University Press

Hirschman, AO, 1970, *Exit, Voice and Loyalty*, Cambridge, MA: Harvard University Press

Hirschman, AO, 1971, *A Bias for Hope: Essays on Development and Latin America*, Newhaven, CT: Yale University Press

Hirshman, L, 2012, *The Triumphant Gay Revolution*, New York: Harper Collins

Hodgson, L, 2004, *Manufactured Civil Society: Counting the Cost*, Critical Social Policy 24, 2, 139–64

Hoggett, P (ed), 1997, *Contested Communities: Experiences, Struggles, Policies*, Bristol: Policy Press

Hoggett, P, 2009, *Politics, Emotion and Identity*, Boulder, CO: Paradigm

Hollis, L, 2013, *Cities are Good for You: The Genius of the Metropolis*, London: Bloomsbury

Hood, C, 1991, A public Management for All Seasons?, *Public Administration* 69, Spring, 3 – 19

Hopkins, AG (ed), 2002, *Globalisation in World History*, London: Pimlico

Hopkins, R, 2011, *The Transition Companion: Making Your Community More Resilient in Uncertain Times*, Totnes: Green Books

Hopkins, R, 2013, The Power of Just Doing Stuff, Cambridge: UIT/Green Books

Hou, J (ed), 2013, *Transcultural Cities: Border-crossing and Placemaking*, Abingdon: Routledge

Howard, J, Lever, J, 2011, New Governance Spaces: What Generates a Participatory Disposition in Different Contexts? *Voluntary Sector Review*, 2, 1, 77 – 95

Hoyt, L (ed), 2013, *Transforming Cities and Minds through the Scholarship of Engagement: Economy, Equity and Environment*, Nashville, TN: Vanderbilt University Press

Hubbard, P, Kitchin, R, Valentine, G (eds), 2004, *Key Thinkers on Space and Place*, London: SAGE

Hudson, L, 1967, *Contrary Imaginations*, Harmondsworth: Penguin

Hunt, T, 2004, *Building Jerusalem: The Rise and Fall of the Victorian City*, London: Weidenfeld and Nicolson

Hutton, W, 2006, *The Writing on the Wall: Why We Must Embrace China as a Partner or Face It as an Enemy*, New York, NY: Free Press

Hutton, W, Giddens, A (eds), 2000, *On the Edge: Living with Global Capitalism*, London: Jonathan Cape

Illsley, B, Jackson, T, Curry, J, Rapaport, E, 2010, Community Involvement in the Soft Spaces of Planning, *International Planning Studies* 15, 4, 303 – 19

Imbroscio, DL, 2010, Keeping it Critical: Resisting the Allure of the Mainstream, in JS Davies, DL Imbroscio (eds) *Critical Urban Studies: New Directions*, 89 – 103, Albany, NY: State University of New York Press

IPCC (Intergovernmental Panel on Climate Change), 2013, *Working Group*

迈向包客性城市
地方性创新的故事

1. *Climate Change* 2013: *The Physical Science Basis*, September, Geneva: IPCC Secretariat

IPCC (Intergovernmental Panel on Climate Change), 2014a, *Working Group*
2. *Climate Change* 2014: *Impacts*, *Adaptation and Vulnerability*, March, Geneva: IPCC Secretariat

IPCC (Intergovernmental Panel on Climate Change), 2014b, *Working Group*
3. *Climate Change* 2014: *Mitigation of Climate Change*, April, Geneva: IPCC Secretariat

Irazabal, C, 2005, *City Making and Urban Governance in the Americas*, Aldershot: Ashgate Publishing

Iszatt-White, M (ed), 2013, *Leadership as Emotional labour. Management and the 'Managed Heart'*, Abingdon: Routledge

Iveson, K, Fincher, R, 2011, 'Just Diversity' in the City of Difference, in G Bridge, S Watson (eds) 2011, *The New Blackwell Companion to the City*, 407 – 18, Chichester: Blackwell

Jackson, T, 2009, *Prosperity without Growth*: *Economics for a Finite Planet*, London: Earthscan

Jacobs, J, 1961, *The Death and Life of Great American Cities*, New York: Vintage

Jacobs, MJ, 1991, *The Green Economy*: *Environment*, *Sustainable Development and the Politics of the Future*, London: Pluto Press

James, S, Cox, E, 2007, *Ward Councillors and Community Leadership*: *A Future Perspective*, York: Joseph Rowntree Foundation

Jenks, M, Jones, C (eds), 2010, *Dimensions of the Sustainable City*, London: Springer

Johnson, JC, Galea, S, 2011, Urban Health in Low-and Middle-income Countries, in AL Dannenberg, H Frumkin, RJ Jackson (eds) *Making Healthy Places*, pp. 350 – 65, Washington, DC: Island Press

Jones, BD (ed), 1989, *Leadership and Politics*: *New Perspectives in Political*

参考文献

Science, *Lawrence*, KS: University Press of Kansas

Joyce, P, 2012, *Strategic Leadership in Public Services*, Abingdon: Routledge

Judd, DR, Smith, JR, 2007, The New Ecology of Urban Governance: Special Purpose Authorities and Urban Development, in R Hambleton, JS Gross (eds) *Governing Cities in a Global Era: Urban Innovation*, *Competition and Democratic Reform*, 151–60, Basingstoke: Palgrave

Kahane, A, 2004, *Solving Tough Problems: An Open Way of Talking*, *Listening and Creating New Realities*, San Francisco, CA: Berrett-Koehler Publishers

Kahneman, D, 2012, *Thinking*, *Fast and Slow*, Penguin: London

Kaika, M, 2005, *City of Flows. Modernity*, *Nature and the City*, Abingdon: Routledge

Kantor, P, Lefevre, C, Saito, A, Savitch, HV, Thornley, A, 2012, *Struggling Giants: City-region Governance in London*, New York, Paris and Tokyo, Minneapolis, MN: University of Minnesota Press

Kegan, R, 1982, *The Evolving Self: Problem and Process in Human Development*, Cambridge, MA: Harvard University Press

Kemp, R, Kemp, E, Eldridge, C, Maxwell, B, 2009, *Cabinet Member for Your Ward: A New Challenge for All Councillors*, London: Leadership Centre for Local Government (now part of the Local Government Association)

Keohane, NO, 2010, *Thinking aboutLeadership*, Princeton, N J: Princeton University Press

Kohn, M, 2004, *Brave New Neighbourhoods: The Privatisation of Public Space*, New York, NY: Routledge

Kriesi, H, Müller, L (eds), 2013, *Democracy: An Ongoing Challenge*, Zurich: Lars Müller Publishers

Krumholz, N, Forester, J, 1990, *Making Equity Planning Work: Leadership in the Public Sector*, Philadelphia, PA: Temple University Press

Lacey, A, Miller, R, Reeves, D, Tankel, Y, 2013, From Gender Mainstreaming to Intersectionality, in C Whitzman, C Legacy, C Andrew, F Klodawsky, M

迈向包容性城市
地方性创新的故事

Shaw, K Viswanath (eds) *Building Inclusive Cities*: *Women's Safety and the Right to the City*, 143 –61, Abingdon: Routledge

Laguerre, MS, 1999, *Minoritized Space*: *An Inquiry into the Spatial Order of Things*, Berkeley, CA: University of California Press

Landis, D, Bennett, J, Bennett, M, 2004, *Handbook ofIntercultural Training*, London: SAGE

Landry, C, 2006, *The Art of City Making*, London: Earthscan

Lansley, S, 2012, *The Cost of Inequality*: *Why Equality is Essential for Recovery*, London: Gibson Square

Lapavitsas, C, 2013, *Profiting without Producing. How Finance Exploits Us All*, London: Verso

Larsen, JN, 2012, *Voluntary Community Organisations in Metropolitan Development*, *Paper to the European Urban Research Association* (EURA), Conference, Vienna, September

Layard, R, 2011, Happiness: Lessons from a New Science, 2nd edn, London: Penguin Le Grand, J, 2007, *The Other Invisible Hand*: *Delivering Public Services through Choice and Competition*, Princeton, NJ: University of Princeton Press

Leach, S, 2006, *The Changing Role of Local Politics in Britain*, Bristol: Policy Press

Leadbeater, C, 2013, The Systems Innovator, Discussion Paper in G Mulgan, C Leadbeater (eds) *Systems Innovation*, January, 25 –54, London: NESTA

Leadbeater, C, 2014, *The Frugal Innovator*: *Creating Change on a Shoestring Budget*, Basingstoke: Palgrave

Leavy, J, Howard, J, 2013, *What Matters Most? Evidence from* 84 *Participatory Studies with Those Living with Extreme Poverty and Marginalisation*, The Participate Initiative, Brighton: Institute of Development Studies

Ledwith, M, 2011, *Community Development*: *A Critical Approach*, 2nd edn, Bristol: Policy Press

Lefebvre, H, 1996, The Right to the City, in E Kofman, E Lebas (eds) *Writ-*

参考文献

ing on Cities, 63 – 181, Oxford: Blackwell, Originally Published as Le Droit à la Ville, 1968, Paris: Anthropos

Lefevre, C, 2010, *The Improbable Metropolis: Decentralisation, Local Democracy and Metropolitan Areas in the Western World*, Analise Social XLV, 197, 623 – 37

Leighton, D, Wood, C, 2010, *Measuring Social Value: The Gap between Policy and Practice*, London: Demos

Levin, J, Rabrenovic, G, 2004, *Why We Hate*, Amherst, NY: Prometheus Books

Levy, F, Meltsner, AJ, Wildavsky, A, 1974, *Urban Outcomes*, Berkeley, CA: University of California Press

Lewis, M, Conaty, P, 2012, *The Resilience Imperative: Cooperative Transitions to a Steady State Economy*, Canada: New Society Publishers

Liddle, J, 2010, Twenty-first-century Public Leadership within Complex Governance Systems: Some Reflections, *Policy and Politics* 38, 4, 657 – 63

Livingstone, K, 2011, *You can't Say That: Memoirs*, London: Faber and Faber

Lo, L, 2008, Diver City Toronto: Canada's Premier Gateway City, in M Price, L Benton-Short (eds) *Migrants to the Metropolis: The Rise of Immigrant Gateway Cities*, 97 – 127, Syracuse, NY: Syracuse University Press

Logan, JR, Molotch, HL, 1987, *Urban Fortunes: The Political Economy of Place*, Berkeley, CA: University of California Press

Low, S, 2003, *Behind the Gates: Life, Security, and the Pursuit of Happiness in Fortress America*, New York: Routledge

Lukes, S, 2005, *Power: A Radical View*, 2nd edn, Basingstoke: Palgrave

Lynch, K, 1960, *The Image of the City*, Cambridge, MA: MIT Press

Lynch, K, 1981, *A Theory of Good City Form*, Cambridge, MA: MIT Press

Lyons Inquiry into Local Government, 2007, *Place-shaping: A Shared Ambition for the Future of Local Government*, March, London: The Stationery Office

Maddock, S, 2009, *Change You can Believe in: The Leadership of Innovation*, Whitehall Innovation Hub, London: National School of Government

Magnusson, W, 2010, Seeing like a City, in JS Davies, DL Imbroscio (eds) *Critical Urban Studies: New Directions*, 41 – 53, Albany, NY: State University of New York Press

Maloney, T, Kirchberger, A, 2010, *Cities Accommodating Diversity: Findings from the Peer Review Project 'Diversity and Equality in European Cities'*, Brussels: EUROCITIES

Maly, MT, 2005, *Beyond Segregation: Multiracial and Multiethnic Neighbourhoods in the United States*, Philadelphia, PA: Temple University Press

Margerum, RD, 2011, *Beyond Consensus: Improving Collaborative Planning and Management*, Cambridge, MA: The MIT Press

Marris, P, 1987, *Meaning and Action: Community Planning and Conceptions of Change*, London: Routledge and Kegan Paul

Marris, P, Rein, M, 1972, *Dilemmas of Social Reform: Poverty and Community Action in the United States*, 2nd edn, Harmondsworth: Pelican

Marsh, PT, 1994, *Joseph Chamberlain: Entrepreneur in Politics*, New Haven, CT: Yale University Press

Marshall, J, Coleman, G, Reason, P (eds), 2011, *Leadership for Sustainability: An Action Research Approach*, Sheffield: Greenleaf Publishing

Marshall, TH, 1950, *Citizenship and Social Class*, Cambridge: Cambridge University Press

Marshall, TH, Bottomore, T, 1992, *Citizenship and Social Class*, London: Pluto Press

Martinez-Fernandez, C, Audriac, I, Fol, S, Cunningham-Sabot, E, 2012, Shrinking Cities: Urban Challenges and Globalisation, *International Journal of Urban and Regional Research* 36, 1, 213 – 25

Maslow, AH, 1943, A Theory of Human Motivation, *Psychological Review* 50, 4, 370 – 96

Massey, D, 1994, *Space, Place and Gender*, Cambridge: Polity Press Massey, D, 2005, For Space, London: SAGE

参考文献

Maude, B, 2011, *Managing Cross-cultural Communication: Principles and Practice*, Basingstoke: Palgrave

Mayer-Schonberger, V, Cukier, K, 2013, *Big Data: A Revolution that will Transform How We Live, Work and Think*, London: John Murray

McCarney, PL, Stren, RE (eds), 2003, *Governance on the Ground: Innovations and Discontinuities in Cities of the Developing World*, Baltimore, MD: Johns Hopkins University Press

McGregor, D, 1960, *The Human Side of Enterprise*, New York: McGraw-Hill

McInerney, CR, Day, RE, 2007, *Rethinking Knowledge Management*, New York: Springer

McKenzie, E, 1994, *Privatopia: Homeowner Associations and the Rise of Residential Private Governments*, Newhaven, CT: Yale University

Meadows, DH, Meadows, DL, Randers, J, Behrens, WW, 1972, *The Limits to Growth*, New York: Universe Books

Meadows, DH, Randers, J, Meadows, D, 2005, *Limits to Growth: The 30-year Update*, London: Earthscan

Meijs, LCPM, 2012, Reinventing Dutch Civil Society, *ECSP Insight 3*, October, pp 16 – 18, Rotterdam: Rotterdam School of Management, Erasmus University

Meyer, WB, 2013, *The Environmental Advantages of Cities: Countering Commonsense Antiurbanism*, Cambridge, MA: The MIT Press

Miliband, E, 2011, *Speech to the Labour Party Conference*, 27 September

Minton, A, 2009, *Ground Control: Fear and Happiness in the Twenty-first-century City*, London: Penguin

Minton, A, Aked, J, 2012, 'Fortress Britain': High Security, Insecurity and the Challenge of Preventing Harm, *Prevention Working Paper*, December, London: New Economics Foundation (nef)

Mitchell, D, 2003, *The Right to the City: Social Justice and the Fight for Public Space*, New York: Guilford Press

Moloney, T, Kirchberger, A, 2010, *Cities Accommodating Diversity*, *Report of*

迈向包容性城市

地方性创新的故事

the Diversity and Equality in European Cities（DIVE）Project, Brussels：EUROCI-TIES and Migration Policy Group, www. integratingcities. eu

Monaghan, P, 2012, *How Local Resilience Creates Sustainable Societies*：*Hard to Make*, *Hard to Break*, Abingdon：Routledge

Monbiot, G, 2013, *Climate Change? Try Catastrophic Climate Breakdown*, *Guardian*, 28 September, 1

Montgomery, J, 2007, *The New Wealth of Cities*, Aldershot：Ashgate

Montgomery, J, 2013, *Happy City*：*Transforming our Lives through Urban Design*, London：Penguin

Moore, MH, 1995, *Creating Public Value*, Cambridge, MA：Harvard University Press

Moore, R, 2012, *Why We Build*, Basingstoke：Picador

Morphet, J, 2010, *Effective Practice in Spatial Planning*, Abingdon：Routledge

Mossberger, K, 2009, Urban Regime Analysis, in JS Davies, DL Imbroscio（eds）*Theories of Urban Politics*, 40 – 54, London：SAGE

Mossberger, K, Clarke, SE, John, P（eds）, 2012, *The Oxford Handbook of Urban Politics*, Oxford：Oxford University Press

Mossberger, K, Tolbert, CJ, McNeal, RS, 2008, *Digital Citizenship*：*The Internet*, *Society and Participation*, Cambridge MA：The MIT Press

Moynagh, M, Worsley, R, 2008, *Going Global*：*Key Questions for the 21st Century*, London：A and C Black

Mulgan, G, Leadbeater, C, 2013, *Systems Innovation*：*Discussion Paper*, London：National Endowment for Science Technology and the Arts（NESTA）

Neal, Z, 2013, *The Connected City*：*How Networks are Shaping the Modern Metropolis*, Abingdon：Routledge

Nelson, AC, Allen, BL, Trauger, DL（eds）, 2006, *Toward a Resilient Metropolis*：*The Role of State and Land Grant Universities in the 21st Century*, Alexandria, VA：Metropolitan Institute at Virginia Tech

Neuwirth, R, 2005, *Shadow Cities*：*A Billion Squatters*, *A New Urban World*,

London: Routledge

Newman, I, 2014, *Reclaiming Local Democracy: A Progressive Future for Local Government*, Bristol: Policy Press

Newman, P, Jennings, I, 2008, *Cities as Sustainable Ecosystems: Principles and Practices*, Washington, DC: Island Press

Newman, P, Beatley, T, Boyer, H, 2009, *Resilient Cities: Responding to Peak Oil and Climate Change*, Washington, DC: Island Press

Newton, PW, 2014, City Transitions: Infrastructure Innovation, Green Economy and the Eco-city, in L J Pearson, PW Newton, P Roberts (eds) *Resilient Sustainable Cities: A Future*, 91 – 104, Abingdon: Routledge

Nicholson, N, 2013, *The 'I' of Leadership: Strategies for Seeing, Being and Doing*, Chichester: John Wiley

Nightingale, CH, 2012, *Segregation: A Global History of Divided Cities*, Chicago, IL: University of Chicago Press

Norman, J, 2010, *The Big Society: The Anatomy of the New Politics*, Buckingham: University of Buckingham Press

Norquist, J, 1998, *The Wealth of Cities: Revitalizing the Centers of American Life*, Reading, MA: Addison-Wesley

Nye, JS, 2004, *Soft Power: The Means to Success in World Politics*, New York: Public Affairs

OECD (Organisation for Economic Cooperation and Development), 2008, *Growing Unequal: Income Distribution and Poverty in OECD Countries*, Paris: OECD

Oliver, B, Pitt, B, 2013, *Engaging Communities and Service Users: Context, Themes and Methods*, Basingstoke: Palgrave

Osborne, D, Plastrik, P, 1997, *Banishing Bureaucracy: The Five Strategies for Reinventing Government*, Reading, MA: Addison-Wesley

Osborne, H, 2014, *Poor Doors: The Segregation of Inner-city Flat Dwellers*, The Guardian, 26 July, 1

Ouseley, H, 2005, *Community pride- not Prejudice: Making Diversity Work in*

Bradford, Bradford：Bradford Vision

Packard, V, 1957, *The Hidden Persuaders*, Harmondsworth：Penguin

Pallagst, K, Wiechmann, T, Marinez-Fernandez, C（eds）, 2014, *Shrinking Cities：International Perspectives and Policy Implications*, Abingdon：Routledge

Parkin, S, 2010, *The Positive Deviant：Sustainability Leadership in a Perverse World*, London：Earthscan

Parnell, S, Pieterse, E（eds）, 2014, *Africa's Urban Revolution*, London：Zed Books

Pateman, C, 1970, *Participation and Democratic Theory*, Cambridge：Cambridge University Press

Pearce, J（ed）, 2010, *Participation and Democracy in the Twenty-first Century City*, Basingstoke：Palgrave

Pearson, L J, Newton, PW, Roberts, P（eds）, 2014, *Resilient Sustainable Cities：A Future*, Abingdon：Routledge

Peck, J, 2005, *Struggling with the Creative Class*, *International Journal of Urban and Regional Research* 29, 4, 740 – 70

Pelling, M, 2011, *Adaptation to Climate Change：From Resilience to Transformation*, Abingdon：Routledge

Pendleton, D, Furnham, A, 2012, *Leadership：All You Need to Know*, Basingstoke：Palgrave

Penninx, R, Martiniello, M, 2004, Integration Processes and Policies：State of the Art and Lessons, in R Penninx, K Kraal, M Martiniello, S Vertovic（eds）*Citizenship in European Cities：Immigrants*, *Local Politics and Integration Policies*, Aldershot：Ashgate

Perry, DC, Wiewel, W（eds）2005, *The University as Urban Developer：Case Studies and Analysis*, Armonk：ME Sharpe

Peters, TJ, Waterman, RH, 1982, *In Search of Excellence：Lessons from Americas Best-run Companies*, New York：Harper and Row

Peterson, PE, 1981, *City Limits*, Chicago, IL：University of Chicago Press

参考文献

Pew Partnership, 2004, *New Directions in Civic Engagement: University Avenue Meets Main Street*, Charlottesville, VA: Pew Partnership for Civic Change

Pierre, J, 2011, *The Politics of Urban Governance*, Basingstoke: Palgrave

Pierre, J, Peters, BG, 2000, *Governance, Politics and the State*, Basingstoke: Palgrave

Pieterse, E, 2014, Filling the Void: An Agenda for Tackling African Urbanisation, in S Parnell, E Pieterse (eds) *Africa's Urban Revolution*, 200 – 20, London: Zed Books

Piketty, T, 2014, *Capital in the Twenty-first Century*, Cambridge, MA: Harvard University Press

Pollitt, C, 1990, *Managerialism and the Public Services*, Oxford: Blackwell

Porter, L, Shaw, K (eds), 2009, *Whose Urban Renaissance? An International Comparison of Urban Regeneration Strategies*, Routledge: Abingdon

Post, RC, 2010, *Urban Mass Transit: The Life Story of a Technology*, Baltimore, MD: Johns Hopkins University Press

Price, M, Benton-Short, L, 2007, Immigrants and World Cities: From Hyperdiverse to the Bypassed, *Geo Journal* 68, 2, 103 – 17

Price, M, Benton-Short, L (eds), 2008, *Migrants to the Metropolis: The Rise of Immigrant Gateway Cities*, Syracuse, NY: Syracuse University Press

Provost, C, 2013, Bringing It All Back Home, *Guardian Weekly*, 8 March, 14

Putnam, RD, 1993, *Making Democracy Work: Civic Traditions in Modern Italy*, Princeton, NJ: Princeton University Press

Putnam, RD, 2007, E Pluribus Unum: Diversity and Community in the 21st Century, *Scandinavian Political Studies* 30, 2, 137 – 74

Quelch, JA, Jocz, KE, 2012, *All Business is Local: Why Place Matters More than Ever in a Global Virtual World*, London: Porfolio Penguin

Quick, KS, Feldman, MS, 2011, Distinguishing Participation and Inclusion, *Journal of Planning Education and Research*, 31, 3, 271 – 90

Quirk, B, 2011, *Re-imagining Government*, Basingstoke: Palgrave

Raja, S, Born, B, Kozlowski Russell, J, 2008, *A Planner's Guide to Community and Regional Food Planning: Transforming Food Environments, Facilitating Healthy Eating, Planning Advisory Service Report* 554, Chicago, IL: American Planning Association

Ranney, D, 2003, *Global Decisions, Local Collisions: Urban Life in the New World Order*, Philadelphia, PA: Temple University Press

Ravetz, J, 2013, Sustainable City Regions and Beyond: Towards Urban Synergy and Social Intelligences, *Journal of the Town and Country Planning Association* 82, 10, 402–6

Redekop, BW (ed), 2010, *Leadership for Environmental Sustainability*, Abingdon: Routledge

Reeves, D, 2005, *Planning for Diversity: Policy and Planning in a World of Difference*, Abingdon: Routledge

Relph, E, 1976, *Place and Placelessness*, London: Pion

Rhodes, R, Wanna, J, 2007, The Limits of Public Value, or Rescuing Responsible Government from the Platonic Guardians, *Australian Journal of Public Administration* 66, 4, 406–21

Rich, RF, 1997, *Measuring Knowledge Utilisation: Processes and Outcomes, Knowledge and Policy: The International Journal of Knowledge Transfer and Utilisation* 10, 3, 11–24

Richards, MG, 2006, *Congestion Charging in London: The Policy and the Politics*, Basingstoke: Palgrave

Riley, K, 2013, *Leadership of Place: Stories from Schools in the US, UK and South Africa*, London: Bloomsbury Academic

Riots, Communities and Victims Panel, 2012, *After the Riots: The Final Report*, March, London: Independent Report of the Panel

Rittel, H, Webber, M, 1973, Dilemmas in a General Theory of Planning, *Policy Sciences*, 4, 2, 155–69

Rivlin, G, 1992, *Fire on the Prairie*, New York: Henry Holt

参考文献

Rocke, A, 2014, Framing Citizen Participation: Participatory Budgeting in France, *Germany and the United Kingdom*, Basingstoke: Palgrave

Rogers, R, Stirk, G, Harbours, I, 2012, Cities of Tomorrow: Cities and the Language of Architecture, *Lecture to the Royal Institute of British Architects* (RIBA), London, 31 January

Rose, R, 1993, *Lesson-drawing in Public Policy: A Guide to Learning across Time and Space*, Chatham, NJ: Chatham House Publishers

Rose, R, 2005, *Learning from Comparative Public Policy: A Practical Guide*, Abingdon: Routledge

Rosenzweig, P, 2007, *The Halo Effect*, New York: Simon and Schuster

Roulstone, A, Prideaux, S, 2012, *Understanding Disability Policy*, Bristol: Policy Press

Royal Commission on Auckland Governance, 2009, *Auckland Governance Report*, Auckland, New Zealand: Royal Commission on Auckland Governance, www. royalcommission. govt. nz

Royko, M, 1971, *Boss: Richard J Daley*, New York: Penguin

Ruble, BA, Stren, RE, Tulchin, JS, Varat, DH (eds), 2001, *Urban Governance around the World*, Washington, DC: Woodrow Wilson Center

Rydin, Y, 2011, *The Purpose of Planning: Creating Sustainable Towns and Cities*, Bristol: Policy Press

Rydin, Y, 2013, *The Future of Planning: Beyond Growth Dependence*, Bristol: Policy Press

Salgado, S, 2000, *Migrations: Humanity in Transition*, New York: Aperture

Sanchez de Madariaga, I, Roberts, M (eds), 2013, *Fair Shared Cities: The Impact of Gender Planning in Europe*, Abingdon: Ashgate

Sandel, M, 2012, *What Money Can't Buy: The Moral Limits of Markets*, London: Allen Lane

Sandercock, L, 1998, *Towards Cosmopolis: Planning for Multicultural Cities*, Chichester: John Wiley

迈向包容性城市
地方性创新的故事

Sandercock, L, 2003, *Cosmopolis II: Mongrel Cities of the 21st Century*, London: Continuum

Sansom, G, 2012, Australian Mayors: What can and should They Do?, *A Discussion Paper, Sydney: Centre for Local Government*, University of Technology Sydney

Sashkin, M, Sashkin, MG, 2003, *Leadership That Matters*, San Francisco, CA: Berrett Koehler Publishers

Sassen, S, 1999, *Guests and Aliens*, New York: New Press

Sassen, S, 2001, *The Global City: New York, London, Tokyo*, 2nd edn, Princeton, NJ: Princeton University Press

Sassen, S, 2014, *Expulsions: Brutality and Complexity in the Global Economy*, Cambridge, MA: Harvard University Press

Satterthwaite, D, Dodman, D, 2013, Towards Resilience and Transformation for Cities within a Finite Planet, *Environment and Urbanization* 25, 2, 291–98

Satterthwaite, D, Mitlin, D, 2014, *Reducing Urban Poverty in the Global South*, Abingdon: Routledge

Saunders, D, 2010, *Arrival City: How the Largest Migration in History is Reshaping Our World*, Heinemann: London

Saurugger, S, Radaelli, CM, 2008, The Europeanisation of Public Policies: Introduction, *Journal of Comparative Policy Analysis* 10, 3, 213–19

Savitch, HV, Kantor, P, 2002, *Cities in the International Marketplace: The Political Economy of Urban Development in North America and Western Europe*, Princeton, NJ: Princeton University Press

Scarman, LG, 1981, The Scarman Report: The Brixton Disorders, 10–12 April 1981, *Report of an Inquiry by Lord Scarman*, London: Her Majesty's Stationery Office

Scharmer, O, Kaufer, K, 2013, *Leading from the Emerging Future: From Ego-system to Eco-system Economics*, San Francisco, CA: Berrett-Koehler

Schattschneider, EE, 1960, *The Semi-sovereign People: A Realist's View of the Democracy in America*, New York: Holt, Rhinehart and Winston

· 434 ·

参考文献

Schon, DA, 1971, *Beyond the Stable State*, London: Temple Smith

Schumpeter, JA, 1943, *Capitalism, Socialism and Democracy*, London: Allen and Unwin

Sclar, ED, Volavka-Close, N, Brown, P (eds), 2013, *The Urban Transformation: Health, Shelter and Climate Change*, Abingdon: Routledge

Scott, J, 2001, *Power*, Cambridge: Polity Press

Scott, JC, 1998, *Seeing like a State: How Certain Schemes to Improve the Human Condition have Failed*, New Haven, CT: Yale University Press

Scullion, J, 2013, Tweeting or Retreating: The Dilemma for Modern Councillors, *Paper to the Policy and Politics Conference*, Bristol, 17 – 18 September

Sen, A, 1984, The Living Standard, *Oxford Economic Papers* 36, 74 – 90, Oxford: Oxford University Press

Sen, A, 2006, *Identity and Violence: The Illusion of Destiny*, London: Penguin

Sepe, M, 2013, *Planning and Place in the City: Mapping Place Identity*, Abingdon: Routledge

Shackle, S, 2013, Will the Delhi Gang-rape Case Actually Change Women's Lives in India?, *New Statesman*, 11 January, 12 – 17

Shaftoe, H, 2008, *Convivial Urban Spaces: Creating Effective Public Places*, London: Earthscan

Sherriff, G, 2013, From Burden to Asset: The Political Ecology of Sustainable Transport, *Journal of the Town and Country Planning Association* 82, 10, 431 – 4

Shirky, C, 2008, *Here Comes Everybody: How Change Happens when People Come Together*, London: Penguin

Siegel, D, 2014, *Leaders in the Shadows: The Leadership Qualities of Municipal Chief Administrative Officers*, Toronto: University of Toronto Press

Skelcher, C, Sullivan, H, Jeffares, S, 2013, *Hybrid Governance in European Cities: Neighbourhood, Migration and Democracy*, Basingstoke: Palgrave

Smith, C, 2006, *The Plan of Chicago: Daniel Burnham and the Remaking of the American City*, Chicago, IL: University of Chicago Press

迈向包容性城市
地方性创新的故事

Smith, G, 2009, *Democratic Innovations: Designing Institutions for Citizen Participation*, Cambridge: Cambridge University Press

Smith, I, Lepine, E, Taylor, M (eds), 2007, *Disadvantaged by Where You Live? Neighbourhood Governance in Contemporary Urban Policy*, Bristol: Policy Press

Snowden, DJ, Boone, ME, 2007, A Leader's Framework for Decision Making, *Harvard Business Review*, November, 1 − 8

Soja, EW, 2010, *Seeking Spatial Justice*, Minneapolis, MN: University of Minnesota Press

Sotarauta, M, Horlings, H, Liddle, J (eds), 2014, *Leadership and Change in Sustainable Regional Development*, Abingdon: Routledge

Spencer, S, 2011, *The Migration Debate*, Bristol: Policy Press

Spodek, H, 2011, *Ahmedabad: Shock City of* 20th *Century India*, Bloomington, IN: Indiana University Press

Stacey, RD, 1993, *Strategic Management and Organisational Dynamics*, London: Pitman Publishing

Stein, M, 2012, *Rethinking the Gay and Lesbian Movement*, London: Routledge

Stern, N, 2010, *A Blueprint for a Safer Planet: How We can Save the World and Create Prosperity*, London: Vintage Books

Stewart, JD, 1971, *Management in Local Government: A Viewpoint*, London: Charles Knight

Stewart, M, Collett, P, 1998, Accountability in Contributions to Sustainable Development, in D Warburton (ed) *Community and Sustainable Development: Participation in the Future*, 52 − 67, London: Earthscan

Stiglitz, J, 2006, *Making Globalisation Work*, London: Allen Lane

Stiglitz, J, 2012, *The Price of Inequality: How Today's Divided Society Endangers Our Future*, New York: WW Norton and Company

Stiglitz, JE, Sen, A, Fitoussi, JP, 2009, *Report by the Commission on the Measurement of Economic Performance and Social Progress*, September, Paris: Commission

参考文献

Stone, CN, 1989, *Regime Politics: Governing Atlanta*, 1946 – 1988, Lawrence, KS: University Press of Kansas

Stone, CN, 1995, Political Leadership in Urban Politics, in D Judge, G Stoker, H Wollman (eds) *Theories of Urban Politics*, 96 – 116, London: SAGE

Stone, CN, 2005, Institutions Count but Resources Decide: American Mayors and the Limits of Formal Structure, in R Berg, N Rao (eds) *Transforming Local Political Leadership*, 180 – 94, Basingstoke: Palgrave

Strauss, A, 1978, *Negotiations: Varieties, Contexts, Processes and Social Order*, San Francisco, CA: Jossey-Bass

Sukopp, H, Werner, P, 1982, *Nature in Cities*, Council of Europe: Strasbourg

Sun, PYT, Anderson, MH, 2012, Civic Capacity: Building on Transformational Leadership to Explain Successful Integrative Public Leadership, *The Leadership Quarterly* 23, 3, 309 – 23

Svara, JH, 1990, *Official Leadership in the City: Patterns of Conflict and Cooperation*, Oxford: Oxford University Press

Svara, JH (ed), 1994, *Facilitative Leadership in Local Government: Lessons from Successful Mayors and Chairpersons*, San Francisco, CA: Jossey-Bass Publishers

Svara, JH, 2003, Effective Mayoral Leadership in Council-manager Cities: Reassessing the Facilitative Model, *National Civic Review* 92, 2, 157 – 72

Svara, JH (ed), 2009, *The Facilitative Leader in City Hall: Reexamining the Scope and Contributions*, Boca Raton, FL: Taylor and Francis

Svara, JH, Watson, DJ (eds) 2010, *More than a Mayor or Manager: Campaigns to Change form of Government in America's Large Cities*, Washington, DC: Georgetown University Press

Sweeting, D, 2002, Leadership in Urban Governance: The Mayor of London, *Local Government Studies* 31, 4, 465 – 78

Swianiewicz, P, 2007, Changing Forms of Urban Government in Central and Eastern Europe, in R Hambleton, JS Gross (eds) Governing Cities in a Global Era: Urban Innovation, *Competition and Democratic Reform*, 93 – 112, Basingstoke and

New York: Palgrave

Swinney, P, Smith, R, Blatchford, K, 2011, *Big Shot or Long Shot? How Elected Mayors can Help Drive Economic Growth in England's Cities?*, London: Institute for Government and Centre for Cities

Swyngedouw, E, 2010, Apocalypse Forever? Post-political Populism and the Spectre of Climate Change, *Theory, Culture and Society* 27, 2/3, 213–32

Taket, A, Crisp, BR, Nevill, A, Lamaro G, Graham M, Barter-Godfrey, S (eds), 2009, *Theorising Social Exclusion*, Abingdon: Routledge

Taleb, NN, 2007, The Black Swan: *The Impact of the Highly Improbable*, New York: Random House

Tallon, A, 2013, *Urban Regeneration in the UK*, 2nd edn, Abingdon: Routledge

Tannerfeldt, G, Ljung, P, 2006, *More Urban-less Poor: An Introduction to Urban Development and Management*, London: Earthscan

Taylor, C, 2005, *Walking the Talk: Building a Culture of Success*, London: Random House

Taylor, D, 2002, *The Naked Leader*, Chichester: Capstone Publishing

Taylor, FW, 1911, *Principles of Scientific Management*, New York: Harper and Brothers

Taylor, M, 2011, *Public Policy in the Community*, 2nd edn, Basingstoke: Palgrave

Taylor, N, 2003, More or Less Meaningful Concepts in Planning Theory (and How to Make Them More Meaningful): A Plea for Conceptual Analysis and Precision: An Essay in Memory of Eric Reade: 1931–2002, *Planning Theory*, 2, 91, 91–100

Tett, G, 2009, *Fool's Gold: How Unrestrained Greed Corrupted a Dream, Shattered Global Markets and Unleashed a Catastrophe*, London: Little Brown

Tewdwr-Jones, M, 2011, *Urban Reflections: Narratives of Place, Meaning and Change*, Bristol: Policy Press

参考文献

Thaler, RH, Sunstein, CR, 2008, *Nudge: Improving Decisions about Health and Happiness*, London: Penguin

Theodore, N, Peck, J, Brenner, N, 2011, Neoliberal Urbanism: Cities and the Rule of Markets, in G Bridge, S Watson (eds) *The New Blackwell Companion to the City*, 15 – 25, Chichester: Blackwell

Thompson Fullilove, M, 2004, *Root Shock: How Tearing up City Neighbourhoods Hurts America, and What We can Do about It*, New York: One World Ballantine Books

Thörn, C, 2008, *Intervention, or The Need for a New Cultural Critique*, Goteborg: Goteborgs Universitet, Faculty of Fine, Applied and Performing Arts, http://gup. ub. gu. se/publication/87287

Thorp, L, 2009, New Migrants, Citizenship and Local Governance: Poles Apart?, in C Durose, S Greasley, L Richardson (eds) *Changing Local Governance, Changing Citizens*, 111 – 34, Bristol: Policy Press

Tidd, J, Bessant, J, Pavitt, K, 2005, *Managing Innovation: Integrating Technological, Market and Organisational Change*, 3rd edn, Chichester: John Wiley

Tiebout, CM, 1956, A Pure Theory of Local Expenditures, *Journal of Political Economy* 64, 416 – 24

Townsend, AM, 2013, *Smart Cities: Big Data, Civic Hackers and the Quest for a New Utopia*, New York: WW Norton and Co Inc.

Travers, T, 2004, *The Politics of London: Governing the Ungovernable City*, Basingstoke: Palgrave

Tuan, YF, 1977, *Space and Place: The Perspective of Experience*, Minneapolis, MN: The University of Minneapolis Press

Tuddenham, R (ed), 2010, *The Big Society: Next Practice and Public Service Futures*, London: SOLACE Foundation Imprint

Tulchin, JS, Varat, DH, Ruble, BA (eds), 2002, *Democratic Governance and Urban Sustainability*, Washington, DC: Woodrow Wilson Center

UCLG (United Cities and Local Governments), 2008, *Decentralisation and Lo-*

迈向包容性城市
地方性创新的故事

cal Democracy in the World, *GOLD Report I*, Barcelona: United Cities and Local Governments

UCLG (United Cities and Local Governments), 2010, Policy Paper on Urban Strategic Planning: Local Leaders Preparing for the Future of Our Cities, *Paper on City Development Strategies*, Barcelona: United Cities and Local Governments

UCLG (United Cities and Local Governments), 2011, *Local Government Finance: The Challenges of the 21st Century*, *GOLD Report II*, Barcelona: United Cities and Local Governments

UCLG (United Cities and Local Governments), 2014, *Access to Public Services and World Urbanisation*, *GOLD Report III*, Barcelona: United Cities and Local Governments

Uduku, O, 2010, Lagos: Urban Gating as the Default Condition, in S Bagaeen, O Uduku (eds) *Gated Communities: Social Sustainability in Contemporary and Historical Gated Developments*, London: Earthscan

UN Expert Group, 2012, *The Millennium Development Goals Report* 2012, New York: United Nations

UN-DESA (Department of Economic and Social Affairs), 2012, *World Urbanisation Prospects: The* 2011 *Revision*, New York: United Nations

UN-Habitat (Human Settlements Programme), 2010, *State of the World's Cities* 2010/2011. Cities for all: Bridging the Urban Divide, London: Earthscan

UN-Habitat (Human Settlements Programme), 2011, *Cities and Climate Change: Global Report on Human Settlements* 2011, London: Earthscan

UN-Habitat (Human Settlements Programme), 2012, *State of the World's Cities* 2012/13: *Prosperity of Cities*, *World Urban Forum Edition*, Nairobi: United Nations

UN-Habitat (Human Settlements Programme), 2014, Urban Equity in Development: Cities for Life, *Concept Paper for WUF* 7, March, Nairobi: United Nations

UN-SDSN (Sustainable Development Solutions Network), 2013, *An Action Agenda for Sustainable Development: Report to the UN Secretary-General*, 23 October, New York: United Nations, www. unsdsn. org

参考文献

Urban Task Force, 1999, *Towards an Urban Renaissance*, London: Department of the Environment, Transport and the Regions

Vertovec, S, 2007, *Super-diversity and Its Implications*, *Ethnic and Racial Studies* 29, 6, 1024 – 54

Vickers, G, 1965, *The Art of Judgment*, New York: Basic Books

Vickers, G, 1970, *Freedom in a Rocking Boat*: *Changing Values in an Unstable Society*, Harmondsworth: Penguin

Viswanath, K, 2013, Gender Inclusive Cities programme, in C Whitzman, C Legacy, C Andrew, F Klodawsky, M Shaw, K Viswanath (eds) *Building Inclusive Cities*: *Women's Safety and the Right to the City*, 75 – 89, Abingdon: Routledge

Wainwright, H, 2003, *Reclaim the State*: *Experiments in Popular Democracy*, London: Verso

Walsh, K, 1995, Public Services and Market Mechanisms: Competition, Contracting and the New Public Management, Basingstoke: Palgrave

Walzer, M, 1992, The Civil Society Argument, in C Mouffe (ed) *Dimensions of Radical Democracy*: *Pluralism*, *Citizenship*, *Community*, 89 – 107, London: Verso

Wang, BX, Chee, H, 2011, *Chinese Leadership*, Basingstoke: Palgrave

Warburton, D (ed), 2009, *Community and Sustainable Development*: *Participation in the Futures*, London: Earthscan

Watson, V, 2006, Deep Difference: Diversity, Planning and Ethics, *Planning Theory* 5, 1, 31 – 50

Watson, V, 2009, Seeing from the South: Refocussing Urban Planning on the Globe's Central Urban Issues, *Urban Studies* 46, 11, 2259 – 75

WCED (World Commission on Environment and Development), 1987, *Our Common Future*, Oxford: Oxford University Press

Weaver, T, 2014, What does Social Justice in the City Require?, *Paper to the Urban Affairs Association Annual Conference*, San Antonio, 20 March

Whitehead, M, 2012, The Sustainable City: An Obituary? On the Future Form and Prospects of Sustainable Urbanism, in J Flint, M Raco (eds) *The Future of Sus-*

tainable Cities: *Critical Reflections*, 29 – 46, Bristol: Policy Press

Whitfield, D, 1992, *The Welfare State. Privatisation*, *Deregulation*, *Commercialisation of Public Services*: *Alternative Strategies for the* 1990*s*, London: Pluto Press

Whitfield, D, 2012, *In Place of Austerity*: *Reconstructing the Economy*, *State and Public Services*, Nottingham: Spokesman

Whitzman, C, Legacy, C, Andrew, C, Klodawsky, F, Shaw, M, Viswanath, K (eds) 2013, *Building Inclusive Cities*: *Women's Safety and the Right to the City*, Abingdon: Routledge

Wiechmann, T, Pallagst, KM, 2012, Urban Shrinkage in Germany and the USA: A Comparison of Transformation Patterns and Local Strategies, *International Journal of Urban and Regional Research* 36, 2, 261 – 80

Wiewel, W, Perry, DC (eds) 2008, *Global Universities and Urban Development*: *Case Studies and Analysis*, Armonk: ME Sharpe

Wiggins, K, 2013, Fight of the Navigator as the Journey Begins, *Local Government Chronicle*, 17 October, 10 – 11

Wilkinson, C, 2012, Social-ecological Resilience: Insights and Issues for Planning Theory, *Planning Theory* 11, 2, 148 – 69

Wilkinson, R, Pickett, K, 2010, *The Spirit Level*: *Why Equality is Better for Everyone*, London: Penguin

Williams, K (ed), 2005, *Spatial Planning*, *Urban Form and Sustainable Transport*, Aldershot: Ashgate

Williams, K, Burton, E, Jenks, M (eds), 2000, *Achieving Sustainable Urban Form*, London: E & FN Spon

Williams, K, Gupta, R, Smith, I, Joynt, J, Hopkins, D, Bramley, G, Payne, C, Gregg, M, Hambleton, R, Bates-Brkljac, N, Dunse, N, Musselwhite, C, 2012, *Suburban Neighbourhood Adaptation for a Changing Climate* (SNACC): Final Report, Bristol: University of the West of England

Williams, M, 2013, *Open Data or Closed Doors? Supporting Research in Cities*, December, London: Centre for Cities

参考文献

Williams, P, 2012, *Collaboration in Public Policy and Practice: Perspectives on Boundary Spanners*, Bristol: Policy Press

Wilson, HF, 2013, Collective Life: Parents, Playground Encounters and the Multicultural City, *Social and Cultural Geography* 14, 6, 625 –48

Winkler, T, 2013a, *The Future of our Cities*, *Quarterly Roundtable*, *The Helen Suzman Foundation Series*, July, Johannesburg: Helen Suzman Foundation

Winkler, T, 2013b, At the Coalface: Community-University Engagements and Planning Education, *Journal of Planning Education and Research* 33, 2, 215 –27

Wolffe, R, 2009, *Renegade: The Making of Barack Obama*, London: Virgin Books

Wollmann, H, 2014, The Directly Elected Mayor in the German Lander-Introduction, Implementation and Impact, Public Money and Management, 34, 5, 331 – 37

Wood, P, Landry, C, 2008, The Intercultural city, London: Earthscan Xu, J, Yeh, AGO, 2003, *City Profile*, *Cities* 20, 5, 361 –74

Xu, J, Yeh, AGO, 2005, City Repositioning and Competitiveness Building in Regional Development: New Development Strategies in Guangzhou, China, *International Journal of Urban and Regional Research* 29, 2, 283 – 308

Yamanaka, K, 2008, Japan as a Country of Immigration: Two Decades after an Influx of Immigrant Workers, in S Yamashita, M Minami, DW Haines, JS Eades (eds) *Transnational Migration in East Asia: Japan in a Comparative Focus*, 187 – 96, Senri Ethnological Reports 77, Osaka: National Museum of Ethnology

Yapp, C, 2005, Innovation, Futures Thinking and Leadership, *Public Money and Management* 25, 1, 57 –60

Yates, D, 1977, *The Ungovernable City*, Cambridge, MA: Harvard University Press

Young, G, 2013, *Teardown: Memoir of a Vanishing City*, Berkeley, CA: University of California Press

Young, IS, 2000, *Inclusion and Democracy*, Oxford: Oxford University Press

Zachary, GP, 2000, *The Global Me: New Cosmopolitans and the Competitive Edge*, New York: Perseus Books

Zavattaro, SM, 2013, *Cities for Sale: Municipalities as Public Relations and Marketing Firms*, Albany, NY: State University of New York Press

译者后记

这是一本姗姗来迟的译著。接受中央编译出版社的翻译任务已经是数年前的某日，那时，城市治理和政府创新还是我的研究方向之一，也是我所在机构的研究重点之一。后来，随着机构调整，我的工作方向和研究领域都发生了很大变化，对本书的翻译也一拖再拖，直到2021年得空，终于完成了全书翻译，特别是完成了全书的统校工作。

城市治理是国家治理的重要内容。随着中国进入城市型社会，城市治理的重要性和紧迫性日益凸现。从国际视野来看，在城市治理方面，尤其地方性创新方面，世界各国特别是一些城市化先行国家已经积累不少有益经验。《迈向包容性城市：地方性创新的故事》就是作者对这些有益经验进行集纳和提升的一本著作，它一经出版便在城市治理研究领域赢得了无数赞许和高度认可，其中的地方性创新故事极具说服力和可读性，非常值得翻译过来介绍给国内的读者朋友们。我们很荣幸承担了全书的翻译任务，在促进东西方文化交流上做了一些工作，相信这本书的中译本能够对中国的城市治理提供有益借鉴。

全书翻译工作是由丁开杰牵头、团队合作完成的。其中，丁开杰承担了主译工作，具体负责目录、作者简介、扉页、阅读指南、序言、第1、2、3章的翻译，以及全书的统一校译。滕飞（北京城市学院国际文化与传播学部）、苟天来（北京农学院文法与城乡发展学院）、陈思（北京城市学院国际文化与传播学部）负责完成了第5、6、7、8、9、10、11章、致谢的翻译，丁博岩（北京大学软件与微电子学院）负责完成第12章和附录的翻译，唐琬（对外经贸大学国际经贸学院）和马蕊（交通银行国际结算中心）负责完成第4章的翻译。

迈向包容性城市

地方性创新的故事

诚挚感谢原中央编译出版社副总编辑贾宇琰女士的信任和耐心，感谢她把这项翻译工作委托给我们，感谢她允许我们一而再、再而三的延迟交稿。感谢本书编辑周雪凝女士等对稿件做了细致审改，提出了很多有益的完善意见，帮助我们进一步提高了译稿质量。感谢滕飞、苟天来、陈思、丁博岩、唐琬、马蕊参与这项翻译工作，他们的参与分担了我很多压力。感谢哈佛大学肯尼迪政府学院阿什民主治理与创新中心原主任托尼·赛奇教授的邀请，使我有幸在哈佛大学围绕城市公共服务供给问题进行了为期半年的访问研究，对更好地理解本书的内容、不断完善本书的翻译提供了很大帮助。感谢治理研究领域的专家俞可平教授（北京大学）、何增科教授（北京大学）、杨雪冬教授（清华大学）、陈家刚教授（中国人民大学）、吴晓林教授（南开大学）、韩志明教授（上海交通大学）、李月军教授（华东政法大学）、陈文教授（深圳大学）、闫健教授（北京外国语大学）等在我访学和翻译本书过程中给予的帮助和指导。

翻译是一项艺术性的专业工作，对译者的要求非常多也非常高。参与翻译时间越长，这个体会就越深。在研究生毕业参加工作以来，我先后参与和主持过多本英文论著的翻译工作，应该说积累了不少经验。但是随着年龄的增加，愈发感到翻译的艰难，特别是感到译者的责任很重大，总有如履薄冰的感觉。在翻译工作中，时间和质量总是在"打架"，而我们需要不断做好二者间的平衡。与以往的翻译工作相比，这本书的翻译是我费时最长，投入最多的一本，前前后后统校了多遍，尽可能地提高论著的翻译质量。但是囿于我个人专业能力和认识的局限，本书翻译肯定还有不少错漏之处，敬请各位方家指正。

交流是推动文明进程的必由之路。开放的中国，需要不断通过国际交流来汲取先进文明成果，实现更高质量的发展。祝愿读者朋友们能从本书中汲取到有益于城市工作和生活需要的智慧和营养。

丁开杰（中共中央党史和文献研究院 研究员）

2022 年 1 月 11 日 北京

2022 年 2 月 27 日修订 北京

2023 年 3 月 09 日再修订 北京